Stefan Kardinal Wyszyński

In Finsternis und Todesnot

Notizen und Briefe
aus der Gefangenschaft

Herder
Wien · Freiburg · Basel

Titel der polnischen Originalausgabe im Verlag
Editions du Dialogue, Paris: „Stefan Kardynal Wyszyński
Prymas Polski – Zapiski Więzienne" (1982),
übersetzt von Georg Motylewitz

© Herder & Co. Wien 1983
Alle Rechte vorbehalten/Printed in Austria
Umschlagmotiv: KNA-Foto
Satz und Druck: Salzer - Ueberreuter
Bestellnummer: ISBN 3-210-24.718-8

Inhalt

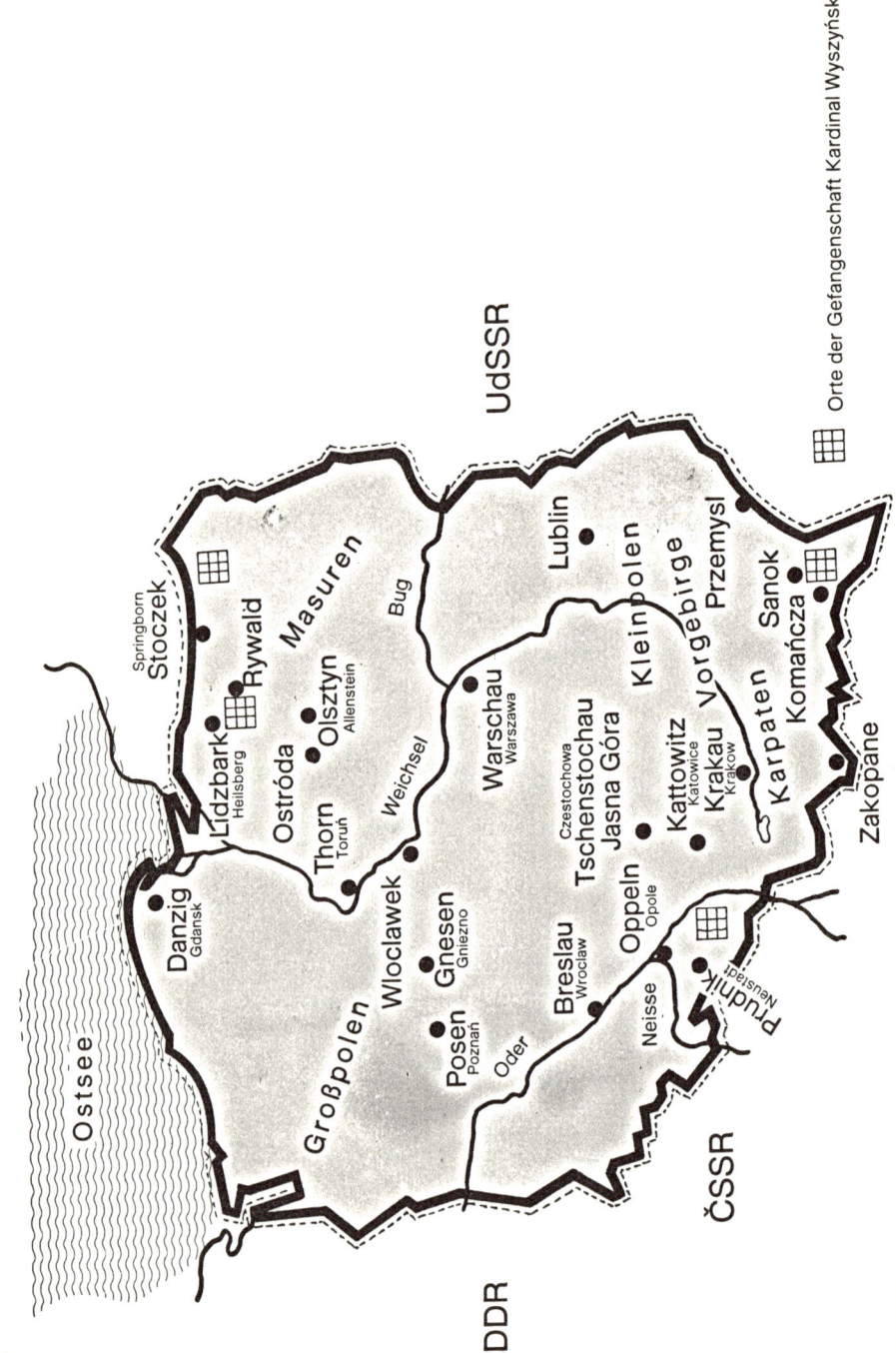

Ostsee

DDR

ČSSR

UdSSR

Springborn
Stoczek

Lidzbark
Heilsberg

Rywald

Ostróda

Thorn
Toruń

Olsztyn
Allenstein

Masuren

Bug

Weichsel

Danzig
Gdansk

Włocławek

Gnesen
Gniezno

Posen
Poznań

Großpolen

Oder

Breslau
Wrocław

Neisse

Prudnik
Neustadt

Oppeln
Opole

Warschau
Warszawa

Tschenstochau
Czestochowa
Jasna Góra

Kattowitz
Katowice

Krakau
Kraków

Lublin

Kleinpolen

Vorgebirge

Karpaten

Przemysl

Sanok

Komańcza

Zakopane

Orte der Gefangenschaft Kardinal Wyszyńskis

I
Die Verhaftung

Freitag, 25. 9. 1953

Warschau. Heute ist der Feiertag des heiligen Wladyslaw aus
Gielniow*), des Patrons der Hauptstadt. Um sieben Uhr bin ich in
der Kapelle des Metropolitanseminars unter den Alumnen, die an
diesem Tag offiziell das Arbeitsjahr eröffnen. Ich zelebriere die heilige Messe und halte eine Homilie über die Erziehungswerte der
Wahrheit im Leben.

Nach dem Frühstück im Kreis der Priester-Professoren begeben
wir uns zur Zeremonie der Inauguration. Die Ansprache hält Rektor Msgr. Pawlowski. Meine Worte beenden diese Versammlung.
Gleich nach der Inauguration findet eine zweite Versammlung statt,
ein Treffen der Delegierten des Referates für Priesterberufe. Ich
habe den Jahresbericht über die geleisteten Arbeiten angehört und
die Grundrichtungen der Arbeit im kommenden Jahr aufgezeigt.
Dann habe ich mich von den Anwesenden verabschiedet, um früher
nach Hause zurückkehren zu können.

Nach dem Mittagessen habe ich zwei Stunden an der Abendpre-
digt zu Ehren des heiligen Wladyslaw, des Patrons der Hauptstadt,
gearbeitet. Man spürt den großen Mangel an entsprechenden geschichtlichen Materialien aus dem Leben des Heiligen. Der Leitge-
danke in meiner Predigt war „die innerliche Wahrheit des Menschen vor Gott". Ich wollte mich mit der Fassaden- und Scheinreli-
giosität auseinandersetzen, die der Ehre Gottes, dem Wohl der Mitmenschen und dem Wohl ihrer Seelen soviel Unrecht angetan hat.

Ein bescheidener Klosterbruder, dessen Leben so wenig bekannt
ist, als Patron der Hauptstadt scheint den beweglichen und unbe-
kümmerten Warschauern wenig verlockend zu sein. (Der Heilige

---

*) Ladislaus von Gielniow (1440–1505), Verfasser der ersten polnischen liturgischen
Lieder. Seine Reliquien befinden sich in der St. Annakirche in Warschau.

und die Meerjungfrau*) sind das Symbol von Warschau.) Und doch ist das Leben des Heiligen realer als das der Wassernixe. Das Leben übertrifft die Volkssage, denn im Leben ist Wahrheit enthalten. In diese Richtung gingen meine Erwägungen. Und diese Gedanken habe ich dann während der Predigt in der Kirche der heiligen Anna ausgesprochen. Eine große Menschenmenge war gekommen. Soweit ich mich erinnern kann, war die Kirche noch nie so gefüllt. Es war auch noch nie so warm bei der heiligen Anna wie heute. Aber die Warschauer können zuhören, es herrschte eine musterhafte Ruhe. Nach der heiligen Messe habe ich den Segen mit den Reliquien des heiligen Patrons erteilt. An der Stiege zur Wohnung des Rektors hat mich eine kleine Gruppe von Studenten angehalten. Ich habe sie eingeladen, den Rosenkranz zu beten. „Kennt ihr das Jüngste Gericht von Michelangelo? Der Engel Gottes zieht mit dem Rosenkranz in der Hand einen Menschen aus dem Abgrund heraus. Betet für mich den Rosenkranz." Mit diesen Worten habe ich diese engagierte Gruppe verabschiedet. Dieses Mal blieb ich länger im Kreis der Priester, die sich bei Rektor Kaminski zu einem bescheidenen Abendmahl versammelt haben. Erst gegen 21.30 Uhr verließ ich die Versammlung.

Bei meinem Auto hat noch eine große Menschenmenge gewartet. Jemand hat laut gerufen, ein anderer beruhigte diesen Menschen und warnte ihn vor einer Provokation. Da ich oftmals die Gläubigen gebeten habe, ihre Stimme nicht zu erheben und nicht zu schreien, hat man das so ausgelegt, als fürchte ich eine solche Provokation. Die Menschen erinnern sich noch an traurige Abenteuer, wie sie z. B. der Priester Dr. Padacz nach ähnlichen Rufen erlebt hat.

Bald waren wir schon in der Miodowastraße. Ich habe Herrn Antoni die Dispositionen für den nächsten Tage erteilt. Im Flur des Hauses habe ich niemanden mehr angetroffen. Ich ging gleich zu Bett. Etwa eine halbe Stunde später vernahm ich Schritte in Richtung meiner Wohnung auf dem Flur. Es war der Priester Gozdziewicz. Er meldete mir, daß irgendwelche Herren mit einem Brief des Ministers Bida an Bischof Baraniak gekommen seien und eingelassen zu werden wünschen. Ich äußerte meine Verwunderung: „Um diese Zeit? – Bitte, richten Sie diesen Herren aus, daß alle Briefe von Minister Bida Msgr. Choromanski, dem Sekretär der Bischofskonferenz, überreicht werden sollen." Dieser Besuch verwunderte mich, denn Minister Bida weiß natürlich Bescheid, an wen er seine Briefe richten soll. Etwas Unangenehmes vorausahnend, stand ich auf und zog mich an.

Beim Tor standen einige Personen und rüttelten heftig an der Klinke. Der Priester Gozdziewicz, der meine Antwort überbracht hatte, kam zurück. Jetzt wußte ich Bescheid, wer uns zu so später

---

*) Die Meerjungfrau ist das Wahrzeichen von Warschau. Der Legende nach soll sie aus der Ostsee gekommen sein und die Stadt an der Weichsel gegründet haben.

Stunde noch besuchte. Ich ging hinunter und befahl, das Tor zu öffnen.

In diesem Moment kam Bischof Baraniak, von einer Menschengruppe umringt, aus der Richtung des Gartens. Mehrere von ihnen traten in den Saal der Päpste ein. „Diese Herren", sagte der Bischof, „wollten schießen." – „Das ist schade", war meine Antwort, „wenn sie geschossen hätten, wüßten wir wenigstens, daß das ein Überfall ist, und so wissen wir nicht, was wir von diesem unangemeldeten nächtlichen Besuch halten sollen."

Einer der Herren erklärt, daß sie in einer amtlichen Angelegenheit kommen und daß sie sich wunderten, daß ihnen niemand das Tor öffnete. Ich antworte: „Die Sprechstunden finden bei uns am Tage statt, dann sind Tore und Türen geöffnet. Jetzt hat bei uns niemand Sprechstunde." – „Aber der Staat hat das Recht", antwortete dieser Herr, „sich an die Bürger zu wenden, wann immer er das will." Ich erklärte, daß der Staat auch die Pflicht habe, sich gegenüber den Bürgern, insbesondere gegenüber solchen, von denen man weiß, daß sie immer erreichbar sind, anständig zu verhalten.

Ich ging in den Hof hinaus, um Herrn Cabanek zu finden, weil keiner der Priester in meiner Nähe war. Da stürzte sich unser „Baca" auf einen dieser Herren, die mit mir gingen, und verletzte ihn. Sofort kehrte ich in den Flur zurück, um dem Verletzten Erste Hilfe zu leisten. Schwester Maxentia brachte eine Jodtinktur. Ich versicherte dem Verletzten, daß der Hund gesund sei. Darauf kam Bischof Baraniak. Vom Haupttor aus kamen drei Herren, alle drei gingen in den Saal der Päpste. Einer der nächtlichen Ruhestörer machte mir wiederum Vorwürfe, daß der staatlichen Macht die Tore nicht sofort geöffnet worden waren.

Ich erkläre, daß ich bis jetzt nicht wisse, ob ich Vertreter der staatlichen Macht vor mir habe oder ob dies ein Überfall sei. „Wir leben hier in einer einsamen Gegend zwischen Ruinen und Schutt, deswegen lassen wir in der Nacht niemanden herein. Um so mehr als diese Herren am Tor mit Lügen begonnen haben." Darauf legte einer der Herren seinen Mantel ab, zog einen Brief aus der Tasche, öffnete ihn und überreichte ihn mir.

Dieser Brief beinhaltete einen Beschluß der Regierung vom gestrigen Tag, daß ich sofort aus der Stadt entfernt werden solle. Es wird mir in Zukunft nicht erlaubt werden, irgendwelche Tätigkeiten im Zusammenhang mit meinen bis jetzt innegehabten Funktionen auszuüben. Der Herr ersuchte mich, dieses Schreiben zur Kenntnis zu nehmen und zu unterzeichnen. Ich erklärte, daß ich es nicht zur Kenntnis nehmen könne, denn ich sähe für diesen Beschluß keine rechtlichen Gründe. Ich kann diesem Beschluß auch deswegen nicht folgen, weil ich die Art und Weise, in der diese Sache erledigt wird, nicht billigen könne.

„Die Vertreter der Regierung haben mit mir unzählige Gespräche geführt – auch Herr Mazur und Präsident Bierut.*) Wenn sie mit meinem Verhalten nicht zufrieden sind, hätten sie sicher einen Weg gefunden, mir das mitzuteilen. Dieser Beschluß der Regierung ist sehr schädlich für die Meinung über Polen, denn er wird die Angriffe der ausländischen Propaganda gegenüber Polen geradezu herausfordern. Diesem Entschluß kann ich mich nicht unterordnen und werde deshalb auch dieses Haus nicht freiwillig verlassen." Der Beamte ersuchte mich noch einmal um meine Unterschrift, bloß als Zeichen, daß ich den Brief gelesen habe. Auf der letzten Seite des Briefes habe ich mit der mir gereichten Feder geschrieben: „Ich habe es gelesen", fügte meine Pharaphe dazu und begab mich wieder nach oben. Einige Herren folgten mir. Das Haus war voll von Menschen, sie standen unten und vor der Kapelle. In meinen Privaträumen angekommen, befahl man mir, das Nötigste einzupacken. Ich erklärte, daß ich nicht die Absicht hätte, irgend etwas mitzunehmen. Einer der Beamten meinte, daß das Leben eben seine Erfordernisse habe. Ich erwiderte, daß diesen Erfordernissen jeder im eigenen Haus am besten Genüge tun könne. Auf seine Versuche, mir zuzureden, wiederholte ich meinen Protest gegenüber dem nächtlichen unangemeldeten Besuch in meinem Hause.

Ein Beamter drängte mich, mit dem Packen meiner Sachen zu beginnen. Schwester Maxentia erhob gleich mir Einspruch. Ich sagte ihr: „Schwester, ich werde nichts mitnehmen. Ich bin arm in dieses Haus gekommen und werde auch arm weggehen. Sie haben ja auch das Armutsgelübde abgelegt und wissen, was das bedeutet." Die Herren begannen nervös zu werden. Einer von ihnen nahm einen Koffer und ging ins Schlafzimmer. Man hatte auch Bischof Baraniak mitgenommen und stellte mir die Frage: „Wer ist hier der Hausherr?" Ich antwortete: „Ich weiß nicht, wen Sie sonst noch mitnehmen werden. Während meiner Abwesenheit ist hier immer Bischof Baraniak der Hausherr." Dem Bischof gegenüber gab ich die Erklärung ab, daß ich das Geschehen, dessen Zeuge er jetzt sei, als Gewaltakt betrachte. Ich bat ihn, daß niemand meine Verteidigung übernehmen solle. Im Falle eines Prozesses möchte ich keinen Rechtsanwalt haben. Ich werde mich selbst verteidigen. Darauf entfernte sich Bischof Baraniak.

Ich blieb längere Zeit in meinem Arbeitszimmer und ordnete meine Bücher. Endlich schlug einer der Beamten vor, in das Empfangskabinett zu gehen. Wir gingen also in den anderen Teil des

---

*) Boleslaw Bierut (1892–1956), militanter Kommunist vor und während des Krieges. Beteiligte sich am Aufbau der KP in der UdSSR und später im besetzten Polen. Nach dem Rückzug der Deutschen wurde den Polen die kommunistische Regierung von Bierut und Gomulka aufoktroyiert. Bierut war ein williges Werkzeug der Sowjets und einer der Hauptverantwortlichen für die Errichtung des kommunistischen Regimes in Polen.

Hauses. Hier sammelte ich noch manche der umherliegenden Papiere und legte sie in den Kasten. Darunter bemerkte ich einige neue Schriftstücke, die zur Unterschrift bereitlagen. Ich unterschrieb sie und legte sie auf den gewohnten Platz. Von diesem Zeitpunkt an habe ich keinen Mitbewohner mehr gesehen. Weder der Priester Gozdziewicz noch der Priester Padacz waren anwesend. Man hat mir meinen Mantel und meinen Hut gebracht. Ich habe nur mein Brevier und meinen Rosenkranz genommen. Dann forderten mich die Beamten auf, wieder in meine Wohnung zu gehen. So kehrte ich ins Arbeitszimmer zurück. Sie fragten mich, ob ich alles mitgenommen habe. Noch einmal protestierte ich gegen diesen Gewaltakt und nahm nichts mit als mein Brevier und meinen Rosenkranz.

Wir gingen auf den Flur hinaus. Ich wollte noch die Kapelle besuchen. Der Vertreter der Macht stellte eine Bedingung: „Nur wenn Sie keinen Widerstand leisten, denn warum und wozu sollen wir uns herumstreiten." Ich nahm diese Bedingung nicht an, also ging ich nur für einen Moment in die Kapelle hinein, um auf den Tabernakel und meine Gottesmutter – im Mosaikfenster – zu schauen. Als wir aus dem Haus gingen, blickte ich von der Schwelle aus nochmals zur Mutter vom Jasna Góra, und zwar auf das Bild, welches über dem Eingang zum Saal der Päpste hängt, zurück. Noch einmal habe ich meinen Protest geäußert, dann ging ich zum bereitstehenden Auto. Drei Herren setzten sich zu mir. Ich wußte nicht genau, wie spät es war, als wir das Haus in der Miodowastraße verließen. Es war aber sicherlich bereits nach 24.00 Uhr. Das Auto fuhr in Richtung Dlugastraße davon, sechs andere Autos geleiteten uns.

Die ganze Kavalkade fuhr beim Palais Mostowski vorbei in nordwestlicher Richtung über die Slasko-Dabrowski-Brücke und durch die Zygmuntowskastraße in Richtung Jablonowo. Die Reise führte über Nowy Dwár, Dobrzyń, an der Drweca entlang nach Grudziądz. Unterwegs konnte ich keine Tafeln ablesen. Der Tag brach bereits an, als wir uns dem nördlichen Stadtrand von Grudziądz näherten. Nach einem kurzen Aufenthalt fuhren wir in Richtung Jablonowo weiter. Ich sah, wie die Menschen bereits zur Arbeit gingen. Dann kamen wir nach Rywald. Das war mein Bestimmungsort. Wir fuhren in den leeren Hof des Klosters der Kapuziner hinein. Ziemlich lange habe ich im Auto gesessen, ehe ein Mann in einer Kunstlederjacke mich in das Innere des häßlichen Gebäudes führte.

Man brachte mich in ein Zimmer im ersten Stock. Dort erklärte man mir, daß dies mein zukünftiger Aufenthalt sein werde und daß ich nicht durch das Fenster schauen dürfe. Dann sagte man mir noch, daß in einigen Tagen ein Gespräch über meine jetzige Situation stattfinden werde.

Mein Begleiter mußte noch einmal meine präzise formulierte Stellungnahme gegenüber den vorgebrachten Fakten der Verhaftung und Gefangenschaft anhören.

In seine Hände legte ich meinen Protest gegen die Gewalt, gegen die Art und Weise, wie ich als Bürger – welchem der Staat nichts Gesetzwidriges nachweisen könne – behandelt werde. Ich protestierte, daß man mich abhielt, meinen Pflichten nachzukommen, die ich gegenüber den Diözesen von Warschau und Gnesen habe. Ich protestierte gegen die Mißachtung der Jurisdiktion des Heiligen Stuhles, die ich aufgrund von Sonderberechtigungen ausgeübt habe. Ich erklärte, daß diese Aktion, welche die Regierung veranlaßt hat, sehr schädlich für die Regierung sein werde, weil sie Angriffe des Rundfunks und der ausländischen Presse verursachen werde. Ich protestierte schließlich auch gegen das Verbot, durch das Fenster schauen zu dürfen.

Darauf habe ich mich in dem mir zugewiesenen Zimmer umgeschaut, welches noch Spuren zeigt, daß vor gar nicht langer Zeit ein Kapuzinerpater hier gewohnt haben muß. Ich bin allein. An der Wand über dem Bett hängt ein Bild mit dem Spruch: „Mutter Gottes von Rywald, tröste die Bekümmerten."

Das war die erste freundliche Stimme in der neuen Umgebung, und sie bereitete mir eine große Freude.

Nun ist doch das geschehen, womit man mir so viele Male gedroht hat: *pro nomine Jesu contumelias pati.* Ich habe schon befürchtet, daß ich keinen Anteil an dieser Ehre haben werde, die alle meine Jahrgangskollegen empfangen haben. Sie alle waren in Konzentrationslagern und Gefängnissen. Die Mehrzahl von ihnen hat dort ihr Leben gelassen. Manche sind als Invaliden zurückgekommen, einer ist nach der Entlassung aus einem polnischen Gefängnis gestorben. Auf diese Weise hat sich ein Teil der Prophezeiung erfüllt, die uns im Frühjahr 1920 der Professor der Liturgie und Direktor des Knabenseminars in Wloclawek, Antoni Bogdanski, machte. Dieser unvergeßliche Mensch sagte während eines Vortrages über Liturgie: „Es wird eine Zeit kommen, da werdet Ihr durch solche Qualen gehen müssen, wie sie ein Mensch unseres Jahrhunderts gar nicht zu denken wagt. Vielen Priestern werden Nägel in die Tonsur hineingeschlagen, und viele von ihnen werden durch die Gefängnisse gehen müssen."

Nicht viele meiner Kameraden haben sich diese Worte gemerkt. Mir sind sie tief in die Seele gedrungen. Als ich 1939 den Priester Bogdanski in Skulak an seinem Sterbebett besuchte, konnte ich mich noch an diese Worte erinnern.

Er hat mir damals befohlen, mich auf einen schweren und verantwortungsvollen Weg vorzubereiten, welcher in diesem priesterlichen Leben auf mich warte. Die „brennenden Augen" dieses Menschen haben aus der Tiefe der Versenkung mit einem strahlenden und geradezu unheimlichen Licht geblickt.

Beim ersten Kameradschaftstreffen nach dem Kriege habe ich meine Freunde an diese Worte erinnert. Diejenigen, die übriggeblieben sind, haben nicht den Eindruck gemacht, als hätten sie diese Worte damals aufgefaßt.

Meinen Kameraden möchte ich hier eine kurze Erinnerung widmen. Sie wurden von Bischof Stanislaw Zdzitowiecki in der Kathedrale von Wloclawek am 29. 6. 1924 zu Priestern geweiht. Wir waren insgesamt siebzehn Anwärter, obwohl nicht alle am Tag der Weihe dabei waren, weil zwei bereits in Lille studiert haben und ich seit einer Woche wegen einer Lungenerkrankung im Spital lag. Aus dieser Gruppe sind in Dachau gestorben: Priester Stanislaw Michniewski, Priester Julian Konieczny, Priester Jan Mikusinski, Priester Jan Fijalkowski, Priester Zygmunt Lankiewicz, Priester Bronislaw Placeck und Priester Stanislaw Oglaza.

Aus dem Konzentrationslager sind zurückgekommen: Priester Jozef Dunaj, unser Jahrgangspräfekt, Priester Stefan Kolodziejski, Priester Wojciech Wolski, Priester Marian Sawicki, Priester Antoni Kardynski und Priester Antoni Samulski. Nur ich war nicht im Lager, weil ich aufgrund der Empfehlung von Bischof Michal Kozal Wloclawek einige Tage vor der Verhaftung der Geistlichen verlassen hatte. Noch vor dem Kriege ist unser Freund, der Priester Konstanty Janic, an Tuberkulose gestorben. Die Kameraden, die aus dem Lager zurückgekehrt sind, sind fast alle Invaliden: Der Priester Kardynski war „Versuchskaninchen" und hatte lange unter den Folgen einer durch Impfungen entstandenen Zellgewebsentzündung gelitten. Der Priester Antoni Samulski saß als Caritasdirektor der Diözese Breslau in einem polnischen Gefängnis und wurde daraus in einem derart schlechten Gesundheitszustand entlassen, daß man ihn nicht mehr retten konnte.

Das ist die Geschichte nur eines Kurses eines einzigen polnischen Priesterseminars im 20. Jahrhundert. Mein Bruder Tadeusz war in drei Konzentrationslagern und Gefängnissen: in russischen, deutschen und polnischen. Die Mehrheit der Priester und Bischöfe, mit welchen ich zusammengearbeitet habe, waren in Gefängnissen. Es wäre geradezu ein Makel, wenn ich nicht auch im Gefängnis landen würde. Mir geschieht also etwas ganz und gar Angebrachtes, ich kann niemanden verurteilen. Christus hat Judas seinen Freund genannt. Ich kann daher diese Herren, die mich umgeben und die zu mir auch recht freundlich sind, nicht verurteilen. Sie helfen nur zu einem vorausbestimmten Werk, welches für alle längst eine Selbstverständlichkeit war. Ich muß das schätzen, was mich von diesen Menschen trifft.

II
In Rywald bei Lidzbark

Samstag, 26. 9. 1953

Ich bin direkt von der Kanzel der Kirche zur hl. Anna weg verhaftet worden. Heute wie jeden Samstag feierte ich die heilige Messe zu Ehren der Muttergottes vom Jasna Góra. Zum erstenmal seit vielen Jahren wird die Muttergottes heute ihren Samstag-Gottesdienst nicht bekommen.

Mein Blick haftet auf dem Schreibtisch. Hier steht der barmherzige Christus – mit dem Motto „Christus, ich vertraue Dir" –, eine Photographie des bekannten Bildes. Ich betrachte das als die zweite Gnade des heutigen Tages. Ich gebe mich ganz in die Obhut dessen, der zugelassen hat, daß ich hier bin. Auch ein Bild des heiligen Franz von Assisi finde ich auf dem Schreibtisch. Der Heilige lauscht der Engelsmusik. Außerdem steht hier noch das Bild eines lächelnden Musikanten, nur mit einem Hemd bekleidet. Das ist alles.

Man bringt mir das Mittagessen. Ich lese in meinem Brevier, bete, räume das Zimmer auf. Dieses Zimmer, das man mir zugeteilt hat, macht den Eindruck einer eben erst verlassenen Wohnung. Das Bett ist in Unordnung. Rundum liegen persönliche Dinge verstreut. Vielleicht gehören sie einem Mönch, der hier bis vor kurzem gelebt hat. In einer Ecke entdecke ich einen halbgeöffneten Koffer, aus dem neue Nummern der Zeitschrift „Schmiede der Priester" heraussehen.

Alle Möbel sind in einem eher desolaten Zustand. Der Schreibtisch „stützt" sich an die Wand. Ähnlich macht es das Nachtkästchen. Das Lavoir – mit offensichtlich seit längerem nicht ausgeschüttetem Wasser – steht mitten im Zimmer auf dem Fußboden. Im Kasten hängen Kleidungsstücke, auf dem Fußboden liegen überall Bücher, die teilweise mit Papier abgedeckt sind. Der Fußboden ist stark verschmutzt. In den Ecken liegt der Staub fingerdick.

Das Zimmer macht auf mich den Eindruck einer typischen Klosterzelle – die Wohnung eines Menschen, der mit wichtigeren Dingen beschäftigt ist. Zwei Fenster gehen auf einen Wirtschaftshof, auf welchem ich Hühner, Enten und Truthähne ausnehmen kann. Die Tür zu einem Stall ist halb offen. Ansonsten ist alles leer. Ich kann vom Fenster aus keine Menschenseele erblicken. Nur auf dem Gang vor meiner Zelle gehen junge Menschen in Zivil scheinbar sinnlos hin und her, den ganzen Nachmittag lang.

Am Abend brachte man mir meinen Koffer mit einigen persönlichen Dingen. Ich habe ihn aus der Miodowastraße angefordert. Außerdem bekam ich frische Bettwäsche. In meinem Koffer fand ich Unterwäsche und einige Toiletteartikel.

Sonntag, 27. 9. 1953

In meinem Zimmer feiere ich eine Missa Sicca.

Ich frage den Mann in der schwarzen Kunstlederjacke, ob ich am Sonntag in die Kirche gehen dürfe, um die heilige Messe mit einer Pfarrgemeinde zu feiern, wozu ich als Diözesanbischof verpflichtet wäre. Er erklärt mir, daß dies unmöglich sei.

Heute sollte ich in der Pfarre Zum Heiligen Kreuz in Warschau zur Visitation sein. Ich mache mir Sorgen, ob man wohl irgendeinen Ersatz für mich geschickt habe. Das ist das wirkliche „Heilige Kreuz". Bis jetzt habe ich noch nie einen vereinbarten Termin versäumt. Die Priester der Stadtmission tun mir dabei besonders leid, weil sie sich auf diesen Missionstermin intensiv vorbereitet haben.

Den ganzen Tag verbringe ich in „meinem Zimmer". Mir sind hier Gedanken zugeflossen, die eigentlich kommen mußten. Man soll sie in Ruhe empfangen und sorgfältig prüfen. Ich überlege, ob das, was geschehen ist, unvermeidbar war, ob ich damit eine Schuld abtragen muß. Kann dieser Zwischenfall der Kirche schaden?

Ich blicke zurück auf die fünf Jahre meiner Arbeit als Primas von Polen und Leiter aller kirchlichen Angelegenheiten. Ich war von Anfang an auf meine jetzige Situation vorbereitet, wußte, daß ich mit einem „Opfer" dieser Art rechnen müsse. Als ich auf dem Wege zur Inthronisation in Gniezno nach Toruń kam, erhielt ich von der Pfarrgemeinde ein Bild überreicht, auf dem Christus, der Herr, mit gebundenen Händen und von einem Soldaten am Arm gepackt, dargestellt war.

Dieses Bild habe ich in Gniezno in meinem Arbeitszimmer hängen. Es wurde irgendwie zu einem „Symbol", obwohl sich darin nicht mein „Programm" ausdrückte.

Alle Ansprachen anläßlich meiner Amtseinführung haben in irgendeiner Form dieses Motiv enthalten. Fast alle haben sich über mich Sorgen gemacht oder sogar geweint. Mein Vater machte sich von Anfang an Gedanken über meine Zukunft, für ihn kam mein jetziges Schicksal sicher nicht unerwartet. Meine Schwester dachte

16

ebenso. Unter meinen Bekannten waren alle davon überzeugt, daß ich über kurz oder lang verhaftet werden würde. Mein Chauffeur z. B. hat sich, noch während er bei mir in Dienst war, bereits um eine neue Stelle beworben.

Eines Tages meldete sich bei mir ein jüngerer Priester. Er berief sich auf Pater Kornilowicz, der ihm vor seinem Tod befohlen hatte, mich aufzusuchen. Er erzählte mir von einem Traum des Paters, den dieser in den Tagen meiner Bischofsweihe geträumt hatte. In diesem Traum wurde mir ein Schicksal vorhergesagt, das jenem des heiligen Stanislaw*), des Bischofs von Krakau, glich. Nur Angst vor meiner Reaktion habe ihn bisher davon abgehalten, das Versprechen, das er dem sterbenden Pater gab, sofort einzulösen. Jetzt aber (das war im Jahr 1949) sei er der Meinung, nicht länger warten zu dürfen.

In Ruhe hörte ich dem jungen Priester zu. Anschließend bedankte ich mich für seinen Liebesdienst und seine Aufgeschlossenheit und beruhigte ihn, daß ich auf alles, was mir passieren könne, vorbereitet sei. Wir haben uns in Freundschaft getrennt.

Auch im Kreis des Episkopates herrschte die Meinung, daß ich bald verhaftet werden würde. Einer meiner Kollegen schickte mir ein Werk des Priesters Klimkiewicz über Kardinal Ledochowski**) mit den Worten: „Es lohnt sich, dieses Buch zu lesen, vielleicht kann Ihnen dies nützlich sein." Manche Bischöfe haben praktisch jeden Tag eine „Katastrophe" erwartet.

Auch der Vatikan hat wohl schon von Anfang an mit dieser Möglichkeit gerechnet. Ich konnte das an allen Dokumenten, die meine Sonderrechte verbrieften, herauslesen.

Auch viele Priester waren offensichtlich von der Folgerichtigkeit eines solchen Endes überzeugt, denn sie forderten, daß ich alle ihre Angelegenheiten immer möglichst rasch erledigte und mündliche Abmachungen jeweils umgehend schriftlich bestätigte. Sie begründeten ihre Bitte damit, daß ich bald in ihrer Mitte fehlen könnte.

Menschen mit einer solchen Einstellung habe ich des öfteren auf allen Stufen der Hierarchie angetroffen.

Auch die polnische Gesellschaft hat, so glaube ich, diesen Mo-

---

*) Der hl. Stanislaus (1030–1079) starb als Märtyrer. Er wurde während der hl. Messe von König Boleslaw Smialy ermordet, weil er dessen unsittlichen Lebenswandel kritisiert hatte und für die Rechte der Armen eingetreten war. Stanislaus gilt in der polnischen Tradition als Vorbild für moralische Integrität und als Kämpfer für soziale Gerechtigkeit.

**) Kardinal Mieczyslaw Ledochowski (1822–1902), Erzbischof von Posen und Gnesen, wurde von der preußischen Regierung ins Exil geschickt, weil er gegen die Germanisierung der polnischen Bevölkerung in den von Preußen besetzten Gebieten aufgetreten war.

17

ment geradezu „erwartet". Manche Menschen schienen enttäuscht zu sein, daß ich noch immer in Freiheit war. Zahllose Gerüchte über meine eben erfolgte Verhaftung hat man über mich in Umlauf gesetzt. Ich weiß nicht, wer die Gerüchte ausstreute. Vor allem ist mir der Zweck nicht klar. Wenn ich irgendeine Kirche betrat, traf ich immer wieder auf Gruppen klagender und weinender Menschen.

In dieser mich umgebenden Atmosphäre der ständigen Erwartung meiner Verhaftung mußte ich all die fünf Jahre hindurch arbeiten. Ich habe mich dieser Situation gefügt. Subjektiv war ich immer auf alles vorbereitet.

Objektiv jedoch habe ich beschlossen zu arbeiten, als ob von der Unvermeidlichkeit meiner Verhaftung keine Rede sei. Wenn sie mich schon treffen sollte, dann würde sie mich direkt aus meiner Arbeit herausreißen. Nicht einmal von Regierungsseite hat man mir vorgeworfen, daß ich ein Märtyrer sein wolle. Ich war auch tatsächlich von einem solchen Denken weit entfernt – obwohl ich auch diese Möglichkeit natürlich nie ausgeschlossen habe.

Von Anfang an habe ich in meiner Arbeit den Standpunkt vertreten, daß die polnische Kirche schon genügend Blut in deutschen Konzentrationslagern gelassen habe und daher vernünftig mit dem Blut der noch verbliebenen Priester umgehen müsse. Das Martyrium ist unzweifelhaft ehrenwert, doch Gott führt die Kirche nicht zuerst auf dem außergewöhnlichen Weg des Martyriums, sondern auf dem gewöhnlichen Weg des „täglichen Apostolates". Selbstverständlich war ich der Meinung, daß wir heute eine andere Art des Märtyrertums brauchen: das Bekennertum und Zeugnis der Arbeit und nicht des Blutes!

Wie oft ich davon bis heute überzeugt wurde, beweist, daß ich es den Geistlichen unermüdlich bei jeder Gelegenheit wiederholte. Dieses Prinzip habe ich – als Leitgedanken meiner Führung der Kirche in Polen – auch dem Heiligen Vater und Msgr. Tardini in Rom erklärt.

Die Art und Weise, wie ich von Anfang an vom Staat behandelt wurde, die Schikanen, die die Polizei während meines Amtsantrittes in Gniezno begangen hat, und das Verhalten der Presse mir gegenüber waren äußerst feindlich. Das alles hat mich bewogen, eine abwartende Haltung einzunehmen. Bereits in den ersten Wochen habe ich begonnen, die Bischöfe mit den Grundzügen meines Programms vertraut zu machen. Um jeden Preis hatte ich die Absicht, daß man eine gemischte Kommission – besetzt mit Vertretern des Episkopats und der Regierung – bilden müsse. Und sie wurde auch tatsächlich eingesetzt.

Diese Gemischte Kommission ist ein fester Bestandteil meiner Arbeit. Es werden Versammlungen einberufen. Vor jeder Versammlung kommen die Mitglieder unserer Seite zur Beratung zusammen, so daß sie dann während der Versammlungen der Kommission bereits mit durchbesprochenen Vorlagen auftreten können. Nach jeder Versammlung treffen wir zu einer Konferenz zusammen, bei der wir nacharbeiten und die Ergebnisse zusammenfassen und protokollieren. Auf diese Weise ist bereits eine umfangreiche Sammlung entstanden; ein vielschichtiges Material für Historiker!

Allmählich befaßte sich die Gemischte Kommission immer mehr mit dem Text der „Vereinbarungen"*). An diesem Text arbeiteten wir seit dem Juli 1949, also bereits wenige Monate, nachdem ich die Führung der kirchlichen Angelegenheiten in Polen übernommen hatte.

Obwohl die Regierung immer so tat, als sei sie mit der Meinung dieser Kommission – vor allem natürlich mit der Meinung ihrer eigenen Vertreter – einverstanden, war die tatsächliche Zusammenarbeit eher entmutigend. Eine ganze Reihe von Angelegenheiten, die Kirche und Staat betreffen, hat die Regierung, ohne die dafür eingesetzte Kommission zu informieren, auf eigene Faust erledigt. Daher passierte es oft genug, daß die „Vereinbarungen" von seiten der Regierung – also trotz vorangegangener Zustimmung von seiten der Gemischten Kommission – nicht eingehalten wurden. Wir protestierten in solchen Fällen, brachen aber die begonnene Arbeit trotzdem nie ab.

Die Vertreter des Episkopates in der Kommission haben bestimmte Richtlinien, an die sie sich immer getreulich halten. Es war leider öfters der Fall, daß der Vorsitzende der Gemischten Kommission, Herr Mazur, viele Monate lang die Kommission nicht einberufen hat. Es gab dann praktisch keine Möglichkeit, ohne ihn den Kontakt mit den übrigen Vertretern der Kommission herzustellen.

Heute kann ich zu den deutlichen Vorwürfen, daß ich zum Schaden der „Vereinbarungen" gearbeitet habe, sagen, daß es von seiten des Episkopates her gesehen nie zu diesen „Vereinbarungen" gekommen wäre, wenn ich einen anderen Standpunkt eingenommen hätte. Selbst Bischof Klepacz, einer der konsequentesten Anhänger dieser Linie, hat keine abweichende Haltung in dieser Frage eingenommen.

Wenn irgendwann und irgendwo der Episkopat wegen dieser „Vereinbarungen" angeklagt werden sollte, dann ist die Wahrheit

---

*) Die ersten Abkommen zwischen Episkopat und kommunistischer Regierung wurden mit Zustimmung von Kardinal Wyszynski am 14. Mai 1950 geschlossen. Das Regime garantierte darin freie Religionsausübung, Lehrfreiheit, das Versammlungsrecht, Pressefreiheit und den Bestand der Kongregationen (Orden). Der Episkopat seinerseits erklärte sich bereit, die Staatsgewalt zu respektieren, gegen jedwede regimefeindliche Aktion zu protestieren und die Kollektivierung zu akzeptieren (eine in der Stalinära unumgängliche Stellungnahme). Obwohl das Regime diese Verträge („Vereinbarungen") immer wieder verletzte, stellten sie nach dem Bruch des Konkordats den einzigen Rechtstitel zur Verteidigung der Rechte der Kirche in Polen dar.

die, daß ich ihr eigentlicher Verursacher auf der Seite der Bischöfe war.

Warum habe ich zum Abschluß der „Vereinbarungen" gedrängt? Ich bin der Meinung, daß Polen und mit ihr unsere heilige Kirche während der Hitler-Ära zu viel Blut verloren hat, um sich noch weitere Verluste erlauben zu dürfen. Um jeden Preis muß der Prozeß der geistigen Ausblutung gestoppt werden, müssen wir zu einem normalen Leben zurückkehren. Was zur Entwicklung der Nation und der Kirche und zu einer gemeinsamen Lebensbasis, die sicherlich besonders schwer zu finden ist, beigetragen werden kann, muß in dieser Situation getan werden.

Die polnische Kirche hatte nach 150 Jahren der Gefangenschaft und des Dahinvegetierens nur ein paar Jahre Freiheit. Die Okkupation Hitlers war ein großer Schlag für die erst kurz zuvor begonnene Arbeit. Wir waren in einer Periode des Nachholens – und hatten es erst seit kurzem geschafft, die Kräfte für unsere Arbeit zu organisieren und aufzubauen. Junge Professoren hatten Institute bekommen, theologische Fächer konnten mit jungen wissenschaftlichen Kräften komplettiert werden.

Redaktionen katholischer Zeitschriften haben gerade erst ihr Fachpersonal ausgebildet, katholische Verlage richteten ihre technischen Betriebe ein. Gerade hatte man die Kirchen wiederaufgebaut und wieder angefangen, neue Pfarren und Gemeinden zu bilden. Neue Gebäude für kirchliche Schulen wurden errichtet. Obwohl das Arbeitsniveau der Geistlichen deutlich gehoben wurde, haben sie doch mit alten, vorgegebenen Mustern gearbeitet. Ein polnisches Pastoralkonzept war nicht ausgearbeitet. In jedem Arbeitsbereich waren wir mehr als unerfahren.

Gerade in der Phase der Vorbereitungen auf einen schöpferischen Sprung kam der Krieg. Die vorbereiteten Kräfte wurden vernichtet, die Seminare mußten ihre Arbeit unterbrechen. In vielen Diözesen konnte man die Priester nicht mehr weihen. Aus den Konzentrationslagern und Gefängnissen kamen täglich Hiobsbotschaften, daß man die Geistlichen ausrotte. Aus diesem Krieg sind wir sehr verstümmelt hervorgegangen, so daß es fast ein Wunder war, daß wir doch fähig waren zu überleben.

Sicherlich war es unklug, nicht mit dieser Situation gerechnet zu haben. Es war auch ein Fehler, auf fremde Muster zurückzugreifen, denn keine Nation – weder die Tschechen noch die Ungarn oder das katholische Deutschland – war so ausgeblutet wie das polnische Volk und sein Priestertum. Gewiß, Gott hatte das Recht, von uns jedes Opfer zu verlangen. Die polnischen Geistlichen haben sicherlich den Beweis ihrer Fähigkeit erbracht, auf neue Forderungen Gottes positiv reagieren zu können. Es werden alle Opfer, die Gott von uns verlangt, getreulich geleistet werden. Viele Priester, die das KZ überstanden haben, befinden sich bereits wieder im Gefängnis. Zu den Aufgaben der Führungskreise des Episkopates zählte es, das polnische Volk so zu führen, daß es zu keinen neuerlichen Verlusten kommt.

Wir müssen gegenwärtig rechnen, daß in einer Art *initia dolorum* die gesamte Entwicklung der Wirtschaft zu einem größeren Konflikt Christen – Glaubenslose führen wird. Wir müssen sozusagen die Positionen Gottes verstärken. So sieht die Wirklichkeit von seiten der Kirche aus.

Warum die Regierung der Volksrepublik Polen die „Vereinbarungen" abschließen wollte, ist unklar, man ist daher auf Vermutungen angewiesen. Es wäre alles leichter, wenn die Regierung nicht das Konkordat für ungültig erklärt hätte. Das bisherige Verhalten der Kirche hat in ihr Mißtrauen geweckt. Das hat natürlich die Chancen der „Vereinbarungen" verschlechtert, denn das Mißtrauen der Geistlichen und der katholischen Gesellschaft war nicht in Einklang damit zu bringen. Die Erfahrung hat gelehrt, daß die Kirche dort niemals ein Nein sagte, wo Frieden und Einverständnis erreicht werden konnten. Nach den schwersten Verfolgungen in Frankreich, in Deutschland zur Zeit Bismarcks, in Mexiko oder in Spanien ist es immer zu einem Waffenstillstand zwischen Kirche und Regierung gekommen. Die Geschichte der Konkordate ist reich an Beispielen dafür – sie zeigt viele Möglichkeiten. Während der fortdauernden Diskussionen über die Möglichkeit, eine „Vereinbarung" zu erreichen, habe ich natürlich immer daran gedacht, daß es keine totale Vereinbarung zwischen dem Staat und der Kirche gibt. Denn für eine solche Vereinbarung ist der Episkopat nicht kompetent. Sogenannte *„causae maiores"* sind dem Vatikan vorbehalten.

Hier hat es sich aber nicht um ein Konkordat, sondern eben um eine „Vereinbarung" *(accordo)* gehandelt. Diese Bezeichnung hat sich im letzten Augenblick ergeben. Es handelte sich nicht um eine grundsätzliche Regelung, sondern um das Festlegen eines *„modus vivendi"* zwischen dem Episkopat und der Regierung.

Mir scheint, daß es möglich und notwendig zugleich ist, wenigstens einige Punkte dieses *„modus vivendi"* zustandezubringen, wenn die Kirche nicht von dem Faktum einer beschleunigten und drastischen Ausrottung betroffen sein will. Die „Vereinbarung" sollte ein Puffer sein, um den wachsenden Konflikt zu mildern. Manches spricht sowohl *dafür* wie *dagegen.* Wie man dies einschätzt, hängt von der Denkweise ab, die wieder in der geistigen Struktur des Menschen wurzelt, der die ganze Verantwortung auf sich nimmt. Diese Denkweise – sei sie noch so unvollkommen und fehlerhaft – führt dazu, sich verantwortlich zu fühlen. Inwiefern diese Entscheidung und das ganze Handeln tatsächlich unvollkommen war, wird die Geschichte zeigen.

Im Moment der Entscheidung, als der polnische Episkopat während seiner Konferenz in Krakau, bei der auch Kardinal Sapieha*) anwesend war, unentschieden war, warf ich meinen Standpunkt in die Diskussion mit all seinen Positiva und seinen Mängeln. Obwohl die Wirklichkeit entscheidend war, bedeutete doch die geistige Struktur, über die wir von der Kirche her verfügen, in dieser Sache ein zusätzliches Argument. Die Kirche erzieht uns sowohl vom Evangelium wie auch von der thomistischen Philosophie her im Geiste der Mitarbeit und des gesellschaftlichen Friedens. Die kirchliche Soziallehre, das römische Recht, die katholische Lehre über Staat und Macht sowie die Soziologie, Wirtschafts- und Gesellschaftsethik, all das hat für mich Gewicht, weil ich es viele Jahre hindurch studiert habe. Es ist entscheidend für meine geistige und moralische Einstellung. Und so geht es jedem führenden Mitglied der Kirche. Diese gesellschaftsorientierte Einstellung ist unzweifelhaft die Frucht meines Lebens. Sie hat mir sehr bei meinem Streben nach friedlichen Lösungen geholfen. Ich war kein Stratege, ich habe nicht politisiert, ich habe nicht aufs Überleben spekuliert. Ich war davon überzeugt, daß eine positive Lösung der gesellschaftlichen Beziehungen notwendig ist – durch das Faktum der Koexistenz der katholischen Weltanschauung mit dem Staatsmaterialismus.

Man könnte sagen, daß die Positionen nicht gleich waren, denn wenn wir an die Diskussion prinzipieller Gründe gingen, politisierte die Gegenseite und trieb mit uns ein taktisches Spiel, sie wollte die Kirche „kompromittieren". In Kreisen der gesellschaftlichen Opposition hat man öfter über diesen Zustand gesprochen. Auch wenn man Zugeständnisse der Regierungsmitglieder der Gemischten Kommission (die über die „Vereinbarungen" verhandelt) berücksichtigt und annimmt, daß sie sich nach dem Prinzip *„pacta sunt servanda"* gerichtet haben, muß man den Vorsichtigen zugestehen, daß die Haltung beider Seiten ungleich war. Von den prinzipiellen Voraussetzungen der kirchlichen Lehre aus gesehen konnte man nicht sagen, daß wir die „Vereinbarungen" nicht wollten, denn die Kirche will immer eine Vereinbarung, auch dann, wenn sie gewisse Abstriche in Kauf nehmen muß. Das zeigt die Geschichte der Konkordate ganz deutlich. Um so mehr als der Text der „Vereinbarungen" keine rechtlichen Privilegien für die Regierung beinhaltet. Solche Privilegien kann laut kanonischem Recht nur der Heilige Stuhl einräumen. Die „Vereinbarung" in ihrem rhetorischen Inhalt war nur eine gegenseitige Garantie der „beiderseitigen Sicherheit" im Zusammenleben.

---

*) Kardinal Adam Stefan Sapieha († 1951), Erzbischof von Krakau, war für seine Integrität und seine unnachgiebige Haltung gegenüber der nationalsozialistischen Besatzung bekannt.

Der polnische Episkopat konnte nicht „nein" sagen. Wir haben überlegt, wie die Situation der Kirche aussehen könnte, wenn der polnische Episkopat den „Vereinbarungen" nicht zugestimmt hätte. Da die Regierung das Konkordat abgelehnt hatte und sowohl das kanonische Recht wie auch die kirchliche Verfassung nicht anerkennt, wäre ein rechtsloser Zustand hervorgerufen worden, und dies wäre bei den unvermeidbaren Kontakten, die durch unsere Koexistenz verursacht werden, recht hinderlich. Die Erfahrung einiger Jahre hat gezeigt, wie oft wir uns auf diese Vorschrift berufen konnten. Obwohl es nicht immer erfolgreich war, haben die „Vereinbarungen" doch die Hände der Regierung gebunden. Es hat die programmierte Zerstörung der Kirche gebremst. Zurückblickend könnten wir annehmen, daß die Regierung in den Augen der gesellschaftlichen Meinung sich selbst Ketten bei Verhandlungen gegenüber der Kirche angelegt hat. Die Störungskampagnen gegenüber kirchlichen Aktionen, die anfangs da waren, haben nachgelassen, ebenso die ausdrückliche Verfolgung der Kirche. Andrerseits war die Regierung gezwungen, ihr Liquidationsprogramm gegenüber der Kirche durchzuführen, mußte aber ihre Taten gut maskieren, um nicht vor der öffentlichen Meinung als Vergewaltiger der „Vereinbarungen" dazustehen.

Die Entwicklung der Oktober-Revolution in Rußland analysierend, konnte ich beobachten, daß das taktische Verhältnis zur Religion sich öfters gewandelt hat und immer eine gewisse Elastizität erkennen ließ. Am Anfang war das Verhalten sehr brutal. Gerichtsverfahren wurden gegenüber der Kirche voll durchgezogen. Die russischen Kirchen wurden gesperrt, die heiligen Ikonen wurden geraubt. All das hat mit der Zeit nachgelassen und hat der Methode Dimitrov*) Platz gemacht. Als der große nationale Krieg kam, hat die Regierung der Sowjetunion eine stille Vereinbarung mit der russischen Kirche abgeschlossen. Selbstverständlich war das eine Vereinbarung „am Bett eines Sterbenden", trotzdem waren noch genügend gesellschaftliche Kräfte vorhanden, die zu dieser Vereinbarung standen.

Diese Entwicklung in der UdSSR zeigt, daß jede Regierungsform, auch wenn sie ausgesprochen skrupellos vorgeht, mit der Zeit ihre Dynamik verliert. Langsam gibt sie nach, vor allem dann, wenn sie zu oft auf Schwierigkeiten stößt, welche die Beamten ohne Hilfe der Gesellschaft selbst nicht lösen können.

---

*) Georgi Dimitrov (1882–1949), Begründer der bulgarischen kommunistischen Partei. Konnte sich von der Beschuldigung der Nazis, 1933 den Reichstag in Brand gesetzt zu haben, reinwaschen. Von 1939–1945 war er Generalsekretär der bulgarischen KP, später Regierungschef.

Aus diesem Grund muß man sich um diese Gesellschaft bemühen. Man könnte auch annehmen, daß in unserem polnischen Experiment, das natürlich keine naturgetreue Kopie des russischen Musters ist, so eine Evolution möglich sein könnte. Eigentlich zeugten die Anfänge auch von einer solchen Evolution. Westliche Gesellschaften, welche das bolschewistische Experiment kennen, wie es z. B. im Prozeß gegen Erzbischof Cieplak praktiziert wurde, wissen aber nichts von dieser Evolution. Man hat beim Prozeß gegen Kardinal Mindszenty*) Europa gezeigt, daß alles möglich ist. Aber letztlich war das ein Versuch, die christliche Temperatur in Europa zu prüfen. Aufgrund der Beobachtungen der Entwicklung der Methoden des Kampfes gegen die Religion konnte ich annehmen, daß es in Polen anders sein könne, als es in Rußland, Ungarn oder in der Tschechoslowakei de facto war.

Die Verfassungen der demokratischen Staaten, insbesondere die der Deutschen Demokratischen Republik, haben gezeigt, daß die rechtliche Seite dieser Angelegenheiten in jedem demokratischen Land anders aussehen kann.

Wir wissen, daß sich die katholische Kirche in der protestantisch dominierten Deutschen Demokratischen Republik in einer viel besseren Situation befindet als z. B. bei uns in dem katholischen Land Polen. Die ungleiche Stellung von Staat und Kirche, der Atavismus der Lüge, mit welchem die Gegenseite taktiert, und die Weiterentwicklung und Veränderlichkeit der Handlungsweisen, Motive und Methoden veranlaßten mich, damit zu rechnen, daß das polnische Experiment anders verlaufen werde, daß mehr „herauszuholen" wäre. Ins Spiel käme natürlich auch das ganze Programm des gesellschaftlich-ökonomischen Umbaues. Das konnten wir aber nicht berücksichtigen, bevor wir einen Enschluß faßten. Ich war davon überzeugt, daß dieses Programm noch viel Zeit vor sich hat und zu gewissen Teilen sicher realisiert werden könnte. Um so mehr hielt ich das Umbauen der gesellschaftlich-wirtschaftlichen Struktur für notwendig, genauso wie eine ganze Menge von Leuten, die seit langem um die gesellschaftliche Gerechtigkeit in Polen kämpfen. In diesem Augenblick konnte ich mich nicht für eine Seite entscheiden, wußte vor allem nicht, welches gesellschaftlich-wirtschaftliche System Polen benötigt. Ich weiß, daß das vorhandene nicht bleiben kann und daß der gesellschaftliche Frieden, der als Bedingung der

---

*) Kardinal Mindszenty (1892–1975) wurde 1948 verhaftet und im Oktober 1956, am selben Tag wie Kardinal Wyszynski, freigelassen. Im Gegensatz zum polnischen Primas, der im Interesse des Volkes um einen Modus vivendi mit dem Regime bemüht war, blieb Mindszenty unnachgiebig. Nach der Niederschlagung des ungarischen Aufstandes durch die Sowjets flüchtete er in die amerikanische Botschaft in Budapest. Auf Bitte des Papstes konnte er 1977 Ungarn verlassen. Er starb 4 Jahre später in Wien.

innerlichen Freiheit gilt, wirtschaftliche Umwandlungen benötigt. Eine riesige Konzentration aller gesellschaftlichen Kräfte wurde für den Umbau des Systems gebraucht. In diesem Milieu hat es auch nicht an Ratschlägen und Anregungen von seiten der Kirche gefehlt. Selbstverständlich ist es nicht wahr, wie die „fortschrittlichen gesellschaftlichen Katholiken" glauben, daß die Kirche auf diesem Gebiet nichts geleistet hat. Gewiß war sie nicht ein Hort der Revolution, doch hat sie eine große Befreiung des Gewissens zustande gebracht und hat dadurch die Freiheit der Kämpfe um ein gerechtes gesellschaftliches System gesichert.

Das war ein psychisches Atemholen und Luftschöpfen vor dem Start in eine bessere Zukunft. In Polen hat es an gesellschaftlichen Kräften nie gemangelt – weder unter den Geistlichen noch unter den Laien, welche auf den Umbau des Systems geistig vorbereitet werden. Diese Kräfte waren gar nicht so weit weg von den sozialistischen Bestrebungen. Ihr programmatischer Atheismus hat freilich einen schädlichen Keil in die Gemeinsamkeit getrieben.

Hätte nicht der engstirnige Atheismus so oft in den religiösen Kämpfen dominiert, könnte die polnische Gesellschaft mit ihrer kulturellen geschichtlichen Demokratie das beste Feld für die Arbeit einer vernünftigeren Regierung sein. Selbstverständlich müßte die Regierung frei von Demagogie sein, durchaus gesellschaftlich orientiert und unabhängig von jenem äußeren Druck, welchen die Popularität gegenüber der Gesellschaft gekostet hat, die die Opfer bringen mußte. Ich wollte mich nicht entscheiden, mit welcher Belastung die Regierung den Umbau der gesellschaftlich-wirtschaftlichen Aspekte in Polen begonnen hat. Es war deutlich, daß diese Belastungen eine vernünftige Vorgangsweise bedingen, damit dieses Programm leistungsfähig sein konnte.

Leider haben die Beobachtungen gelehrt, wie wenig gesellschaftliches Talent diese Regierung gehabt hat, wieviel sie auf politische Repression und deren Kräfte gesetzt hat und wie sehr sie dadurch selbst einen großen Teil der Ergebnisse wieder gestrichen hat, denn die gequälte Nation hat sich in Opposition gestellt, auch gegenüber vielen guten und richtigen Bestrebungen.

Wenn der Marxismus direkt vom Westen ohne östliche Vermittlung gekommen wäre, wäre er sicherlich mit mehr Vertrauen angenommen worden – wie der Vorkriegsmarxismus von 1905–1907.

Die polnische Regierung hat viele Fehler begangen: Übertriebene Verminderung der Werte und der wirtschaftlichen Ergebnisse der Vorkriegsperiode, krasses Loben der sowjetischen wirtschaftlichen Errungenschaften, Aufdrängen der Muster der russischen Literatur, Ignorieren der wahren Führer des politischen Lebens, falsche Einschätzung der gesellschaftlich-wirtschaftlichen Wirklichkeit Polens, Unkenntnis der gesellschaftlichen Psychologie der Nation – Repressionen, Zerstörung des ausgebauten gesellschaftlichen Lebens, Liquidation der Parteien und der freien Gewerkschaften und noch vieles andere.

Das waren die gröbsten Fehler, die den Staat wesentlich bei seinem gesellschaftlich-wirtschaftlichen Umbau gehindert haben. In dieser Situation könnte selbst das liberalste Programm nicht ohne Anwendung von Gewalt realisiert werden. Nachdem die Regierung so viele Fehler begangen hatte, erkannte sie, daß ihr nichts anderes übrigblieb als der Zwang. Leider versagt Gewalt als Mittel zum Umbau aber gerade dort, wo man den guten Willen und die Zusammenarbeit der gesellschaftlichen Schichten für das Gemeinwohl brauchen würde. Die Regierung hat nicht gezögert, Gewalt anzuwenden. Es war selbstverständlich, daß diese Gewalt zunehmend das einzige Mittel sein würde, je mehr der gesellschaftlich-wirtschaftliche Umbau unter Beibehaltung der eben skizzierten Fehler fortgesetzt wurde. Diese Fehler hat man noch vermehrt, indem man das religiöse und moralische Leben durch den Bruch des Konkordates, durch Angriffe auf den Heiligen Stuhl sowie durch Förderung der moralischen Freizügigkeit der Jugend beeinträchtigte. Dieser Schlag gegen die Kirche mußte Proteste aus der Bevölkerung hervorrufen, denn dieses Land hat nie zuvor Religionskriege gekannt. Selbst jene Schichten der Gesellschaft, die der Religion gleichgültig gegenüberstanden, werden zunehmend wachsam und mißtrauisch gegenüber den Initiatoren der religiösen Kämpfe.

Gewalt als Mittel des gesellschaftlich-wirtschaftlichen Umbruches könnte eine Situation schaffen, in welcher die Arbeit der Kirche unmöglich sein wird. Es reicht z. B. die Durchführung der projektierten gleitenden Arbeitszeit, welche den Rhythmus der 7-Tage-Woche mit dem Sonntag als Feiertag durch das Dekadensystem ersetzt, um das kirchliche Leben zu desorganisieren. Das neue Landwirtschaftssystem, dessen Anfänge wir in den landwirtschaftlichen Produktionsgenossenschaften vor uns haben, konnte bereits wesentlichen Schaden im religiös-moralischen Leben auf dem Lande anrichten, ebenso die drohende Enteignung aller kirchlichen Bauten, die zum öffentlichen Eigentum erklärt wurden. Die Ergebnisse waren nach den russischen Erfahrungen leicht vorauszusehen: die Kirche auf dem Land würde von den Produktionsgenossenschaften abhängig sein. Es ist selbstverständlich, daß vom Programmieren bis zum Ausführen eine lange Strecke ist, aber wer die Zeit und auch die nötigen Mittel und Motivationen hat, der wird das bestimmt schaffen.

Man mußte mit dieser Perspektive rechnen, als es notwendig war, auf die Vorschläge der „Vereinbarungen" einzugehen, denn die „Vereinbarungen" haben die angespannte ökonomische Situation der Pfarrgemeinden ein wenig gemildert, und bis zum heutigen Tag hat die Kirche keinen wesentlichen Schaden erlitten.

Das war sicher nicht das entscheidende Motiv bei diesen Verhandlungen, aber ein wichtiges Ergebnis.

Die Motive, die bei der Bischofskonferenz im März 1950 in Anwesenheit von Kardinal Sapieha zur Entscheidung geführt haben, waren: 1. Man sollte auf den Abschluß der „Vereinbarungen" drängen. 2. Das Projekt muß aufs neue modifiziert werden. 3. Die Verhandlung mit der Gemischten Kommission muß auf alle Fälle weitergeführt werden. – Kardinal Sapieha war, als er von Warschau nach Rom fuhr, über den Standpunkt des Episkopates gut informiert und hatte diesem zugestimmt. Diese „Vereinbarungen", die am 14. 4. 1950 unterschrieben wurden, waren seit diesem Zeitpunkt ein Argument in der Hand des Episkopates im Kampf um die Rechte der Kirche. Das war unser einziges Argument, denn die Regierung hat sich nicht an die Bestimmungen der Verfassung gehalten, sie hat das Konkordat gebrochen und hat auch die Bestimmungen des kanonischen Rechtes nicht anerkannt.

Montag, 28. 9. 1953

Eben ist ein junger Mensch in hoher Position mit versteinertem ausdruckslosem Gesicht zu mir gekommen. Ich erklärte ihm noch einmal meinen Standpunkt gegenüber der auf mich ausgeübten Gewalt. Bei jenen Menschen, die Gerechtigkeit gewöhnt sind, könnte es Staunen erwecken, wie es möglich sei, aufgrund eines einseitigen Beschlusses, in Abwesenheit der Kommissionspartner, über das Schicksal eines Bürgers zu entscheiden und dadurch sowohl gegen die Verfassung wie gegen die „Vereinbarungen" zu verstoßen.

Die Regierung hat sich nicht die geringste Mühe gegeben, was doch die mindeste Pflicht der Gerechtigkeit wäre (audiatur et altera pars!), auch meinen Standpunkt zu erheben. Wenn Vorwürfe an meine Person vorhanden waren, wäre es einfacher gewesen, mir eine Chance zu geben, mich damit auseinanderzusetzen. Vielleicht könnte das vor Schritten bewahren, welche die zivilisierte Welt zu Angriffen auf Polen benützen wird. Ich schloß mit den Worten: „Der Wächter verklebt mit Buntpapier die Scheiben der Fenster, damit niemand den Primas von Polen sehen kann. Trotzdem wird niemand in der Lage sein, diese Fenster vor der Welt zu verbergen, denn alle werden wissen, wo ich in Gefangenschaft gehalten werde." – „Sie übertreiben", sagte mein Gesprächspartner. „Das ist nicht übertrieben", stellte ich fest, „sondern die Wirklichkeit, die Ihr aber nicht kennt, weil Ihr euch vor dieser Wirklichkeit verschließt. Die Position des Primas von Polen bedeutet für die Welt viel mehr als die Position jedes anderen Hierarchen in Osteuropa. Darüber kann man nicht diskutieren, das ist nun einmal so. Wer nur ein wenig Europa kennt, weiß, daß das so ist. Man muß schon unter großer Verblendung leiden, um auf einen einzelnen Bürger mit derart schweren Geschützen zu schießen, statt die menschliche Sprache zu benützen. Ich erwarte außerdem eine Verantwortung hinsichtlich der mir gegenüber ausgeübten Gewalt."

Mein Gesprächspartner versprach mir, daß ich innerhalb der kommenden vier Tage eine solche Erklärung zu meiner Situation erhalten werde, Vertreter der Regierung würden sich bei mir melden und wollten mit mir ein Gespräch führen. Ich äußerte meine Bereitschaft zu diesem Gespräch.

Nach einer weiteren „missa sicca" blättere ich einen Stoß Bücher, welcher auf dem Fußboden liegt, durch.

Unter eine Menge von Predigt- und Andachtsliteratur, die keinen größeren Wert für mich hat, finde ich doch manche Bücher, die ich zu meiner Lektüre wähle, und beginne mein Leben als Gefangener. Dieses Wort darf ich freilich nicht laut äußern, denn meine Umgebung protestiert dagegen: „Das ist doch kein Gefängnis!" Mich bewachen etwa zwanzig Menschen in Zivil. Sie verlassen den Gang weder am Tag noch in der Nacht. Knirschende Treppen und das Geräusch von Schritten höre ich den ganzen Tag über. Es fehlt an elektrischen Birnen. Einer der jüngeren Menschen sitzt die ganze Nacht hindurch auf einem krummbeinigen Stuhl vor meiner Tür und liest beim Schein von Altarkerzen in verschiedenen Büchern. Im Hof halten sich immer ein paar junge Menschen auf, die meine Fenster nicht aus den Augen lassen. Ansonsten sind sie durchaus freundlich, halten sich aber auf Distanz. Ich verlange, daß man es mir ermöglicht, die heilige Messe zu feiern, und erfahre, daß ich die Kirche nicht besuchen darf. So bitte ich um die nötigen Sachen zum Zelebrieren einer heiligen Messe, die ich in der Zelle feiern will. Diese Gegenstände können mir doch aus der nahe gelegenen Kirche geholt werden. Man ging nicht auf diesen Vorschlag ein.

Mittwoch, 30. 9. 1953

Heute habe ich liturgische und kirchliche Geräte, welche ich zum Feiern der heiligen Messe brauche, erhalten. Man hat sie mir aus der Miodowa-Straße gebracht. Es fehlen freilich ein Altarstein, der Meßwein, Hostien, Gefäße für Wasser und Wein sowie ein Meßbuch. Man hat mir versprochen, all dies und auch noch Kerzen zu besorgen. Vor dem Verlassen meines Hauses hatte ich den Wunsch geäußert, noch die Kapelle zu besuchen. Der Herr, der mir das „Regierungsdekret" überreicht hatte, erklärte damals: „Dort wird es ohnehin eine Kapelle geben." Er hat gelogen, ähnlich wie seine Kollegen, die am Tor einen Brief von Minister Bida an Bischof Baraniak zu bringen vorgaben. Man hat auch meine Mitbewohner in der Miodowa-Straße belogen, denn sie wußten offensichtlich nicht, daß ich keine Kapelle zur Verfügung habe, und schickten mir deswegen nur den Kelch und das Meßgewand. Ich war entschlossen, die heilige Messe auf dem krummbeinigen Schreibtisch, welcher mir bis jetzt als Eßtisch und Arbeitsplatte gedient hat, zu feiern. Mit den Geräten für die heilige Messe habe ich auch einige Bücher erhalten, die mir den Übergang zum Leben eines Menschen, „der lernt", ermöglichen. Die Zusammenstellung dieser Sachen hat der Priester Gozdziewicz organisiert. Dies beunruhigte mich hinsichtlich des Schicksals von Bischof Baraniak, denn dieser hochkorrekte Mensch würde – wenn er zu Hause geblieben wäre – die Zusammenstellung der mir geschickten Sachen sicher persönlich vorgenommen haben. Zwischen den Büchern, welche man mir brachte, fand ich die Geschichte der Kirche von Seppelt, die Geschichte von Paulus von Tarsos des Priesters Dąbrowski, ein Buch über die Resurrektionisten und die Nonnen des Ordens der unbefleckten Jungfrau Maria, geschrieben vom Priester Obertynski, „Die Herrschaft Kasimirs des Großen" von Z. Kaczmarek und ein kleines Gebetbuch „Ave Maria", welches ein unbekannter Priester in den Zimmern der Bischöfe während der letzten Andachtsübungen im Kloster auf dem Jasna Góra verteilt hat.

Ich beschließe, mir meine Zeit so aufzuteilen, daß mir praktisch keine freie Zeit zum Nachdenken bleibt. Deswegen habe ich nach der heiligen Messe (heute war auch noch „missa sicca") mit der Lektüre meiner Bücher begonnen. Ich lese sie abwechselnd, damit mich die Abwechslung des Themas vor der Langeweile schützt. Ich habe auch ein französisch geschriebenes Buch über den heiligen Franziskus gefunden. Es ist nicht umfangreich, aber sehr wertvoll. Das zweite fremdsprachige Buch ist eine italienisch geschriebene Sammlung von Ansprachen. Diese zwei Bücher dienen mir gleichzeitig auch für Sprachübungen. Die Lektüre unterbreche ich, um die Stundengebete zu verrichten und auf diese Weise die Arbeit mit dem Gebet zu verbinden. Aus dem Brevier lese ich, in meinem kleinen Zimmer herumgehend, um den Mangel an Luft zumindest durch diese regelmäßige Bewegung auszugleichen. Am Abend, wenn es dämmert – es fehlt hier, wie gesagt, an Licht –, bete ich, durch das Zimmer wandernd, den Rosenkranz.

Ich bete viel zu meiner gebenedeiten Patronin, der heiligen Mutter vom Jasna Góra – für meine beiden Erzdiözesen, die Bischöfe und meine ehemaligen Mitbewohner in der Miodowa-Straße.

Donnerstag, 1. 10. 1953

Heute in der Früh habe ich zwei Stearinkerzen und zwei Kerzenständer sowie eine Flasche „Riesling" erhalten.

Ich kann also die heilige Messe wieder „normal" feiern – die erste, seit man mich aus der Hauptstadt weggebracht hat. Ich freue mich sehr, daß ich den Rosenkranzmonat mit einer heiligen Messe beginnen kann. Ich danke der Muttergottes für diesen Beweis ihrer Mutterliebe und dieses Zeichen ihres Lächelns. Alle heiligen Messen im Oktober werde ich zu Ehren der Mutter Gottes vom Jasna Góra feiern. Heute habe ich richtig volle Hände, mit welchen ich dem himmlischen Vater seinen priesterlichen Sohn opfere. Der Priester muß doch Gott in den Händen haben, um sich damit vor den himmlischen Vater zu stellen. Er muß aber auch das Volk bei sich haben. Diese Einsamkeit bei der Hingabe des heiligen Opfers empfindet man ebensosehr wie das Fehlen der Hände. Ein Priester ist nun einmal *pro hominibus* bestimmt.

Aus diesem Grund rufe ich innerlich zu meiner vereinsamten heiligen Messe alle jene herbei, an welche mich mein Gedächtnis erinnert, und besonders diejenigen, welche ich so oft und bei jeder Gelegenheit zum Rosenkranzbeten zu Ehren der heiligen Muttergottes vom Jasna Góra angeregt habe.

Ich weiß, daß ich heute für sie die größte Versuchung bin. Ich muß sie unterstützen, damit sie nicht verzweifeln. Es ist eine merkwürdige Sache, wie nahe einem die Angst sitzt, daß der Glaube ins Wanken geraten könne.

Ein Mensch, der stark an Gott glaubt, erwartet alles so rasch von Gott, daß jede Verzögerung Beunruhigung in ihm hervorruft. Das ist nicht Unglaube, sondern die „Überraschung" über den Konflikt „Macht und Güte Gottes".

Ich bange sehr um diese Menschen, die so sehr an die unmittelbaren Wirkungen des Gebetes glauben, daß sie zu rasche Ergebnisse ihrer Gebete erwarten und im Falle einer Verzögerung von Gottes Antwort mit ihrem Gebet aufhören.

Ich weiß von Anfang an, daß meine Angelegenheit Zeit und Geduld erfordert – und daß sie lange dauern wird.

Sie ist für Gott notwendig: Damit ist es nicht mehr so sehr „meine Angelegenheit, sondern die Angelegenheit der Kirche". Solche Sachen dauern lange.

Sonntag, 4. 10. 1953

Nach der heiligen Messe besucht mich wieder der Herr in der Kunstlederjacke. Seine Augen weichen meinen aus, obwohl sein Gesicht ruhig wirkt, er hat sich mit Objektivität gewappnet. Die gewohnten Fragen beginnen. Ich erinnere ihn an die Ankündigung des Gespräches, welches ein paar Herren mit mir führen wollten. Er antwortet: „Es ist in dieser Sache eine kleine Verzögerung eingetreten, weil sich in der Zwischenzeit neue Umstände und dadurch neue Gesichtspunkte ergeben haben. Ich bin aber nicht berechtigt, Erklärungen darüber abzugeben." Ich verstehe ihn – er spielt, um Zeit zu gewinnen. Während des Tages ist mir ein Exemplar der Zeitung

„Slowo Powszechne" in die Hände geraten. In einem dort gefundenen Artikel las ich über die Versammlung der Bischofskonferenz unter Leitung von Bischof Klepacz, und daß die Konferenz eine Erklärung abgegeben hat, die alle bisherigen Schwierigkeiten überwinden und neue Möglichkeiten zur Realisierung der „Vereinbarungen" schaffen soll. Diese Erklärung setzt den guten Willen der Regierung voraus, die Wünsche des Episkopats zu berücksichtigen. Mit einem Wort gesagt: *Treuga Dei!* Meine Erfahrungen der vergangenen Jahre halfen mir natürlich sehr, diese Art von Information entsprechend zu interpretieren. Das sind wohl die „neuen Umstände", auf die der Herr in der Kunstlederjacke angespielt hat. Meine „Gardisten" lesen offenkundig nur die katholische Presse: Überall findet man einzelne Blätter der Zeitung „Slowo Powszechne" *), der „Tydzień Wroclawski" **) und der veränderten „Tygodnik Powzechny". Einer von denen, die in der Nacht den Gang bewachen, studiert mit Eifer den „Katholischen Kalender", der von der Organisation *ZBOWID* ***) herausgegeben wird. Die Abfälle unseres Hauses hier werden in Exemplare der Zeitung „Slowo Powzechne" verpackt, ehe sie weggebracht werden.

Am Abend fand ich einen Teil der Zeitung „Trybŭna Lŭdŭ" mit einem Artikel von Herrn Ochab vom 26. 9. dieses Jahres. Dieser war gegen die bisherige Führung der Bischofskonferenz gerichtet. Der General wirft mir vor, daß ich 1. die Durchführung der „Vereinbarungen" störe und 2. die Stabilisierung der kirchlichen Verhältnisse in den Westgebieten ****) erschwere.

Einen großen Trost bedeutet für mich die Lektüre des Buches des Priesters Eugeniusz Dábrowski – die Geschichte des Paulus von Tarsos. Es ist ein für mich hochaktuelles Buch, weil es die Notwendigkeiten befriedigt, die in der Seele eines Menschen, der *die vincula Christi* trägt, entstanden sind. Die Bedingungen unseres Daseins sind verschieden, aber das Ideal ist das gleiche, und es ist

*) „Slowo Powzechne" (Das allgemeine Wort), das Organ der regimefreundlichen Organisation P. A. X., trachtete, die Einheit zwischen der Kirche und den Gläubigen Polens zu untergraben.
**) „Tygodnik Powzechny" (Allgemeine Wochenzeitung), der Gruppe Znak nahestehende katholische Wochenschrift. Seit ihrer Gründung im Jahre 1945 vertritt sie die Interessen der Bevölkerung.
***) ZBOWID (Zwiazek Bojownikow o Wolnosc i Demokracje), die Union der Kämpfer für Freiheit und Demokratie, vereint verschiedene politische Richtungen, jedoch mit kommunistischer Dominanz. Die Partei bedient sich dieser Organisation für Aktionen, die der „nationalen Unterstützung" bedurften.
****) Im Februar 1945 in Jalta und im Juli 1945 in Potsdam wurden die polnischen Grenzen neu festgesetzt: vor allem die Oder-Neiße-Linie als Westgrenze Polens. In den Jahren 1945–1949 verließen – zunächst durch Flucht vor der Sowjetarmee, dann durch Zwangsumsiedlung – 9 Millionen Deutsche die nun polnischen Nord- und Westgebiete. Seit dem Vertrag mit der BRD 1975 verließen weitere 125.000 deutschstämmige Bewohner der Westgebiete Polen in Richtung Westdeutschland.

dieselbe Sache, für welche wir mit dem Entzug unserer Freiheit leiden. Eine Analogie? Mit einem Mann von der Größe des heiligen Paulus kann man sich nicht vergleichen. Aber es drängen sich doch Parallelen auf, da es um die Sache Christi geht, die jetzt schon fast zweitausend Jahre dauert – und bis zum heutigen Tag sitzen noch Menschen dafür in Gefängnissen. Die Sache hat sich nicht überlebt. Sie ist aktuell, frisch, jung und einladend. Viele Werte haben sich verändert, viele Gefängnisse wurden in Trümmer zerschlagen, viele Schlüssel sind verrostet, viele Schlösser und Ketten sind gefallen – aber die Angelegenheit ist von Dauer.

Bis jetzt wird sie verteidigt. Sie lebt! Die Ketten des Paulus werden nicht nur durch geschichtliche Erinnerungen bewegt. Ihr Lebensstrom reicht bis zu meiner Zelle.

Ich danke Gott für die Gnade dieses Buches. Heute habe ich mir meinen Kreuzweg eingerichtet. An die Wand habe ich mit einem Bleistift die Namen der Stationen der Qualen des Herrn geschrieben und mit kleinen Kreuzen bezeichnet. Der Rest – *Ecclesia supplet.* Durch den Herrn in der Kunstlederjacke habe ich den Bischof Baraniak bitten lassen, daß er mir ein Missale Romanum, Reliquien des heiligen Stanislaus und der heiligen Julia, die ich in meinem Schlafzimmer gelassen habe, und Halbwachskerzen für die heilige Messe sowie Schreibmaterialien und verschiedene Toiletteartikel (Rasierklingen, Zahnbürste, Nadeln und Zwirn) schicken möchte. Weiters habe ich um folgende Bücher gebeten:

Dobraczynskis „Briefe des Nikodemus", Manzonis „Promessi sposi", einen Sammelband über Maria (zwei Bände), die russische Ausgabe von Tolstojs „Krieg und Frieden", Grabskis „200 Städte", Thiels „Über das Priestertum" und die „Imitatio Christi" des Thomas a Kempis.

Mittwoch, 7. 10. 1953

Heute ist ein großes Fest in meiner Zelle: „Tag der hl. Jungfrau vom Rosenkranz". Bei der heiligen Messe herrscht einiges „Gedränge". Ich habe alle jene, welche ich zum Rosenkranzgebet angeregt habe, dazu „eingeladen". Ich möchte, daß sie sich in ihrer Geduld bewähren. Ihnen könnte es scheinen, als sei die Zeit der Gnade, um welche sie beten, gekommen. Und diese Gnaden, um welche wir heute bitten, wirken schon, aber in einer anderen Form, und sie werden auch noch später wirken. Deutlich sehe ich, daß der im jetzigen Moment des Lebens der Kirche für mich passendste Ort das Gefängnis ist.

Ab und zu sind mir Stimmen von seiten solcher Menschen zu Ohren gekommen, welche die Strömungen des gesellschaftlichen Denkens erforschen und die feststellten, daß diese Gesellschaft nicht immer genügend über die „politische" Taktik des Episkopates Bescheid weiß. Schon Anfang Mai dieses Jahres hat man darüber gesprochen, daß die Kirche sich selbst absichert, „so gut sie nur kann", und daß die Bischöfe die Priester nur ungenügend verteidigen. Selbstverständlich hat das Fehlen einer freien Presse und Meinung nicht gerade zur richtigen Information beigetragen, diese eigentlich gar nicht erlaubt. Die Gesellschaft weiß nichts von den vielen Briefen, Memoranden und Protesten, welche das Sekretariat der Bischofskonferenz und der unermüdliche Bischof Choromanski zusammen mit mir, die Rechte der Kirche verteidigend, der Regierung übermittelt haben.

Das Memorandum vom 8. 5. dieses Jahres z. B. hat die breitere Öffentlichkeit nicht tangiert. Meine Predigt während der Fronleichnamsprozession in der Hauptstadt war nur ein „Regentropfen im Meer" zu dieser schweren Arbeit der Verteidigung der Rechte der Kirche vor der neuen Inquisition. Die Gesellschaft kann daher mit einigem Recht zu solchen Befürchtungen kommen.

Der Prozeß gegen Bischof *Kaczmarek**) wurde trotzdem von seiten der öffentlichen Meinung mit Mißtrauen verfolgt; die Regisseure haben auch diesmal übertrieben. Sie beabsichtigen, aus dem Bischof einen „universellen" Verbrecher zu machen. Es fehlt ihnen an Gefühl dafür, was die Nation sich gefallen läßt und was nicht.

Polen ist eine Nation von hoher Kultur.

Aber in meinen Gedanken hat der Prozeß große Beunruhigung hervorgerufen. Das Volk hat die gegenüber dem Bischof erhobenen Vorwürfe nicht geglaubt.

Die polnische Intelligenz hat am Verhalten des Bischofs auf der Anklagebank Anstoß genommen. Die einfachen Menschen haben auf ihre eigene Weise „diesen Anstoß" erklärt: „Das war kein Bischof, das war nur ein Strohmann", erklärte z. B. ein Arbeiter einem Priester während einer Bahnfahrt. – Und doch war er ein Bischof. Er hat übrigens Taten „gestanden", die er gar nicht begangen hat. Er hat z. B. gestanden, daß er politische Instruktionen vom Heiligen Stuhl erhalten habe und während der Bischofskonferenzen sein politisches Programm trotz des Widerstandes der Bischöfe durchsetzen wollte. Kein Wort davon ist wahr. Wie kam man dazu, so etwas zu behaupten!

Ich mußte gegen eine solche Unterstellung im Namen des Heiligen Stuhles und des Episkopates protestieren. Aus diesem Grunde habe ich kurz vor meiner Verhaftung einen Brief an den Premierminister gerichtet. Darin stellte ich entschlossen fest: 1. Der Heilige Stuhl hat niemals versucht, uns politische Anweisungen zu geben. 2. Während der Bischofskonferenzen wollte niemand sein politisches

---

*) Msgr. Czeslaw Kaczmarek, Bischof von Kielce, wurde am 21. Jänner 1951 verhaftet und erst Ende 1956 freigelassen.

33

Programm durchsetzen, die einzige Materie unserer Beratungen, die einen politischen Charakter trug, waren die „Vereinbarungen". Dieser Brief, der eine eindeutige Widerlegung der Anschuldigungen gegen Bischof Kaczmarek enthielt, könnte die Regierung beträchtlich verärgert haben. Der Brief wurde als Ergebnis der Sitzung der Bischofskonferenz im Kloster auf dem Jasna Góra abgeschickt.

Trotz meines Briefes belastete mich das Schreckensbild des Schicksals von Bischof Kaczmarek weiterhin. Es schien mir, daß das nicht alles war, daß für die Erhaltung der moralischen Autorität des Episkopates von Polen noch mehr geschehen müsse. Und hier ist mir die Regierung sozusagen von selbst zu Hilfe gekommen. Vom Standpunkt der „politischen Staatsräson" aus betrachtet, konnte die Regierung keinen größeren Fehler begehen, als zuzulassen, daß diese zwei Fakten so nahe aufeinander folgen: der Prozeß gegen Bischof Kaczmarek und meine Verhaftung. Die Verbindung dieser zwei Fakten ist sehr bezeichnend.

Samstag, 10.10.1953

Meine *gratiarum actio* für den Sieg bei Chocim*) war sehr festlich: mit einer Stearinkerze, einer Viertel-Hostie und nur ein paar Tropfen Wein. – Aber die Seele hat sich mit der Fülle des Kelches gelabt, welchen die Kirche ihrem Diener reicht, damit er für die Gottesgnade, die unserer Nation geschenkt wurde, danken kann. Mit leidenschaftlicher Bewegtheit habe ich heute den Lebenslauf der Aniela Salawa, einer Krakauer Dienerin, gelesen. Obwohl das Buch schlecht geschrieben ist, tritt das Profil Anielas deutlich hervor: ihre angeborene Intelligenz – sie war ein einfaches Mädchen aus dem Vorgebirge – war ein guter Grund für die Arbeit der Gnade. Je mehr Gott sie für sich gewonnen hat, um so mehr hat sie sich den Menschen in wunderbarer Bereitschaft zu Opfer und Dienerschaft ergeben; sogar zum Leiden für die anderen war sie bereit.

Das ist eine makellose Patronin für die gegenwärtigen Zeiten. Ich beschließe, daß ich mir Mühe geben werde, den Heiligsprechungsprozeß dieses für die heutige Zeit so nützlichen Vorbildes möglichst zu beschleunigen.

Eben besuchte mich der Herr in der Kunstlederjacke. Er ist wie immer „objektiv" und hält sein Herz fest im Griff – ein Kandidat ebenso für einen Intellektuellen wie für einen sadistischen Polizisten. Ich erkläre ihm meinen Kummer darüber, daß ich nichts über die Situation in der Miodowa-Straße weiß, ob die Bauarbeiten fortgesetzt werden oder nicht; ob Bischof Baraniak zu Hause ist oder nicht; ob

---

*) Ein Dorf am Dnjestr (gehört heute zur UdSSR), wo die polnische Armee 1673 unter Führung ihres Königs Jan III. Sobieski einen Sieg über die Türken davontrug.

er wohl vom Sekretariat aus das Geld für den Bau des Erzbischöflichen Palais überweisen wird und die Arbeiter ihren Lohn erhalten werden; wenn er nicht dort ist, dann werden diese Menschen ohne Geld bleiben, denn niemand außer ihm ist berechtigt, Überweisungen zu unterschreiben. Ich betrachte dieses Problem als eine für mich wichtigere Sache als mein persönliches Schicksal. Mein Gesprächspartner äußert seine Verwunderung darüber: „Wichtiger als Ihre persönliche Situation?!" – „Ja, mein Herr, denn hier geht es um andere Menschen und nicht um mich, und meine Verpflichtungen gegenüber arbeitenden Menschen sind für mich wichtiger als meine Gefangenschaft". Der Mann in der Kunstlederjacke antwortete: „Den Bischof Baraniak haben sie in der Miodowa-Straße gelassen." – „Im Zusammenhang damit kann ich also beruhigt sein?" – „Ja, aber ich werde darüber meinem Vorgesetzten berichten."

Sonntag, 11. 10. 1953

Fest der Gottesmutterschaft der allerheiligsten Jungfrau Maria. Aus der nahe gelegenen Kirche erreichen mich die Gesänge des Volkes – der Gesang wird deutlicher, wenn sich die Kirchentüren zum Klostergang hin öffnen.

Die Freude steigt in mein Herz, daß die Muttergottes ihre Huldigung empfangen kann.

In der Lesung des heutigen Tages werden häufig Gedanken beschrieben, die mit meiner Bindung an die Muttergottes zusammenhängen. Früh habe ich meine leibliche Mutter begleitet, die besonders die Muttergottes von „Ostra Brama"*) in Wilno verehrt hat. Dorthin ist sie auf Pilgerfahrten noch von Schlacken aus gefahren. Meinen Vater dagegen zog es immer zum Kloster Jasna Góra.

Die Verehrung der Mutter Gottes war in unserer Familie sehr ausgeprägt. Öfters haben wir in den Abendstunden gemeinsam den Rosenkranz gebetet. Als meine Mutter am 31. 10. 1910 in Andrzejewo starb, waren ihre letzten Worte an mich: „Stefan, zieh dich an." – Ich bin hinausgegangen, habe den Mantel genommen und kehrte dann ans Bett zurück. Damals habe ich das nicht verstanden. Erst später hat mir der Vater erklärt, was die Mutter damit gemeint hat. Nach dem Tod meiner Mutter hat unsere Hausdienerin, die sehr geliebte Ulisia, uns öfters über die himmlische Mutter erzählt. Mit meinem ganzen Herzen war ich der schönen Skulptur der Mutter Gottes, die auf dem kirchlichen Friedhof stand, verbunden. Spä-

---

*) Gemeint ist die Statue der Hl. Jungfrau Maria in Wilno (seit 1945 Hauptstadt von Litauen) in einem Bogen der Ostra Brama („Tor der Morgenröte"), aus der 1. Hälfte des 16. Jh., von den Polen durch die Jahrhunderte als wundertätige schwarze Muttergottes verehrt.

ter, als ich schon in Warschau auf dem Wojciech-Górski-Gymnasium war, zog mich mein Gefühl zur Skulptur der Muttergottes von Passawska in der Przedmieście-Straße in Krakau vor der Kirche Res sacra miser, wo sich manche Schulklassen zum Gottesdienst versammelten.

Während des Aufenthaltes im Priesterseminar in Wloclawek haben sich zwei Andachten wunderbar ergänzt: die zum Heiligsten Herzen Jesu und die zur Muttergottes vom Jasna Góra (deren Bild sich an einem Seitenaltar befand).

Die Feste der Jungfrau Maria habe ich immer mit großer Erhebung des Geistes begangen. Meine Priesterweihe habe ich in der Kapelle der Mutter Gottes von Tschenstochau im Dom von Wloclawek erhalten. Die erste heilige Messe habe ich im Kloster Jasna Góra vor dem Bild der Mutter Gottes von Tschenstochau gefeiert. Von da an habe ich gerne den Altar der Muttergottes gewählt, um vor Gott mein tägliches Meßopfer zu feiern.

Meine marianische Frömmigkeit hat sich besonders während des letzten Weltkrieges in mir entwickelt. Ich war z. B. sehr mit dem Altar der Muttergottes von Wodzislaw verbunden, vor welchem ich täglich mehrere Abendstunden verbracht habe. Während meiner Arbeit mit blinden Kindern in Laski habe ich den Geist der Geängstigten und der Soldaten an der Front hauptsächlich mit dem Gebet zur Muttergottes unterstützt.

Es ist doch merkwürdig, daß wir in unserer Anstalt in den schweren Zeiten des Artilleriebeschusses und der Zwangsaussiedlung der Dörfer des Campinos niemals gezwungen waren, unser Abendgebet mit dem Rosenkranz zu verlegen.

Ich hatte die Absicht, dem Orden der Paulinen beizutreten und mich der Arbeit mit den Pilgern zu widmen.

Pater Kornilowicz, mein geistlicher Leiter, hat mir erklärt, daß das nicht mein Weg sei. Aber ich habe nicht aufgehört, darüber nachzudenken, daß mein Leben doch den Marienweg gehen muß, wie immer es verlaufen mag.

Ab diesem Zeitpunkt haben alle wichtigen Angelegenheiten meines Lebens an den Festtagen der Gottesmutter stattgefunden: Die Nachricht, daß ich zum Bischof von Lublin gewählt wurde, habe ich in Poznań aus dem Mund seiner Eminenz, des Kardinals Hlond, am Tag der Verkündigung der allerheiligsten Jungfrau im Jahr 1946 empfangen.

Sofort habe ich beschlossen, daß ich am nächsten Tag bei der Ablegung des *kanonischen Konsenses* die Muttergottes vom Jasna Góra in meinem bischöflichen Wappen führen werde.

Deswegen habe ich auch ihren Monat als Zeitpunkt für meine Weihe und die Amtseinführung gewählt. Das war auch der Grund, warum die Weihe im Kloster Jasna Góra stattgefunden hat.

Alle wichtigen Briefe und Beschlüsse als Bischof habe ich an Festtagen der Muttergottes veröffentlicht. Deswegen habe ich auch so viele Pilgerfahrten von Lublin nach Tschenstochau veranstaltet. Später, als ich die Nachricht, daß ich in die Hauptstadt der „Jungfrau und Gottesgebärerin", nach Gniezno, versetzt werde, in einem Brief vom 16. 11. 1948, also dem Fest der sieben Schmerzen der Muttergottes, erhalten habe, wurde die Verehrung meiner allerheiligsten Mutter zum Programm meiner Arbeit.

Die Inthronisation in Gniezno habe ich für den 2. Februar, den Tag Maria Lichtmeß, festgesetzt. Gleich nach der Inthronisation in Warschau fuhr ich zum Kloster Jasna Góra, wo ich eine Einkehrwoche hielt – genauso wie vor der Bischofsweihe.

Von dort aus habe ich mein Amt angetreten. Und ähnlich ging es weiter: Alle wichtigen Briefe, Bekanntmachungen, Verordnungen habe ich mit den Namen der Festtage der allerheiligsten Mutter datiert. Öfters habe ich marianische Kongresse in Gnesen und Warschau veranstaltet. Ich habe über tausend festliche Reden über die Mutter des Gottmenschen gehalten.

Jedes Jahr habe ich Andachtsübungen für die Priester im Kloster auf dem Jasna Góra veranstaltet – im einen Jahr für die aus Gniezno, im nächsten Jahr für die aus Warschau.

Am liebsten habe ich auch die Bischofskonferenzen im Kloster Jasna Góra veranstaltet und – was schon zur Regel wurde – vor allem die Einkehrtage für die Bischöfe. Jedes Jahr habe ich das Kloster Jasna Góra vier- bis fünfmal besucht. Hier habe ich auch die Vorsteher der männlichen wie auch der weiblichen Orden zusammengerufen.

Öfters habe ich auf dem Jasna Góra Pontifikalmessen zelebriert und habe dabei das Wort Gottes an die Menge der Pilger gerichtet. Neupriester habe ich sehr oft nach Tschenstochau geschickt, damit sie dort ihre erste heilige Messe feiern können. Den Generalabt Markiewicz bat ich darum, mich als außerordentliches Mitglied des Ordens der Paulinen aufzunehmen. Diese mir erwiesene Gnade habe ich mit großer Freude angenommen.

Ich erinnere mich heute an diese wichtigen Daten in meinem Leben und lege meine Angelegenheiten in die mütterlichen Hände Marias, damit meine Beschützerin allein sie weiterführt und sich für die Verteidigung ihres Soldaten einsetzt.

III
In Stoczek bei Lidzbark

Montag, 12. 10. 1953

Nach dem außergewöhnlich frühen Abendessen – die Gründe waren mir nicht bekannt – habe ich begonnen, das Buch von Pater Bernhard KB zu lesen. Ich war mit meinen Gedanken voll auf dieses Buch konzentriert. Obwohl zu dieser Zeit Ruhe sein sollte, wurde ich durch ein Klopfen an der Tür überrascht. Ohne auf mein „Herein" zu warten, trat der Mann in der Kunstlederjacke mit einem Hut in der Hand zur Tür herein. Er meinte: „Sie werden anderswohin gebracht." Das paßte gut zu den herkömmlichen Methoden, die mir ja bekannt waren. Ich fragte deshalb nur kurz, wieviel Zeit mir bleibe, meine Sachen zusammenzupacken. Die Antwort lautete: „Etwa eine halbe Stunde, die Koffer sind ja vorhanden." Ich dankte und meinte, daß ich mit meinen Sachen selbst zurechtkommen werde. Mein „Gast" holte aber einen vor der Tür wartenden „Kollegen" herein, und sie begannen, ohne mein Einverständnis abzuwarten, meine Sachen zu sortieren und einzuräumen. Ich fragte: „Wie weit werden wir fahren?" Mein „Gast" antwortete zögernd: „Etwa 100 Kilometer!"

Ich erinnerte ihn daran, daß bis zu dieser Stunde das bereits am Anfang meines Aufenthaltes vereinbarte Gespräch nicht zustande gekommen sei. Natürlich merkte ich, daß dieses Versprechen nur ein taktisches Manöver war. Ganz rasch räumte ich meine Dinge in den kleinen Koffer, den mir die beiden „Herren" aus der Miodowa-Straße gebracht hatten. Wir verließen das Gebäude durch ein unbeleuchtetes Treppenhaus. Nach zwei Wochen verließ ich zum ersten Mal das Gebäude. Um mich herum sah ich außer meinen Begleitern keine lebende Seele. Selbst die Soldaten, welche in den Nächten im Flur lärmten, waren spurlos verschwunden. Neben dem Mann in der Kunstlederjacke nahm ich meinen Platz im Auto ein. In diskreter Entfernung sah ich noch weitere Autos stehen. Wir brachen im „Namen Gottes" auf. Ich fühlte mich so sehr als „Gegenstand" behan-

39

delt, daß ich um keinerlei Auskunft bat. Ich ergab mich vielmehr in die Obhut der Muttergottes und des heiligen Josef, von denen ich so abrupt getrennt wurde. Eine Reise in der Dunkelheit ist gut geeignet zum Beten und Nachdenken, also für den Dialog mit Gott. Meiner Meinung nach fuhren wir in Richtung Jabłonowo.

Man hat sorgfältig aufgepaßt, daß ich niemanden sehen konnte. Wir fuhren an der Stadt Ostroda vorbei. Längere Zeit blieben wir vor dem Bezirksamt in Olsztyn stehen. Endlich fuhren wir weiter, ließen Dobre Miasto/Gutstadt und Lidzbark-Marminski/Heilsberg hinter uns und verloren uns in der Dunkelheit. Schließlich hielten wir auf einer mir nicht bekannten Straße an. Es näherte sich uns ein Wagen, welcher an einer Straßensperre knapp vor uns gestoppt und zur Umkehr gezwungen worden war. Als er vorbei war, fuhren wir weiter. Nach einigen Minuten blieben wir vor einem hell erleuchteten Tor stehen. Scheinwerfer strahlten das Gebäude an. Das Tor war mit neuen Brettern verkleidet. Ein unsichtbarer „Geist" öffnete das Tor, und wir fuhren in den Hof hinein. Im Hof war es dunkel, er erinnerte mich an einen Gefängnishof. Ich nahm deshalb an, daß man mich jetzt in ein Gefängnis gebracht hatte. Das Auto blieb vor einer weit geöffneten Tür, welche zu einem hellerleuchteten Korridor führte, stehen. Man bat mich auszusteigen.

Der Flur war hell, aber leer. Es war jedoch noch nicht der „richtige Weg" für uns. Ich wurde wieder zurück ins Auto „gebeten", und wir fuhren wieder durch das hohe Tor, welches mit neuen Brettern beschlagen war, und gleich darauf durch einen Innenhof zu einem Garten. Wir stiegen aus, gingen durch eine Glasveranda und kamen offensichtlich wieder in den gleichen hellen, aber menschenleeren Korridor, in dem wir eben vorhin gewesen waren. Gehörte diese Zeremonie zur Akklimatisierung? Warum mußten wir von der Gartenseite her in das Gebäude kommen? Ich weiß es nicht. Ich wurde jedenfalls in den ersten Stock gebracht. Auch hier war der Gang leer und hell beleuchtet. Überall sah man frische Farbspritzer. Ich wurde in ein geräumiges Zimmer gebracht. Meinen Begleiter in der Kunstlederjacke sah ich leider nicht mehr, obwohl ich ihn wiederholt um ein Gespräch gebeten hatte. Er versicherte mir, daß er sich melden würde. Er hat sich aber nie wieder sehen lassen. Ein großgewachsener Bursche mit einer Mütze auf dem Kopf stellte sich mir als Leiter des Hauses vor und erklärte mir, daß der Kommandant nicht anwesend sei, aber sehr bald kommen würde. Schon kurze Zeit später kam ein untersetzter Mann auf mich zu. Er machte auf mich den Eindruck des „Mâitre d'hôtel". Ohne seinen Namen und Rang zu nennen und ohne Begrüßung erklärte er mir, daß hier der neue Platz meines zukünftigen Aufenthaltes sei. In diesem Hause wurden mir zwei Zimmer zugeteilt. Ich durfte auch die Kapelle und den Garten aufsuchen. Nebenan wohnten mein Kaplan und eine Klosterschwester. Die schliefen bereits, aber am nächsten

Morgen werde ich sie kennenlernen. Ich wußte nicht, wie der Ort hieß, zu welchem ich gebracht worden war. Als ich danach fragte, informierte mich der Leiter nur insofern, als er mir mitteilte, daß die Aufenthaltskosten in diesem Haus von der Staatskasse getragen würden. Er sagte mir noch, daß der Wagen mit meinen Koffern unterwegs eine Panne gehabt hätte und ich daher mit Verzögerungen rechnen müßte. Im Zusammenhang damit schlug er mir vor, für heute Hausbettwäsche zu nehmen. Ich lehnte dankend ab. Es wäre mir lieber, auf meine eigene Wäsche zu warten. Sobald die beiden Herren mein Zimmer verlassen hatten, meldete sich mein Nachbar und stellte sich als „Kaplan" Stanislaw Skorodecki vor. Bis gestern wäre er Gefangener in Rawicz gewesen, wo er eine Strafe absitzen hatte müssen. Er ist ein großer, gutaussehender, aber dünner, abgemagerter Mensch. Er sieht blaß aus und geht gebückt, obwohl er noch jung zu sein scheint. Sein Gespräch begann er mit vielen Entschuldigungen, daß er sich gut vorstellen könne, was ich mir jetzt über ihn denken werde. Ich wisse ja nichts über ihn und werde wahrscheinlich denken, daß er für den Geheimdienst arbeite. Wirklich eine heikle Situation für einen Priester! Aber darüber später mehr. Ich ersuchte ihn, sich nicht als mein „Kaplan" zu fühlen oder zu bezeichnen, denn eine Ernennung zu meinem Kaplan könne nur ich persönlich aussprechen und nicht der Sicherheitsdienst. Ich möchte in ihm nur einen Mitbruder sehen, einen Gefangenen, so wie ich selbst ein Gefangener bin. Alles andere werde die Zukunft weisen. Jetzt möge er schlafen gehen, und den morgigen Tag würden wir mit der heiligen Messe beginnen. Dann hätten wir tagsüber Zeit genug, uns zu unterhalten. Der Priester beruhigte sich, hörte auf zu weinen und verließ das Zimmer. Anschließend kam die Nonne in der Ordenstracht der Schwestern der Familie Marias herein. Sie stellte sich mir als Schwester Maria Leonia Graczyk vor, eine Gefangene, die aus Grudziądz überstellt worden war. Man hätte ihr gesagt, daß der Primas krank sei und hierher zur Kur kommen werde. Sie sollte für sein leibliches Wohl sorgen. Sie war noch viel beunruhigter als der Priester und vermutete, daß dies alles eine gut geplante Falle sein könnte, vielleicht wollte man sie zu irgendeiner Provokation verleiten und dies bei einem zukünftigen Prozeß gegen sie verwenden ...

Ich beruhigte auch die Schwester und bat sie, sie sollte sich nicht von ihren Gedanken verwirren lassen. Ich pflege niemanden zu verdächtigen, bevor ich ihn nicht näher kennengelernt habe. Ich forderte sie auf, sich zur Ruhe zu begeben und versprach ihr, das Gespräch am nächsten Tag fortzusetzen. Die Schwester war noch mehr abgemagert als der Priester. Sie war ein zierliches, blasses Wesen und strömte über von Worten und Tränen. Endlich war ich allein. Da kam noch einmal der Leiter des Hauses und wiederholte sein Angebot, für diese Nacht die hauseigene Bettwäsche zu benützen, da das Auto höchstwahrscheinlich sehr spät kommen werde. Ich stimmte zu. Bald darauf brachte er mir frische Bettwäsche und richtete meine Liegestatt zurecht. Gegen 2 Uhr in der Nacht schlief ich ein.

Dienstag, 13. 10. 1953

Als der Tag anbrach, habe ich dann meine Schicksalsgefährten näher kennengelernt. Beide sahen durch das Leben im Gefängnis verbraucht aus. Der Priester war übertrieben mager, die Schwester bestand nur noch aus Haut und Knochen. Wir räumten die kirchlichen Geräte aus meinem Koffer und bauten auf dem Schreibtisch einen Altar auf.

Die heilige Messe feierten wir dann ohne Kerzen und ohne Meßbuch und begannen so unser geistliches Leben zu dritt. Nach dem Frühstück lernten wir unseren Wohnsitz näher kennen: Es ist ein großes Haus. Wahrscheinlich alte ehemalige Klostermauern, die erst vor kurzem von den uns unbekannten Bewohnern verlassen worden waren. Überall sind noch Spuren eben erst durchgeführter Restaurationsarbeiten zu erkennen. Die Korridore sind weiß getüncht, die Fußböden nur grundiert. Auch in unseren Zimmern sind die Spuren dieser Arbeiten noch zu sehen, ich habe aber den Eindruck, daß dabei „gepfuscht" wurde. Vor dem Haus sieht man Flekken von ausgeschütteter Farbe. Gebrauchte Pinsel liegen herum. In einen Brunnen in der Nähe meines Fensters hat man offensichtlich Mist geschüttet. An den Mauern des sicherlich unter Denkmalschutz stehenden Gebäudes sieht man überall Hinweise darauf, daß der Mist ganz einfach aus den Fenstern geworfen wurde. Wir finden einige Fragmente liturgischer Gegenstände: zerbrochene Kerzenständer, zerschlagene Weihbrunnkessel, Reste von Kreuzen und Skulpturen der Muttergottes. Im Garten wurden die Wege vor kurzem mit gelbem Sand aufgefüllt, man hatte viele Bäume gefällt und jene Bäume, die am hohen Zaun stehen, mit Stacheldraht umwickelt oder bis zur Unansehnlichkeit zusammengestutzt. Viele dieser mißhandelten Bäume standen sicherlich unter Naturschutz.

Überall sieht man nur Mist. Die Obstbäume tragen keine Früchte. Die großen Fischteiche, in denen sich ehemals sicherlich zumindest Goldfische tummelten, sind voll mit Mist und Schlamm und völlig verwahrlost. Der Zaun ist von Lampen, die alles anstrahlen, hell erleuchtet. Überall hängen Kabel und Drähte in der Gegend herum. Wir sehen weiße, frisch aufgestellte hohe Bretterzäune, die den Garten vom Hof und auf der Nordostseite vom Gebäude abtrennen. Das Gebäude trägt noch so manche Spuren alter Zeiten an sich. So gibt es auf dem Turm eine eiserne Wetterfahne mit dem Datum 1675; vielleicht heißt es auch 1645 oder 1615 – ich kann es nicht genau erkennen. Das Gebäude erinnert mich an einen Jesuitenkonvent. Das Haus ist hoch, hat zwei Stockwerke, mit kleinen Fenstern nach Norden zu. Der kleine gartenähnliche Hof ist rundum von Arkaden eingefaßt. Von der Straßenseite aus sieht man eine Kirche mit einer Kuppel. Das Gebäude ist fast ganz von Bäumen verdeckt, und man kann kaum nach außen sehen. Man kann nur ahnen, daß entlang der nordwestlichen Mauer eine Straße führt. Eine Allee mit alten, kranken und morschen Bäumen bildet einen guten Ort für Spaziergänge. Ansonsten ist rundum nichts zu sehen.

Vom Ende der Allee aus sieht man den oberen Teil eines einstökkigen Hauses, man sieht dort nicht nur kleine Fenster, sondern auch aufmerksame Augen eines Aufsehers, welcher den Garten beobachtet. Der andere Aufseher steht gelassen unter einem Baum, ein Buch in den Händen, man könnte meinen, er lese. Im Inneren des Gebäudes befindet sich ein quadratischer Hof, an dessen rechter Seite sich das Klostergebäude erstreckt. Auf der Straßenseite sieht man die Kirchenfassade. Die Außenwände sind bis zur Höhe des ersten Stocks feucht und stark verwittert. Diese Feuchtigkeit hat sich auch nach innen gezogen; das Gebäude wirkt im Parterre kalt und feucht. Auf dem Steinboden steht Wasser. Der Gang und die Wohnung im ersten Stock dagegen sind trocken und verhältnismäßig sauber, nur vereinzelt sieht man Spuren von Beschädigungen und Schimmelfelder auf dem Fußboden. Uns stehen der Gang und mehrere Zimmer im ersten Stock zur Verfügung, ihre Fenster gehen auf die Gartenseite hinaus. Zwei Zimmer sind für mich reserviert, dazu eine Kapelle und je ein Zimmer für den Priester und für die Schwester. Zusätzlich gibt es noch einige leerstehende Zimmer. Unsere Zimmer sind ausreichend mit neuen Möbeln und Teppichen versehen. Um 11 Uhr meldet sich der Mann, der vom Leiter Kommandant genannt wurde. Bis jetzt kann ich noch nicht sagen, welchen Charakter diese Institution trägt. Ich sehe rundum viele Männer in Zivilkleidung, die auf und ab gehen. Es werden etwa 30 Männer sein. Der Kommandant ist in mittlerem Alter, klein, dick, er trägt Zivilkleidung, die an ihm etwas salopp wirkt. Er sieht mich prüfend an. Noch einmal informiert er mich, welche Räume mir zur Verfügung stehen, also der Gang, die zwei Zimmer, ein Bad und der Garten. Im Garten kann man sich vom frühen Morgen bis gegen 20 Uhr aufhalten. Da ich mich offensichtlich in einem neuen Gefängnis befinde, benütze ich die Gelegenheit, in aller Form gegen meine Festnahme und Inhaftierung zu protestieren.

1. Es handelt sich um eine eindeutige Vergewaltigung der Bürgerrechte, die laut Verfassung auch mir zustehen. Dahinter steht ein willkürlicher Beschluß der Regierung.

2. Das elementare Prinzip der Gerechtigkeit „audiatur et altera pars" wurde nicht beachtet.

3. Es wurden die Rechte der Kirche – in meiner Person als Ordi-

narius von zwei Erzdiözesen, Metropolit von zwei Kirchenprovinzen und Primas von Polen – grob mißachtet.

4. Es wurden die Rechte der katholischen Bevölkerung auf Betreuung durch ihren Hirten vergewaltigt.

5. Es wurden die Rechte des Heiligen Stuhles, in dessen Namen ich die Sonderjurisdiktion ausgeübt habe, die mir persönlich vom Heiligen Vater übertragen wurde, verletzt.

6. Die „Vereinbarungen", welche die Jurisdiktion des Heiligen Stuhles garantieren, wurden gebrochen.

Statt einer Antwort fragte mich mein Gesprächspartner, was ich vom Prozeß gegen Bischof Kaczmarek und von der Gerechtigkeit in Polen halte. Ich erklärte ihm, daß ich meine Stellungnahme zu diesem Prozeß bereits in einem Brief, den ich im Namen des polnischen Episkopates einige Tage vor meiner Verhaftung übermittelt habe, abgegeben habe. Bischof Kaczmarek „gesteht" Taten, die er nicht begangen hat:

1. Er gesteht, daß er vom Heiligen Stuhl politische Anweisungen erhalten und den Bischöfen übergeben habe.

2. Daß er auf den Bischofskonferenzen sein eigenes politisches Programm durchgesetzt habe.

Wie konnte es dazu kommen, daß der Bischof Taten gestanden hat, die er überhaupt nicht setzte? Ich kann das nicht begreifen. Man hat beim Prozeß mein Gespräch mit dem Heiligen Vater als Beweis zitiert, welches ohne Zeugen geführt wurde und über das ich auch niemandem erzählt habe. Den Zeugen, der vor Gericht über dieses Gespräch informierte, habe ich nie mit kirchlichen Angelegenheiten vertraut gemacht. Der Richter, der die Aussagen des Bischofs dazu gehört hat, hätte als Zeugen einige Teilnehmer der Bischofskonferenz anfordern können. Das hat er nicht gemacht, hat aber deswegen dem Staatsanwalt Spielraum zum Angriff auf die Kirche gegeben. Zur zweiten Frage sagte ich: „Ob es in Polen Gerechtigkeit und Rechtsstaatlichkeit gibt, darauf brauchen Sie keine Antwort, Sie sehen doch, was man mit mir macht."

Mittwoch, 14. 10. 1953

Unser Leben beginnt sich zu normalisieren. Langsam gewöhnen wir uns aneinander.

Die Schwester und der Priester haben noch einmal das Thema Vertrauen angeschnitten und äußerten, wie wichtig es ihnen sei, was ich, der Primas, von ihnen halte. Die Bedenken der Schwester sind besonders abstrus: „Ich habe gehört", sagt sie, „daß diese Menschen Frauen verwenden, um andere zu kompromittieren, die haben vielleicht auch mit mir gerechnet. Vielleicht werden sie auch in unserem Fall eine moralische Anschuldigung vorbringen." Ich erkläre der

Schwester, daß alle ihre Bedenken überflüssig sind. Wir wissen nicht, was wir uns leisten können, wir wissen nicht, wie sich die andere Seite verhalten wird. Mit solchen Mutmaßungen sollten wir unsere Zeit nicht verbringen, wir müssen einander vertrauen. Wir sind Gottes Kinder, und die Schwester ist eine Frau aus der Familie Marias. Nicht Worte, sondern Taten sollten wir als Antwort auf uns unbekannte Intentionen setzen. Wir werden beten, arbeiten und warten auf das Erbarmen Gottes. Die geängstigte Schwester begann zum ersten Mal zu lächeln. Man hat sie direkt aus dem Gefängnis Grudziądz hierher gebracht, nachdem sie schon zwei Jahre in Haft verbracht hatte. Sie wurde zu einer Strafe von sieben Jahren verurteilt und hat bereits voll den Status einer Gefangenen angenommen: psychisch eingeengt, redet sie leise, und schaut verängstigt immer auch dann zur Tür, wenn sie Regimeneutrales erzählt. Sie verwendet „Ersatzwörter" und ist sehr vorsichtig, sehr aufmerksam, „geht auf den Zehenspitzen". Der Priester wußte nicht, wohin er transportiert wurde, und weiß auch nicht, warum er hierher verlegt wurde. Er erfuhr es erst, als er dieses Haus betrat. Er wurde aus dem Gefängnis in Rawicz geholt, wo er zehn Jahre Haft absitzen sollte. Zwei Jahre dieser Strafe waren erst vorbei.

Aber die Psyche des Mannes wird leichter mit der Situation fertig, obwohl man auch ihm den Status des Gefangenen ansieht. Auf alles, was rund um ihn geschieht, reagiert er vorsichtig. Alles kann man vielleicht gebrauchen, alles kann seine Bedeutung haben. Aufmerksam schaut er sich die Schwester an, die beiden überprüfen sich durch gegenseitiges Schweigen, als ob jeder über den anderen alles erfahren wollte. Wir sind verurteilt zu diesem „Leben zu dritt". Es wird nicht leicht zu ertragen sein, denn man wird stets von der Welt der anderen umgeben und belauscht. Man fühlt stets, daß die beiden anderen aufpassen und einander überwachen.

Prüfende Blicke, die durch die „Glasscheibchen" in den Flurtüren, durch alle Fenster in den Zimmern und auch im Garten auf uns gerichtet sind, messen jeden unserer Schritte. Das alles bringt es mit sich, daß es unmöglich wird, daß der Priester, die Schwester und ich uns vertrauen und einander näherkommen. Also da sind wir – und da sind sie, rund um uns. Unser „Wir" ist charakterisiert durch wachsende Solidarität, ohne daß alle Bedenken zerstreut sind. Man kann nichts dagegen machen, daß wir uns weiterhin „fremd" bleiben. Der Priester ist nicht nur ein Mitbruder, und die Schwester ist nicht nur eine Schwester. Das ist das gemeinsame Schicksal, das ist die Nähe der Menschen, die in den gleichen Wänden leben – das alles ist Material für ein neues Bündnis, dem auch langsam eigene Rechte zukommen.

Um 11 Uhr kommt der Kommandant und fragt nach meinem gesundheitlichen Befinden und ob ich etwas benötige. Diese beiden Fragen werden zu einem offiziellen Zeremoniell. „Ich habe vergessen zu sagen", fügt der Kommandant hinzu, „wie der Ort heißt, in dem wir uns befinden? Stoczek/Springborn bei Lidzbark. Entschuldigen Sie, daß ich Ihnen das bis jetzt noch nicht gesagt habe." „Es ist gut, daß sie mir diese Adresse genannt haben, das ist ein menschlicher Zug von Ihnen. Kann ich diese Information verwenden?" „Ja", meint der Kommandant.

Donnerstag, 15. 10. 1983

Heute ist der Kommandant in Begleitung seines ersten Stellvertreters, welcher hier Leiter genannt wird, zu mir gekommen. Er hat auch einen jüngeren Herrn mitgebracht und diesen als seinen zweiten Stellvertreter vorgestellt. Ich äußerte mein Erstaunen: „Noch einer! So viele ‚Herren' vertreiben sich hier unseretwegen die Zeit?" Der erste Stellvertreter des Leiters hat seine „wichtige" Miene aufgesetzt. Hochgewachsen, sieht er aus wie ein einfacher Bauer, der sichtlich erst seit kurzer Zeit eine „Uniform" trägt. Er hat blondes Haar und erinnert mich an gewisse Nazitypen. In der Formulierung seiner Sätze ist er nicht wendig, vor allem nicht präzise. Sein Benehmen wirkt ungeschickt. Sorgfältig meidet er Blickkontakt, betrachtet nur den Plafond oder den Boden. Seine zeremoniellen Fragen nach meiner Gesundheit und meinen Bedürfnissen stellt er sehr verlegen. Er macht keinen besonders angenehmen Eindruck auf mich. Der zweite Stellvertreter, welcher mir heute vorgestellt wurde, macht einen ganz anderen Eindruck auf mich. Es ist ein Mensch, der zu einem „Intelligenzler" gemacht wurde. Sein Anzug ist fehlerlos und sorgfältig gebügelt. Seine Frisur und sein Bart sind tadellos, wie dem Schaufenster eines Friseurs entnommen.

Sein Benehmen scheint „hygienisch-steril". Man kann sagen, ein Mensch, der Gleichgültigkeit und amtliche Objektivität in sich vereint. Er ist ein typischer Repräsentant der Parteilinie. Ich fragte, ob ich einen Brief an meinen Vater schreiben könnte, der bis jetzt noch nichts von meinem Los und Schicksal weiß. Der Kommandant erklärte, daß „diese Frage" seinem Vorgesetzten vorgelegt werden wird. Ich habe ein Verzeichnis der Bücher verfaßt, welche ich gerne aus meiner Bibliothek erhalten würde, auch dieses habe ich dem Kommandanten eigenhändig übergeben.

Samstag, 17. 10. 1953

Heute habe ich eine positive Antwort auf meine Frage erhalten, ob ich einen Brief an meinen Vater schreiben dürfe. In weiser Voraussicht habe ich schon einen kurzen Brief verfaßt. So konnte ich ihn gleich dem Kommandanten übergeben. Der Brief lautet:

„Mein allerteuerster Vater! Sobald ich die Nachricht erhalten habe, daß ich an Dich einen Brief schreiben darf, schreibe ich rasch nieder, was mir mein Herz befiehlt. Ich will, daß aus Deiner Seele die Unruhe um mich verschwindet, damit Du Deine Kräfte nicht mit Trauer und Bedenken blockierst und das ausüben kannst, was es in Deinem betagten Leben auszuführen gilt: das Gebet für Deinen Sohn. Der Geist des Glaubens, in dem Du lebst, ist auch für mich eine Beruhigung, was Dich betrifft. Ich weiß, daß Du im Geist des Glaubens alles verstehen wirst, aber mit dem Gebet wirst Du die Traurigkeit stillen und Dein Herz mit Hoffnung füllen. Aber der Mensch braucht auch menschlichen Trost.

Ein paar Worte über mich: Ich möchte Dir versichern, teurer Vater, mit dieser inneren Wahrheit, mit der Du mich immer gesehen hast, daß ich in meiner jetzigen Lage trotzdem beruhigt und voll Hoffnung bin. Heute kann ich der Kirche und meiner Heimat nicht mit priesterlicher Arbeit im Tempel des Herrn dienen, aber ich kann ihnen mit meinem Gebet dienen. Das mache ich fast den ganzen Tag. Es macht mir Freude, die heilige Messe jeden Tag in der Kapelle „zu Hause" zu feiern. Mich begleiten hier ein Priester, der die Pflichten eines „Kaplans" erfüllt, und eine Klosterschwester, welche für unsere häuslichen Bedürfnisse sorgt. Meine Zeit ist mit Gebet, mit Lesen und ausgedehnten Spaziergängen in einem weiten Park ausgefüllt. Gesundheitlich fühle ich mich wohlauf. Gott spricht mir keine seiner Freuden ab, er gewährt mir eine ausgesprochen gute Vorsehung. Ich will auch, daß aus dem Mund meiner Nächsten weder zu Hause noch außerhalb jemand die kleinste Klage hört. Für mich sind Eure Fröhlichkeit, die Ruhe und das Gebet notwendig. Verliert nicht die Hoffnung auf Gottes Vorsehung und Güte und auf die Macht der Klugheit und Barmherzigkeit der lieben Mutter vom Jasna Góra. Teurer Vater, voll Dankbarkeit küsse ich Deine Hände. Die ganze Familie und die Mitbewohner Deines Hauses segne ich von ganzem Herzen."

Samstag, am 17. 10. 1953   † Stefan Kardinal Wyszyński

Sonntag, 18. 10. 1953

Aus der Miodowa-Straße habe ich heute verschiedene liturgische Gegenstände erhalten. Diese ermöglichen uns eine bessere Ausstattung der Kapelle und des Altars. Also: Kerzenständer, ein Kreuz, ein Meßbuch, Kerzen, Hostien, ein Meßgewand und noch einige andere Kleinigkeiten. Es fehlt uns nur ein Altarstein. Priester Stanislaw hat aus der Aufbewahrungshülle des Meßkelches einen „Tabernakel" gemacht. Der Tisch in der Kapelle ist zu niedrig. Man hat uns 4 Pfosten gebracht, mit deren Hilfe wir den Tisch erhöhen konnten. Obwohl er sehr klein ist und ohne Altarstein, macht er doch den Eindruck eines Altars. Unsern „Tabernakel" haben wir mit dem Velum des Meßgewandes drapiert.

Der Priester hat in einem Zimmer ein großes Wandkreuz und die Bilder der heiligen Familie, des Herzens Jesu und des Herzens Mariä gefunden und rings um den Altar aufgehängt. Das alles hat dazu beigetragen, daß das kleine Zimmer wie eine Kapelle aussieht. Die Schwester macht sich Sorgen, daß sie keine Vasen für die Blumen hat. Zum Glück kann man im Garten auch nicht die kleinste Blume finden.

Dienstag, 20. 10. 1953

Ich habe meine Bitte um einen Altarstein samt Reliquienschrein wiederholt und die Versicherung bekommen, daß meine Bitte dem Vorgesetzten weitergeleitet wird.

Unser Tagesplan in Stoczek spielt sich wie folgt ab:

5 Uhr Tagwache.

Um 5.45 Uhr halten wir unsere Morgengebete und nehmen uns Zeit zum Nachdenken und zur Meditation.

Um 6.15 Uhr feiern wir die heilige Messe mit dem Priester Stanislaw.

Um 7 Uhr lese ich die heilige Messe.

Um 8.15 Uhr nehmen wir unser Frühstück ein, anschließend gehen wir im Garten spazieren.

9 Uhr Horae minores. Danach beten wir einen Teil des Rosenkranzes.

Um 9.30 Uhr erledigen wir unsere persönlichen Arbeiten.

13 Uhr Mittagessen und Spaziergang im Garten; hier wird der zweite Teil des Rosenkranzes gebetet.

Um 15 Uhr feiern wir die Vesper mit der anschließenden Komplet.

15.30 Uhr persönliche Arbeiten.

18 Uhr Matutinum und Laudes.

Um 19 Uhr nehmen wir unser Abendessen ein.

20 Uhr Rosenkranzandacht und Abendgebete.

20.45 Uhr private Lektüre.

22 Uhr Abendruhe.

Ich beginne eine Liste von Büchern zusammenzustellen, die ich für meine geplante Arbeit benötige. Sie könnten mir einen guten Dienst tun. Die meiste Zeit vergeht mit der Lektüre der geschickten Bücher. Wir bemühen uns, die Zeit, die für persönliche Arbeiten bestimmt ist, alleine zu verbringen. Die Gespräche lassen wir für die Spaziergänge. Der Priester lehrt die Schwester Latein. Ich lese italienische und französische Bücher. Unsere Umgebung ist von einem ganz bestimmten Bewachungsplan geprägt. Unsere Bewacher bilden eine eigene Welt, die neben uns lebt, aber mit dem Interesse ständig auf uns gerichtet. Bei der Glastür, die auf den Korridor hinausgeht, steht hinter einer Mattscheibe ein kleiner Tisch und auf ihm eine Lampe mit einem grünen Schirm. Bei dieser Lampe sitzt ein Mensch und liest ein Buch. Jede Bewegung der Tür stört ihn beim Lesen. So geht es rund um die Uhr. Es wechseln nur die Menschen, aber die „Arbeit bei der Kassa" hat das gleiche Ausmaß und den gleichen Wert.

Keiner unserer Aufseher ist ein intellektueller Typ, aber ein Buch ist das einzige Mittel, um der Langeweile, die auch diese Menschen befällt, etwas entgegenzusetzen. Unten bei der Tür wacht ein zweiter Mann mit Buch. Durch das Klopfen an der Hoftür wird er in seiner Lektüre unterbrochen, denn seine Pflicht ist es, diese Hoftür zu öffnen und auch genau zu kontrollieren. Auch dort dauert der Dienst rund um die Uhr. Was die anderen Menschen machen, die im Haus herumgehen, ist momentan schwer festzustellen. Das Haus ist die ganze Nacht beleuchtet, manchmal sogar tagsüber, ebenso der Hof und die Fassade. Am Zaun patrouillieren Wachen, in der Nacht hört man von überallher ihr ungeduldiges Geklapper. Der zweite Stock ist ständig beleuchtet, sogar in der Nacht. Das Licht dringt durch die Fenster und erhellt den Garten. Ansonsten herrscht Ruhe.

Sonntag, 25. 10. 1953

Heute habe ich den ersten Brief von meinem Vater bekommen. Er schrieb ihn mir am 21. 10. 1953 aus Zalesie Dolne.

Die Antwort auf meinen Brief ist sehr rasch gekommen. Dieser Brief hat mich sehr gefreut, denn er ist in dem Geist geschrieben, wie ich ihn mir vorgestellt hatte. Das ist eine große Gottesgnade – ein Vater, welcher begabt ist zu beten. Das ist die Basis, welche mein Vater als Erfahrung in seinem Leben bekommen hat. Das kann nur die Gabe und Frucht des Gebetes sein:

„Geliebter Sohn, von ganzer Seele danke ich Gott und auch Dir, allerliebster Sohn, für die Nachricht über Dich. Worte des Trostes und der Stärkung haben mich durch Deinen Brief erreicht. Ich möchte Dir versichern, in meinem und im Namen der ganzen Familie, daß wir in unseren Gebeten und Gedanken mit Dir sind. Wir wollen durch unsere Ruhe und unseren Glauben, auch durch die Ausdauer in der Hoffnung Dir helfen, Dein Dasein, dort, wo Gott Dich jetzt haben will, zu bestehen. Wir glauben fest daran, daß Gott nur unser gemeinsames Wohl will, und sind mit seinem Willen einverstanden. Wir versuchen im Rahmen unserer Kräfte Ruhe und Zufriedenheit zu bewahren. In unseren ehrfürchtigen Gebeten zu Gott und zu unserer heißgeliebten Mutter vom Jasna Góra empfehlen wir unsere Kräfte und Dich, allerliebster Sohn. Wir bitten um Gesundheit, Ausdauer, Tapferkeit für Dich. Wir glauben, daß unser Gott und die Muttergottes Dich nicht verlassen werden. Sie werden Dich für uns erhalten. Wir hoffen, Dich bald wiedersehen und an uns drücken zu können. Ich möchte Dir mitteilen, daß ich gesund bin und daß mir die Kraft in vollem Umfang zur Verfügung steht. Alle sind gesund, die Dir am nächsten sind. Deine Schwestern und ihre Familien, Tadeusz, seine Familie und Deine Mitbewohner. Wir bitten Dich sehr, allerliebster Sohn, sorge Dich nicht um uns, denn bei mir und der ganzen Familie ist alles in Ordnung, es fehlt uns an nichts. Wir bitten Dich nur herzlichst um öftere Nachrichten, besonders was Dein gesundheitliches Wohlbefinden anlangt. Wir empfehlen Dich dem Herzen Jesu und der allerheiligsten Mutter und versichern Dir noch einmal, daß wir in unseren aufrichtigen Gebeten Dich mit all unserer Kraft unterstützen werden.

Wir bitten Dich sehr, bei Gott für uns zu beten und Fürbitte zu leisten. Herzlich danke ich Dir, mein allerliebster Sohn, Dich küssend und an mein Herz drückend; heiß küssen und grüßen Dich Stasia und Julcia. Ich soll Dir versichern, daß sie tapfer sind. Jozio ist seit einigen Wochen in Kazimierz, er kommt heute zurück.“
Zalesie D. 21. 10. 1953   Dein Vater S. Wyszyński

Freitag, 30. 10. 1953

Heute habe ich einen Altarstein bekommen, aber ohne Reliquien. Ein geweihter Stein, ich überlege, woher er stammen könnte. Sicherlich nicht aus der Miodowa-Straße. Meine Betreuer wollten dort sicherlich nicht bekannt werden lassen, daß es am Ort meiner Gefangenschaft keine Kapelle gibt. Sie haben ihn sicherlich auf eigene Faust aufgetrieben. Ich habe nicht weiter versucht, diese Sache aufzuklären.

Samstag, 31. 10. 1953

Ich habe im zweiten Brief an meinen Vater seinen ersten beantwortet:
„Mein allerliebster Vater! Heute am 43. Jahrestag des Todes meiner Mutter habe ich eine heilige Messe in ihrer Intention gefeiert. Dies ist Ausdruck meiner Liebe und meines kindlichen Andenkens und der Dankbarkeit, obwohl ich schon seit langem davon überzeugt bin, daß die Früchte der heiligen Opfer bereits zu anderen fließen und ihre glückliche, gottschauende Seele dies nicht mehr notwendig hat. Dein Brief vom 21. 10. 1953, mein Vater, hat mir große Freude bereitet. Ich erhielt ihn am 25. 10. 1953. Zur Freude

über die Feier Christi, des Königs, hat sich noch die menschliche Freude dazugesellt, um so mehr als Dein Brief, teurer Vater, genau in dem Geist geschrieben war, den ich mir erwartet hatte. Das begehrte ich von Dir und von meiner ganzen Familie. Ich glaube fest daran, daß Du, teurer Vater, der Du mit innerer Unruhe und auch Furcht die Nachrichten, daß ich Bischof von Lublin und anschließend Primas wurde, empfangen hast, bis zum letzten Augenblick die Demut, welche gegenüber Gottesplänen unentbehrlich ist, bewahrtest. Du hast gewußt, daß ich in meinem Leben nichts gemacht habe, um diese Situation zu provozieren. Gott alleine hat gehandelt: Er hat gewählt, er hat geschickt, er hat verlangt. Ich sehe das in mir ganz klar. Das Wissen um diese Wahrheit ist mir heute sehr behilflich, um meine jetzige Situation zu verstehen. Gott liebt sein Schaffen unendlich. Alles gehorcht ihm gemäß seiner Natur. In allem, was den Menschen im Leben trifft, soll man die Spuren dieser Gottesliebe sehen. Dann tritt Freude in die Seele ein, und sie kann sich vollständig der Führung von Gottes Klugheit anvertrauen.

Diese Ruhe und hoffnungsvolle Freude ist die dominierende Note in meinem Leben. Ich freue mich zwar, aber ich fürchtete mich auch, daß mir diese Ehre, die fast alle meine Freunde erlangten, nicht zuteil werde. Heute hat mich diese Furcht verlassen, deswegen freue ich mich über die Weise, in welcher Du, mein Vater, mich verstehst. Der himmlische Vater ist mit seiner Güte so nahe wie nie zuvor – vielleicht wie damals, als ich während des Krieges das erste Jahr in Deinem gastfreundlichen Haus verbrachte. Ich kann das nicht wiedergeben, was ich von der Herrin aus Jasna Góra und Muttergottes empfange. Jeder Samstag ist ein großes Fest für mich, jeder Tag eine freundschaftliche Unterstützung. Ich freue mich darüber, daß Christus uns unter seinem Kreuz seiner Mutter empfohlen hat. Er hat sie damit zur Mütterlichkeit gegenüber allen ihren Kindern verpflichtet.

Christus war am Samstag im Grab. Aber bei den Neugeborenen, welche auf dem Kreuz wiedergeboren wurden – in der Kirche –, wachte seine Mutter wie damals in Bethlehem.

Am ersten Karsamstag regierte die Muttergottes die junge Kirche. Deswegen ist der Samstag für mich ein außergewöhnlicher Freudentag. An diesem Samstag gibt es ein Doppelfest: der Festtag meiner Mutter, die vor 43 Jahren von uns gegangen ist, der Tag der Muttergottes, die bis zum heutigen Tag über uns wacht. Aus diesem Grund schreibe ich heute an Dich, Vater, am Samstag, damit auch Du Dich freuen kannst. Ich bete für Dich, mein teurer Vater, für meine Schwestern, für meinen allertreuesten Freund Bischof Baraniak, für welchen ich nie mit dem Dank an Gott aufhören werde. Er war der netteste und treueste Freund in den fünf Jahren meiner Arbeit in der Hauptstadt. Vertrauensvoll bete ich für meine Bischöfe und Priester und die Menschen in meinen beiden Diözesen. Heute kann ich ihnen nur mit meinem Gebet helfen. Wenn es mir erlaubt ist, bete ich für Dich, mein allerliebster Vater, daß Du Deine Gesundheit und Dein Augenlicht schonst, daß Du Dich mit der Lektüre nicht überanstrengst, weil ich weiß, daß Lesen Dein Lebensinhalt ist. Ich mache mir Gedanken über den Bruder, der vergißt, daß er mit seinen Kräften besser umgehen sollte. In den Lagern und Gefängnissen wurden diese Kräfte zerstört, bitte, sag ihm, daß er sich vorsehen soll. Ich bitte besonders darum, daß meine Schwestern mit dem hoffnungsvollen und beruhigenden Gebet nicht aufhören. Ich bitte Gott, damit Ihr in der Pflicht des Gebetes nie unsicher werdet und nie die Hoffnung aufgebt. Ich bitte Dich auch, bei nächster Gelegenheit meine Mitbrüder und die Elisabeth-Schwestern zu grüßen. Aus vollem Herzen küsse ich Deine Hände, teurer Vater, und segne Euch alle.“

Samstag, 31. 10. 1953 † Kardinal Stephan Wyszyński

Als der Kommandant diesen Brief eigenhändig abholte, fragte ich ihn, ob ich an die Regierung einen Brief mit der Bitte um eine Erklärung meiner Situation richten dürfe. Ich bin der Meinung, daß es zu meiner Pflicht gehört, das zu tun, denn mein Schweigen könnte als Verzicht auf meine Rechte oder als Bagatellisieren der gegen mich erhobenen Vorwürfe ausgelegt werden – ein so einflußreicher Vertreter der polnischen Kommunistischen Partei wie General Edward Ochab hat dies in einem Artikel in der „Volkstribüne“ vom 26. 9. 1953 kurz nach meiner Verhaftung getan. In diesem Artikel hat er mir vorgeworfen, daß ich die „Vereinbarungen“ sabotiert und die Stabilisierung der Lage in den Westgebieten Polens erschwert habe.

Seit langem habe ich über die Form, in welcher ich diesen Brief schreiben soll, nachgedacht. Ich wollte ihn als Zusammenfassung der Fakten und meiner positiven Aktivitäten in Sachen „Vereinbarung“ und Stabilisation in den Westgebieten verfassen.

Den Rohentwurf eines solchen Briefes habe ich bereits ausgearbeitet. Der Kommandant gab zur Antwort, daß er sich in dieser Angelegenheit erst mit seinem Vorgesetzten besprechen müßte.

Dienstag, 3. 11. 1953

Noch einmal frage ich den Kommandanten bezüglich meines Briefes an die Regierung. Er antwortete, daß ich einen Brief an Minister Bida richten könne. Ich entgegnete, daß ich diese Erlaubnis aus persönlichen Gründen nicht benützen werde, denn Minister Bida sei einer der wichtigsten Organisatoren des Hasses gegen meine Person. Sein Amt war stets damit beschäftigt, die Menschen, die dieses Amt besuchten, gegen mich aufzuhetzen. Direktor Simek z. B. erlaubte sich, verschiedene Vorwürfe gegen meine Person, auch gegenüber Priestern, die vom Sekretariat des Primas aus in sein Büro kamen, zu formulieren.

Ich habe keine Garantie, daß man sich in so einer Atmosphäre ernst und gründlich mit meinem Schreiben auseinandersetzen wird. Ich würde viel lieber einen Brief an Premier Bierut oder an Vizemarschall Mazur richten.

Die Antwort, die ich darauf bekam, lautete wie erwartet: „Ich muß diese Angelegenheit meinem Vorgesetzen vorlegen." Ich fügte auch hinzu, daß ich die Pflicht hätte, die Bischöfe Klepacz und Choromanski über mich zu informieren. Ich würde mich freuen, einige Worte an sie richten zu dürfen. Die Antwort war der ersten gleich.

Samstag, 14. 11. 1983

In den letzten zwei Wochen habe ich schon einige Male um eine Antwort in meiner Angelegenheit gebeten. Immer wieder bekam ich zu hören, daß die Vorgesetzten bis jetzt keine Stellungnahme dazu abgegeben haben. Ich habe verstanden, daß sie keine Antwort geben wollten. Ich sollte mich als Mensch ohne jene Rechte erfahren, die jedem einfachen Gefangenen zustehen.

Ich wurde ohne gerichtliches Urteil zum zivilen Tod verurteilt und auf das Niveau eines Wehrlosen abgeschoben. Ich meine, daß ich mit diesem Zustand nicht so einfach einverstanden sein sollte, deshalb habe ich für mich beschlossen, daß ich alles tun müsse, damit es zu diesem Meinungsaustausch kommen könne. Ich habe den Kommandanten gebeten, daß er seine Vorgesetzten darüber informieren möchte. Er versprach mir, dies zu tun.

Dienstag, 17. 11. 1953

Die Bücher, um welche ich gebeten habe und die ich jetzt dringend brauchen würde, habe ich bis jetzt leider noch nicht erhalten. Der Kommandant bat mich, eine neue Liste der von mir gewünschten Bücher anzufertigen, denn die erste Liste sei „irgendwo" verlorengegangen. Ich fertigte also eine neue Abschrift dieser Liste vom 15. 10. 1953 an.

Sonntag, 29. 11. 1953

Da bisherige Fragen nicht berücksichtigt wurden, habe ich beschlossen, keine weiteren Schritte zu unternehmen, um zu meinem Recht zu gelangen.

Iacta cogitatum tuum in Dominum, et ipse te enutriet, et dabit Tibi petitiones cordis tui.

Ich werde mich auch vor zu häufigem Nachdenken und Nachgrübeln über meinen jetzigen Zustand schützen. Ein *Ave Maris Stella* bringt mir mehr Freude und Freiheit als die ganze Logik der Selbstverteidigung. Seit langem schon haben die Worte des Kardinals Mercier, so oft von Pater Kornilowicz wiederholt, meine Seele geprägt: Ich mag weder darüber nachdenken, was war, noch darüber dumm träumen, was mich erwarten wird, denn das ist alleine die Sache Gottes. Die Aufgabe des Lebens konzentriert sich auf den jetzigen Augenblick. *In Te, Domine, speravi, non confundar in aeternum.*

Dienstag 8. 12. 1953

Seit drei Wochen habe ich meine Seele auf diesen Tag vorbereitet. Nach den Anweisungen des seligen Ludwig Maria Grignion de Montfort, welche im „Goldenen Buch der wahren Andacht zu Maria" niedergeschrieben sind, habe ich mich heute in die Hände meiner allerbesten Mutter und in die absolute Gefangenschaft Christi gegeben. Darin sehe ich die Gnade des Tages, daß Gott mir Zeit gegeben hat, diese fröhliche Tat zu vollbringen. Ich habe beschlossen, die erste Gemeinde, die ich in Zukunft stiften werde, unter die besondere Hilfe der Gottesmutter Maria zu stellen. Für diesen Akt der persönlichen Hingabe an die allerheiligste Mutter habe ich einen Gebetstext zusammengestellt: „Heilige Maria, Gottesgebärerin, Jungfrau, heute wähle ich mir Dich als Herrin, Fürbitterin, Patronin, Beschützerin und meine Mutter. Ich verspreche unwiderruflich und schwöre, daß ich Dich nie verlasse, daß ich nie etwas gegen Dich sagen oder tun werde. Ich werde nie zulassen, daß andere irgend etwas tun, was Deiner Ehre nicht entsprechen sollte. Ich flehe Dich an, nimm mich für immer als Deinen Diener und als Dein Kind an. Sei mir behilflich in allen Bedürfnissen meiner Seele und meines Leibes. Bitte, hilf mir bei meiner priesterlichen Arbeit für die Menschen. Ich gebe mich Dir, Maria, vollständig gefangen, und als Dein Sklave opfere ich Dir meinen Leib und meine Seele, meine innerliche und äußerliche Güte, selbst die Freude meiner guten Taten auf; sowohl die, welche ich in Vergangenheit getan, als auch jene, die ich in Zukunft vollbringen werde. Ich überlasse Dir das absolute Recht, über mich zu verfügen und über alles ohne Ausnahme, was mir gehört. Dies tue ich gemäß Deinem Willen, damit die Ehre Gottes wächst in der Zeit und in der Ewigkeit. Ich möchte durch Dich, mit Dir, in Dir und für Dich zum absoluten Knecht Deines Sohnes werden, wozu Du, o Mutter, mich durch meine jetzige Gefangenschaft bestimmt hast. Siehe, ich habe mich Dir in dieser Gefangenschaft geopfert. Alles, was ich tun werde, gebe ich in Deine

Hände, Du unbefleckte Vermittlerin aller Gnaden. Dir ergebe ich mich, zur Ehre der heiligen Dreieinigkeit. – *Soli Deo!*
Maria vom Jasna Góra, verlasse mich nicht bei meiner täglichen Arbeit und zeige mir Dein liebliches Antlitz in der Stunde meines Todes. Amen!"

Donnerstag, 17. 12. 1953

Heute hat man mir ein Weihnachtspaket von zu Hause ausgehändigt. Alle Kleinigkeiten waren bereits ausgepackt und sorgfältig durchsucht. Auch Kuchen und andere Lebensmittel waren geprüft worden – ich kann deutlich die Spuren der Durchsuchung erkennen. Aus den Schachteln herausgenommene Pralinen waren schlampig eingeschlichtet, teilweise zerbröselt und zerdrückt. Ich fragte nach einem Brief. Der Kommandant antwortete: „Wahrscheinlich gab es keinen Brief, wenn er nicht bei den anderen Dingen dabei ist." Ich äußerte Zweifel, denn meine Familie weiß, daß mir die Briefe von meinem Vater und die Nachrichten darüber, was zu Hause los ist, viel wichtiger sind als Lebensmittel. Der Kommandant wiederholte noch einmal sein „wahrscheinlich". Er tat dies aber mit unsicherer Stimme und bemühte sich, eine weitere Diskussion zu vermeiden. Bis jetzt habe ich keine Antwort auf meinen Brief vom 31. 10. dieses Jahres erhalten. Vielleicht hat mein Brief den Vater nicht erreicht . . .

Dienstag, 22. 12. 1953

Da ich bis jetzt keinen weiteren Brief von meinem Vater erhalten habe, beschloß ich, noch einmal von mir aus ein Lebenszeichen zu geben.
Heute habe ich dem Kommandanten den dritten Brief mit folgendem Inhalt übergeben:
„Mein allerteuerster Vater. Bis zum letzten Augenblick habe ich diesen Brief hinausgezögert, in der Hoffnung, daß ich eine Antwort auf meinen letzten Brief vom 31. 10. dieses Jahres erhalten werde. Da ich am 17. 12. dieses Jahres ein herrliches Paket von zu Hause ohne jeglichen schriftlichen Hinweis bekommen habe, habe ich die Hoffnung auf einen Kontakt mit Euch schon verloren. Ich wollte nicht, teurer Vater, daß Du diese Feiertage ohne ein Zeichen meiner kindlichen Hingabe und Verehrung verbringen mußt. Darum möchte ich Dir, teurer Vater, und der ganzen Familie, den Mitbewohnern, Bischof Antoni und Bischof Koromanski und den Schwestern Worte des tiefen Mitgefühls, christliche Wünsche und die Gaben des Gebetes übersenden. Ich glaube, daß Ihr am Frieden Gottes,

der von der Geburt Christi herströmt, Anteil haben werdet und daß die gegenseitigen Gebete, die wir unablässig sprechen, unsere Gemeinschaft stärken.

Ich bin Dir dankbar, teurer Vater, für die zugesandten Weihnachtsoblaten und für alle festlichen Kleinigkeiten, in denen soviel Herz und Güte liegt, daß es schwer ist, sie ohne Rührung zu empfangen. Während der heiligen Messe, am Heiligen Abend und an den Feiertagen, werde ich Euer auf besondere Weise gedenken. Ich werde dabei meine familiäre Liebe mit der Gnade meines priesterlichen Amtes verbinden. Deine Hände, teurer Vater, küsse ich mit Ehrfurcht und segne Euch alle.

Am 22. 12. 1953   † Kardinal Stefan Wyszyński

Der Kommandant nahm den Brief an und meinte, daß er ihn seinem Vorgesetzten übergeben werde.

Donnerstag, 24. 12. 1953, Weihnachtsabend

In unserer Hausgemeinschaft herrscht eine festliche und unbekümmerte Stimmung. Wir stärken uns mit Gebet und bemühen uns darum, dem heiligen Vater und der Muttergottes nicht unsere traurigen Gesichter zu zeigen. Heute gibt es so viel Freude im Himmel und auf der Erde, daß unsere Angelegenheiten diese Harmonie nicht stören können. Unsere Betreuer sind ernst gestimmt. Sie benehmen sich sehr taktvoll und leise. Für einen Augenblick ist der Kommandant mit seinen obligaten Fragen hereingekommen. „Wünsche?" – „Neue habe ich keine, die alten kennen Sie schon." Der Priester Stanisław begann eine Krippe in der Kapelle vorzubereiten. Leider fehlt ihm ein „Jesuskind". Ich arbeite beim Tisch wie immer. Um die Mittagszeit erscheint der Kommandant noch einmal. Er entschuldigt sich für die ungewöhnliche Tageszeit: „Entschuldigen Sie, ein Päckchen wurde für Sie abgegeben. Ich glaube von Fräulein Okońska." Er ging wieder und ließ auf dem Tisch eine kleine verpackte Schachtel zurück. Merkwürdigerweise wußte ich bereits, was drinnen sein würde – die Krippe für unsere Kapelle. Ich hatte das deutliche Gefühl, daß das Jesuskind auf diese Weise spürbarer zu uns kommen werde.

Es ist gekommen, Freude und Dankbarkeit für diesen kleinen delikaten Trost umgeben uns. Das „Jesuskind" ist uns erst bei der gemeinsamen Weihnachts-Abendmahl-Feier, welche wir um 19 Uhr zu dritt gehalten haben, „erschienen". Die Augen des Priesters Stanisław, dieses jungen und rechtschaffenen Kaplans, den sein Eifer um Gott für die Seelen der Kinder ins Gefängnis geführt hat, strahlten große Freude aus. Einen Brief von meinem Vater anläßlich dieses Weihnachtsfestes habe ich leider nicht erhalten. Ich kann mir sehr schwer vorstellen, daß mein Vater ein Paket ohne eine schriftliche Nachricht geschickt hätte. Die Lust, seine Überlegenheit mir gegenüber zu dokumentieren, verzeihe ich meinem Betreuer. Mit nichts können sie mich dazu zwingen, sie zu hassen.

Donnerstag, 31. 12. 1953

Heute ist der letzte Tag im alten Jahr. Die Kirche hat uns für diese unsere Situation durch die Adventfeier und die Liturgie der Weihnachtszeit vorbereitet. Der Mensch, der das Jesuskind in sich trägt, kann es in alle seine täglichen Angelegenheiten mit hineinziehen. Wir drücken drei Gefühle aus: Im *Te Deum* das Gefühl der Dankbarkeit für die Liebe, für das Leben und für die heilige Gnade. Im *Magnifikat* äußern wir unsere Freude über die Muttergottes. Im *Miserere* gedenken wir demütig der nicht richtig eingeschätzten Gnaden. Mit diesem dreifachen Gefühl schließe ich ein Jahr voll Arbeit und Anstrengungen, die mich bis zum letzten Augenblick vor der Festnahme beinahe überforderten, ab.

Während der drei Festtage haben wir uns einen Abend der Weihnachtslieder vor einem kleinen Baum gegönnt, den der Priester Stanislaw irgendwoher organisiert hat. Wir haben uns an etwa 40 Weihnachtslieder erinnert und haben je 2 bis 3 Strophen lang ein Lied nach dem anderen gesungen. Wir haben die Nachmittage mit gemeinsamem Singen und unbewußtem Verbindungsuchen mit der sich freuenden heiligen Kirche zu dritt verbracht.

Wir haben auch die Mahlzeiten an diesen Tagen gemeinsam eingenommen und haben uns bemüht, mit den Geschenken, die wir von daheim erhalten haben, das Fest zu verschönern. Über diesem gemeinsamen Freuen und Aufteilen der von zu Hause erhaltenen Geschenke beginnt sich zwischen uns eine Gemeinschaft zu bilden.

Es geht dabei natürlich nicht um die Ernährungswerte, sondern um den starken Ausdruck der Gemeinschaft unter uns drei unfreiwilligen Bewohnern dieses Hauses. Der letzte Tag des Jahres verpflichtet mich, wenigstens eine kurze Gewissenserforschung hinsichtlich der zentralen Tugend der Liebe zu machen. Ich möchte klar sehen:

Ich fühle mich von der Regierung sehr getroffen. Besonders von Herrn Mazur, der meine Bemühungen um die Atmosphäre der Ruhe im Verhältnis zwischen Kirche und Regierung nicht würdigt. Ich bedaure, daß der Präsident seine Pflicht – dem Bürger, dem rechtswidrig die Freiheit entzogen wurde, Obhut oder Schutz zu gewähren – nicht erfüllt hat. Trotzdem hege ich keinen Haß, weder gegen ihn noch gegenüber irgendeinem anderen von diesen Leuten. Ich würde ihnen – selbst wenn ich die Möglichkeit dazu hätte – nichts antun. Ich glaube, ich stehe in der vollen Wahrheit und bin auch in der Liebe weitergekommen. Ich bin Christ und Kind meiner Kirche, die mich gelehrt hat, daß ich Menschen lieben soll, auch diejenigen, die mich als ihren Gegner betrachten. Sie soll ich in meinen Gefühlen zu Brüdern umwandeln. *Sic volo* – mit diesem Gefühl kann ich dieses Jahr, welches heute zu Ende geht, beschließen. Der Mensch aber lebt weiter – im Antlitz Gottes, dessen Zeit nicht berechnet werden kann. Alles, was klug und wohlüberlegt im nun endenden Jahr passierte, übergebe ich in die Hände der unbefleckten Jungfrau vom Jasna Góra, damit sie es der heiligen Dreieinigkeit weitergibt. – *Soli Deo.*

In vinculis Christi. – Stoczek bei Lidzbark Warminski, am 31. 12. 1953, 20.00 Uhr

Anno Domini 1954
Soli Deo!
Maria duce!

† Stefan Kardinal Wyszyński
Erzbischof-Metropolit
von Gnesen und Warschau,
Primas von Polen.

Freitag, 1. Jänner 1954

In vinculis Christi – pro ecclesia.

Wie immer hat mein Jahr mit dem ersten Adventsonntag begonnen. Trotzdem will ich durch alle meine innerlichen Erlebnisse, die ich mit diesem Datum verbinde – jedoch auf dieser Erde lebend und mit ihrer Hilfe zu Gott kommend –, alles Diesseitige, das mich auf diesem Wege begleitet, auf besondere Weise beilegen: Deswegen beginne ich dieses Jahr, das für mich gebenedeit ist, im Namen Gottes.

Die Feierlichkeiten des neuen Jahres sind damit verbunden, daß das „Christuskind" den Namen Jesus bekommt. Alles, was mich in diesem Jahr treffen könnte, übergebe ich von diesem Morgen an meiner Mutter, der unbefleckten Herrin vom Jasna Góra. Ich wünsche mir, daß sie mir weiterhin auf meinem Lebensweg hilft, so wie sie es seit meiner Kindheit getan hat. Ich will, daß ihr Antlitz, das auf dem Schild meines Primas-Wappens abgebildet ist, nie das auf mich strahlende fröhliche Lächeln verliert und daß sie die ihr gebührende Ehre durch meine Taten und Leiden und durch meine Gebete empfangen kann. Ich erneuere den Akt meiner vollständigen Hingabe durch ihre allerreinsten Hände in die Gefangenschaft ihres Sohnes, den sie auf ihren Armen hält. Mein Jesus ist noch klein, aber ich will, daß er schnell wächst, so wie ich immer kleiner werden muß. Ich will mit allen die „*Treuga Dei*" bewahren. Ich erneuere alle meine besten Gefühle für alle Menschen. Für diejenigen, die mich jetzt am nächsten umgeben, und für diejenigen, die weit von mir entfernt sind, denen es so vorkommt, als könnten sie über ein

Schicksal entscheiden, das aber vollkommen in den Händen meines himmlischen Vaters liegt. Gegenüber niemandem empfinde ich Gefühle der Abneigung und des Hasses. Ich empfinde keinerlei Vergeltungssucht. Gegen diese Gefühle möchte ich mich mit meinem ganzen Willen und mit der Hilfe der Gnade Gottes wehren. Erst mit solch einer Einstellung und mit solchem Gefühl habe ich ein Recht auf Leben. Nur dann wird mein Leben ein Königreich Gottes auf der Erde bauen können. Ich verbinde die besten Gefühle mit meiner Gemeinde aus Gnesen und Warschau, welche mir Christus zur Obhut übergeben hat. Ich kann ihnen jetzt nicht direkt dienen, und darum gebe ich sie in die besondere Obhut der Muttergottes, damit sie über diese Menschen wacht und ihnen das Kreuz der Verwaisten zu tragen hilft, damit es ihnen, da ich ferne bin, noch besser gehe als in der Zeit meiner Anwesenheit. Ich kann diesen Menschen mit meinem Gebet und dem Leid dienen, und das werde ich tun.

Maria, in Deine Hände befehle ich meine Gebete des ganzen Jahres, und ich will, daß der Großteil dieser Gebete meinen Priestern, Bischöfen und Weihbischöfen, geistlichen Seminarien und überhaupt dem ganzen geistlichen Tun beider Erzdiözesen, allen Gläubigen, die meiner Obhut anvertraut sind, zugute kommen soll.

Heute haben wir etwas Merkwürdiges erlebt. Am Rande des Gartens unter den Linden hörten wir Klänge von Musik und Gesang. Wir stellten fest, daß es sich um einen Kirchengesang handeln müsse, obwohl es uns so vorkam, als töne er aus einem Radio. Bis zum heutigen Tag haben wir hier nie ein Zeichen dafür festgestellt, daß es in der Kirche, die an unser Gefängnis angrenzt, religiöses Leben gibt. Langsam erkennen wir die Melodie eines Weihnachtsliedes: „Wir gehen alle zur Weihnachtskrippe, zum Stall.“ Es singt das Volk in Begleitung einer Orgel. Hie und da können wir einzelne Worte verstehen: „Du, der Du in dieser Nacht geboren wurdest, um uns von der Teufelskraft zu befreien . . .“ Das Singen ist schwach, die Entfernung sehr groß. Die Kirchenglocke, welche zum Gottesdienst ruft, hörten wir öfters. Wir drei strahlen vor Freude. Wir sind noch Menschen der Kirche. Unsere Freude ist der Dienst Gottes. Das Gebet mit dem Volk fehlt uns am meisten. Dieses Zeichen des gemeinsamen Gebetes, das ist für uns die größte Freude in diesen Weihnachtstagen.

Mit dem heutigen Tag fängt ein Jubiläumsjahr an, der 100. Jahrestag der Verkündigung des Dogmas von der Unbefleckten Empfängnis der allerheiligsten Jungfrau Maria. Das Jubiläum haben wir schon vor meiner Verhaftung vorzubereiten begonnen. Mein innigster Wunsch ist es, nach Kräften zur geistigen Vertiefung dieser Festlichkeiten in meinen Diözesen beitragen zu können. Ich wollte eine neue Kirche zu Ehren der Unbefleckten Empfängnis in Niepokalanów weihen. Die Einweihung war für den 8. September 1954 vorgesehen. Möge ich diese Gnade empfangen können!

Mittwoch, 6. 1. 1954

Es ist eine sonderbare Sache mit Menschen, wie dieser Herodes einer war. Wenn sie ihren Haß übertreiben, werden sie zu Aposteln der Sache, die sie bekämpfen. Herodes hat als erster an den „jüdischen König" geglaubt. In ganz Jerusalem hat er für ihn große Propaganda gemacht. Am Anfang hat er die Weisen nach Bethlehem geschickt. Gelehrte sollten in den heiligen Schriften nachforschen, wann und wo Christus geboren werden soll. Die drei Weisen haben diese Nachricht bestätigt.

Alles wurde mobilisiert. Jesus ist noch ein Kleinkind, doch die Herodeswelt zittert schon. Was wird geschehen, wenn Christus erwachsen sein wird? Man soll sich von diesen Aposteln des Hasses nicht trennen, die mit Haß im Herzen nach Gott suchen – und die der Welt ihren Haß verkünden. In diesem Haß lebt der Glaube, die Angst und die Anerkennung der Kraft des göttlichen Einflusses. Es werden Menschen kommen, die den Haß nicht mehr anerkennen werden und die diesen gehaßten und verfolgten Gott verstehen. Auch die Verfolger Gottes arbeiten für seine Ehre. Der Unglaube hat einen eigenen Sinn und besteht nicht nur darin, daß er schwache Gehirne mit zu kleinem Volumen, die Gott nicht erfassen können, ans Licht bringt. Unglauben hat seinen Sinn vor allem darin, daß er anregt, alle Gedankenanstrengung zu machen, um nach der Wahrheit zu suchen, und daß er zu Genauigkeit und Unruhe führt.

Sonntag, 17. 1. 1954

Auf dem Gipfel des hohen Tannenbaumes hat sich eine Krähe*) niedergelassen. Hochmütig hat sie sich umgeschaut und hat einen Siegesruf ausgestoßen. Dieser Schreier scheint doch wahrhaft zu glauben, daß der Tannenbaum ihm alles zu verdanken hat: sein Dasein, seinen edlen Wuchs, seine Schönheit, sein immergrünes Nadelkleid, die Kraft im Kampf mit den Stürmen.

Die Unverfrorenheit dieser Krähe ist bewunderungswürdig. Die große Wohltäterin der stillstehenden Tanne! Und die Tanne schwingt nicht einmal, es sieht so aus, als sähe sie die Krähe gar nicht. Gedankenverloren reckt sie ihre Äste zum Himmel. In Ruhe duldet sie den schreienden Gast. Nichts kann den Ernst ihrer Gedanken trüben. Schon so viele Wolken sind an ihrem Wipfel vorbeigezogen. Schon so mancher Vogel, welcher durchs Land gezogen ist, hat sich hier aufgehalten. – Sie sind alle, so wie diese Krähe gehen wird, weitergeflogen. Es ist nicht dein Platz, Krähe! Hier fühlst

---

*) Dieses Bild erinnert an die von General Jaruzelski im Jahre 1982 gegründete Organisation „Die Krähe".

du dich nicht sicher, und deswegen versuchst du durch Schreien die Tapferkeit, die dir fehlt, zu erlangen.

Ich jedoch bin aus dieser Erde herausgewachsen, und meine Wurzeln reichen in ihr Herz. Und du, wandernde Wolke, die du einen Schatten der Traurigkeit auf meinen goldenen Wipfel wirfst, bist du nur ein Scherz der Stürme? Man muß sie in Ruhe ertragen. Du wirst deine Langeweile und Seelenlosigkeit zu Ende krähen. Dann wirst du abziehen. Was kannst du mit deinem Geschrei tun? Ich werde bleiben, und in dieser Konzentration werde ich dauern.

Um meine Geduld weiter aufzubauen, um Stürme und Anflüge zu überstehen. Um ruhig in die Höhe zu wachsen. Von der Sonne kannst du mich nicht abschirmen. Du kannst mich durch dein Geschrei nicht zur Bewunderung für dich veranlassen. Du kannst das Ziel meines Strebens nicht ändern. Es gab den Wald, euch gab es nicht – und euch wird es nicht geben, den Wald aber doch. Ein Märchen? Oder kein Märchen!

Montag, 18. 1. 1954

„Damit niemand denken könnte . . .", daß Du ein strenger Vater bist, der unbedacht oder heftig urteilt. Damit Dir, Vater, niemand meinetwegen ein Leid antut. – Ich erkläre Dir, daß Du alles, was Du getan hast, aufgrund gerechter Urteile getan hast. Wer kann das besser wissen als Du und ich. Wem soll man recht geben als dem durch Leid Geprüften? Wie sehr hat sich Hiob wegen der Vorwürfe, welche ihm seine Brüder machten, zu entschuldigen. Freiwillig und bewußt muß ich Dir zugestehen, daß alle Deine Wege – Barmherzigkeit und Freiheit bedeuten.

Verursache, daß Leid in der empfangenen Liebe zergeht. Strafe ist nicht mehr Vergeltung, denn sie ist ein Arzneimittel, welches väterliche Güte darreicht. Trauer quält die Seele wie das Pflügen auf steinigem Boden. Einsamkeit bedeutet, Dich aus der Nähe zu beschauen. Menschliche Bosheit ist die Schule der Taubheit und der Demut. Die Entfernung von der Arbeit ist ein Zuwachs des Eifers und der Hingabe des Herzens. Die Gefängniszelle ist Wahrheit – daß wir hier keinen festen Wohnsitz haben . . . Damit niemand mehr über Dich schlecht denken könne – Vater, über Dich. Damit niemand es wagt, Dich mit dem Vorwurf der Strenge zu beleidigen, denn Du bist gut, und deine Barmherzigkeit wird immer dauern.

Dienstag, 19. 1. 1954

In den letzten Wochen vollzog sich das Verhältnis zu meinen Betreuern im Telegrammstil: „Gesundheit und Wünsche: dieselben."

Heute sind beim Gespräch mit dem Kommandanten wieder die gleichen Worte wie immer gefallen. – Einen Brief von meinem Vater habe ich seit drei Monaten nicht mehr erhalten. Auf meinen zweiten und dritten Brief habe ich keine Antwort bekommen. Heute habe ich beschlossen, an diese Sache anzuknüpfen. Der Kommandant hat sich noch einmal mit dem Verweisen auf seinen Vorgesetzten abgeschirmt. „Ich habe keine Antwort – ich habe das von Ihnen schon so oft gehört." – „Wissen Sie, in diesen Tagen habe ich die *Thietmar*-Chronik gelesen. Besonders nachdenklich hat mich das Ereignis um Otto II. gemacht, der den Verschwörer, der ihn umbringen wollte, dadurch schwer getroffen hat, daß er ihm sein Vergehen auf sein Bitten hin nachgesehen hat. Das war ein Feudalherr, der für Euch ‚Herren' anstoßerregend ist! Ich bin kein Verschwörer, und ich kann von Euch nicht einmal das eine bekommen – Antwort auf meine Fragen. Sollte das eine List sein? Nach tausend Jahren? Und Ihr habt Mut, über die Feudalherrn zu lachen – Ihr wollt alle für die Demokratie überzeugen, durch das Quälen der Menschen?! Übrigens, wenn Ihr das nötig habt – dann habt Ihr ja mich dazu. Aber warum quält Ihr meinen alten Vater? Was hat er Euch getan? Das ist unmenschlich, das ist keine List. – Und das machen Menschen, die selbst lange in den Gefängnissen gesessen – und nichts gelernt haben. Wenn man das schon kennengelernt hat, müßte man doch Polen anders gestalten. Das überzeugt nicht."

Der Kommandant wich zurück und wiederholte: „Ich werde mich noch einmal an die Vorgesetzten wenden." – Wir haben uns wie immer verabschiedet. Ich notiere dieses Gespräch als Beweis, falls es jemand später einmal anders auslegen möchte.

Montag, 25. 1. 1954

Wenn ich die Worte des heiligen Paulus lese: „Gott hat das, was in der Welt töricht ist, ausgewählt, um das, was klug ist, zu beschämen (1 Kor 1, 27)", so glaube ich, daß das Leben des Apostels diesen Worten widersprochen hat. Aber wenn ich an mich denke, muß ich diesen Worten recht geben. Gott hat das Recht, sich schwacher Werkzeuge zu bedienen, damit sich die Kraft der Wahrheit in der Gnade Gottes zeigen kann.

Ich möchte allen recht geben, die mich für einen begrenzten und unbeholfenen Menschen halten. Denn ich will Gott nicht widersprechen. Diejenigen, welche über mich so denken, stimmen ja dem Heiligen Geist zu, der die Worte des Paulus beeinflußt hat. Also geben sie Zeugnis von der Wahrheit.

Und doch geht es darum, daß damit Christus immer besser verkündigt wird.

Dienstag, 26. 1. 1954

Quae utilitas... Man müßte wenigstens einen Vorteil darin sehen: eine Sünde weniger. Alle diejenigen, die mich um die sogenannte „Karriere" beneideten, beneiden mich nicht mehr, denn „Karrieren" gehen, wie die Geschichte zeigt, auf Hiobs-Serpentinen. Heute wollen sie bestimmt weder „zu meiner Rechten, noch zu meiner Linken" sitzen. Obwohl die Zimmer frei sind.

„Karriere" in der Kirche fordert Bereitschaft, mit Christus das Kreuz zu tragen und ins Gefängnis zu gehen. Auch wenn uns das nicht so gelingen wird wie dem Petrus, sollte man diese Versuchungen durchstehen, dann wird eine große Anzahl von Neidern wegfallen – sicherlich nicht alle. Denn in der Kirche fehlt es niemals an Leuten, die bereit sind zu leiden. Die haben nicht aufgehört, mich zu beneiden, aber ihr Neid ist keine Sünde. Es gibt einen weiteren Vorteil: meine beiden geliebten Diözesen Gnesen und Warschau wurden von einem nicht besonders geeigneten Priester verwaltet, denn er hat sich selbst mehr geliebt als die ihm von der Kirche Anvertrauten. Wieviel Leid kann man der Kirche antun, wenn ein Mensch erst lernt, wie man „regiert und dient". – Denn er sollte längst diese Kunst besitzen. Wer kennt doch die Wege Gottes? Wer von uns weiß, wann einem gesagt wird: „Ich schicke dich ..." Wenn die Zeit kommt, ist man nicht vorbereitet. „Dem heiligen Vater widerspricht man nicht." So geht der arme Verurteilte in die Weinberge Gottes, nur auf die Hilfe der Gnade rechnend. Wenn man nur nicht vergessen würde, daß man nach Gott schauen muß. Es ist leider so einfach zu vergessen, „woher der Mensch stammt". Es mögen sich beide erholen, die einem so unbrauchbaren Diener anvertraut wurden: *Sponsa Gnesnensis et Sponsa Varsaviensis.*

Dienstag, 2. 2. 1954

Es sind schon fünf Jahre vergangen, seit ich eines Morgens in Trzemeszno auf dem Wege des heiligen Wojciech*) nach Gnesen aufgebrochen bin, um dort das Amt des Primas von Polen anzunehmen. Der damalige Tag war frostig und schneereich – wie heute. Über der Stadt strahlte die Sonne. Die Erinnerung an diese fünfjährige Arbeit läßt mich Gott danken für die ungeheure Ehre, die ich vom Geber aller Arbeit empfangen habe. Damals kam ich voller Angst – heute bin ich voller Scham, daß ich so unwürdig und unbeholfen gearbeitet habe. Die große Last und der Umfang der Arbeit führten dazu, daß die Qualität meiner Arbeit nicht genügte.

---

*) Polnisch für heiliger Albert (956–997). Erzbischof von Prag, Patron der Kathedrale von Gnesen/Gniezno und der polnischen Kirche.

Wenn es allein um den Eifer ginge, hätte ich mir nichts vorzuwerfen. Jedoch die Last der Arbeit hat mich überfordert. Obwohl ich das Gefühl der Schuld habe, daß ich meine Sache nicht vollständig ausführen konnte, denke ich gefaßt und ruhig an das Vergangene. Das war doch alles sehr schwer. Erst jetzt, in dieser Isolationszeit, habe ich eine Atempause, während der zurückliegenden fünf Jahre war dies nicht möglich. Weil ich diese fünf Jahre im Gefängnis beende, hoffe ich, daß mir der barmherzige Gott diese letzten Monate als Wiedergutmachung anerkennen wird. Ich konnte den Plan Gottes nicht zu Ende führen. Ich höre nicht auf zu hoffen, daß der allerhöchste Hirte der menschlichen Seelen mir erlauben wird, ihm besser zu dienen, „wenn das Unrecht vergehen wird" . . .

Deswegen verbringe ich diesen Tag mit Gebeten für „Gnesen, die Hauptstadt Adalberts", und für die „Hauptstadt Marias, der Gottesgebärerin und Jungfrau". Dank sei Gott, gelobt sei Maria. Ihr stelle ich allen meinen Kummer und meine Bitten anheim: *dignare me laudare te, virgo sacrata*. Erlaube mir, die Kirche Deines Sohnes zu bauen. Erlaube mir, Deine Diözese und alle Basiliken beim großen nationalen Jubiläum – 1 000 Jahre Gnade der heiligen Taufe in Polen – auf das Fest vorzubereiten.

Heute haben wir von der nahegelegenen Kirche weitere Zeichen empfangen, die wir seit dem 1. Jänner nicht mehr gehört haben. Höchstwahrscheinlich hat man einen Ablaßtag gefeiert. Gestern haben wir eine Glocke wie für eine Vesper läuten gehört. Heute läuteten die Kirchenglocken mehrmals. Die letzten Worte des Gesanges haben uns abermals erreicht: „Maria, durch Dich genesen wir" – und nichts mehr. Wieviel ist das für Gefangene – wieviel Freude . . .

Sonntag, 7. 2. 1954

Einmal hat Petrus gefragt: „Wir haben alles verlassen und sind Dir nachgefolgt – was wird uns dafür zuteil werden?" Jesus hat darauf geantwortet: „Hundertmal so viel werdet Ihr erhalten" . . . (Mt 19). Dann war Petrus auch im Gefängnis, in der Arena und auf dem Kreuz . . . Das war schon der Anfang der Belohnung. Michelangelo hat den Fresken der Sixtinischen Kapelle mit seinem Pinsel – als ob er das Testament seines Lebens schreiben würde – dargestellt, wie Petrus durch diese Belohnung Gottes glücklich war – für die „Wiedergeburt". Wenn mir Gott heute schon eine Vorauszahlung gibt, ist es für mich ein Beweis, daß er mich bei der „Wiedergeburt" sehen will. Ich frage nicht weiter: Was wird mit mir sein? Das ist schon „mit" mir! . . . Ich kann mich nicht so wie Petrus auf das Kreuz freuen, aber die Vorausbuße empfange ich, der Rest wird schneller kommen, wenn Gott auszuzahlen beginnt.

Montag, 22. 2. 1954

Das achte „Sakrament" im Leben der Kirche – ist das Martyrium. Christus selbst hat es geheiligt. Er hat diejenigen, die verfolgt werden, als Gebenedeite bezeichnet. Der Märtyrertod Christi, welchen die Theologen als das große Sakrament bezeichnen, war das nicht der erlösende Moment der Stiftung des achten Sakramentes? Des achten? Vielleicht ist es das erste.

Donnerstag, 4. 3. 1954

Heute habe ich die Frage nach den Büchern, um welche ich im Oktober vergangenen Jahres ersucht habe, beim Kommandanten erneuert. Bis heute hat man meiner Bitte nicht Rechnung getragen. Ich fragte, ob sie vielleicht mein Brevier besitzen, denn ich brauche endlich den Frühjahrsteil. Der Kommandant erklärte mir: „Alles, was wir bekommen haben, haben wir an Sie weitergeleitet; vielleicht liegt aber noch irgendwo etwas. Der Leiter hat sich doch schon bei Ihnen gemeldet und Sie gebeten, die Zusammenstellung noch einmal zu übergeben, damit Sie die Bücher, die Sie im Oktober bestellten, erhalten können." Ich erklärte ihm, daß ich im November dem Leiter eine zweite Abschrift dieser Liste gegeben habe, weil der Leiter meinte, daß diese Liste irgendwo verlorengegangen sei.

Ich werde jetzt eine dritte Abschrift der Bücherliste machen, um die ich am 15. Oktober das erstemal angesucht habe, sowie auch von denen, die mir jetzt schon zugestellt wurden. Höchstwahrscheinlich haben diese Herren meine Dinge im Magazin verstaut und wissen nicht mehr, was sie alles von mir haben. Weil sie sich sicherlich „mit dem Gedruckten" nicht so gut auskennen, müssen sie alles schwarz auf weiß haben. Der Priester Stanislaw hat beide Listen dem Leiter abgegeben. Bald darauf ist der Leiter beim Priester Stanislaw erschienen und hat ihm den Frühjahrsteil meines Breviers im roten Umschlag und mit den Bildern, die immer drinnen waren, gebracht. Das ist eine große Freude, das eigene Brevier wieder zu haben.

Ich gehe voll Armut, Schwäche und Wunden, die ich unterwegs erworben habe, durch mein Priesterleben. In Wahrheit – Ungeziefer und nicht Mensch. Alle haben das Recht, meine Unbeholfenheit zu bewundern. Aber ich gehe immerhin und übe meine priesterliche Sendung aus – meine Armut stört mich nicht – für Gottes Barmherzigkeit, um mit besten Mitteln den Menschen zu dienen. So ist Christus gegangen, von vielen verhöhnt, hin bis zum heutigen Tag. In Lumpen gekleidet, geschlagen, von den Menschen bespuckt, und doch erlöst er die Welt ... und hat sie erlöst, obwohl die Welt ihn ausgelacht hat, ihn – ihren Erlöser. Wie nahe verlaufen diese beiden

Wege. Meine Unbeholfenheit trägt die sakramentale Gnade, die Unbeholfenheit Jesu trägt seine Gottheit ... Die Welt soll nur lachen – doch das Werk der Erlösung muß ausgeführt werden.

Mittwoch, 10. 3. 1954

Zum Glück besitzt der Mensch nicht solche Macht, um den Eigenschaften Gottes, vor allem der Liebe, endgültige und unüberschreitbare Grenzen zu setzen. Der Mensch meint oft, den allmächtigen Gott mit Ketten der Liebe und Vergebung fesseln zu können. Gott hängt aber in seiner Barmherzigkeit nur von sich selbst ab. Sein Recht der Gnade – ist das königliche Recht, ohne Widerruf. Er verzeiht, weil er es will, von nichts als von seiner Güte getrieben.

Donnerstag, 18. 3. 1954

Heute habe ich einen Teil meiner Bücher, welche ich auf der Liste vom 4. 3. dieses Jahres angegeben habe, und meine Soutane, um welche ich nicht gebeten habe, erhalten. Der heilige Josef, zu dessen Ehre ich heute eine Novene beendet habe, hat mich durch seine Güte unterstützt. Die Bücher werden wesentlich zur Entwicklung meiner wissenschaftlichen Arbeit im Rahmen meines bescheidenen Daseins beitragen.

Freitag, 19. 3. 1954

Erleichterungen durch das Brevier. Das Responsorium nach der ersten Lektion der Matutin sagt: *Fuit Dominus cum Joseph, et dedit ei gratiam in conspectu principis carceris: Qui tradidit in manu illius universos vinctos (Gen 39, 21).*
Joseph aus Ägypten ist ein hervorragender Hintergrund, auf welchem Josef von Nazareth in Erscheinung tritt. Zwar ist der heilige Tischler nie im Gefängnis gesessen, doch er hat den Gottessohn vor der Verfolgung des Herodes geschützt. Joseph war der Betreuer des Gottessohnes in Ägypten – wie der heilige Patriarch hat er als Gefangener seinen Mitgefangenen Hilfe gespendet. „Alles, was sich (im Gefängnis) ereignet hat, war in seiner Hand." Das sagt der erleuchtete Geschichteschreiber der Genesis. Wenn wir diese Worte lesen, kommt, dank des Heiligen Geistes, Hoffnung in unsere Herzen. Er hat die Herzen der Priesterbrüder in Dachau erfüllt. Sie haben zum heiligen Joseph gerufen, und er ist ihnen mit seiner Hilfe erschienen, ausgerechnet in der Zeit des Festes des heiligen Joseph. Deswegen sind sie nachher zur Stiftskirche in Kalisz gegangen, um

für die wunderbare Hilfe, daß sie das KZ überstanden haben, zu danken.

Wie groß ist die Hilfe des heiligen Joseph in den Verwirrungen der Seele, in der Befreiung von den Sünden, darüber wissen alle Bescheid, die Seelsorge ausüben. Betreuer der heiligen kämpfenden Kirche „mit dem Davidschlüssel" – (o, *Clavis David ... qui aperis et nemo claudit ... veni et educ vinctum de domo carceris* – am 20. Dezember) – ist der Betreuer aller Seelen, welche auf die erlösende Bewegung dieses Schlüssels warten.

Mittwoch, 24. 3. 1954

Das Treffen der Herzen ... Dieses bedeutungsvolle Ereignis hat in Nazareth stattgefunden, als Maria ausrief: „Ich bin die Magd des Herrn, mir geschehe nach Deinem Wort." Das Herz des Immerwährenden hat Platz unter dem Herzen der Unbefleckten gefunden. Gott hat sein Herz gebracht und hat Liebe erfahren. Das Gottesherz hat das menschliche umfaßt, der Mensch hat sein Herz geöffnet und Gott empfangen. Das Zusammenleben zweier Herzen: des Schöpfers und des Geschaffenen – das ist ein besonderes Verhältnis. Das Herz Jesu, welches aus dem Herzen des Wortes schöpft, gibt die Tiefe der Liebe, die es aus dem Göttlichen schöpft, dem Menschen weiter. Aber dieses Herz des Gottmenschen ist mit dem Leben Marias verbunden, es ernährt sich mit ihrem Blut, Marias Herz arbeitet für das Herz Jesu. Dieses Herz Marias, so außergewöhnlich bereichert, bringt dem Herzen Jesu alles, was die unbefleckte Mutter von der allerunbeflecktesten Liebe nehmen kann, um es ihrem Kind zu geben. Im Antlitz des Kindes sehen wir das Abbild der Mutter, und so sehen wir in Jesus geistige Eigenschaften des Geistes seiner Mutter.

Maria war immer zur Dienerschaft bereit: die Antwort, die sie dem Engel gegeben hat, beim Besuch der Elisabeth, beim Wunder in Kana, die Beihilfe, die sie Jesus auf seinem Kalvarienweg leistete, alles das verdient Bewunderung. Wie rasch hat sie sich entschieden, jede Hilfe zu leisten! So sagt Christus: „Ich werde kommen und werde heilen": den Jüngling aus Naim, Lazarus und Zachäus, die Schwiegermutter des Petrus, die Tochter des Jairus, den Blinden aus Jericho, den Menschen mit der ausgetrockneten Hand ... das sind Beispiele für die Bereitschaft Christi, den Menschen zu dienen. Das Herz Marias hat sich im Herzen Jesu gespiegelt. Ab diesem Zeitpunkt waren diese beiden Herzen miteinander verbunden. Sie werden den Menschen dienen, die von den Räubern überfallen wurden.

Donnerstag, 25. 3. 1954

Benigne fac Domine – pro voluntate Tua (Ps 50). Ich kenne Deine väterlichen Hände, denn Deine Hände haben mich geschaffen. Abdrücke Deiner Finger finde ich an mir. Von Deinen Händen ist auf mich alles Gute zugekommen. Und doch beunruhigt mich „Gottes Finger", obwohl Du mich mit Deinen Händen mit Liebe berührst. Ich habe Angst vor Deinen Fingern, daß ich nicht verbrenne „durch das fressende Feuer", welches Du bist. Es gibt noch so viel Stoff in mir zu verbrennen – o, wenn ich doch schon ein Geist wäre, dann würde mich Dein reinigendes Feuer nicht mehr treffen, das alles trifft, was nicht Geist ist. *Benigne fac.* – Schau, wie ich schwach und kraftlos bin, wie ich Angst vor Dir habe. Wenn Du kommst, „bebt die Erde". Es ist kein Wunder, daß die Erde meines Körpers voll Angst ist. *Benigne fac* – wie ein Vater, der zum erstenmal in seinem Leben ein Kleinkind in die Hand nimmt. Hat dann die Mutter nicht Angst um ihr Kind, wenn es in harten Vaterhänden ist? Du allerbeste Mutter des Sohnes Gottes, wache über die Hände des himmlischen Vaters, wenn er mich nimmt, wache und beschütze mich. *Benigne fac* – ich bin ein brüchiges Gefäß – und Du bist mein Herrscher. Ein Herrscher, der mit den Sternenkonstellationen wie mit Kegeln wirft. Es ist die Wahrheit, daß für Deine Hände der Staub und der Planet das gleiche zählen, Du bist der Erschaffer sowohl des einen wie des anderen. Alles hast Du in Deinen Händen gewogen. Warum fürchte ich mich – *benigne fac.* Ich hoffe und bitte um Deine zärtlichen, göttlichen Arme. Aber am besten gib mich meiner Mutter, wie Du Deinen eingeborenen Sohn ihr anvertraut hast. Denn alle ihre Güte stammt aus Deiner Liebe.

Donnerstag, 8. 4. 1954

Der Kommandant hat heute wieder nach meiner Gesundheit gefragt. Ich erklärte ihm, daß die Krankheitssymptome, die mich während des Winters beunruhigt haben, nachließen Wahrscheinlich habe ich mir auf dem Wege von Rywald nach Stoczek die Nieren verkühlt. Die Feuchtigkeit, welche sich in diesem Haus vom Parterre aus in den ersten Stock zieht, hat mir sicher auch geschadet. Der Kommandant meinte, daß eine Ärztekommission einberufen werden sollte. Ich fragte ihn, ob er mir sagen könne, wer in dieser Kommission sein werde, denn einer anonymen Kommission könne ich nicht zustimmen. Der Kommandant konnte mir keine Antwort geben, er meinte nur, daß er darüber mit seinem Vorgesetzten sprechen werde. Dabei hat er meine Verantwortung für die Gesundheit erwähnt. Seiner Meinung nach trage ich selbst die volle Verantwortung für meinen Gesundheitszustand. Gegen eine solche Betrachtung dieser Angelegenheit habe ich protestiert: „Wenn ich frei leben könnte und über mich und meine Mittel verfügen könnte, dann – ja. Aber nachdem ich ein Gefangener bin, dem alle Rechte entzogen wurden, trägt die Regierung die volle Verantwortung für meinen Gesundheitszustand. Es geht mir nicht darum, daß die Gesellschaft die Verantwortung für meine Katastrophe auf Euch überträgt." Der Kommandant war nicht meiner Meinung, er sagte, daß der Mensch im 20. Jahrhundert doch Rechte besitzt. „Ich bedauere", antwortete ich ihm, „daß im 20. Jahrhundert so ein Unrecht, dem ich zum Opfer gefallen bin, überhaupt noch stattfinden kann. Es ist unerhört, daß man mit einem Bürger so umgehen kann, wie es die Regierung mit mir tut. Ich wurde in der Nacht aus dem Bett geholt, und es wurden mir alle Rechte entzogen. Sagen Sie mir, welche Rechte ich hier besitze?" Der Kommandant erklärte mir, daß ich das Recht auf ärztliche Behandlung habe. Über andere Angelegenheiten sei er bereit, später zu diskutieren. Er erklärte mir schon früher, daß ich an Minister Bida schreiben könne und ihm meinen Standpunkt darstellen solle. Ich erinnerte den Kommandanten daran, daß mir „das Recht auf Schreiben von Briefen", sogar an meinen Vater, entzogen wurde. Ich sagte auch, daß ich an Bischof Klepacz und Bischof Choromanski schreiben wolle. Auf die zwei von mir an meinen Vater abgesandten Briefe habe ich keine Antwort erhalten. Ich habe keine Lust, für das Archiv zu schreiben. Die Stellungnahme der Regierung betrachte ich als Vergewaltigung der Rechte. Der Kommandant erklärte mir, daß die Regierung aus dem, was mit mir geschieht, vor der Gesellschaft kein Geheimnis mache. Er fügte noch hinzu: „Die ganze Nation weiß, daß Sie im Kloster sind." Noch einmal drückte ich ihm mein Bedauern über die Handlungsweise der Regierung mir gegenüber aus. Die Regierung wisse ganz genau, insbesondere die Bischöfe und Herr Mazur, wieviel Mühe ich mir gegeben habe, damit es zur Verständigung zwischen Kirche und Staat komme. Und das ab dem ersten Moment meines Amtsantritts in den Städten Gnesen und Warschau. „Nach so großer Mühe habe ich mir eine solche Behandlung nicht verdient." Der Kommandant hat noch einmal an meine Verantwortung für meine Gesundheit appelliert: „Sie sind Doktor und ein gebildeter Mensch, dann wissen Sie –" – „Mein Doktorat habe ich in einer anderen Disziplin gemacht. Ich bin kein Arzt. Aber ich bin grundsätzlich mit einer Untersuchung durch eine Ärztekommission einverstanden. Nennen Sie mir die Namen, dann werde ich entscheiden, ob ich damit einverstanden bin, oder ich werde ansuchen, daß auch mein Arzt dabei anwesend sein kann."

Der Kommandant erwähnte noch die zweite Angelegenheit – mein Schreiben an die Regierung – und sagte, daß er seinen Vorgesetzten darüber informieren werde und daß er bereit sei, anschließend ein Gespräch mit mir darüber zu führen. Ich erklärte ihm, daß ich vor einem eventuellen Schreiben an die Regierung eine Abschrift der Entscheidung der Regierung vom September des letzten Jahres erhalten müsse. Bis jetzt habe man mir diesen Bescheid nicht zugestellt. „Dies bezieht sich auch auf das Verhältnis zwischen uns beiden. Ich bin gezwungen, Sie als Vertreter der mich benachteiligenden Regierung zu behandeln. Es ist kein Wunder, daß mein Verhältnis zu Ihnen nicht angenehm sein kann, jedoch ist es nicht meine Absicht, daß Sie mein Verhalten als feindselig betrachten. Aber ich muß um meine Rechte kämpfen, und Sie schirmen mich gegenüber der Außenwelt ab." Der Kommandant war der Meinung, daß es „so recht ist".

Freitag, 9. 4. 1954

Ein paar Bemerkungen zu meinem Aufenthalt in dieser Wohnstätte hier: Den Winter in Stoczek haben wir als streng empfunden. Zu Beginn diese Stürme, die heftig und fast ununterbrochen an unsere Fenster schlugen. Erst diese Stürme erklärten uns, warum ein so großes Haus mit so winzigen Fenstern gebaut wurde. Manchesmal stauten sich vor dem Haus riesige Schneewächten, so daß wir nicht einmal in den Garten hinaus konnten. Es war üblich, daß wir den Schnee von den Stufen der Veranda und von dem Weg, welcher unter unseren Fenstern liegt, freischaufeln mußten. Unserem Beispiel ist niemand gefolgt. Nur einmal hat ein Aufseher den Schnee mit der Schaufel zur Seite geschaufelt. Einer von ihnen versuchte von Zeit zu Zeit den Schnee vom Weg zu kehren. Ein anderer hat eine Holzschaufel vorbereitet, diese war aber so schwer, daß man mit ihr nicht schaufeln konnte. So haben wir mit unseren Geräten gearbeitet: Mit einer Gartenharke und einem einfachen Brett haben wir den Weg freigeschaufelt. Es ist uns sogar gelungen, Ordnung im Garten zu schaffen, denn wir haben alle Wege im Garten freigeschaufelt, so daß man überallhin spazieren konnte. Das war eine schwere Arbeit. Ich habe bemerkt, daß der Priester bei dieser Arbeit müder wurde als ich. Vielleicht deswegen, weil er in solch einer Arbeit keine Praxis hatte. Trotzdem war das für uns eine positive Zerstreuung und tat unserer Gesundheit gut. Schlechter war die Situation im Haus. Das alte Gebäude hatte ein völlig überaltetes Heizsystem. Die Öfen waren ruiniert und ausgebrannt. Die Kamine waren offensichtlich horizontal angelegt. Das Heizen mit Kohle führte dazu, daß die Kamine bald mit Ruß verstopft waren. Unsere Aufseher mußten öfters als Rauchfangkehrer arbeiten. Bei dieser Arbeit haben sie mehr Eifer gezeigt. Besonders der sogenannte „Mo", ein älterer Herr, hat immer seine Uniformjacke ausgezogen und hat seine Hände bis zu den Schultern in die Kamine gesteckt, um haufenweise Ruß herauszuholen. Dies ist uns einigemale im Winter passiert. Außerdem haben die Öfen auch geraucht. Im Zimmer der Schwester konnte man überhaupt nicht heizen, daher hat sie fast den ganzen Winter in einem ungeheizten Zimmer verbringen müssen. Ähnlich war die Situation im Zimmer des Priesters. Im besten Zustand waren noch die Öfen in meinen Zimmern. Man mußte aber zweimal am Tag einheizen. Trotzdem war es unmöglich, ein wohltemperiertes Zimmer zu haben. Besonders Hände und Füße waren immer kalt. Es hat auch nichts geholfen, wenn ich mich in die Decke wickelte. Ähnliche Schwierigkeiten hatten wir im Bad. Der Ofen dort hat das ganze Haus mit Rauch erfüllt, obwohl man ihn oft gereinigt hat. Öfters gab es auch zum Waschen nur kaltes Wasser. Gelegentlich ist der alte Motor der Wasserpumpe überhaupt ausgefallen, dann mußten wir das Wasser in Kübeln von unten holen. Dann ist auch noch der Brunnen zugefroren. Wir entfernten haufenweise Eis und konnten Eis, welches im Zimmer unter uns aufgehackt worden war, bewundern. Das heißt, daß wir über Kühlräumen gewohnt haben, denn die Zimmer unter uns waren nie geheizt worden, außerdem waren sie schrecklich verschimmelt. Kein Mensch kümmerte sich darum. Auf allen Gängen waren die Wände von den typischen weißen Rändern bedeckt. Die armen Aufseher saßen in Pelzmänteln und schweren Stiefeln da und fühlten sich noch mehr gequält als wir. Ihre Gesichter waren dumpf und trüb.

Unter diesen Bedingungen habe ich begonnen, manche Beschwerden zu empfinden. So konnte ich zum Beispiel oft die ganze Nacht hindurch meine Füße nicht warm bekommen. Meine Hände und Augen waren stets verschwollen. Ich verspürte große Schmerzen im Bereich der Nieren und in der gesamten Bauchhöhle. Täglich hatte ich mit Kopfschmerzen zu kämpfen. Die Schwester hatte den Winter über stets Schnupfen und sah immer blaß und kränklich aus. Der Priester hat, glaube ich, am meisten gelitten, er hatte des öfteren Leberkoliken. Die Ärzte stellten fest, daß seine Bauchspeicheldrüse angegriffen sei. Stark erkältet, lag der Priester oft über Tage hinweg im Bett.

Trotz ihres kränklichen Aussehens war die Schwester am widerstandsfähigsten von uns drei Gefangenen. Und dies trotz der schweren Arbeit, die sie ausführen mußte, denn ihre Aufgabe war es, die Badeöfen und die anderen fünf Öfen, die schwer anzuheizen waren, zu betreuen. Weiters war es ihre Pflicht, die Kohlen zu holen und die Asche aus den Zimmern zu entfernen. Am schwersten war für sie das Waschen der Wäsche, und das mußte sie natürlich öfters machen. Zusätzlich war diese Mühe deshalb groß, weil es keinen Platz gab, die Wäsche zum Trocknen aufzuhängen. Weibliche Pedanterie hat die Schwester des öfteren darüber hinaus bewogen, die Stiegen und den Gang zu schrubben. Ab und zu nur ist es mir gelungen, sie davon abzuhalten, auch mein Zimmer zu polieren. Die Schwester hat jedoch immer den Moment abgewartet, wenn ich im Garten war, dann konnte sie machen, was sie wollte. Es war nicht einfach, Ordnung zu halten, denn die alten Fußbodenbretter haben sich bei jedem Schritt bewegt und dabei viel Staub aufgewirbelt.

Es war schwer, diese Frau zu überreden, meinen Ratschlag zu befolgen und das Zimmer nicht derart häufig zu putzen. Es gab viele solche Schwierigkeiten, die sich aus der „heiligen Sturheit" unserer Schwester ergaben. Vielleicht hat sie in dieser Arbeit Zuflucht vor dem Nachdenken gefunden.

Montag, 12. 4. 1954

In Sachen ärztliche Kommission hat sich der Kommandant heute bei mir gemeldet. Er brachte mir die Nachricht, daß man mir keine ärztliche Kommission zur Verfügung stellen werde, daß sich aber der Arzt Dr. Wesolowski aus Warschau im Auftrag der Regierung bei mir melden werde. Daraufhin stellte ich zwei meiner Ärzte zur Auswahl: Dr. Zero oder Dr. Wasowicz aus Warschau. Der Kommandant sagte mir zu, daß er meine Wünsche seinem Vorgesetzten übermitteln werde.

Dienstag bis Mittwoch, 13., 14. 4. 1954

In unserer Kapelle haben wir zu dritt unsere Bußübungen zur Vorbereitung auf Ostern durchgeführt. Aufgrund des Buches von Thomas a Kempis – „Die Nachfolge Christi" – haben wir unsere Andacht gestaltet. Der Grundgedanke beruhte auf der Gefängnisaskese als außergewöhnlichem Mittel der Vorsehung, welches man seit Beginn des Christentums verwendete, um die Menschen Gott näher zu führen. Die Christen haben ihre „Karriere" als Gefangene begonnen, nämlich seit der Zeit der ersten Predigt des Apostels Petrus in Jerusalem. Die Vorsehung hat sogar eine Sonderperiode in der Kirchengeschichte zugelassen, eine 300jährige Periode der Gefängnisse, der Katakomben und öffentlichen Exekutionen.

Diese Periode ist bis heute für alle diejenigen, die Gott ausgewählt und geehrt hat, für seinen Namen zu leiden, ein Vorbild.

Gründonnerstag, 15. 4. 1954

An diesem Gründonnerstag haben wir unsere Kapelle geschmückt, und es kam uns vor, als hätten wir allen Prunk einer Stiftskirche zur Verfügung. Zum erstenmal habe ich die heilige Messe mit einer *Schola Cantorum*, bestehend aus dem Priester und der Schwester, gesungen. Die Fehler, die uns unterliefen, wird uns

Gott verzeihen. Mit meinem Herzen und meinen Gedanken bin ich in der Kathedrale, unter den Geistlichen und Gläubigen. Ich bete darum, daß mein Stellvertreter beim Altar bei der Weihe und beim Austeilen der heiligen Öle seine Aufgabe besser erfüllen möge, als ich es getan habe, daß er beim Austeilen des Leibes Christi den Priestern zugleich den Geist der diözesanen Einheit übermitteln kann, daß er die Füße der Armen küßt – wie ich es gemacht habe – und sich dieser Tätigkeit absolut hingibt, die so wunderbar und so schwer im Namen Christi auszuführen ist. Küssen soll das Herz – und nicht der Mund.

Heute habe ich weitere Bücher von zu Hause laut meiner Liste vom 4. 3. des Jahres erhalten. Darunter befand sich auch der Winterteil meines Breviers. Immer noch fehlt mir der Sommerteil.

Nur Gott in seiner ganzen Wahrheit kann einschätzen, was die Menschen auf der Erde trifft. Menschliches Unglück wird des öfteren durch das Prisma „der Freunde Hiobs" gesehen. Man sieht darin Unzulänglichkeit oder eine gerechte Strafe oder einen gesellschaftlichen Imperativ, ein öffentliches Gut oder sogar ein Handeln zur Ehre Gottes. Fast immer befindet sich diese menschliche Galerie der Zuschauer im Irrtum, weil sie einseitig sehen.

Gott und sein Hiob verständigen sich am schnellsten und in der ganzen Wahrheit. Denn jeder Hiob bekennt sich früher oder später zu seiner Schuld gegenüber Gott, öfters in solchen Handlungen, welche die „Galerie" als Tugenden Hiobs betrachtet. „Denn wer von uns ist ohne Sünde?" – „Wer könnte die Schulden und Vergehen verstehen?" Aber in dieser Sache kommt es rasch zu einer Verständigung zwischen Gott und Hiob, obwohl Hiob lang arbeiten mußte, um die Folgen seiner Schuld zu bekämpfen. Das persönliche Leiden Hiobs bleibt nie nur seine eigene Angelegenheit, denn er wird mit den Augen der „Galerie" gesehen und ist öfters Zeuge Gottes und seiner Absichten. Wenn die „Galerie" die Ursachen des Leidens nicht kennt, dann antwortet sie: „Gott will es so – für Gottes Ehre." So werden die Leiden der Heiligen und für die Gerechtigkeit Verfolgten und die Leiden der Idealisten, der Helden der Kirche und der Märtyrer eingeschätzt. Das ist die Erfahrung, die der Mensch macht! Es handelt sich um eine Verflechtung der Ursachen. Gott reinigt seinen Diener und lädt ihn ein, sich höher zu setzen. Gott macht aus seinem Diener ein Werkzeug der Warnung für die anderen. Er erteilt den Verfolgern eine Lehre in der Gerechtigkeit. Er zeigt seine Treue auch bei Hindernissen. Er vermehrt die Ehre der Kirche, vermehrt seine Segnung. Nur Gott kann viele Angelegenheiten in einem Akt des Leidens verbinden. Das, was in den Augen der Menschen nur Schuld bedeutet, bedeutet in den Augen Gottes Ehre. Denn nur Gott kann in seiner Güte die Strafe so bemessen, daß der Betroffene an Ehre gewinnt, *coram hominibus*. Die Größe der Barmherzigkeit Gottes ist ohne Grenzen.

Karsamstag, 17. 4. 1954

Nach der Morgenmesse herrschte bei uns festliche Stimmung. Wir haben uns schon gestern vorbereitet, die meiste Zeit in der Kapelle im Gebet verbringend. Heute um 18 Uhr besuchte uns der Kommandant mit zwei großen Paketen unterm Arm. Sie stammten aus der Miodowa-Straße, außerdem war diesmal ein Brief von meinem Vater dabei.

Der Brief trägt das Datum 3. 4. 1954. An drei verschiedenen Stellen weist der Brief Schnittstellen auf. Ich fragte den Kommandanten, was diese Zerstückelung des Briefes zu bedeuten habe. Er antwortete mir, daß die fehlenden Stellen nicht erlaubt worden seien. Der Brief sieht aus, als wenn man einem lebenden Menschen das, was man an ihm am meisten begehrt, herausschneidet. Die Reste des Briefes lauten: „Mein geliebter Sohn . . . (Ausgeschnittene Stelle) . . . mit meinen Gedanken bin ich immer bei Dir. Unsere Gebete strömen ununterbrochen zu den Füßen Gottes für Dich und um Dich. Sie besänftigen unser Trauern und unsere Herzen, aber im Laufe der Zeit wächst unsere Unruhe um Dich an und ist immer schwerer zu bekämpfen. Wir vertrauen Gott, daß er über Dich wacht und Du in seiner Obhut bist. Wir hoffen, daß er Dir Gesundheit und Ruhe schenkt. Am Tage der Auferstehung Christi wünschen wir Dir aus ganzem Herzen, daß Du wieder zu uns zurückkehren kannst . . . (Ausgeschnittene Stelle) . . . Bei uns verläuft alles gut. Wir sind gesund und leben sehr zurückgezogen und ruhig. Wir senden Dir herzliche Grüße und empfehlen Dich der Obhut der allerheiligsten Mutter . . . (Ausgeschnittene Stelle) . . . Dir mit unserem ganzen Herzen ergeben, Vater."

Zalesie am 3. 4. 1954   S. Wyszyński

In dem Paket waren unter anderem auch Arzneimittel, die schon früher einmal konfisziert worden waren: ein wenig Jodtinktur, Pflaster, Aspirin-Tabletten, Penicillin in Tablettenform, Coramin, Cibalgin, eine elastische Binde, Watte und Vaselincreme. Schon des öfteren hätten wir eines dieser einfachen Arzneimittel gebraucht. Die Arzneimittel, die ich gleich zu Beginn bekommen habe, sind sehr bald zu Ende gewesen. Unsere Aufseher konnten uns nicht einmal ein Pflaster geben. Es war sehr schwer, für unsere Wunden Jod zu bekommen. Ehe wir zu einem Kopfschmerzmittel kamen, vergingen Tage.

Obwohl sie ihre Unbeholfenheit erkannt haben, erlaubten unsere Bewacher nicht, daß wir wenigstens diese geringen Arzneimittel besitzen. Offensichtlich wollten sie auch unsere kleinsten Schmerzen unter Kontrolle haben. Es blieb uns nichts anderes übrig, als zu schweigen.

Unsere Leiden haben nicht immer den entsprechenden Eindruck

gemacht. Besonders der zweite Stellvertreter, von uns Äskulap genannt (weil wir vermuteten, daß er sich in medizinischen Fragen auskennt), hat des öfteren lustige Situationen herbeigeführt. Dieser so perfekt auf alle menschlichen Gefühle gleichgültig reagierende Mensch hat jedesmal, wenn er vom Priester Beschwerden über Leberschmerzen oder ähnliches gehört hat, sein Protokollinterview mit der Floskel beendet: „Also gut", und hat den Kranken mit höchster Gleichgültigkeit sich selbst überlassen. Auf ihn kann, so glaube ich, nichts Eindruck machen als sein persönliches Äußeres, welches er so perfekt pflegt. Man konnte öfters einen unangenehmen Kontrast empfinden. Vor allem dann, wenn diese Beamtenpuppe in ihrem sorgfältig gebügelten Anzug, glattrasiert, mit perfektem Haarschnitt und parfümiert neben dem blassen Priester mit seiner abgewetzten Kutte und seinen immer kalten Händen stand. Immer wenn er mein Zimmer verließ, empfand ich große Erleichterung. So als wäre etwas Schmutziges, fast möchte ich sagen Erstickendes – trotz seines polierten Aussehens – weggegangen. Ich mußte mich beherrschen, daß ich mir nicht sofort nach seinem Besuch automatisch die Hände wusch. Es war eigenartig, der Kommandant, ein typischer alter Fuchs und eine ausgesprochen „falsche Figur", hat in mir keinen so unangenehmen Eindruck erweckt wie dieses aus einem Schaufenster gestiegene Modell.

Ein Mensch bringt alles mit sich, was er ist und was er hat. Es ist unmöglich, daß er anders ist.

Montag, 19. 4. 1954

Ziellos im Garten auf verwelkten alten Blättern spazierend, fanden wir einen Brief des Vatikanischen Sekretariats. Er hatte die Nummer L 172 634 und war an J. Gföllner, Bischof von Linz, gerichtet (Johanni Gföllner Episcopo Linciensi). Der Brief enthält eine Danksage für übermittelte Hefte der Linzer Praktischen Quartalschrift und trug die Unterschrift des Kardinals Eugenio Pacelli. Das Datum war der 23. 11. 1938. Wir dachten angestrengt nach, wieso dieser Brief hier in Stoczek landen konnte. Es gab für uns nur eine Antwort: Der Adressat wurde seinerzeit hierhergebracht und hatte diesen Brief bei sich. Die Unterschrift des Kardinals Pacelli war so deutlich lesbar, daß wir hinsichtlich seiner Echtheit keine Bedenken hatten.

Ich erinnerte mich auch noch an die Artikel aus der französischen Presse, die Ermland als Deportationsort vieler österreichischer Priester nach dem Anschluß Österreichs an Deutschland 1938 nannte. Wir haben begonnen, im Garten Ordnung zu machen. Der Priester und ich kehrten die Blätter zur Seite. Unter den Blättern hatten wir noch mit einer großen Anzahl von Mäusen zu kämpfen. Große

Haufen von Blättern haben wir wochenlang im Garten verbrannt, um das Terrain von Ungeziefer zu reinigen.

Unsere Aufseher haben das gleichgültig zur Kenntnis genommen, und zeigten nicht die Absicht, uns zu helfen. In der Weißbuchenallee, wo auch einige halbdurchgesägte, mit Stacheldraht umwundene Linden standen, entdeckten wir ein aus zwei Stücken Holz mit Stacheldraht zusammengebundenes Kreuz. So ist „Kalvaria" als Ziel unserer Wanderungen entstanden. Rund um dieses Kreuz legten wir Ziegelsteine. Unsere Arbeit war erschwert durch das Fehlen von Arbeitsgeräten. Besonders die Blätter zusammenzurechen, war fast unmöglich. Unsere Aufseher haben uns beobachtet, waren aber nicht imstande, uns einen Rechen zu besorgen. So haben wir uns selbst Geräte aus Holzteilen, welche wir im Garten fanden, zusammengebaut. Diese borgten sich dann sogar die Aufseher gelegentlich aus.

Diese Gleichgültigkeit der Aufseher, was unsere Umgebung und Ordnung betraf, hat uns belustigt. Es sah so aus, als wären wir die Materialisten – und sie die Idealisten, die alles, was an Mühe zur Erhaltung der Ordnung nötig war, verhöhnten. Niemals hat einer von ihnen etwas aus eigener Initiative getan. Jedesmal, wenn sie unsere „Werkzeuge" aus dem Schuppen geholt haben, mußten wir sie nachher zusammensuchen, da sie offensichtlich nicht imstande waren, diese wieder an den richtigen Platz zu stellen. Öfters ließen sie die Geräte einfach im Garten liegen. Diese Leute waren ungeheuer faul und arbeitsscheu. Nur „Mo" hat von sich aus Arbeit gesucht. Er bemühte sich immer wieder, etwas zu basteln. Von Zeit zu Zeit sah man ihn auch mit einem Buch. Manchmal war er von Traurigkeit befallen, saß stundenlang bewegungslos da und starrte vor sich hin. Wenn man diese Menschen vor Augen hat, kann man ausgiebig über die Zukunft dieses Staatssystems philosophieren.

Wenn es unter dieser „Repräsentationsmannschaft für Sonderaufgaben" schon so viele Faule und Arbeitsscheue gibt, wie muß es dann erst unter den anderen Menschen aussehen! Da sind doch sicherlich viele, die nur auf sanften Wegen gehen wollen und ein gemütliches Leben suchen. Wer von ihnen wird wirklich die Doktrin des Marxismus gut kennen? Und wer glaubt daran? Es sieht so aus, als wäre ich der einzige in diesem Hause, der je das „Kapital" gelesen hat. Ich habe es immerhin dreimal von vorne bis hinten durchstudiert.

Ohne Wissen und ohne Glauben ist es schwer, ein Gesellschaftssystem umzubauen. Die Kirche verlangt von uns Liebe zu dem Werk, dem wir dienen. Kann man sich überhaupt irgendwelche Liebe zu einem Werk vorstellen, dem man nur aufgrund eines Befehls und mit schleppenden Schritten dient? Alle unsere Aufseher, obwohl sie Offiziere sind, schleppen sich nur durch den Gang. Die Sprache, der sie sich bedienen, besonders die Jungen, ist ordinär. In jedem Satz findet man das Wort „verdammt". Uns drei bezeichnen sie nur mit dem Ausdruck „die anderen".

Dienstag, 20. 4. 1954

Ich finde in mir keine einzige Sünde – mit der ich zufrieden sein könnte. Bei allen denke ich, es wäre besser, sie würden nicht existieren. Eine Illusion ist also bereits eine Sünde, wenn sie verlockt, bevor sie noch existiert; nachdem man sie begangen hat, bereitet sie keine Freude mehr. Es gibt keine Scheinfreude, die ich heute begehrte. Jede ist eine Lüge. Widerwille gegenüber den alten Sünden ist die beste Warnung vor neuen. Was ist daran verwunderlich, wenn ich sogar in meinen Taten, die als gut gelten können, keine Befriedigung finde. Jeder einzelnen habe ich vieles vorzuwerfen. Jede würde ich heute anders ausführen. Auch noch die vollkommenste Tat aller meiner Taten ist voll von Unvollkommenheit. Ich muß ihren gegenständlichen Wert von mir weisen. Nur Gottes Taten sind makellos. Vielleicht habe ich deswegen meinen Taten so viel vorzuwerfen, denn ich sehe sie im Lichte der Taten Gottes.

Was würde ich dafür geben, wenn ich vollbrachte Taten ausbessern könnte, gute noch besser machen und den allerbesten noch mehr Liebe beifügen könnte. Aber ich bin nicht der Herr der Zukunft. In mir ist nur die Warnung, daß ich, bevor ich eine neue Tat setze, über die in der Vergangenheit gesammelte Erfahrung nachdenken kann.

Jede Tat hat ihren Ort und ihre Zeit und ändert sich nicht mehr, dies bleibt so für die Ewigkeit. Aber die Einschätzung der Taten ändert sich alle zehn Jahre, und das ist furchtbar! Wie fehlerlos muß eine Tat sein, um siegreich aus all dieser Veränderlichkeit im Laufe der Geschichte hervorgehen zu können! Es gäbe aber die Geschichte nicht, wenn es keine Taten gäbe; und dazu gehören auch die unbeholfenen.

Montag, 26. 4. 1954

Der Bischof übt seine Pflicht nicht nur auf der Kanzel und am Altar aus, sondern auch im Gefängnis – *in vinculis Christi*.

Für Christus Zeugnis in Fesseln zu geben, ist die gleiche Pflichterfüllung, wie von der Kanzel das Evangelium zu verkünden. Deswegen ist es kein Zeitverlust, im Gefängnis zu weilen – wenn es „im Namen Christi" geschieht. Deswegen erlaubt Gott, daß so viele Diener der Kirche in Gefängnissen saßen, obwohl die Felder erntereif waren. Der heilige Paulus war während seiner Missionsreisen öfters von seiner Arbeit getrennt und mußte in den Gefängnissen von Jerusalem, Caesarea und Rom seine Arbeit weiterführen. Die Geschichte der Kirche ist ein großer Beitrag zur allgemeinen Gefängnisgeschichte.

Freitag, 30. 4. 1954

Der Kommandant erkundigte sich heute wieder nach meiner Gesundheit. Abgesehen von meinen Nierenschmerzen habe ich keine Beschwerden. Der Kommandant äußerte die Hoffnung, daß mich nach diesen Feiertagen ein Arzt besuchen könne. Denn ich wollte während der Feiertage keinen Arzt empfangen. Bei dieser Gelegenheit erinnerte ich ihn an meinen Wunsch, meinem Vater zu schreiben. Ich wäre bereit, einen neuen Brief an meinen Vater zu senden, allerdings nur unter der Bedingung, wenn er mir bestätigen könne, daß die vorangegangenen Briefe an meinen Vater abgeschickt wurden. Der Kommandant antwortete, daß mein Vater die früheren Briefe erhalten habe, da er mir ja geantwortet hat. Ich erwiderte, daß das wohl nur seine Meinung sei. Ich bin dessen nicht so sicher, worauf ich in dieser Situation ein Recht habe. Es ist sehr schwer für mich, „ins Blaue" zu schreiben. Ich händigte dem Kommandanten einen Brief an meinen Vater aus. Den Anfang dieses Briefes hatte ich bereits dem Kommandanten vorgelesen, ich frage darin meinen Vater, ob er meine anderen Briefe erhalten habe. Ich knüpfte noch an die zweite offene Angelegenheit vom 2. 4. dieses Jahres an – die Abschrift des Dekrets, welches mir die Vertreter des Sicherheitsamtes in der Miodowa-Straße 17 am 25. 9. letzten Jahres vorgelesen haben.

Er sagte mir, daß er die Antwort erhalten habe, daß ich gegenwärtig keine Abschrift bekommen könnte, da ich diese nur für eine „Polemik" nützen wolle. Ich sagte ihm, daß ich nicht die Absicht hätte zu polemisieren, sondern daß ich dieses Dekret haben wolle, weil es für mich wie ein Urteil sei. Es änderte ja meinen Rechtsstand. Alle Gefangenen bekommen die Abschrift ihres Urteils, warum steht mir das nicht zu? Er erklärte mir nur, daß meine Situation eine andere wäre, da ich nicht nach einem Urteil, sondern nur „vorübergehend" isoliert bin. Nach Beendigung dieser Isolation kann ich die Abschrift dieses Dekretes bekommen. Ich entgegnete, daß es üblich sei, daß die Dokumente, die an die Bürger gerichtet sind, auch deren Eigentum sind. Aus diesem Grund sei das Dekret der Regierung über mich mein Eigentum. Der Kommandant meinte, daß das nur eine „Erklärung" sei, die mir vorgelesen wurde, und sagte: „Sie können ja an die Regierung schreiben." – „Ich möchte gerne an die Regierung schreiben, aber ich muß doch wenigstens den Inhalt dieses Dekretes kennen und kann mich nicht mehr an den vollen Wortlaut erinnern." – „Sie wissen doch selbst, welche

Vorwürfe man Ihnen gemacht hat, es waren drei." – „Nein", antwortete ich, „im Dekret selbst war nur ein Vorwurf enthalten, und dieser betraf meine Predigten." Andere Vorwürfe waren nur in der Presse formuliert, vor allem von General Ochab:

1. Daß ich die Durchführung der „Vereinbarung" zwischen Staat und Kirche erschwert habe.

2. Daß ich nicht alles ausgeführt habe, was für die Westgebiete Polens zu machen war.

„Es ist für mich sehr schwer, einen solchen Brief zu schreiben, da ich mich an dieses Dekret nicht genau erinnern kann, wie kann ich da exakt schreiben?"

Der Kommandant äußert die Bereitschaft, der Regierung zu vermitteln, daß ich mich nicht mehr genau an den Inhalt des mir vorgelesenen Dekretes erinnere.

Ich beendete dieses Gespräch mit der Bemerkung: „Ich erwarte 1. die Klärung der Angelegenheit um die Zustellung meiner Briefe und erwarte 2. die Abschrift des besagten Dekrets der Regierung." Dann übergab ich dem Kommandanten den Brief an meinen Vater mit folgendem Inhalt:

„Mein allerliebster Vater, Deinen Brief vom 3. 4. d. J. habe ich am Abend des Karsamstags erhalten. Ich habe auf diesen Brief als ein Zeichen, wie es Dir geht, sehr gewartet. Allerliebster Vater, weil ich keine Bestätigung meiner Briefe vom 31. 10. und 22. 12. des letzten Jahres von Dir erhalten habe, war ich gezwungen, mir die Freude zu verbieten, an die Familie einen Osterbrief zu schreiben. Aber heute, obwohl ich erst vor kurzem einen Brief von Euch bekommen habe, freue ich mich sehr darüber, denn er öffnet mir die Wege zu Euch. Ich danke Dir, mein Vater, der Familie und allen Mitbewohnern für die Gaben der Gebete, sie helfen mir und Euch, denn nichts ordnet die Gedanken und Gefühle so gut wie ein Gebet. Zum Glück habe ich dafür viel Zeit in unserer bescheidenen Kapelle, wo ich in unmittelbarer Nachbarschaft mit dem Herrn wohne, dem ich seit 30 Jahren diene. Ich denke bei jeder heiligen Messe an Dich, Vater, und in Deiner Intention bete ich täglich aus dem Brevier die Terz. Ich weiß, daß auch Du mein Gebet benötigst, denn Deine Gedanken sind hoffnungsvoll und trotz allem voll christlicher Gefühle gegenüber allen Menschen ohne Ausnahme. Über den Wert des Lebens entscheiden nicht große Taten, sondern die Liebe. Man soll dieses allerwertvollste Gut auch für sich und seine Nächsten, die immer ein Recht auf unsere Herzen haben, retten.

Trauer und Unruhe sollst Du rasch überwinden, teurer Vater, das sind doch Gefühle, die der christlichen Hoffnung widersprechen, jener Tugend, welche alle Türen öffnet. In der Karwoche hat uns die Kirche die Bedeutung der göttlichen Tugenden gezeigt: Dem Glauben ist der Gründonnerstag, der Tag der Eucharistie gewidmet. Es ist der erste Tag, an dem die Apostel die heilige Kommunion empfangen haben. Außerdem ist es der Tag der ersten heiligen Messe und der Weihe der heiligen Öle, außerdem hat Christus an diesem Tag auf den Knien den Menschen die Füße gewaschen. Der Karfreitag ist der Tag der Liebe – bis zum Gipfel des Kreuzes, der Tag der Nachgiebigkeit Gottes zugunsten der menschlichen Gefühle, der Tag der Trauer. Aber so einen Tag gibt es nur einmal im kirchlichen Kalender. Noch am Kreuz wird die Hoffnung geboren, sie hat den Karsamstag in ihrer Macht, den Tag der Hoffnung, Tag des Schimmers des neuen Lichtes, des *Lumen Christi*. Der Tag des Optimismus, der sogar die Sünde Adams eine „glückliche Schuld" nennt – *felix culpa*. Die Sünde hat auf die Welt nicht nur den Tod, sondern auch den Sieger über den Tod gebracht, den Führer des Lebens.

Wenn sich in uns Glaube, Hoffnung und Liebe erneuert haben, dann sollen wir diese Kräfte verwenden, um täglich Glauben zu haben wie Senfkörner, um zu hoffen und um niemandem sein Herz zu verwehren. Mein teurer Vater – so oft wiederholt uns die Kirche, daß diejenigen, die Gott lieben, von ihm beschenkt werden. So ist es auch mit mir. Ich weiß, daß Gott sich nicht von mir entfernt hat. Er ist mir heute näher als je zuvor. Ich spüre das ganz deutlich. Mein Gott ist überhaupt nicht gefährlich, sondern fröhlich und besonders sanft. Schon früher habe ich versucht, ein bißchen Zeit für meine vernachlässigte Lektüre zu finden. Ich habe haufenweise ungelesene Bücher beiseitegelegt und das Lesen auf später verschoben.

Jetzt kann ich eine Menge lesen, und das ist ja schon ein Erfolg. Einiges habe ich auch bereits durchgelesen. Ich kann leider nicht mit der Feder arbeiten, da es mir an meiner wissenschaftlichen Werkstatt fehlt. Ich bedaure aber nicht, was ich jetzt erlebe. Du, teurer Vater, interessierst Dich für meinen Gesundheitszustand. Ich kann Dir versichern, daß es nicht schlimmer ist, als es früher war. Gesundheitlich war ich immer schwach, aber trotzdem war ich an Anstrengung und Arbeit gewöhnt. Ich konnte nicht feststellen, daß sich irgendwelche Beschwerden von früher verschlechtert hätten. Eine systematische Behandlung meiner Nieren halte ich freilich für eine unaufschiebbare und dringliche Sache. Ich möchte Dich daran erinnern, mein allerbester Vater, daß am 3. Dezember dieses Jahres der 30. Jahrestag meiner Priesterweihe in der Kathedrale von Wrocław sein wird. Und am 12. Mai wird der 8. Jahrestag meiner Bischofsweihe, die damals in Jasna Góra stattgefunden hat, zu feiern sein. Diese beiden Tage sind für mich genauso wichtig wie der Tag meiner Geburt. Aus diesem Grund empfehle ich mich für diese Tage Deinem väterlichen Gebet. Ich gedenke Deiner auch am Tag Deines Patrons und bete in Deiner Intention, teurer Vater, zum Krakauer Hirten. Ich bitte Dich, empfange meine besten Wünsche zu Deinem Namenstag, die ich bei der heiligen Messe in Deiner Intention ergänzen werde. Ich bitte Dich, überreiche auch Wünsche an Stasia, Stach und den kleinen Stas.

Ich denke auch an Nascia und gedenke ihrer an ihrem Geburtstag. Vor Gott denke ich immer an Eure Bedürfnisse und Nöte und bitte den Herrn, daß es Euch an der Liebe zu den Menschen und der Hoffnung auf Gott nicht fehle.

Wir haben dank der Güte Eures Herzens viel zu Ostern geschenkt bekommen.

Es war viel mehr, als wir benötigten, denn alles, was wir zum Leben brauchen, haben wir. Solche Gaben werden von uns mehr durch unser Herz als durch den Mund eingeschätzt. Deswegen sind sie so teuer, als Zeugnis Eures Andenkens und Eurer Liebe und auch als Zeichen der Verbindung zwischen uns. Teurer Vater, ich küsse Deine Hände mit Dankbarkeit und Ehrfurcht und bitte darum, daß Dein Herz nicht traurig ist, daß Du Deine Heiterkeit und Ruhe bewahrst, daß Du hoffst, daß in allem, wodurch Gott den Menschen führt, mehr Klugheit ist, als zu erwarten wäre. Allen meinen Familienmitgliedern und allen meinen Mitbewohnern überbringe Worte, in denen sich meine besten Gefühle ausdrücken.

Ich segne Euch!"   † Stefan Kardinal Wyszyński

Freitag, 30. 4. 1954

Wenn ich die Folgen einer einzigen Sünde sehe, und sei es auch der kleinsten, will ich mich sofort von ihr distanzieren. Wenn ich denke, wie eine bereits vergebene Sünde noch lästig sein kann, wie sie in der Erinnerung wiederbelebt wird, wie sie meine Vorstellungen quält, wie sie immer noch einen Platz in den Gedanken und in der Zeit einnehmen will, die zum Kämpfen bestimmt ist ... wenn ich „einen frontalen Angriff" aller meiner bereits erlassenen Sünden auf, wie man annehmen könnte, uneinnehmbare Positionen vorhersehen könnte, wenn schon eine Sünde beunruhigen kann, was kann dann ein ganzes sündiges Leben bewirken? ... Schlußfolgerung: Bewahre dich vor der Sünde, denn sie könnte ihren frontalen Angriff verstärken.

Montag, 3. 5. 1954

Ich gebäre in meiner Seele so schwere Steine, daß ich diese „Frucht meines Lebens" nicht tragen könnte. Ich lade diese Steine zu Deinen Füßen ab, meine Mutter. Villeicht wird mich das auf dem steinigen Weg zu Deinem Sohn weiterbringen. Dein Sohn wollte diese Steine nicht in Brot umwandeln, denn es ist leichter, auf einem steinigen Weg zu Deinem Sohn zu kommen als auf einem Weg, welcher mit Brotlaiben gepolstert ist. Vielleicht wird auch die Frucht meines Lebens gesegnet, liebste Mutter. Lächle meine Steine an. Das ist alles, was ich leisten kann. Der Rest liegt bei Dir. Auch ich will nicht, daß alles zu Brot wird. Aber erlaube, daß mindestens einer von diesen Steinen meine hungrige Seele sättigt. Also: *petra autem erat Christus* (1 Kor 10, 4).

Mittwoch, 5. 5. 1954

Unaufmerksame Worte sind wie leere Schachteln mit unlesbaren Aufschriften. Ein zerstreutes Gebet ist wie ein Haufen leerer Schachteln. Welchen Wert hat ein Magazin mit leeren Schachteln? Wer kann sich davon ernähren.

Du warst im Abendmahlsaal, beim Pfingstfest ebenso, wie Du in Bethlehem zwischen den Hirten anwesend warst. Denn im Abendmahlsaal wurde die Kirche in Christus geboren – so wie in Bethlehem Christus als Mensch geboren wurde. Der eben geborenen Kirche wurde eine Mutter unentbehrlich, die diese junge Kirche pflegen könnte. Du warst im Abendmahlsaal, in dem die Kirche geboren wurde, und in Bethlehem, und Du bist jeden Tag überall unter uns. Deine Mutterschaft war eine große Gnade für die Kirche von Anfang an. Wie sanft Gott ist, daß er uns nicht einen Moment ohne Mutter läßt . . .

Mittwoch, 12. 5. 1954

Der Besuch der Ärzte hat mit einem typischen Abenteuer begonnen. Wir waren auf dem morgendlichen Spaziergang, und von weitem haben wir die watschelnde Gestalt des Leiters gesehen. Er kam auf mich zu und sagte, daß mich „irgendwelche" Herren sehen wollten. Ich fragte ihn, ob er mir nicht sagen könnte, wer da sei: „Gewiß, die Ärzte", antwortete der Leiter – also nicht „Irgendwelche"! Ich ging in das Haus zurück. Nach einer halben Stunde betraten zwei Herren mein Zimmer. Einer alt, dick und mit der typischen Miene eines Hausarztes oder eines Professors. Der andere, jung, klein, schlank, mit einer roten Krawatte, sah eher einem Funktionär des Sicherheitsdienstes als einem Arzt ähnlich. Ihre Namen haben sie mir nicht genannt, sie haben auch den Charakter dieser Visite nicht bestimmt. Ich fragte sie, was sie wünschten: Sie erklärten mir, daß sie Ärzte seien und mich untersuchen sollten. Ich erwiderte ihnen, daß ich mit dem Kommandanten vereinbart habe, daß mich von seiten der Regierung Dr. Wesolowski und von meiner Seite Dr. Zero oder Dr. Wasowicz untersuchen sollten.

Der jüngere erklärte mir, daß er Dr. Wesolowski sei. Das ist wiederum ein eklatanter Beweis für die mangelnde Loyalität der Regierung mir und den früheren „Vereinbarungen" gegenüber. Die Visite eines Arztes ist doch Vertrauenssache. „Ich kenne Sie nicht, meine Herren, welchen Beweis kann ich von Ihnen haben, daß Sie wirklich Ärzte sind?" Der ältere Herr geriet in Verlegenheit. Er sprach mich mit „Herr" an. Ich erklärte ihm, daß ich Kardinal bin und bat ihn, mich wie einen Priester anzusprechen. Im weiteren Gespräch hielt sich der ältere Herr daran und sprach mich nur mit „Pater" oder „Hochwürden" an. Der jüngere vermied überhaupt die direkte Ansprache, er verhielt sich mir gegenüber ernst und sehr offiziell. Ich erklärte ihnen, daß ich infolge der gegebenen Situation mit einer Behandlung einverstanden wäre, vor allem wegen des älteren Herrn, der sicher mit großer Mühe zu mir gekommen sei. Die Untersuchung vollzog der ältere Herr sorgfältig und gewissenhaft, der jüngere nur formell und stichprobenartig. Nach der Untersuchung hielten sie eine Beratung ab. Das Ergebnis dieser Untersuchung lautete: Sie stellten eine starke Übersäuerung meines ganzen Organismus fest und eine Vergrößerung meiner Leber, wodurch kleine Veränderungen in den Knochen und Muskeln erklärbar seien. Weiters stellten sie deutliche Anzeichen einer Sklerose fest, wie sie in meinem Alter häufig sei. Meine Befürchtungen über eine Nierenkrankheit teilten sie indes nicht. Meine Kopfschmerzen führten sie auf die Veränderungen in meinen Knochen und Muskeln zurück.

Nach der Konsultation habe ich die Aufmerksamkeit beider Herren auf unsere Wohnsituation gelenkt. Ich hielt es für meine Pflicht, die beiden, die jetzt die Verantwortung für meine Gesundheit trugen, darüber aufzuklären. Darum sagte ich: „Ich bin der Meinung, daß es auch für die Regierung selbst bequemer gewesen wäre, wenn ich jetzt meinen Arzt gehabt hätte. Und ich meine, auch für Sie, meine Herren. Ich nehme doch an, daß Sie, meine Herren, nicht nur Ärzte, sondern auch Repräsentanten der polnischen Gesellschaftsordnung sind. Weil Sie ‚amtlich' zu mir geschickt wurden, sollen Sie auch meine Meinung kennenlernen. Sie sollen wissen, daß die psychischen Bedingungen hier auf meinen Gesundheitszustand einen großen Einfluß haben. Sie sollen auch wissen, daß die Art und Weise, in der man mich behandelt, eine für mich sehr nachteilige Wirkung ausübt. Ich meine, daß die ganze Situation eine einzige Beleidigung ist, und dies nicht nur mir, sondern der ganzen Kirche gegenüber. Die Feststellung, daß in Polen immer noch getarnte Konzentrationslager vorhanden sind – jetzt, zehn Jahre nach dem Erlangen der Freiheit –, schmerzt mehr als Wunden und Krankheiten des Leibes. Ich habe keine Möglichkeit, mich an die Öffentlichkeit zu wenden, weil ich von ihr durch den Zaun meiner Wächter getrennt bin. Ganz gleich wer Sie sind, sind Sie doch Polen und haben ein Recht zu wissen, wie einer Ihrer Mitmenschen, dessen Recht auf brutale Weise vergewaltigt wurde, denkt. Was einem Polen gegenüber möglich ist, kann jederzeit mit jedem der 25 Millionen geschehen."

Die Ärzte haben diese meine Erklärung stumm hingenommen. Der ältere ging in den Garten und sah sich das Haus, den Brunnen und die nächste Umgebung von außen an. Während der Konsultation hat sich der Kommandant, mit dem ich ausgemacht hatte, von welchen Ärzten ich untersucht werden will, nicht gezeigt. Auch keiner der Aufseher betrat mein Zimmer. Während der Visite verschwand sogar der Aufseher bei der „Kassa" auf dem Gang. Man wollte den Ärzten offensichtlich eine Atmosphäre der Freiheit vermitteln.

Samstag, 15. 5. 1954

Erst heute kam der Kommandant wieder zu mir. Er hatte sich die ganze Woche nicht gezeigt. Ich fragte ihn direkt, warum keiner meiner Ärzte die Erlaubnis erhalten habe, mich zu untersuchen. Der Kommandant erklärte mir: „Ich weiß es nicht, die Vorgesetzten haben so entschieden, vielleicht lag die Ursache des Nichtkommenkönnens aber sogar direkt bei den Ärzten." – „Das ist Ihre eigene Vermutung", erwiderte ich, „hier geht es wieder einmal um das Faktum der Nichteinhaltung der mit Ihnen ausgemachten Bedingungen der Konsultation." Der Kommandant war anderer Meinung: „Entscheidend ist doch, daß die Arzneimittel helfen."

„Vielleicht ist das für viele Menschen entscheidend, jedoch nicht für mich", erklärte ich ihm. „Es ist für mich wichtig, daß das Recht des Menschen auf freie Wahl seiner Ärzte eingehalten wird. In einer so speziellen Sache, wie es das Anvertrauen seiner Gesundheit unter die Obhut von Menschen ist, die die Verantwortung dafür übernehmen wollen, muß die freie Wahl garantiert sein. Solche Bedingungen sind hier leider nicht vorhanden. Hier wird man als Sklave behandelt. Ich bin aber kein Mensch mit der Psyche eines Sklaven. Nehmen Sie deshalb meinen Protest gegen das, was am 12. Mai hier passierte, entgegen!"

Donnerstag, 20. 5. 1954

Das erste Werk der neuen Ordnung bist Du, Maria. Nach dem Willen der heiligen Dreieinigkeit bist Du, Maria, entstanden. Der Vater – unser Schöpfer – hat Dich als Mutter seines eingeborenen Sohnes auserwählt. Der Sohn hat sich seinen Platz in Deinem Leib gewählt. Der Heilige Geist umfaßte mit seiner Liebe Dich, Du Auserwählte. Mit der ganzen heiligen Dreieinigkeit ist er über Dir und in Dir. Du bist das fehlerlose Werk der heiligen Dreieinigkeit in der Ordnung der Natur und der Gnade. Ist das nicht eine gute und gerechte Sache, daß dieses Werk sich in der Arbeit der Kirche reproduziert? Stehst Du nicht auf der Schwelle jeder Seele? Auf Dich werden sich die Augen der Freunde des Bräutigams richten, wenn sie die Seelen zur Hochzeit einladen. Du bist Vorbild und Patronin der Seelenhirten. In Deiner Schule sollen wir musterhaft unsere Seelsorgeausbildung absolvieren.

Dienstag, 1. 6. 1954

Die größte Unbekannte des Menschen ist sein Herz. Es ist so wunderbar, daß selbst Gott darum wirbt. So stark, daß es der Liebe des Allmächtigsten widerstehen kann. So klein, daß sich nicht nur eine Schwäche in seinen Netzen verfängt. Es ist so groß, daß es das ganze Glück und die Ordnung zerstören kann. So treu, daß selbst wiederholte Untreue ihm nichts anhaben kann. So naiv, daß es an jedem ausgelegten Zucker klebenbleibt. So voluminös, daß es in sich alle Widersprüche aufnehmen kann. Und das fast in jedem Menschen und in jedem Augenblick... Aber der Mensch ist noch hundertmal mächtiger, denn er kann über das Herz herrschen. Und Gott – nur er allein kennt die Wege zu dem geheimnisvollen Herzen. Der Mensch hat damals auf dem Kreuz das Gottesherz geöffnet, um sein „Vorhaben" zu erkennen – *cogitationes.*

Freitag, 4. 6. 1954

Verbum caro! Ab dem Moment, wo das Wort im Schoße der Jungfrau zum Leib wurde, damit „ein Mensch zur Welt gebracht wird", kann jeder Mensch in Gott wiedergeboren werden. Denn eine solche Weise hat sich Gott gewählt, um in das Innere des Menschen zurückzukehren – wie Weizensamen in jeder heiligen Kommunion –, um durch diese Verkörperung jeden Menschen aus Gott zu gebären. Ab diesem Zeitpunkt verbirgt sich Christus im menschlichen Schoß, damit sich in jedem Menschen die Geburt Gottes wiederholen kann. Der eucharistische Gott sucht ununterbrochen nach seiner Krippe. Öfters fehlt es für ihn in einer Herberge an Platz. Aber wer ihn empfangen will, dessen Stall wird sich in einen Tempel umwandeln. Die Eucharistie läßt eine neue menschliche Gattung entstehen. Sie ist die Wiege der neuen Menschheit. Der Menschheit, welche Gott in der Welt gebiert, zu allen Bereichen des Lebens den Gottesleib bringend, Gottesleben in jede Gruft hineintragend. Deswegen ist die Eucharistie die Auferstehung, denn sie zersprengt die morschen Steine der sterbenden Welt und züchtet ständig junge Triebe in unserem Leben. Das ist die „Schönheit des Lebens", das ist „der Vorfrühling", das ist „die Rebellion der Jugend", „Revolution der Babys und Säuglinge", „Auferstehung und Leben".

Samstag, 5. 6. 1954

Ave verum corpus, natum de Maria!
Ich kann, Mutter, nicht so, wie es sein soll, den Gast meiner Seele empfangen. Erlaube, daß ich dazu Deine Worte verwenden darf, denn nur Du konntest mit Deinem Sohn reden... Ich begrüße ihn mit Deiner ganzen Jungfernschaft, Deiner Unbefleckteit, Deinem Gehorsam, Deiner Nachgiebigkeit, dem Glauben Deines ganzen Lebens, der heißen Liebe und besonderen Hingabe samt Deinem ganzen Tun und Leiden, in Deiner ganzen unerreichbaren Nähe, mit der ganzen Heiligkeit Deiner Seele. Mit dem vollen Zucken Deines Herzens, mit jedem Akt Deiner Gedanken, mit jeder Bewegung Deiner Hände, mit jedem Schritt Deiner jungfräulichen Füße, mit jedem Moment Deines besonderen Lebens, in vollster Dienerschaft Deines Herrn...
Herr, ich fühle Deine Anwesenheit in meiner Seele. Gib, daß ich mich vollständig vergesse, daß ich nicht mehr über mich nachdenke und Dich mit meinen Problemen belästige. Denn ich bin ein so uninteressantes und armes Thema! Ich will über Dich nachdenken, über Dich reden und Dich anbeten. Ich danke Dir, daß Du das Wort bist, daß Du Sohn des Vaters bist, daß Du den Körper von der Jungfrau angenommen hast, daß Du in Bethlehem in einer armen Krippe gelegen bist, daß Du dich den Hirten und den Weisen gezeigt hast, daß Du über die Erde gegangen bist, daß Du im Tempel, in Kana, am See Tiberias, in Gerasa und in Bethanien, in Jericho, vor Pilatus, auf dem Ölberg und auf dem Kalvarienberg warst. Ich möchte Dich bewundern und Deinen Spuren folgen. Was für ein wunderbares Gespräch man über Dich führen kann. Wache über mich, damit ich nur an Dich denke, wenn Du mein Haus betrittst.

Samstag, 12. 6. 1954

Heute habe ich einen Brief von meinem Vater mit dem Datum 8. 6. 1954 erhalten. Er enthält keine Bestätigung meines Briefes vom 29. 4. 1954. Gleichzeitig erhielt ich ein Paket mit Unterwäsche und dem Sommerteil des Breviers, um welchen ich vor zwei Tagen noch einmal ersucht habe. Damals erklärte man mir, daß sie diesen Teil nicht besitzen, mittlerweile aber hat man ihn wohl gefunden. Bei dieser Gelegenheit habe ich gleich wieder um die Erledigung meiner Bitte um die Bücher, um welche ich im Oktober letzten Jahres angefragt habe, ersucht. Man bat mich, die mir noch fehlenden Bücher neuerlich auf einer Liste zusammenzustellen. Der Priester Stanislaw verfaßte nun die vierte Abschrift der Bücher, um welche ich schon im Oktober letzten Jahres ersuchte.
Der Wortlaut des Briefes meines Vaters lautet:

„Mein allerliebster Sohn! Auf diese Weise möchte ich Dir die Worte der tiefen Verbindung und der Liebe meiner und auch aller Dir Nahestehenden ausdrücken. Mit meinen Gedanken bin ich immer bei Dir. Meine hoffnungsvollen Gebete, welche ich ständig an Gott und die allerheiligste Maria in Deiner Intention richte, sollen Dir zum Schild und zur Abwehr dienen, sie sollen Dir helfen, das tapfer zu ertragen, was Gott auf Dich zukommen läßt. Ich glaube, daß Gottes Kraft über allem ist und seine Liebe das menschliche Schicksal steuert – auch das Böse, das vorübergeht, wandelt er zu seinen Gunsten und zu seiner Ehre.

Wir sind alle gesund. Nichts Wichtiges hat sich ergeben. Die Kinder sind wohlauf, Stas wird bald seine ersten Ferien antreten, er entwickelt sich gut und wird schon immer selbständiger. Stefan macht größere Fortschritte in der Schule als Sophie. Es geht beiden nicht schlecht. Sophie ist gewachsen und ist sehr tapfer. Deine Schwester, Tadeusz und Zenia arbeiten und sind gesund. Die kleine Anna wächst gut heran. Bei Nacia sind auch alle gesund. Alle versichern, daß sie in Deiner Intention für Deine Gesundheit und Kraft beten.

Ich möchte Dich, mein Sohn, so rasch wie möglich sehen, und wenn es möglich ist, wenigstens einige Zeilen von Dir erhalten, aus welchen ich über Einzelheiten, besonders über Deinen Gesundheitszustand, informiert werden kann. Dein Gesundheitszustand ist uns wichtig, da wir um Deine Leiden wissen.

Ich bitte Dich, mein Sohn, um Dein Gebet für mich und für die ganze Familie. Ich ende mit den Worten der Hoffnung, glaubend, daß der gute Gott mir diesen fröhlichen Moment ermöglichen wird, Dich wieder zu umarmen und zu begrüßen. Wir alle übersenden Dir die allerherzlichsten Grüße, Worte der Ehrfurcht, der tiefen Verbundenheit und der Liebe zugleich mit der Bitte um Deinen Segen.“

Zalesie, 8. 6. 1954   S. Wyszyński

Montag, 14. 6. 1954

„Wende, o weiseste Mittlerin, Du, Deine barmherzigen Augen uns zu . . .“ Erlaube dem Kind, seine Rechte zu gebrauchen, und erlaube ihm, in Deine Augen zu schauen . . . Denn die Mutter verbirgt die Augen nicht vor ihren Kindern . . . Trotz ihrer Tränen werden sie sie doch sehen . . . Das sollte Dich nicht abschrecken, daß ich mich nur meiner Augen bedienen kann, denn es ist mir nur erlaubt zu schauen – hinauf und hinein . . . Man hat mir meinen Mund mit einem Vorhängeschloß des Schweigens verschlossen . . . Man hat meine Hände und meine Füße mit Rollen von Stacheldraht umwickelt . . . *Clausus sum neque egredi possum* – aber das macht nichts, Mutter. Du hast Augen und wirst jedes Leid Deines Kindes bemer-

87

ken. Meine Seele reißt mich zu den Altären des Herrn, zum gemeinsamen Gebet, zum Duft des Weihrauches, zu den Altarlichtern, zum Gesang des Volkes … Meine Lippen wollen sich vor den Menschen zu Deinem Sohn bekennen … es ist schwer, es länger zu behalten, dieses „Wort, das zum Leib geworden" ist. … es will sich gebären … obwohl es keinen Platz in der Herberge findet … Du kennst, Mutter, diesen Schmerz des neugeborenen Wortes, für welches es keinen Platz gibt. Du hast eine priesterliche Seele und weißt, was die „Not" der Evangelisten bedeutet. Maria, wende Deine barmherzigen Augen mir zu … Es möge Dein mütterliches Herz in uns schlagen, Mutter Christi … (Mt. 12, 48–50). Erlaube mir, das Wort zu „gebären"!

Mittwoch, 16. 6. 1954

Christus hat öfters von den übertünchten Gräbern geredet. Es ist verwunderlich, wie ein Mensch oft den Schmutz übertüncht. Doch jede frisch getünchte Wand ist weiterhin innen schmutzig. Vielleicht malen sich aus diesem Grund viele Menschen ihre Gesichter an, weil sie in ihrem Gesicht bereits die gruftähnliche Fäulnis sehen. Vielleicht verwenden sie das parfümierte Wasser, weil ihnen schon bewußt wird, daß bereits etwas in ihnen zu faulen beginnt. Vielleicht ziehen sie sich aus diesem Grund immer eleganter an, weil sie aus ihrem Inneren heraus immer ärmer aussehen. Sie wollen sich als alte Waren in neuer Verpackung verkaufen. Die Ägypter haben ihre Mumien angemalt, weil sie wußten, daß in diesen kein Leben mehr vorhanden ist. Wird sich die Geschichte auch hier wiederholen? Man sollte laut nach Wasser schreien! Aber nach „lebendigem Wasser" – nicht nach dem, das die Samariterinnen aus dem Jakobsbrunnen holen gegangen sind. Man braucht das „lebendige Wasser", mit dem jene Samariterin in die Stadt zurückgekommen ist – das Wasser Christi! Denn dieses Wasser gelangt – *usque ad animam meam.*

Sonntag, 20. 6. 1954

Die Liebe ist ein Gegner des Rechtes auf Raum. Nur Gott, der Herrscher über alle Rechte, hat dieses Recht überschritten, als er zu Nahrung wurde und in die menschlichen Herzen eingedrungen ist. Jetzt wartet er ruhig, bis der Mensch – von der Gnade unterstützt – fähig sein wird, in Gottes Herz einzudringen. Dann wird die Zerstörung der letzten Sperre vollbracht: „Ich in ihnen – sie in uns …"
Treue Freundschaft ist eine Mauer, die verbindet – und zugleich trennt. Sie kann man erhalten, wenn beide Seiten mit großer Ausdauer die Mauer emporklettern.

Donnerstag, 24. 6. 1954

Der Kommandant hat sich wieder mit seinen üblichen Fragen an mich gewandt: Fragen nach meiner Gesundheit und meinem Bedarf. Ich antwortete, daß meine Gesundheit keine größeren Veränderungen in Richtung einer Besserung zeigt. „Vielleicht sollten wir eine neue Kommission einberufen?" Ich äußerte die Vermutung, daß es nicht viel helfen würde, wenn wir weiterhin unter den hier gegebenen Bedingungen leben müßten. Ich betonte noch einmal, wie überrascht ich über die Zusammensetzung dieser Kommission gewesen sei – obwohl wir doch über die Beiziehung meines Arztes gesprochen hatten. „Sie, Herr Kommandant, waren damals nicht anwesend, und ich konnte Sie daher nicht zur Rede stellen, warum diese Ärzte zu mir geschickt wurden. Sollte neuerlich eine Ärztekommission erscheinen, müßten unbedingt meine Ärzte mitvertreten sein." Der Kommandant erklärte mir, daß das auf keinen Fall aus Böswilligkeit geschah. „Es war nur nicht möglich, die Situation nach Ihren Wünschen zu gestalten." Ich entgegnete: „Ich habe wirklich den Eindruck, als würden Sie es genießen, mit mir zu spielen." Als Beispiel brachte ich die Sache mit meinen Büchern und insbesondere mit meinem Brevier vor: „Niemand von Euch Herren hat je aus meinem Brevier gebetet, wozu haben Sie es dann zurückbehalten? Das gleiche gilt für meine Bücher. Ich sollte sie schon seit Oktober erhalten!" Der Kommandant antwortete mir, daß es sehr schwer war, sie in der großen Bibliothek zu finden. Ich antwortete: „Dort gibt es einen Bibliothekar, der selbst alle Bücher katalogisiert hat. Alles liegt auf seinem Platz, nichts davon ist verräumt. Es handelt sich nur mehr um vier bis fünf Bücher, und Sie wissen es jetzt schon seit langem. Ich persönlich hätte gerne, daß unser Verhältnis sich nicht zu einem Katz-Maus-Spiel entwickelt. Ich habe nicht die Absicht, Objekt Ihrer Schikanen zu sein, aus diesem Grund äußere ich auch keine neuen Wünsche mehr. Weshalb sollte ich Sie auch zu neuerlichen Bosheiten anregen?" Er meinte, daß es keinerlei Schikanen wären, sondern nur schwer lösbare Schwierigkeiten. „Ich habe hier für Sie, Herr Priester, noch einen Brief." Er überreichte mir einen Brief meines Vaters. Das ist ein Brief vom 14. 6. d. J. als Antwort auf meinen vom 29. 4. d. J. Ich werfe einen Blick auf diesen Brief. Im Zusammenhang mit diesem Brief äußerte der Kommandant noch einen Wunsch der Regierung. Ich sollte in meinen Briefen über meinen Gesundheitszustand deutlicher schreiben, denn der letzte Brief habe viel Unruhe und Interventionen bei der Regierung hervorgerufen. Ich las einen Abschnitt aus meinem Brief über meinen Gesundheitszustand vor und erklärte dem Kommandanten, daß ich in Ermangelung der erwarteten ärztlichen Kommission keine Einzelheiten anführen konnte: „Wäre in dieser Kommission mein Arzt gewesen, dann wäre es auch bequemer und leichter für Euch, meine Herren!"

Die zweite Bitte der Regierung war: Die Briefe sollten keine seelsorglichen Inhalte haben, denn das mache viele Schwierigkeiten. Dies könnte sogar zu einem allgemeinen Schreibverbot führen. Ich erkläre ihm, daß das meine normale Schreibweise an meinen Vater sei, wenn es um religiöse Angelegenheiten gehe. Weil ich aus dem Brief meines Vaters gespürt habe, daß er sich in einem Zustand geistiger Unruhe über mich befindet, wollte ich ihm etwas Trost spenden. Die Sachen, die ich an meinen Vater geschrieben habe, könnten doch für den Staat nicht gefährlich sein. „Wenn Sie meine Stellungnahme interessiert – ich bin der Meinung, daß das Verhältnis zwischen der Regierung und mir durch das Verhalten der Regierung sehr getrübt worden ist. Der beste Beweis dafür ist z. B. das Fehlen einer Antwort auf meine letzte Erklärung, daß ich kein Schreiben an die Regierung richten kann, da ich mich an das mir seinerzeit vorgelesene Dekret nicht mehr erinnere. Sie sollten der Regierung mitteilen, daß ich mich nicht mehr an den Inhalt dieses Dekretes erinnern kann! Die Antwort darauf fehlt bis heute. Ansonsten habe ich mich schon einige Male davon überzeugt, daß Sie mir die zu übermittelnden Antworten nicht gleich übergeben, wenn Sie sie erhalten. Sie warten damit, bis ich bereits die Klinke in der Hand habe. Ich sage Ihnen hier ganz offen, was ich über eine solche Methode der Behandlung von Menschen denke, obwohl mich die Wahrheit etwas kosten kann. Mir ist diese Offenheit lieber."

Der Kommandant erklärte mir, daß es schon passieren könne, daß er mir etwas verschweigen müsse, wenn er etwas nicht ganz genau wisse. „Und jetzt möchte ich offiziell im Namen der Regierung erklären, daß Sie, Herr Priester, einen Brief an die Regierung schreiben können. Darin können Sie Ihren Standpunkt hinsichtlich der Anschuldigung Ihrer regierungsfeindlichen Tätigkeit kundtun." Ich antwortete: „Das wird mir sehr schwer fallen, denn es fehlt mir an der Dokumentation. Ich habe viele Gespräche mit den Vertretern der Regierung geführt. Ich habe öfters Memoranden und Briefe an die Regierung gesandt. Ich habe die genauen Daten nicht mehr im Gedächtnis, und ich soll doch auf gezielte Vorwürfe antworten. Ich habe zwei Gespräche mit dem Präsidenten Bierut geführt und muß feststellen, daß sie auf einem Niveau waren, das bis an die Grenzen der Loyalität ging. Auch eine Reihe von Gesprächen mit Herrn Mazur hat sich auf diesem Niveau gehalten. Sie haben mir ihre Vorwürfe an mich nicht genannt. Es kam doch auch zu anderen Vorwürfen nach meiner Verhaftung, oder wie Sie es nennen: ‚Isolation im Kloster'. Ein Mensch in militärischer Uniform hat mich in der Zeitung ‚Trybuna-Ludu' mit Vorwürfen überhäuft, obwohl er wußte, daß ich mich nicht wehren kann. Ich nenne das eine ungeheuerliche Überschreitung der Soldatenehre. Denn ein Soldat greift nicht ‚Wehrlose' an, so wie das General Ochab getan hat. Unter normalen Umständen würde ich ihm mit einem offenen Brief antworten, denn das verlangen die Prinzipien der Demokratie. So habe ich mich bis zu meiner Verhaftung stets gegenüber jenen verhalten, die mich angegriffen haben, selbst gegenüber Jacek Wolowski. Er hat mir in der Presse ‚die Liebe zur Heimat‘ abgesprochen. Ich antwortete ihm. Aber jetzt, ohne Dokumentation, wird es mir schwerfallen, mich rechtfertigen zu können, obwohl ich diese Meinung ab dem Zeitpunkt meiner Gefangenschaft in Rywald vertreten habe. Dem Vertreter der Regierung, welcher mich dorthin brachte, sagte ich bereits, daß ich bereit bin, alle Vorwürfe, welche gegen mich gerichtet werden, anzuhören. Er versicherte mir, daß sich in den nächsten vier Tagen ein Vertreter der Regierung melden werde. Nach drei Tagen fragte ich nach. Da hat er mir geantwortet, daß sich die Bedingungen verändert haben, und daß er nicht berechtigt sei, mir Informationen zu geben. Als er mich nach Stoczek brachte, fragte ich ihn noch einmal. Die Antwort war, er könne sich nicht daran erinnern, daß er mir ein Gespräch versprochen habe. Meine Antwort war: Vielleicht können Sie sich nicht mehr erinnern, da es Sie ja nicht betrifft, ich kann mich aber sehr gut daran erinnern. Ich war von Anfang an der Meinung, daß man mir eine Erklärung schuldig sei. Jetzt bin ich bereit, objektiv, obwohl es mir ohne Dokumentation schwerfallen wird, meinen Standpunkt präzise darzustellen.“ Der Kommandant drückt den Standpunkt der Regierung folgendermaßen aus: „Ich bin berechtigt, zu erklären, daß Sie einen Brief an die Regierung richten können, in dem Sie Ihren Standpunkt zu dieser Angelegenheit erklären können. Ich sage Ihnen das noch deutlicher als früher, obwohl ich es Ihnen schon gesagt habe. Jetzt habe ich die ausdrückliche Berechtigung dazu, Pater, Sie können Ihre Antwort auf die Ihnen gemachten Vorwürfe gemäß Ihrem Verständnis und Ihrer Anschauung geben. Sie können das alles genau darstellen.“

Beim Hinausgehen hat der Kommandant noch gesagt, daß er noch einmal mit mir sprechen möchte, weil er einige meiner Bücher, die noch aus der Zeit von Wloclawek stammen, gelesen hat. Auch zum Thema Jacek Wolowski hätte er einiges zu sagen. Ich faßte noch einmal zusammen:

1. Hinsichtlich der Ärztekommission vereinbarten wir, daß ich vorläufig lieber noch warten wolle, bis ich alle Arzneimittel aufgebraucht hätte. Dann würde ich mich mittels einer Petition äußern.

2. Über den Brief an die Regierung werde ich nachdenken.

3. Einen Brief an meinen Vater werde ich in Kürze schreiben, obwohl mir die genannten Beschränkungen viele Schwierigkeiten bereiten.

4. Zu einem Gespräch mit dem Kommandanten bin ich jederzeit bereit.

Der Brief meines Vaters hat folgenden Wortlaut:

„Mein allerliebster Sohn, ich danke Dir sehr herzlich für Deinen Brief vom 29. April dieses Jahres. Er wurde mir am 9. Juni vorgelesen. Wir haben uns sehr über die Nachrichten, betreffend Dein Leben, gefreut, obwohl sie nicht mehr neu waren. Die Nachricht über Deinen Gesundheitszustand hat uns traurig gestimmt. Du schreibst, daß Deine Nieren eine rasche Kur benötigen, das heißt, das ihr Zustand schlecht ist. Du warst immer stark und hast Dich über nichts beschwert, Deine Gesundheit hat jedoch stets ärztliche Betreuung und sorgfältige Überwachung verlangt. In der gegenwärtigen Situation haben wir ständig Angst um Dich. Du schreibst nur ganz kurz über Deine Beschwerden, und ich wollte doch alles ganz genau wissen, alles, in jeder Einzelheit. Gleichzeitig mit diesem Brief sende ich an das Präsidium der Regierung die Benachrichtigung über Deine Gesundheit, mit der Bitte um die Beiziehung eines Facharztes. Ich hoffe, daß das möglich sein wird. Ich ersuche auch um Konsultation des Arztes, welcher Deine Beschwerden seit langem kennt. Vielleicht könnten wir nach einer solchen Untersuchung entsprechende Arzneimittel beschaffen. Wir möchten Dir gerne so schnell wie möglich helfen. Inzwischen bete ich ausdauernd in Deiner Intention zum allerhöchsten Gott und bitte die heilige Mutter um Deine Gesundheit und Deine baldige Rückkehr zu uns! Der Jahrestage gedenken wir, und in demütigem Gebet vor Gott werden wir beten. Für die Gebete in meiner Intention und für die Namenstagswünsche danke ich herzlich. Auch Stasia bittet mich, Dir ihren Dank zu übermitteln für die Gedanken, die Du an sie richtest. Sie bittet mich, daß ich Dir ihre schwesterliche Verbundenheit vermitteln soll und läßt Dir ausrichten, daß sie Dich in ihren Gebeten in Deiner Intention nicht vergißt. Alle sind, wie ich das bereits im letzten Brief geschrieben habe, gesund, nur Tadek und Zenia haben großen Kummer, denn die kleine Hania hat letzte Woche Kinderlähmung bekommen und wurde für 40 Tage im Spital aufgenommen. Das Kind muß isoliert sein, dazu kommt noch die große Angst vor den Folgen der Krankheit. Der Zustand ist nicht gefährlich, und die Ärzte trösten, daß der Verlauf sehr mild sei und daß sie die Krankheit eventuell spurlos überdauern können wird. Die Eltern jedoch sind voll Besorgnis. Ich bitte Dich herzlichst um Gebete in ihrer Intention. Ich grüße Dich aus meinem ganzen Herzen und empfehle der Mutter Gottes vom Jasna Góra besonders Deine Gesundheit. Deine Schwestern, Tadeusz und Zenia übermitteln herzliche Grüße.

Wir bitten Dich alle um Dein Gebet, um Deinen Segen und um rasche Antwort.“

Zalesie, am 14. 6. 1954   S. Wyszyński

Sonntag, 27. 6. 1954

Heute habe ich dem Herrn Kommandanten meinen 5. Brief an meinen Vater, als Antwort auf seine Briefe vom 8. 6. und 14. 6. d. J. übergeben. Der Brief hat folgenden Inhalt:

„Mein allerliebster Vater, ich eile, Dir mit dem Gefühl der Dankbarkeit den Empfang Deiner Briefe vom 8. 6. und 14. 6. zu bestätigen. Ich freue mich sehr, daß der gute Gott die ganze Familie in seiner Obhut hat und Euch vor größeren Unannehmlichkeiten und Krankheiten schützt.

Die Prüfung, die Gott Tadeusz und Zenia auferlegt hat, hat mich sehr beunruhigt. In meinen Gebeten empfehle ich die kleine Hania der mütterlichen Obhut Marias und hoffe, daß sie sie beschützen wird. Bitte, versichere ihren Eltern, daß ich ununterbrochen um schnelle Gesundung der Kleinen bete. Ich möchte mich herzlichst bei Dir entschuldigen, teurer Vater, für die Unruhe, die Dir die Nachricht über meinen Gesundheitszustand verursacht hat. Ich habe damals auf die Ärzte gewartet und um den Brief nicht auf später zu verschieben, habe ich Dir kurz mitgeteilt, was laut meiner Beschwerden mich am meisten beunruhigt hat. Ich habe den Verdacht, daß ich eine Nierenkrankheit habe. Zwei Ärzte, die mich am 12. Mai dieses Jahres untersucht haben, haben festgestellt, daß der Zustand meiner Nieren nicht schlecht ist. Die Schmerzen, die ich empfinde, schreiben sie kleinen Knochen- und Muskelveränderungen zu. Dagegen vermuten sie, daß ich an Übersäuerung leide und stellen eine kleine Lebervergrößerung fest. Die Diagnose habe ich Dir wortwörtlich angegeben, um Dich, teurer Vater, zu beruhigen. Ich nehme die mir vorgeschriebenen Arzneimittel nehme, und hoffe, daß mein Befinden sich wieder bessert. Ich besitze alle notwendigen Arzneimittel und bitte Dich, Dich nicht mehr darum zu kümmern. Mit Deinem Brief vom 8. 6. des Jahres habe ich ein Paket mit Unterwäsche und Nahrungsmitteln erhalten. Sprich auch der Schwester Maxentia meinen herzlichen Dank für ihre vorausblickende wache Sorge aus.

An den Namenstagen von Janka und Julcia habe ich für sie gebetet. Allen meinen Schwestern, Brüdern und Mitbewohnern übersende ich durch Deine Güte, teurer Vater, die Worte der Hingabe. Ich versichere Euch meines ausdauernden Gebetes. Ich küsse mit Ehrfurcht Deine Hände und segne Euch alle."

26. 6. 1954   † Stefan, Kardinal Wyszyński

Dienstag, 29. 6. 1954

Meine Seele, Herr, ist voll der Liebe zu Deiner Kirche, zu Deinem Tempel, zum Dienst am Altar und zur Ehre Deines Hauses. Du hast mir den apostolischen Eifer eingegeben, der notwendig ist, um Dich vor den Menschen zu bekennen. Du hast mein Haus mit geballten Kräften ausgestattet und wie die Bienen suche ich einen Ausgang aus dem Bienenstock in die Welt hinaus.

Wenn sich alles in der Kehle drängt und nicht hinausgeworfen werden kann, verursacht es einen Schmerz und führt dazu, daß man am Übermaß des Guten, welches man nicht verteilen kann, erstickt. Wie schwer sind die arbeitsamen Bienen zu beruhigen, die Honig für Deine Altäre sehnlichst herbeischaffen wollen. Herr, öffne die Tore, und laß alle Deine Diener in die Welt Gottes hinaus, damit sie gehen und Dir Früchte bringen. Aber nicht wie ich will, sondern wie Du willst . . ., Du Wirt des versperrten Bienenstockes.

Donnerstag, 1. 7. 1954

Jeden Tag sehe ich den Beweis der Wahrheit Christi in den Worten: „Wenn sie mich verfolgt haben, werden sie auch Euch verfolgen . . .“ Christus hat hellsehend die Zukunft der Kirche gezeigt. Diese Vorhersehung hat ihre Geschichte. Vom Kreuz beginnend – die Ketten des Petrus, die römischen Zirkusarenen – bis zum heutigen Tag. Fast alle fühlen wir, wie es sich in uns vollzieht. Ist das nicht ein Trost, daß wir aus eigener Erfahrung die Wahrheit der Worte Christi bestätigen können? Soll man sich da nicht freuen über die Enthüllung dieser Wahrheit? Diese Wahrheit – obwohl es sehr geschmerzt hat – befreit auf sehr spürbare Weise. Christus hat über nichts ohne geschichtlichen Beweis gesprochen. Zwanzig Jahrhunderte Evangelium ist ein zusätzlicher Beweis ihrer Wahrhaftigkeit.

Freitag, 2. 7. 1954

Ich habe ein Schreiben an das Präsidium der Regierung der Volksrepublik Polen in der Angelegenheit der an mich gerichteten Vorwürfe aufgesetzt. – *Non horruisti Virginis uterum* – und nicht nur dies. Du hast noch größeren Mut gezeigt. Den Schoß der unbefleckten Jungfrau Maria haben die Hände des allerheiligsten Vaters – *Ens Purum* – für Dich vorbereitet, damit Du in ihm Deine göttliche Reinheit behalten konntest. Du hattest keine Furcht vor dem Schoß meines Herzens . . . nur den „Stallmist“ mit der dünnen Schicht des Leides und der Beschämung abschirmend . . . Du hast einen Stall gewählt und ihn bewohnt, damit im Stallschlamm Brot wachsen kann, das die Jungfrau zur Welt bringt. Das ist erst der allermächtigste Mut!

Maria, wache darüber, daß Dein Sohn jedesmal, wenn er geboren werden will im Stall meines Herzens, immer Deine unbefleckten Arme findet, die ihn beschützen und vor dem Schmutz meiner Seele bewahren werden. Du hast in Bethlehem auf den Empfang Gottes gewartet, erwarte ihn auch in meiner Seele, damit sich Gottes Geburt nie ohne Dich in mir vollziehen muß.

Samstag, 10. 7. 1954

Wenn die Sünde Haß gegen Gott und der Sünder Dein Gegner ist, dann will ich nicht warten, bis Du, Vater, aus mir den „Schemel für Deine Füße" machen wirst. Ich lege selbst mein feindliches Haupt unter Deine Füße und will von Dir getreten werden. Zum Glück hat nur der Gegner die Chance, ein Sklave zu werden. Weil ich nicht durch Liebe zum Sklaven werden kann, sollte ich als Gegner zum Sklaven werden. Es wird Deine Sache sein, Christus, mich für Deine Liebe zu gewinnen.

Es ist viel leichter für meine Seele, ein Gefangener für die Sache der Kirche zu werden, um meine Rechte kämpfend, als ein Gefangener Christi – in Verteidigung seiner Rechte.

Montag, 12. 7. 1954

Gestern fragte ich nach der Rückkehr des Kommandanten. Der Stellvertreter antwortete mir, daß der Kommandant in diesem Monat nicht mehr zurückkehren wird. Vielleicht wird er Anfang August wieder hier sein. So teilte ich dem Stellvertreter mit, in welch schwerer Lage ich mich befinde: „Der Herr Kommandant hat mir im Namen der Regierung erklärt, daß ich meine Stellungnahme zu den gegen mich erhobenen Vorwürfen an sie richten kann. Ich habe sie bereits vorbereitet, sie liegt seit dem 2. Juli bei mir. Mir war nicht bekannt, daß der Herr Kommandant so lange Zeit verreisen wird."

Der Stellvertreter meinte, daß das, was der Kommandant weiß, auch Sache des Stellvertreters sei, ich könne ihm mein Schreiben ohne weiteres anvertrauen. Ich antwortete, daß mir die Kompetenz der einzelnen Herren nicht bekannt sei, daß mir aber schiene, als ob der Kommandant sehr wohl meinte, daß der weitere Verlauf meiner Angelegenheit bezüglich dieses Briefes in seinen Händen liegen solle. Der Stellvertreter sagte mir, daß es hierbei keine Unterschiede zwischen ihm und dem Kommandanten gäbe.

Heute habe ich dieses Schreiben zur Aushändigung vorbereitet. Der erste Stellvertreter kam, und ich habe noch einmal meine Bereitschaft zur Übergabe meines Schreibens geäußert und dabei darauf verwiesen, daß das Datum des Schreibens und das Datum der Übergabe nicht ident sei. Er erklärte mir, daß das keine Rolle spiele.

Mein handgeschriebenes Schreiben lesend, machte er mich darauf aufmerksam, daß die Adresse nicht vollständig sei. Es sollte doch an den Minister Bida gerichtet sein. Ich erklärte ihm, daß mich der Kommandant darüber nicht informiert habe. „Wenn er es nicht gesagt hat, hat er es sich sicherlich gedacht", erwiderte der Stellvertreter.

„Wir haben einmal darüber gesprochen", sagte ich, „und dabei habe ich dem Kommandanten erklärt, daß ich aus Gründen, welche er kennt, kein Schreiben an Minister Bida richten kann."

„Das ist der amtliche Weg", sagte der Stellvertreter. „Für mich", erwiderte ich, „führt der Amtsweg zum Herrn Präsidenten Bierut oder zum Herrn Vizemarschall Mazur. Mit diesen Herren habe ich schon öfters gesprochen, und sie kennen meine Angelegenheit. Mit Herrn Bida habe ich nie über meine Angelegenheit gesprochen, habe aber von ihm viel Leid erfahren, so daß ich ihn nicht für den Kompetenten halten kann."

„Minister Bida", fügte der Stellvertreter hinzu, „wird Ihr Schreiben an den Ministerrat weiterleiten."

„Das ist für mich kein gangbarer Weg", erwiderte ich. „Auch wenn ich hier hundert Jahre sitzen müßte, würde ich das nie tun, denn das geht gegen mein Gewissen. Ich meine, daß es für die Regierung besser ist, wenn sie weiß, daß es Dinge gibt, die ich nicht durchführen kann. Auch wenn mich die Regierung als einen Menschen betrachtet, der zu allem fähig ist, kann ich doch nicht gegen mein Gewissen handeln."

„Unter diesen Umständen", erklärte der Stellvertreter, „kann ich diesen Brief nicht übernehmen, denn der Kommandant hat mich extra darauf aufmerksam gemacht, daß dieser Brief an Herrn Bida direkt adressiert sein soll." „Also haben Sie miteinander darüber gesprochen? Ich habe aus dem Gespräch mit dem Herrn Kommandanten nicht diesen Eindruck empfangen, als er mit mir über Minister Bida gesprochen hat. Er hat dies in unserem letzten Gespräch auch gar nicht mehr erwähnt, sondern hat mir nur eine ‚deutliche Erklärung der Regierung' vorgelegt. Unter diesen Umständen wird mein Brief auf den Herrn Kommandanten warten."

„Ich werde ihre Angelegenheit meinem Vorgesetzten mitteilen", erwiderte der Stellvertreter.

Freitag, 30. 7. 1954

Ich habe heute von meinem Vater einen Brief mit dem Datum 27. 7. 1954 erhalten. Der Brief beinhaltet die Bestätigung, daß dieser Brief vom 8. 7. d. J. meinem Vater vorgelesen wurde. Man hat mir auch ein Namenstagspaket überbracht. Ich sehe, daß der Brief sehr schnell weitergegeben wurde.

Das Paket dagegen war in einem miserablen Zustand. Besonders eine Packung mit Zwiebackscheiben war völlig zerbröselt und in schmutzige Tüten umgefüllt worden. Das hat auf mich einen sehr unangenehmen Eindruck gemacht, die Schwester bezeichnete den Zustand des Zwiebacks „wie einem Hund frisch aus dem Maul genommen". Wahrscheinlich ist das bei der Kontrolle der Lebensmittel passiert.

„Mein allerliebster Sohn. In meinem Namen und im Namen meiner Nächsten übermittle ich Dir, allerteuerster Sohn, anläßlich des sich nähernden Ehrentages Deines Patrons und des 30. Jahrestages Deiner Priesterweihe herzliche Wünsche, Gottes Gnade, Erfüllung Deiner Wünsche, und insbesondere, daß der gute Gott Dir Kraft, Gesundheit und Ausdauer spendet. Wir beten inständig darum und glauben, daß unsere allertiefsten Wünsche, die gewiß auch Deine sind, erhört werden. Wir empfehlen Dich immer wieder Gott und der allerheiligsten Mutter, insbesondere werden wir das am Tag Deines Festes tun. Mit Gedanken und im Herzen sind wir immer mit Dir. Insbesondere an Tagen, an welchen man alles stärker erlebt und die Beschwerden stärker spürt. Herzlich danke ich Dir für Deinen Brief, welcher mir vorgelesen wurde. Die Nachrichten über Deinen Gesundheitszustand sind für uns von ungeheurer Bedeutung, und wir bitten um Einzelheiten bei jeder Gelegenheit. Beide Beschwerden, welche Du erwähnst, erfordern nicht nur Arzneimittel, sondern auch gute Behandlungsbedingungen, und deswegen hören die Sorgen um Deine Gesundheit nicht auf. Die Neigung zur Übersäuerung, über die wir beim Arzt Informationen eingeholt haben, erfordert nicht nur eine spezielle Diät, sondern auch eine sorgfältige Betreuung hinsichtlich der Ernährung. Man soll nicht viel essen, dafür aber öfters. Wir hätten gerne mehr über Dein Leben und Deine konkreten Lebensumstände gewußt. Vielleicht könnten wir Dir doch einige für Dich wichtige Dinge oder Bücher schicken. Ich habe der Oberschwester die Worte, die Du an sie übermittelt hast, weitergeleitet. Sie hat sich sehr darüber gefreut. Sie dankt Dir herzlichst für Dein Gedenken. Die kleine Hania ist bereits aus dem Spital in häusliche Pflege entlassen worden. Sie ist noch nicht ganz gesund, denn diese Krankheit hinterläßt Spuren, die einer längeren Kur bedürfen. Aber wir hoffen, daß das Kind bald ganz ausgeheilt sein wird. Die Familie des Tadeusz dankt herzlichst für die Worte des Trostes und für Dein Gebet. Janka und Julcia haben mich gebeten, Dir zu danken für Deine Gedanken an sie in Deinen Gebeten. Alle anderen sind gesund. Ich erwarte sehr diesen fröhlichen Tag, an welchem ich Dich, teurer Sohn, begrüßen und umarmen werde können. Wir grüßen Dich alle von ganzem Herzen und bitten um Deinen Segen."

Zalesie, am 27. 7. 1954   S. Wyszyński

Sonntag, 1. 8. 1954

Nach einem Monat der Abwesenheit hat sich der Herr Kommandant wieder bei mir gemeldet. Er befragte mich in bezug auf meine Angelegenheiten. Ich konnte nur erwidern, daß es keine neuen Angelegenheiten gäbe, nur die alten, z. B. meinen Brief an den Premierminister. „Der Stellvertreter konnte meinen Brief nicht weiterleiten, da er mir sagte, daß der Brief nicht richtig adressiert sei. Aus diesem Grund habe ich mit meinem Schreiben auf Sie gewartet." Der Kommandant erklärte mir, daß er sich vielleicht nicht klar ausgedrückt habe, denn er könne den Brief so übergeben. Ich betonte, daß ich in dem Brief viele Sachen erwähnte, die nur dem Herrn Präsidenten Bierut persönlich bekannt sind. „Für mich ist das eine Gewissensfrage, ob dieser Brief einem breiteren Kreis zugänglich ist." Der Kommandant sicherte mir seine Befugnis in bezug auf das Weiterleiten meines Briefes an die Regierung zu. So hat meine Angelegenheit, welche bereits im Oktober des vergangenen Jahres begonnen hat, doch einen Schritt nach vorne genommen. Ich erwarte nicht, daß dieses Schreiben etwas Positives für mich bringen wird, doch habe ich damit mein Gewissen wesentlich beruhigt. Vor allem weil ich der Regierung mitteilen konnte, was die Wahrheit und das Gut der Kirche verlangen. Wenn ich geschwiegen hätte, könnten mich Vorwürfe treffen, daß ich nicht genügend die Wahrheit bewahrt oder dadurch sogar die Kirche in Gefahr gebracht habe. Die Notwendigkeit des „Redens" ist unzweifelhaft die Widerspiegelung der Meinung, daß die ausgesprochene Wahrheit ihre Bedeutung haben muß. Nicht immer berücksichtigen wir, daß die Mentalität der anderen Seite so radikal anders ist. Wenn sie die Wahrheit kennen will, dann nicht immer, um ihr zu folgen, sondern um über „den Gegner" alles im Detail zu wissen. Katholiken, die vor Gericht die Wahrheit sagen, die sogenannte „ganze Wahrheit", bekommen öfters einen ganz anderen Eindruck als den, daß „die Wahrheit sie befreien wird". Unter normalen Umständen sollte es auch so sein. Warum es in unserer Situation anders ist, das ist eine komplizierte Frage. Das ist die Dialektik derer, denen es an der wahren Dialektik fehlt.

Sonntag, 1. 8. 1954

Arma lucis. Wir sind wider Willen die Generation der Helden. In der ersten Hälfte des 20. Jahrhunderts haben wir viele Jahre im Waffengetöse verbracht. Wir haben auf voll bewaffnete Menschen geschaut, die die Schützengräben füllten. Unsere Musik kam aus den Kanonen, Bomben und Maschinengewehren. Wir haben tausende tote Soldaten gesehen. Wir haben den Tod der Riesen, Diktatoren, Autokraten und Alleinherrscher überlebt. Die Regierungen haben sich vor unseren Augen abgewechselt wie die Blätter auf den Bäumen. Kann uns noch etwas imponieren? Wir haben aufgehört, uns vor dem Lauf der Gewehre und Kanonen zu fürchten. Vor einem bewaffneten Mann haben wir weder Angst noch Ehrfurcht. Uns erscheint ein unbewaffneter Mensch heldenhafter als ein bewaffneter. „Ein Soldat mit der Waffe sieht eigentlich komisch aus. Ein Mensch, dessen Berufstugend die Tapferkeit sein soll, müßte doch zu einem Kampf mit nackten Händen kommen – wie einst David ... Wir warten jetzt auf die Mächtigen der Gedanken, des guten Willens, der Tugend und des Herzens ... Nur diese sind wir fähig zu ehren. Nur diese sind würdig, sich einem Kampf zu stellen, um Besseres zu erreichen ... *Abiciamini opera tenebrarum et induamini arma lucis.*

Freitag, 6. 8. 1954

Das Maß der Barmherzigkeit Gottes ist nicht nur die Einigkeit und Ehre seiner Freunde, sondern die Erlösung der größten Verbrecher. Erst der Blick auf die Verbrecher, welche die ganze Welt haßte und welche Gott noch gerettet hat, wird unsere Augen für Gottes Barmherzigkeit öffnen. Aber das kann erst im zukünftigen Leben geschehen, denn jetzt sind wir nicht fähig, das zu begreifen. Erst müssen wir unsere eigene Armut vor dem Jüngsten Gericht kennenlernen, um zu verstehen, warum Gott nicht auf Verbrecher verzichtet.

Donnerstag, 26. 8. 1954

„Ich liebe die, welche mich lieben", sagte Maria zu ihren Dienern mit den Worten aus dem Buch der Sprüche (Spr 8, 17). Voller Angst kämpfe ich um diese Liebe. Es scheint mir, daß ich liebe, denn ich kann nicht einen einzigen Tag ohne Dich, ohne Deinen Namen, ohne Maria, ohne Rosenkranz, ohne den Akt meiner Hingabe zu Dir sein. Was wäre mein Leben, wenn ich Dich vergessen würde. – Ich kann es nicht, auch dann nicht, wenn ich mich als noch schwächer erweisen sollte, als ich es jetzt schon bin. Selbst dann, wenn mein Gewissen mit einem ganzen Wald von Sünden zugewachsen wäre. Selbst dann, wenn ich durch die Qualen und den Schmerz der Verlassenheit taub wäre, würde ich noch schreien: „Sei gegrüßt ..." So sehr liebe ich Dich! Das ist eine freudige Schlußfolgerung, denn sie sagt mir: „Ich liebe diejenigen, die mich lieben" – ich habe die Antwort! Ansonsten habe ich nie daran gezweifelt, daß Du mich liebst, denn in Dir ist die Liebe des Vaters, der mich als erster geliebt

hat. Der Vater hat die Liebe geschaffen, die Mutter hat sie übernommen. Du liebst, weil der Vater geliebt hat. Du liebst, bevor Dich
noch jemand geliebt hat. Und daß ich Dich liebe, das ist nur deswegen, weil die Liebe des Vaters mir diese gebracht hat.

Mittwoch, 15. 9. 1954

Ich kann mich nicht mehr richtig erinnern, wann in Stoczek der
„neue Leiter" eingetroffen ist. Eines Tages im August stand er im
Garten. Er betrachtete jeden Baum. Sorgfältig sah er sich die Fenster, den Zaun und den Stacheldraht, der um die Bäume gewickelt
war, an. Diese Beobachtungsspaziergänge hat er immer wieder in
regelmäßigen Zeitabständen wiederholt. Wir wußten nicht, in welcher Eingenschaft er auftrat. Dann interessierte ihn auch die Küche.
Er erkundigte sich, ob noch etwas benötigt würde. „Küchennach-
richten" haben wir nur von Zeit zu Zeit von der Schwester bekommen. Diese waren aber auch nur knapp bemessen. Als „Nazi" dem
Priester erzählte, daß er uns verlassen und eine neue Stelle antreten
würde, erwähnte er auch, daß sich bei uns der Stellvertreter des Leiters einfinden werde. Bis jetzt war er noch nicht bei mir, den Priester hingegen hat er schon öfters besucht.
    Wir bemerkten relativ früh, daß der neue Leiter es genießt, nachts
in seinen Hausschuhen durch den Gang zu schleichen, um vor unseren Türen zu lauschen. Einmal ertappten wir ihn sogar dabei.
„Nazi" hatte dem Priester vor seinem Abschied empfohlen, doch
einen Antrag auf Entlassung zu stellen: „Sie denken nicht an sich
selbst, Sie wollen nur, daß der Herr Primas nach Hause kann, und
Sie selbst . . ." „Lohnt sich das?", erwiderte der Priester. „Es lohnt
sich immer", war die Antwort. „Sie haben doch eine kranke Mutter,
Sie wollen doch weiterstudieren. Bitte, schreiben Sie!"
    Der Pater erzählte mir von seinem Zweifel. Ich war der Meinung,
daß er auf alle Fälle um Entlassung ansuchen sollte, obwohl „Nazis"
Motiv unklar blieb. Der Priester schrieb diesen Brief und bat
„Nazi", ihn weiterzuleiten. „Nazi" reagierte darauf überrascht:
„Schon fertig? So schnell wird das wohl nicht gehen." Bald darauf
fuhr er weg. Er hat den Brief mitgenommen. Der „neue Leiter" hielt
weiterhin Distanz, er hat mich bis heute noch nicht aufgesucht.
Eines Tages kam wie immer der Stellvertreter zu mir: „Bitten?"
    „Ich habe keine. Sie geben sich jeden Tag so viel Mühe, wozu?
Vielleicht reicht das, auch morgen ist meine Antwort nicht anders."
Der Stellvertreter lächelte verständnisvoll. Am nächsten Tag ist er
nicht mehr gekommen. Dagegen hat mich der „neue Leiter" in
„meiner Wohnung" aufgesucht. Am Anfang war die Situation un-

klar. Als er hereinkam, hat er sich mir weder vorgestellt noch nannte er mir den Grund seines Besuches. Eine Weile sahen wir uns nur wortlos in die Augen. Er hielt seine Hände auf dem Rücken und erinnerte mich etwas an den großen dünnen Funktionär, den mein Hund „Baca" einmal in der Miodowastraße gebissen hat. Das übliche Ritual folgte dann doch: „Wünsche, Beschwerden? Was kann ich für Sie tun?" Als ich den Kopf schüttelte, verließ er mein Zimmer. Im Laufe der folgenden Tage wiederholte er täglich dieses Sicherkundigen ohne wirkliches Interesse. Eines Tages interessierte sich der Leiter außer für meine Wohnsituation und Heizmöglichkeiten auch für meine Bücher. – „Haben Sie vielleicht noch welche notwendig? Wir sind bereit, alle Bücher, die Sie sich wünschen, zu liefern." „Woher wollt Ihr sie nehmen?" „Wir werden sie in der Bibliothek finden." – „Das werde ich mir überlegen." „Ich glaube, wir kennen uns schon", fügte der Leiter hinzu. „Ich kann mich nicht an Sie erinnern." „Das ist schade! Es wäre gut, sich daran zu erinnern. Wir haben uns öfters gesehen. Wir sind schon oft während Ihrer Visitationen an einem gemeinsamen Tisch gesessen." „Ich kann mich nicht daran erinnern. Während der Visitationen saßen immer viele Menschen an meinem Tisch, jeden Tag andere – und das über lange Jahre hin." „Und doch kennen wir uns näher, wir haben sogar öfters mitsammen gesprochen."

„Ich erinnere mich nicht." „Das ist schade, es wäre gut, sich daran zu erinnern."

„Ich mag keine Rätsel. Es ist eine der grundlegendsten menschlichen Eigenschaften, daß man sich vorstellt und seinen Namen nennt, damit der andere weiß, mit wem er das Vergnügen hat."

Mein Gesprächspartner nahm diese Aufforderung nicht an, er wollte weiterhin anonym bleiben. Das Gespräch wurde noch mehrmals mit den Worten unterbrochen: „Wir kennen uns doch gut." Er bemühte sich, korrekt zu sein. Auf dem knarrenden Fußboden auf und ab gehend, bedauerte er, daß es in der Wohnung so kalt sei. Deutlich wartete er auf etwas. Ich habe den Eindruck gewonnen, daß der „neue Leiter" einen neuen Stil mit sich gebracht hat. Er ließ sich Zeit, was ich nicht gewohnt war. Er fragte mich nochmals wegen der benötigten Bücher. Ich erklärte ihm, daß ich keine Lust hätte, um neue Bücher zu bitten, solange mir die, um die ich bereits mehrmals gebeten habe, nicht zugestellt werden. Er fragte mich direkt, welche Bücher mir fehlen. Ich nahm meine Zusammenstellung zur Hand, und der neue Leiter reckte mit dem Geschick eines „Truthahns" seinen Hals, um über meinen Arm hinweg in meine Notizen schauen zu können. Ich habe in meinem Gesprächspartner einen Spezialisten in Untersuchungsverfahren erkannt. Man soll rasch und bündig sein. Wir haben rasch voneinander Abschied genommen. Von da an besuchte er mich täglich. Er wurde immer gesprächsbereiter, immer höflicher. Er verhielt sich diskret und wartete auf meine Wünsche.

Der Priester und ich waren der Meinung, daß man im Gespräch mit dem „neuen Leiter" kurz und bündig sein sollte. Die Schwester hingegen war offensichtlich von dem „neuen Leiter", seiner Höflichkeit und Behutsamkeit, angetan. Er war überall und zu jeder Tageszeit präsent. Öfters als sein Vorgänger ging er durchs Treppenhaus, wanderte im Garten umher und blickte sich überall um. Seine Schritte im zweiten Stock über meiner Wohnung vernahm ich sehr oft. Es war eine deutliche Wende der Amtlichkeit – hin zur „Menschlichkeit".

Sonntag, 26. 9. 1954

Nach längerer Abwesenheit hat mich wieder einmal der Kommandant besucht. Ich erinnerte ihn an meine Bücher und teilte ihm mit, daß ich während seiner Abwesenheit mit seinem Stellvertreter darüber gesprochen habe und daß dieser sich damals bereit erklärt hatte, mir die Bücher zu liefern. Beim letzten Paket fehlten noch vier Bücher. Heute erklärte mir der Kommandant: „Die Vorgesetzten lassen übermitteln, daß diese Bücher aus technischen Gründen nicht geliefert werden können." Ich gab zur Antwort: „Ich sagte ja schon, daß sich diese Bücher in meiner Bibliothek befinden, und ich persönlich sehe keine Schwierigkeiten, mir die Bücher zu besorgen." Der Kommandant wiederholte: „Aus technischen Gründen können diese Bücher nicht geliefert werden, andere, neue Bücher können wir Ihnen verschaffen." Ich antwortete ihm, daß ich in Kürze eine neue Aufstellung anfertigen werde. Was ich unter „technischen Gründen" verstehen sollte, weiß ich nicht, es ist schwer zu verstehen. Es kann nicht das Auffinden der Bücher gemeint sein, auch nicht das Hierherschaffen. Diese Bücher stehen in meiner Bibliothek auf einem gut sichtbaren Platz. Wollen die Herren vielleicht die Richtung meiner Lektüre beeinflussen? Zu welchem Zweck? Die können doch nicht damit rechnen, daß ich „meine Weltanschauung" durch ihren Einfluß verändere.

Dienstag, 5. 10. 1954

Heute hat mich der „Arzt" aufgesucht. Ich meine damit den zweiten Stellvertreter des Kommandanten, den wir seit einer Woche nicht mehr sahen. Auf seine üblichen Fragen nach meiner Gesundheit und meinen Wünschen antwortete ich wie immer: „Alles ohne Änderung, ich äußere keine neuen Wünsche." Da sagte der Arzt: „Da das Klima und der Zustand des Hauses Ihnen nicht bekommen, hat die Regierung beschlossen, die Bedingungen zu ändern. Noch im Laufe des heutigen Tages sollen Sie Ihre Sachen zusammenpakken – der Priester wird Ihnen dabei helfen –, und morgen um 10 Uhr werden Sie per Flugzeug zum neuen Ort gebracht. Es werden der Priester, die Schwester sowie wir alle zusammen übersiedeln. Die Reise wird etwa zwei Stunden dauern." Ich gab zur Antwort: „Diese Entscheidung über eine neue Wende meines Schicksals überrascht mich. Ich würde wenigstens gerne wissen, ob der Ort weit entfernt liegt, und ob bei der Wahl des Ortes den Zustand meiner Lungen berücksichtigt wurde." Arzt: „Es ist sehr weit weg, am anderen Ende des Landes, aus diesem Grund wird die Reise mit dem Flugzeug stattfinden, um Ihnen besondere Strapazen zu ersparen. Die klimatischen Bedingungen sind für Sie vorteilhafter, und das Haus wird Ihnen besser gefallen. Wir werden zusammen diese Reise unternehmen."

Primas: „Ich werde morgen um 10 Uhr bereit sein. Für mich ist es aber eine grundsätzliche Angelegenheit: Ich habe eher damit gerechnet, daß ich nach einem Jahr Aufenthalt in Stoczek freigelassen werde. Ich hoffte, zu meiner Arbeit zurückkehren zu können."

Arzt: „Das hängt doch nicht von mir ab, sondern von der Regierung."

Primas: „Das ist mir bekannt, aber ich habe keine Möglichkeit, an die Regierung heranzukommen, welche auf meinen Brief nicht geantwortet hat. Ich muß mich fügen und meine Wünsche und Erklärungen immer dem, der gerade vor mir steht, mitteilen. Vor kurzem habe ich ein Schreiben an das Präsidium der Regierung gerichtet. Bis jetzt ist dieses ohne Antwort geblieben, selbst ohne Bestätigung des Empfanges."

Arzt: „Wenn der Brief ausgehändigt wurde, dann wurde er sicher weitergeleitet."

Primas: „Doch der Bürger hat ein Recht auf die Bestätigung der Übernahme des Briefes. Diesen Brief habe ich auf den deutlichen Wunsch der Regierung hin geschrieben.

Ich habe das Recht gehabt zu hoffen, daß die Regierung auf meine Erklärungen reagieren wird. Ich bin gezwungen, deutlich meinen Standpunkt zu präzisieren: Ich fühle mich von der Regierung benachteiligt, nicht nur in meinem Recht als Bischof, sondern auch in den Rechten der drei Millionen mir anvertrauten Katholiken, aber auch in den Grundrechten des Bürgers. Ich wurde in Abwesenheit verurteilt, ohne ein schriftliches Urteil zu erhalten, ohne die Möglichkeit, meine Stellungnahme abzugeben. Dies widerspricht völlig dem Prinzip *audiatur et altera pars* – und das schon seit einem vollen Jahr. Mir gegenüber verwendet man das System des Konzentrationslagers, das alle Nationen als System der Behandlung ihrer Bürger abgelehnt haben. Ich werde in einem Haus, dessen schlechter Bauzustand meine Gesundheit und Kräfte untergraben hat, gefangengehalten. Ich werde an dem Ort, an dem die Nationalsozialisten nach dem Anschluß 1938 österreichische Bischöfe gefangengehalten haben, untergebracht. Und das geschieht vor den Augen ganz Europas, das das Schicksal jenes Menschen verfolgt, der – ohne eigenes Verdienst – bekannt und angesehen ist und dessen Schicksal nicht nur der kulturellen Welt, sondern ganz besonders der katholischen durchaus nicht gleichgültig ist. Begünstigt nicht die Regierung, daß man aus mir einen Märtyrer macht? Ob das wohl einen guten Einfluß auf das Verhältnis zwischen Staat und Kirche hat? Und fehlt es auch in Polen nicht an solchen Menschen, denen ihr Kirchenoberhaupt viel bedeutet?

Es ist schwer, gegenüber der öffentlichen Meinung zu handeln – denn der Staat kann auf die Dauer nicht gegen die Bürger regieren. Der Staat existiert für die Bürger und nicht umgekehrt."

Arzt: „Sie nehmen diese Angelegenheit zu persönlich, hier ist doch primär die Staatsräson im Spiel."

Primas: „Würde ich diese Sache nur persönlich nehmen! Es geht jedoch um die Wahrung meiner primären Rechte auf die Wahrheit. In meinem Schreiben an die Regierung vom 2. 7. dieses Jahres habe ich meine persönlichen Angelegenheiten überhaupt nicht berührt. Wenn es um den Begriff ‚Staatsräson' geht, so weiß ich sehr gut, was dieses Wort beinhaltet. Wenn es andere Bedeutungen gibt, so bitte ich Sie, mir diese zu erklären. So viele Jahre habe ich an den Bestimmungen der Koexistenz zwischen Kirche und Staat in Polen mitgearbeitet, und ich kenne alle prinzipiellen Vorschläge von seiten der Regierung. Wenn die Regierung heute neue Vorschläge hat, so wäre es doch einfacher, statt einen Streit vor den Augen Europas zu führen, mich zu einem Gespräch über neue Themen zu laden. Es war doch möglich, so viele Gespräche zu führen, sicherlich hätten wir auch dieses führen können. Das ist viel wichtiger als die persönlichen Probleme des Primas.

Wenn sich das Klima durch die Veränderung meines Aufenthaltsortes ändert, wird die Sache unentschieden bleiben, und das Klima wird das gleiche bleiben. Die Hauptsache aller Staatsräson ist die Gerechtigkeit für die Bürger. Ohne Anerkennung der Bürgerrechte kann man einen Staat nicht regieren. Denn der Staat kann ohne Bürger nicht existieren. Wie wichtig diese Staatsräson auch sein mag, ihr Fundament muß die Gerechtigkeit gegenüber dem Bürger bleiben. Ist das eine persönliche Betrachtung der Angelegenheit?"

Arzt: „Ich werde über dieses Gespräch der Regierung Mitteilung machen. – Also, morgen um 10 Uhr. Gibt es irgendwelche Wünsche im Zusammenhang mit der Reise?"

Primas: „Um 10 Uhr werde ich fertig sein. Wurde der Priester auch schon darüber informiert?"

Arzt: „Er wird es gleich erfahren."

Bald darauf betrat der Priester mein Zimmer. Den armen Kerl hat diese Nachricht sehr betrübt. Er hat sich aber beherrscht und hat diese bevorstehende Veränderung als Willen Gottes angenommen.

Er hat freilich eher damit gerechnet, daß er freigelassen werde und zu seinen kranken Eltern zurückkehren dürfe.

Nach dem Mittagessen haben wir begonnen, unseren spärlichen Haushalt zusammenzupacken. Bücher und schwere Dinge sollten bis 22 Uhr auf dem Gang verpackt stehen. Denn diese Dinge wird ein Auto bereits während der Nacht mitnehmen. Während eines längeren Spazierganges haben wir von unserem Garten Abschied genommen und haben alles Pro und Kontra in Stoczek aufgerechnet.

Wir haben hier gelitten: unter den Folgen eines harten Winters, unter der Feuchte des Hauses, unter dem modrigen Geruch im ganzen Parterre, der auch oben bei uns spürbar war, unter langanhaltenden Winden vom Meer her, die fast den ganzen Sommer über ununterbrochen geweht haben, unter der andauernden Kälte, unter schlechten und rauchenden Öfen, die noch zusätzlich zur Verschlechterung unserer Gesundheit beigetragen haben. Aufgrund dieser Bedingungen haben wir fast ein Jahr in halbkrankem Zustand verbracht. Die Schwester hat sich einen chronischen Katarrh zugezogen, der Priester Ischias und ich ein Rheuma in der Hüfte, da der Boden auch im Sommer kalt war. Das war die sanitäre und gesundheitliche Seite unseres Daseins in Stoczek. Unser geistliches Dasein war in einem viel besseren Zustand: Unsere kleine Kapelle war sehr lebendig. Jesus hat in der Hülle des Kelches unter uns gewohnt. Die heilige Messe haben wir ohne Altarstein bzw. Reliquien gefeiert. Doch in der Weihnachtszeit haben wir viele Weihnachtslieder gesungen, was uns abends einige Stunden verschönt hat. Öfters haben wir singend die heilige Messe gefeiert. Unseren Geist haben wir durch die Novenen zum heiligen Josef gestärkt. Zur Verkündigung der allerheiligsten Jungfrau Maria, zum heiligen Joseph, zur unentwegten Hilfe der Muttergottes, zu Maria, der Mittlerin der Gnade, zum heiligen Petrus in Fesseln, zur Verklärung des Herrn, zu Maria Himmelfahrt, zur Gottesmutter vom Jasna Góra, zu Maria Geburt, zu Ehren des Namens Maria, zu Maria, die die Gefangenen befreit ...

Der jetzige Umzug hat uns gerade in der Zeit der Novene zum Fest der Mutterschaft Marias überrascht. Anders gesagt, haben wir im ständigen Gebet gelebt, das alle unsere Schmerzen und unsere Trauer überwunden hat. Aber diese traurigen Momente sind merkwürdigerweise immer schnell vorübergegangen. Obwohl wir immer wieder die Hoffnung auf eine rasche Befreiung verschoben haben, waren wir nach jeder beendeten Novene seltsamerweise fröhlich, ruhig und zufrieden. Den größten Teil der Zeit waren wir fröhlich und guter Dinge. Schwere Trauer haben wir nicht tragisch genommen. Diese Momente sind immer schnell vorüber gewesen, obwohl sie jederzeit aufkommen konnten. Obwohl unsere Charaktere so unterschiedlich waren, haben wir doch durch unsere gemeinsamen Gebete zueinander gefunden; durch die gemeinsame morgendliche

Andacht, welche ich anhand des Meßbuches geführt habe, und durch den Rosenkranz am Abend. Das waren die Kräfte, die uns vereinigt und gestärkt haben.

Wir haben für unsere Betreuer, die wir nicht als Feinde betrachtet haben, gebetet. Noch eine Bemerkung, die unsere Betreuer betrifft: Ihr Benehmen war einwandfrei, alle waren höflich, ausgenommen einer, der immer gewartet hat, daß man ihn zuerst grüßt. Aber alle gaben sich kurz angebunden, sie haben keinen Kontakt ohne amtliche Vermittlung aufgenommen. Zusammen mit uns haben sie unter der Kälte und Feuchtigkeit in dem hoffnungslos vom Schimmel befallenen Haus gelitten. Sie haben alle Arbeiten selbst ausgeführt, die schwerste Arbeit war sicherlich die Betreuung der Öfen. Öfters mußte man die Kamine durchputzen, was der ältere Herr, den wir „Opa" nannten, mit Hingabe durchgeführt hat. Diese Leute haben uns leid getan, wenn sie ihre Nächte mit Warten bei der „Kassa" verbracht haben. Wenn sie uns vertraut hätten, hätten sie in dieser Zeit ruhig schlafen können. Aber sie konnten es nicht, trotz meiner Erklärung, die ich dem Kommandanten gegenüber abgegeben habe, daß ich dieses Haus ohne ausdrückliche Bewilligung auch dann, wenn alle Türen offenstehen, nicht verlassen würde.

Sie haben ihre Zeit und Gesundheit mit diesem sinnlosen Sitzen im Gang, dem Aufpassen auf Menschen vergeudet, die überhaupt keinen Sinn dafür hatten, zu entweichen. Dieser Anblick war für uns sowohl lustig als auch traurig. Genauso wie die Menge von Stacheldraht und Kabeln, mit welchen die Pfosten des hohen Zaunes umwickelt waren. Nicht nur einmal habe ich mir gedacht: Entweder bin ich so gefährlich oder so ein Verbrecher, daß ich das nicht begreife, oder die Angst hat große Augen.

Unser Garten war ein großer Trost. Den ganzen Winter waren wir beide eine „Mannschaft", die mit den schneebedeckten Wegen gekämpft hat. Diese Arbeit hat uns viel Kraft gekostet. Wir haben Vögel „in den Mensen" auf den Tujen und am Dach vom Gang aus gefüttert. Der Frühling war wunderbar: Die Schneeglöckchen haben uns mit ihrer Kraft begeistert, mit welcher sie dicke verkrustete Eisdecken durchbohrt haben.

Kleine wilde Blumen und Primeln haben unsere Wiese, die im Herbst noch ungepflegt und mit Mist überlagert war, geschmückt. Ein unvergeßliches Bild bot uns der Garten mit dem blühenden Löwenzahn und den in vollster Blüte stehenden Obstbäumen.

Verliebt waren wir in unsere Stare, in ihre gesellschaftliche Pädagogik, ihre mütterliche Sorgfalt und in die besondere Freßsucht der Jungen, die uns immer wieder mit Erstaunen erfüllte. Soviel Eifer bei der Nahrungsaufnahme, soviel deutliche Bitte in den geöffneten Schnäbeln, soviel Mühe mit der Versorgung, das konnte uns als Gesprächsthema für lange Stunden dienen. Wieviel kann man in einem derart abgeschlossenen Gebiet sehen, wenn der Mensch gezwungen ist, nur auf „kurze Abschnitte" zu schauen?! Davon habe ich mich in Stoczek überzeugt. Wenn schon so ein kleiner Teil der Erde so reich an Leben ist, was erst könnte man finden, wenn man über die ganze Erde schaut.

Am Abend hat uns der zweite Stellvertreter besucht, um zu prüfen, ob alles zum nächtlichen Transport vorbereitet war. Man hat fast alles, was im Hause war, inklusive der Teppiche und Vorhänge, eingepackt. Wir haben uns gewundert, warum man sich diese Mühe antut. „Um wenigstens ein paar Wochen wie Menschen zu leben" – antwortete der Stellvertreter –, „und das ist auch etwas wert."

Während der Auflösung unseres Hausstandes hat sich der Kommandant nie gezeigt, so daß die ganze Mühe, die damit verbunden war, der „neue Stellvertreter" auf sich genommen hat. Er hat sich sehr um uns gekümmert – und hat sich hilfsbereit gezeigt. Am Abend haben wir in unserer kleinen Kapelle der allerheiligsten Mutter und ihrem Sohn für alle Gnaden, die wir hier in so großem Maße erhalten haben, gedankt.

Der allergrößte Mangel eines Apostels ist die Angst, denn sie erweckt Mißtrauen in die Größe des Meisters, sie drückt die Herzen nieder und schnürt die Kehle zusammen. Der Apostel bekennt sich nicht mehr zu Gott. Ist er da noch Apostel?

Die Schüler, die den Meister verlassen haben, erkennen seine Lehre nicht an. Sie haben dadurch den Verfolgern Mut gemacht. Jeder, der gegenüber den Feinden der Sache schweigt, regt sie an. Die Angst des Apostels ist der erste Verbündete der Feinde der Sache. Ihn durch Angst zum Schweigen zu bringen, das ist die erste Aufgabe der Gottlosen-Strategie. Der Terror, den alle Diktaturen benutzen, rechnet mit der Ängstlichkeit der Apostel. Das Schweigen findet nur dann einen apostolischen Ausdruck, wenn es sein Antlitz nicht von den Schlagenden abwendet. So hat es der schweigende Christus gemacht. So hat er seine Tapferkeit gezeigt. Christus hat sich von den Menschen nicht terrorisieren lassen. Als Christus der Menge entgegenkam, hat er mutig gesagt: „Ich bin es."

Mittwoch, 6. 10. 1954

Stoczek Warminski – Neustadt in Schlesien. Die letzte Messe haben wir zu Ehren der heiligen Mutter von Jasna Góra gefeiert. Der Priester hat diese Messe zur unentwegten Hilfe der Muttergottes gelesen.

Der provisorische Altar ist ohne Sanctissimum geblieben. So eine Auflösung ist immer schmerzhaft. Wir nahmen anschließend das Frühstück gemeinsam ein und hielten unseren letzten Spaziergang im Garten ab. Dann gaben wir unsere übrigen Kleider für den Abtransport frei. Diese persönlichen Gepäckstücke wurden um 10 Uhr zum Flugzeug gebracht. Um 12.15 Uhr waren wir auf dem Weg nach Bartenstein. Das Flugzeug hat in der Nähe von Rastenburg bereits auf uns gewartet. Es stand am Ende einer Wiese, die einen Wald begrenzte, in dem sich das ehemalige Hitlerhauptquartier befand. Die Maschine startete um 13 Uhr. Der Pilot hielt die Maschine auf südwestlichem Kurs.

Unterwegs haben wir die masurischen Seen und die Weichsel überflogen. Dann nahmen uns die Wolken die Bodensicht. Erst später haben wir die Oder erkannt. Um 15 Uhr landeten wir auf einer Wiese in der Nähe einer Stadt, die ich nicht erkennen konnte. Ich nahm an, daß wir in der Nähe von Oppeln sein könnten. Es hat sich dann herausgestellt, daß wir in der Nähe von Neisse (Nysa) waren. Von Ziegenhals hätten wir mit den Autos nach Neustadt (Prudnik) gebracht werden sollen. Wir mußten aber bis 18 Uhr im Flugzeug warten. Erst danach, bei Einbruch der Dunkelheit, konnten wir in den Autos Platz nehmen. Die Fahrt dauerte etwa eine dreiviertel Stunde. Wir hielten vor einem Hause im Walde, welches uns als neuer Aufenthaltsort vorgestellt wurde. Es war ein ehemaliges Franziskanerkloster in der Nähe von Neustadt, welches man in ein „Isolationslager" umgewandelt hatte.

IV
In Neustadt/Schlesien

Donnerstag, 7. 10. 1954

Noch ein kurzer Rückblick auf Stoczek. Von dem, was vergangen ist, bleiben immer die Menschen am deutlichsten in Erinnerung. Wir haben Menschen getroffen, über die wir uns eine Meinung gebildet haben: Das sind Kommunisten, Materialisten, Atheisten. Es waren ausgewählte und gut zusammenpassende Menschen, sicher Repräsentanten einer gewissen Elite, welche als Ziel nicht nur das Überwachen, sondern auch das „Aufbauen" haben. Sie sollten uns ein Muster des „neuen, fortschrittlichen Lebens" sein. Waren unsere Bewacher irgendwelche kommunistische Idealisten, also Menschen, die Aufmerksamkeit und Verständnis erfordern, oder waren es nur gewöhnliche Menschen, verängstigt und nachgiebig, die auf ein bequemes Leben hofften?

Es ist zweifelhaft, ob Menschen mit einem nur künstlichen Enthusiasmus diese Stellung hier bekommen hätten können. Vielleicht waren sie Kundschafter und Provokateure, die für die Regierung bzw. für den Geheimdienst arbeiteten. Oder vielleicht für innere Sabotage, die in der polnischen Administration „des Staates", in dem die Revolution noch nicht beendet ist, so sehr verbreitet ist. Vielleicht, vielleicht... hunderte Gedanken, hunderte Vermutungen...

Ich hätte meine Aufmerksamkeit auf alles richten müssen, was sich rundum ereignet hat. Ich habe darin nicht so viel Erfahrung und bleibe gewöhnlich in der Welt meiner Gedanken, die mir nicht erlauben, mich zuviel für die Umgebung zu interessieren. Der Priester hat dagegen die Psyche und Haltung eines erfahrenen Gefangenen: Er kann alles mit den Augen eines Gefangenen betrachten. Er sieht alles, denn alles könnte für ihn von Bedeutung sein. So ein Talent kann man nur langsam entwickeln – um den Preis schmerzhafter Erfahrungen. Ich merke mir viele Einzelheiten einfach nicht. Der Priester hingegen sah, unter welchem Baum „X" gestanden hat, welches Fenster sich geöffnet hatte, als wir herausgekommen waren, und um wieviel Uhr in der Nacht die Bodenbretter knarrten. Er wußte auch, vor welcher Tür eine „Katze" herumschlich, selbst wenn ein Teppich diese „Katzenschritte" dämpfte, welches Papier im Badezimmer lag, was vom Gang verschwand und welche Geräusche man aus dem zweiten Stock hören konnte. Seine vielen Bemerkungen zu diesem Thema haben mich immer wieder in Verwunderung versetzt – besonders am Anfang, später habe auch ich mich ein wenig für diese Geräusche „des Lebens der anderen Seite" interessiert. Doch es hat meinen Geist nicht besonders in Anspruch genommen. Es hat mich zuwenig interessiert. Ich bin immer noch ein Mensch „des offenen Lebens", für den das, was man vor aller Augen macht, wichtig ist. Es ist sehr schwer, sich zu diesem „zweiten Leben" zu bekennen. Die Chancen, solche Beobachtungen machen zu können, waren nicht sehr groß. Wir hatten die Möglichkeit, jeweils einen der Männer zwei Minuten lang während der Visite zu sehen. Kurze, im Telegrammstil geführte Gespräche, die mich langweilten. Wir hatten die Möglichkeit, „den halben Menschen" bei der „Kassa" und die Rücken der anderen im Parterre zu sehen, wenn wir in den Garten gingen.

Gelegentlich konnten wir die „Aufseher" im Garten sehen, wenn sie uns beaufsichtigten; als diese sich dann aber einige Stunden in die Sonne legten, wurde ihnen das von ihren Vorgesetzten verboten.

Sonntags gab es eine Abwechslung, da versammelten sich die Aufseher manchmal im Garten und bevölkerten die freien Bänke. Aber das war nicht oft der Fall. Gelegentlich versuchten sie sich die Zeit damit zu vertreiben, daß sie anfingen, Ordnung zu machen. Aber das hielten sie nicht lange durch. Das Abnehmen der Obstbaumfrüchte dauerte noch am längsten.

Alle diese „Ereignisse" sind rasch gekommen und auf eine für mich geheimnisvolle Weise rasch wieder beendet worden. Eines Tages erschien ein Unbekannter im Garten, ging von Baum zu Baum, hielt sich daran fest, blickte um sich, sah sich auch unsere „Vogel-Menschen" an und verschwand wieder. Bis heute konnte ich nicht erfahren, wer er war. Wenn nachts Alarm gegeben wurde, sahen wir die Aufseher rund um den Zaun laufen. Das war für uns schon ein Ereignis. Doch auch das war nur in der ersten Zeit der Fall.

Ich hatte also nur geringe Möglichkeiten, die „neuen Menschen" – die Menschen der Zukunft, die fortschrittlichen Menschen – zu beobachten. Wir haben uns mit ihnen verglichen, wenn auch nicht ganz bewußt. Dabei überlegten wir, was der „neue Mensch" den Polen bringen, vor allem wie er dieses Land gestalten werde. Selbstverständlich konnten wir aus unseren geringen Beobachtungsmöglichkeiten keine großen Schlußfolgerungen ziehen. Aber dieses Anschauungsmaterial war für mich trotzdem nicht ohne Wert. Wie war die Mannschaft zusammengesetzt? Alles ohne Namen, daher schwer zu bezeichnen. Woher kamen diese Menschen? Was haben sie früher gemacht? Warum haben sie diese Arbeit angenommen? Würde sie auch anderen Menschen als diesen eine gewisse Befriedigung bringen? Jeder muß sich doch eingestehen, daß das stundenlange Sitzen auf dem Gang, dieses öde Beaufsichtigen, viele Monate hindurch, weder eine Beschäftigung für Menschen mit „materialistischen" noch mit „idealistischen Ansprüchen" sein kann. War das Dienst an der Sache? Vielleicht ist das ein wichtiges Argument!

Die Aufseher bezeichneten den Kommandanten als Oberst. In Stoczek habe ich ihn nie in Uniform gesehen, obwohl ich wußte, daß er sonst Militäruniform trägt. Er war ein Mensch mit einem ausdruckslosen Gesicht, der nicht imstande war, längere Sätze fehlerlos und korrekt auszusprechen. Er war mittelgroß, korpulent, mit einer ausgesprochenen Veranlagung zum Dickwerden. Das konnten wir alle bemerken. Unbeholfen flocht er immer wieder allgemein bekannte Propagandaslogans ein. Ich hatte jedoch das Gefühl, daß er auch diese nicht sehr genau kannte, und das Unangenehme dabei war, daß er immer nur Bruchteile beim Sprechen verwendete. War er fähig zu improvisieren? Könnte er eine verantwortungsvolle „Aufgabe" durchführen?

Eher nicht. In den Situationen, die eine „Aktion" erforderten, war er nie anwesend. In dieser Zeit führte immer sein Stellvertreter die wichtigen Aufgaben durch. Man könnte den Kommandanten als „guterzogen und artig" bezeichnen. Seine Haupteigenschaft war das „Lügen", obwohl er dies immer seinen Vorgesetzten, auf die er sich prinzipiell berufen hat, in die Schuhe geschoben hat. Er drückte sich immer kurz und bündig aus und mied das Gespräch, wo er nur konnte. Wenn es doch zu einem Gespräch kam, zeigte er sich unruhig und sah zu, daß er so rasch wie möglich das Zimmer wieder verlassen konnte. Ich hatte den Eindruck, er wollte möglichst wenig hören und wissen. Für ihn war es sicherlich unangenehm, Gespräche zu führen, welche ein späteres Protokoll notwendig machen konnten. Er bemühte sich, einen „guten Eindruck" auf mich zu machen. Mit der Zeit lernte er sogar zu lächeln. Er war auch imstande, unangenehm zu sein, obwohl mich das nie persönlich getroffen hat. Gelegentlich hatte er „Anfälle", gemeinschaftsdienliche Arbeiten zu verrichten. Er nahm dann z. B. einen Rechen zur Hand und versuchte, mit den anderen zusammen ein wenig im Garten zu arbeiten. Das war aber immer nur von kurzer Dauer. Meistens sah er den anderen bei ihren gelegentlichen Diensten im Garten zu. Er hinterließ in mir den Eindruck eines Invaliden, eines Menschen, der gehbehindert ist. Vielleicht hatte er einen Leistenbruch oder einen schlecht verheilten Knochenbruch im Fuß? Er besuchte mich, immer sorgfältig rasiert und in Zivil, mit sorgfältig gebügelten Hosen, stark parfümiert, immer einen langanhaltenden Geruch zurücklassend. Das ist ein Mensch, über den man sagen kann: „Er weiß nicht, was er tut, deswegen kann man ihm auch viel verzeihen."

Sein Stellvertreter dagegen war ein Mensch mit einem rauhen und derben Gesicht, mit den Manieren eines Knechtes, den man frisch in einen Anzug gesteckt hatte, dem es fast völlig an Intelligenz mangelte. In seinen Gesprächen mit mir benahm er sich sehr unbeholfen. Man hat aber allgemein zur Kenntnis genommen, daß er die wichtigste Person in unserer Mitte war. Er war „aktiv, beweglich" und ging ständig durch das Haus. Immer wenn er sich einer Gruppe näherte, hörte diese zu sprechen auf, als hätte seine Anwesenheit beide Seiten deutlich geniert. Er trug ein Abzeichen „Beschützer der Freiheit" – so hat er sich auch selbst dargestellt. Er stammt aus dem Zentrum Kleinpolens und war mit den Bergen sehr verbunden. Gerne erzählte er mir davon. Er sprach öfters über Gebiete in Polen, welche auch dem Priester gut bekannt waren. Aber wir alle wollten diesen Menschen eigentlich nicht gerne sehen. Als wir von seiner Abreise erfuhren, überkam uns eine Erleichterung. Im ganzen Haus zeigten sich die Menschen gleich lockerer. Die Mitglieder der Mannschaft haben sich von seiner Anwesenheit schnell erholt und wurden fröhlicher und freundschaftlicher. Er hatte sich für alles interessiert: für den Haushalt, die Küche, die Schwester usw. Er meinte, daß der Priester ihm auf besondere Weise untertan sei. Mich besuchte er eher selten. Er wollte nicht viel mit mir sprechen, was mir ganz angenehm war. Jedesmal, wenn der Priester in Gefolgschaft seiner Aufseher den Arzt oder seinen kranken Vater in dem Ort Barczew besuchte, war der „zweite Leiter" dabei.

Während dieser „Ausgänge" hat er immer die Möglichkeit beim Schopf ergriffen, mit dem Priester zu sprechen. Der Priester sollte während dieser Gespräche, „unter Druck gesetzt", seine Unzufriedenheit äußern und Bemerkungen von uns beiden wiedergeben – darüber aber später mehr. Dieser Mensch hat nie gelächelt. Er sah immer bekümmert aus, wenn er mich besuchte. Sein Blick war immer zur Decke gerichtet, er konnte mir nicht in die Augen schauen, und man sah, daß er nicht wußte, was er mit seinen Händen machen sollte. Die Hand gab er mir nie. Als wir erfuhren, daß er uns Anfang September verlassen werde, waren wir sehr erleichtert. Er nahm eine andere „Stelle" an, worüber sich seine Freunde und der Kommandant sehr zufrieden zeigten. Nach seiner Abreise hat sich sogar der Kommandant besser gefühlt, und es war zu bemerken, wie froh er über diese Abreise war, weil er jetzt alleine entscheiden konnte. Den „Leiter" haben wir „Nazi" genannt. Er erinnerte uns in seinem Aussehen wie in seinen Manieren an die typischen Gestapo-Unteroffiziere. Er selbst hatte sich über diese Bezeichnung geärgert, er sprach mit dem Priester und verbot sich in seinem eigenen Namen wie im Namen seiner Freunde diese Bezeichnung.

Der Stellvertreter des Leiters war ein junger, mager erscheinender, sorgfältig gekleideter Mensch. Den hatte mir der Kommandant einmal in Anwesenheit des Leiters vorgestellt. Ich äußerte damals meine Verwunderung: „Noch ein Stellvertreter." Er nahm diese Äußerung ruhig auf und blickte mich nur an. Dieser andere Stellvertreter zeigte sich kaum und bewahrte diese „Ruhe" bis zum letzten Augenblick. Er war vielleicht ein „Produkt", das dem „Ideal" des fortschrittlichen Menschen „neuen Stils" am nächsten kam. Sein Gesicht war ausdruckslos, fremd, mit seinen Gedanken schien er immer weit weg zu sein, und man bekam den Eindruck, daß er nur für sich selbst lebte. Diesen Menschen konnte gefühlsmäßig nichts berühren, und ich glaube, er war ohne jegliche Interessen. Er war eine repräsentative Erscheinung, ging immer in frisch geputzten Schuhen, sein Anzug war tadellos gebügelt, als ob er einem Schaufenster eines Modehauses der Vorkriegszeit entstiegen wäre. Im Gegensatz zum anderen Stellvertreter reichte er mir immer die Hand, und gelegentlich entkam ihm sogar ein Lächeln, wenn man ihm z. B. nach dem Urlaub sagte: „Sie sind aber schön braun gebrannt!" Ich glaube, seine Bräune war ihm weit wichtiger als ein Gespräch mit den Menschen. Wir haben ihn „Äskulap" genannt, da wir vermuteten, daß er Arzt sei. Für den kranken Priester interessierte er sich aber nie, obwohl er ihn immer wieder krank im Bett liegend angetroffen hat. Er hat nicht einmal Spuren eines ärztlichen Wissens erkennen lassen. Ein durchaus geheimnisvoller Mensch. Es scheint, daß er nur für die Aufsicht an sechs Tagen zuständig war. Unter „sonderbaren Umständen", über welche man eher schweigen soll, hatte man ihn im Militärspital gesehen. Einmal sah ich ihn in Uniform, worüber er nicht besonders glücklich war. Dieser „Herr" hat sich mit niemandem von uns dreien besonders befaßt, weder mit dem Priester noch mit der Schwester. Er machte auf mich trotzdem einen intelligenteren Eindruck als der Kommandant. Einmal schnitt er das Thema „Weltanschauung" an. Ich gab ihm nur eine kurze Antwort darauf, und schon war das Gespräch zu Ende. Für alle war und blieb er ein Rätsel.

Von den anderen Menschen, die auf der „Bühne von Stoczek" auftraten, war ein älterer „Herr" mit semitischen Gesichtszügen und Manieren und mit einem deutlich jüdischen Akzent besonders auffällig. Er behauptete, kein Jude zu sein, stammte aus Skierniewice und war Bahnbeamter. So erklärte es zumindest der Leiter dem Priester. Als der Leiter erfuhr, daß wir den älteren Herrn unter uns als „Mosche von Schwinau" bezeichneten, erklärte er dem Priester, daß dieser Mann kein Jude sei. Der Leiter fragte, wie wir zu dieser Bezeichnung kämen. Wir assoziierten den älteren Herrn mit einem Deutschordensverband-Komtur, über den wir in einem Buch mit dem Titel „200 Städte" gelesen hatten. Vielleicht war dieser „Herr" wirklich kein Jude. Wenn er aber einer war, hätte er ohnehin zur Ehre seiner Nation beigetragen, denn er war ein Mensch mit viel Einfühlungsvermögen für menschliche Werte, die für den „neuen Menschen" geeignet waren. Er schien ein aufgeklärter Kommunist zu sein. Nur in seinen Händen habe ich das „Kapital" von Marx gesehen, eine umfangreiche Ausgabe, die einige Tage lang auf dem „Repräsentationstisch der Pension" lag. Nur dieser eine hat gelegentlich versucht zu lesen oder zu schreiben. Er bemühte sich während seines Dienstes immer, beschäftigt zu sein. Am Anfang stellte er sich immer mit dem Rücken zu uns, wenn wir vorbeikamen, woraus wir die Schlußfolgerung zogen, daß er „aufgeklärt ist und gegen die Feinde des Volkes kämpft". Heute kann ich verstehen, daß er versucht hat, durch sein Verhalten die Linie der Partei auszudrükken. Denn damals war noch nicht die Zeit für eine „Koexistenz" gegeben.

Nach einiger Zeit sah man ihn schon ein wenig von vorn, dann zeigte er sich ganz. Er war der einzige Mensch, den ich als ehrenwert klassifizieren kann. Nur er hat sich während der vielen Monate von sich aus immer wieder Arbeit gesucht.

Er schnitzte an Holzstöcken, malte und las. Anders gesagt: er wollte sich von der dummen Beschäftigung in Stoczek nicht unterkriegen lassen. Nur er allein konnte eine Stromleitung reparieren, Schäden in der Küche beheben und den Ruß aus den Kaminen der Öfen entfernen. Bei dieser Tätigkeit wurde er immer sehr schmutzig. Mit der Zeit wurde er zutraulicher und zeigte menschliches Verständnis. Diesen „Herrn" haben wir als Vertreter der „normalen Menschen" zu mögen begonnen. Dieser Kategorie der „menschlichen Typen" am nächsten stand die Wirtschafterin, ein unentbehrliches Element der Mannschaft. Sie war gleichzeitig mit mir von Warschau nach Rywald gefahren. Ich sah sie in einem der anderen Autos. Während des Aufenthaltes in Grudziądz hat sie sich hinter dem Lenkrad versteckt. Sie als einzige hat schon in Rywald begonnen, „ein menschliches Gespräch" zu führen. Immer wenn sie mir zu essen brachte, sagte sie: „Man soll essen, denn das ist das allerwichtigste." Sie war eine etwa 60jährige Frau, korpulent, und man konnte annehmen, daß sie schon viele Krankheiten überdauert hatte. Sie hat mich immer mit „Vater" angesprochen. Den Aufsehern war sie offensichtlich lästig, denn manche Streitigkeiten, welche von ihr ausgingen, haben auch uns erreicht. Sie war imstande, der „ganzen Verwaltung" und allen Mitgliedern der „Aufsehermannschaft" den „Kopf zu waschen". Die Auseinandersetzungen haben sich wahrscheinlich immer um die nicht ausreichende Versorgung unseres Hauses mit Lebensmitteln gedreht. Nach einiger Zeit hat sie begonnen, mit dem Auto zum Markt zu fahren. Später fuhr sie dann ganz offiziell einmal im Monat nach Warschau. Die anderen Aufseher haben es dann auch getan. In dieser Zeit mußte unsere Schwester in der Küche aushelfen und alle im Hause Befindlichen versorgen. In Abwesenheit der Schwester wurden wir von der Wirtschafterin versorgt. Dann stand sie öfters in der Tür unserer Kapelle und sah andächtig zum Altar. Ich glaube, daß man sie zu den „normalen Menschen" zählen konnte. Über den Rest der „Mannschaft" ist es schwer, Genaueres zu sagen. Für mich blieben sie alle „anonym", alle haben nur ungern gearbeitet, vor allem die jungen Menschen. Sie schienen sehr krankheitsanfällig zu sein, wirkten einfältig und ohne Intelligenz, „Burschen in Zivil", die sorgfältig ihre Uniformen verborgen hielten. Nur dann, wenn sie mit dem Priester nach Olsztyn oder nach Barczew fuhren, sind sie in Uniform und mit Waffen in den Hüfttaschen aufgetreten. Ihr Lebensstil ist mit „lasch und schnoddrig" zu charakterisieren. Ihr Schritt war schwerfällig. Stundenlang konnten sie am Fenster stehen. In ihrer „Wachkammer" haben sie meistens vor sich hingedöst. Sie sahen betrübt und gelangweilt aus. Das trug gelegentlich zu unserer Freude bei, denn: Wir Gefangenen waren zufrieden, und sie, die Mächtigen, waren bedrückt und deprimiert. Meistens haben sie Abstand zu uns gehalten. Jedesmal, wenn wir sie getroffen haben, und das war immer, wenn wir in den Garten gegangen sind, haben sie ganz unterschiedlich reagiert. Manche haben uns eines militärischen Grußes gewürdigt, andere haben nur gleichgültig, und ohne weiter Notiz von uns zu nehmen, unseren Gruß erwidert. Nach einem Jahr gemeinsamen Lebens hat sich dieser Stil etwas verbessert. Einer von ihnen versuchte uns gegenüber besonders freundlich zu sein und immer wieder ein Gespräch anzufangen. Wir haben ihn den „Vielredner" genannt. Er überschritt aber nie die Grenzen von „das Wetter ist gut, die Sonne scheint, und die Blumen blühen schon". Mehr kam nicht über seine Lippen. Er hat sich nach nichts erkundigt. Ein Gespräch zwischen ihm und mir hat sich nie wirklich entwickelt. Ein weiterer Charakterzug fiel mir bei allen auf: Wenn wir sie alleine getroffen haben, waren sie höflich und zuvorkommend, in der Gruppe dagegen immer steif und amtlich. Alle haben sich besonders stark parfümiert, obwohl manche auch schlechter gekleidet schienen. Alle haben sich die Zeit mit Langeweile vertrieben. Wenn sie gelesen haben, dann nur billige Literatur, „Groschenromane" oder dergleichen.

Das Arbeiten fiel allen schwer. Wenn sie sich doch eine Arbeit suchten, dann immer nur für eine kurze Zeit. Ihr größter Erfolg war es, im Garten das Gras abzusicheln. Alle konnten gut mähen, woraus ich schließe, daß sie vom Land kamen. Fluchen konnten sie am besten. Die Bruchteile ihrer Gespräche, die mich manchmal erreichten, waren ausschließlich vulgär. Ihr Verhältnis zur Arbeit – abgesehen von dem „Bahnbeamten aus Skierniewice" – war also wirklich nicht besonders beeindruckend. Sie hielten den Anblick der nichtgemähten Wiesen, die dadurch langsam kaputtgingen, problemlos aus. Und wenn sie endlich einmal zur Sichel griffen, ließen sie das abgemähte Gras anschließend so lange liegen, bis es faulte. Wenn das verfaulte Gras zu stinken begann, wurde die ganze Mannschaft zur Beseitigung dieses abgemähten Grases eingesetzt. Ergänzend ist noch zu bemerken, daß gleich hinter dem Zaun Kühe auf einer ausgetrockneten Wiese weideten, die sich über das frisch gemähte Gras sicher gefreut hätten. Den Rest der Gräser verbrannte man im Garten und hat damit der ganzen Welt eine fortschrittliche Methode radikaler Heutrocknung gezeigt. Wir waren über diese so einfachen „Neuerungsideen" in der Landwirtschaft erstaunt. Es ist schade, daß die Menschheit so spät auf diese Idee gekommen ist, und das noch dazu in Stoczek vor den Augen derart „rückschrittlicher Menschen und Gegner des Staatssystems". Man könnte noch viele Gedanken zum Thema „Ausbildung des fortschrittlichen Bürgers" anführen.

Wenn diese Erziehung solche Folgen wie bei der „Elite, die uns umgibt", zeitigt, was kann man dann von den anderen erhoffen? Diese Menschen sind sicherlich nicht fähig, einen materiellen Wohlstand für Polen zu schaffen. Immer wieder nahmen sie aus unserem „Lager", in welchem wir unsere notdürftig zusammengebastelten Gartenwerkzeuge aufbewahrte, ohne zu fragen, unsere Sachen. Aber nie wurden diese Werkzeuge auch wieder zurückgestellt. Immer wieder haben wir diese Geräte eingesammelt und im „Schuppen" unter dem Balkon verstaut. Es hat sich deutlich gezeigt, daß wir „Idealisten" die Geräte besser behandeln konnten als sie, die „Materialisten". Wir haben auch die größere Fähigkeit zur Gartenarbeit entwickelt, obwohl das einfache Arbeiten waren (die Wege haben wir vom Unkraut befreit, im Winter vom Schnee).

Gab es irgendwelche Versuche, in unsere Gesellschaft einzudringen? Ich glaube ja, wenn auch nicht direkt. Bemerkungen dazu werde ich anhand verschiedener Fakten am Ende aufzählen und analysieren, vor allem die Praxis des Abhörens. Im gegenwärtigen Staatssystem ist das auch eine übliche Form, es war daher eher schwer zu glauben, daß es hier nicht praktiziert würde. Man konnte aber keine Spuren technischer Veränderungen in den Räumen feststellen. Und doch ist es unzweifelhaft, daß viele Beobachtungen – scheinbar für unsere Umgebung belanglos – trotzdem ein entsprechendes Ergebnis darstellten.

Anhand der Gespräche, welche der Leiter mit dem Priester geführt hat, wurde klar, daß unsere „Herren" sich für unser Zusammenleben und unseren ganz persönlichen Bereich besonders interessierten. Die winzigsten Einzelheiten unseres Lebens haben sie erforscht, auch diejenigen, die für uns selbst ohne jede Bedeutung waren. Ab Weihnachten haben wir begonnen, die Feiertage möglichst gemeinsam zu verbringen: vormittags in der Kapelle, nachmittags in meinem Zimmer, welches uns auch als Eßzimmer und „Empfangszimmer" gedient hat.

Für unsere Nachmittagsversammlungen haben sich unsere Betreuer besonders interessiert. Sie haben immer wieder deutlich nachgefragt, worüber wir diskutierten. Die Wahrheit ist, daß wir über nichts sprachen, was diese „Herren" beunruhigen könnte.

Wir haben Vorlesungen und Diskussionen über den Bereich der Kirche veranstaltet, sprachen über die kirchliche Liturgie. Des öfteren sangen wir auch gemeinsam. Unter anderem interessierte uns auch das Thema der Touristik in den katholischen Ländern. Gelegentlich fanden wir uns beim lauten Lesen aus einem Buch zusammen. Die Zeit für ein Gespräch „über alles mögliche" haben wir für uns nicht in Anspruch genommen. In der Weihnachtszeit haben wir fast den ganzen Tag Weihnachtslieder gesungen. Das war also ein sehr enthaltsames Leben in bezug auf die Politik. Nicht alles an unserem Leben hat diesen „Herren" gefallen. Wir befürchteten, daß sie unsere „Versammlungen", die wir ohne Erlaubnis der „Vorgesetzten" abhielten, verbieten werden. Dazu ist es nicht gekommen. Es ist unzweifelhaft, daß der Leiter vor unseren Türen gelauscht hat. Wir fanden auf dem frischpolierten Fußboden immer wieder Spuren seiner breiten Gummisohlen. Aus unseren Gesprächen, welche wir freudig und fröhlich geführt haben, ist zu unseren „Herren" viel auf eine für uns nicht ganz erklärbare Weise durchgedrungen. Vor allem sicher durch das Lauschen vor der Tür, die schwach und undicht war. Es war auch relativ leicht für diese Menschen, weil wir uns ja nicht bemühten, leise zu sprechen. Bei einer „Konferenz" in Olsztyn machte der Aufseher, den wir „Beschützer der Freiheit" nannten, dem Priester bezüglich unserer Gespräche Vorwürfe. Daraus ging eindeutig hervor, daß er gelauscht hatte. Er warf dem Priester direkt vor, daß wir gegenüber unserer Umgebung kritisch und negativ eingestellt seien. Er verurteilte, daß wir die Menschen in unserer Umgebung nicht beim vollen Namen nannten, sondern unsere „Spitznamen" verwendeten. Der Priester sollte über diese unsere Handlungsweise Reue zeigen.

Wir hatten eine Zeit, in welcher der Priester und ich uns zur Übung beim Essen der lateinischen Sprache bedienten.

Die Information darüber mußte den Leiter sehr rasch erreicht haben, denn bei der nächsten „Konferenz" mit dem Priester ließ er ihn seine Unzufriedenheit darüber wissen. Er beschuldigte uns, daß wir vor der Schwester etwas verbergen wollten. Er meinte, die Schwester fühle sich dadurch getroffen und weine aus diesem Grund öfters in der Küche.

Ich habe nie versucht, die Schwester mit diesen Anschuldigungen zu konfrontieren. Sie wußte, daß wir vollstes Vertrauen zu ihr haben und nichts vor ihr verbergen wollten. Niemals bemerkten wir, daß die Schwester sich in unserer Gegenwart eingeschüchtert gefühlt hätte. Sie war eher gesprächsbereit, fröhlich, mit der Neigung zu Späßen, sie selbst hörte gerne Witze und hat sich niemals – so war wenigstens mein Gefühl – beleidigt gefühlt. In unserer Situation des nahen Zusammenlebens, da wir zu dritt auf uns alleine angewiesen waren, war es notwendig, eine gewisse Balance zwischen Distanz und Nähe zu bewahren. Die Distanz zwischen uns und der

Schwester bestand vor allem darin, daß wir mit ihr nicht über alles sprechen konnten. Wir haben uns vor einer zu familiären Atmosphäre geschützt. Aber die Nähe hatte auch ihre eigenen Rechte gehabt. Dies bedingte schon die Tatsache, daß wir gezwungenermaßen zusammenlebten: Die Schwester mußte geradezu in unsere Angelegenheiten und persönlichen Notwendigkeiten eindringen. Sie hat sich auch tatsächlich um unsere Notwendigkeiten gekümmert, hat dabei aber immer die Rechte der familiären Diskretion und des Vertrauens eingehalten. Unser gemeinsames Schicksal hat uns einander nähergebracht. Öfters mußte ich den Kummer und die Trauer meiner Gefährten anhören. Ich mußte ihnen helfen, ihre Schwierigkeiten rasch überwinden zu können. Die Schwester hat sich bis zum Schluß diskret und bewundernswert, ganz im Sinne ihrer Berufung verhalten. Als Priester haben wir sie mit Herzlichkeit aufgenommen. Wir haben sie nicht von unserem geistlichen Leben ausgeschlossen, sondern haben die Bußandachten und Meditationen gemeinsam durchgeführt. Die Schwester wußte das auch zu schätzen. Trotzdem hat man versucht, zwischen uns einen Keil des Mißtrauens zu treiben. Von seiten des Leiters haben sich die Interventionen, die Schwester betreffend, ständig wiederholt. Er hat freilich immer nur mit dem Priester darüber gesprochen.

Der Priester wurde auch über mich ausgefragt: wie ich mich fühle, und was ich überhaupt äußere. Die Fragenden bekamen vom Priester immer die Antwort, sich doch am besten direkt an den Primas zu wenden. Bei dieser Gelegenheit füge ich hinzu, daß meine Besucher mich immer mit „Priester" angesprochen haben, dem Priester gegenüber mich aber Priams und der Schwester gegenüber „Vater" nannten. Dieses Schema haben alle mit kleinen Änderungen eingehalten.

Als sich der Jahrestag meiner Gefangennahme näherte, fragte der Leiter den Priester, was ich zu diesem Thema meine, und ob ich vielleicht die Absicht habe, offiziell um meine Befreiung einzureichen. Auf diese Frage konnte der Priester keine Antwort geben, denn er kannte meine Pläne nicht.

Ein Ereignis hat mich besonders stark berührt: Der Priester wartete nach einer ärztlichen Behandlung in Olsztyn in Begleitung des „Vielredners" im Garten auf Arzneimittel. Der Aufseher las eine Zeitung, in der der Priester eine Erklärung des Episkopates zum Thema der internationalen Situation bemerkte. Gleich anschließend hat er mich darüber informiert. Ich sagte ihm, daß unsere Aufseher sicher haben wollten, daß ich über diese Äußerungen des Episkopates informiert sein sollte. Ich fand es freilich besser, nicht mehr darüber zu sprechen. Aber damit war diese Angelegenheit noch nicht erledigt. Während der nächsten Visite beim Arzt in Olsztyn führte der Leiter mit dem Priester darüber ein „Gespräch". Mit Empörung warf er dem Priester vor, daß er den Primas über das, was in den

Zeitungen steht, informierte und daß er dafür Beweise habe. Angeblich habe er in der Asche, welche die Schwester aus dem Ofen des Priesters räumte, Überreste von Notizen gefunden, die als „Material" dienten, seine Vorwürfe gegenüber dem Priester zu verstärken. Er erinnerte den Priester daran, daß er Gefangener sei und ins Gefängnis zurückgeschickt werden könne und nicht alles, was er unterwegs sehe, dem Primas erzählen dürfe. Dann warnte er ihn, daß sie einen solchen Kaplan nicht brauchten und daß sie notfalls einen anderen Priester holen würden. Der Priester wehrte sich damit, daß er an das Beichtgeheimnis gebunden sei und daher über den Primas nichts sagen dürfe, da dies mit seinem Gewissen nicht zu vereinbaren wäre. Der Leiter versicherte, daß er selbstverständlich Einzelheiten einer Beichte nicht wissen wolle. Er konnte sich aber lange nicht beruhigen. Dabei lieferte er uns viele Informationen, die uns als Orientierungshilfen gegenüber der Taktik unserer „Herren" dienlich waren. Mit heldenhafter Pose hat er manchmal gerufen, daß sie vor nichts zurückschrecken werden, daß sie ohnehin über alles Bescheid wissen, auch über das, was wir denken, und daß er als Leiter bereit sei, seine Hände – wenn es nötig sei – in die Senkgrube zu stecken, um dort Bruchteile von Notizen und Zeitungen zu suchen. Nach diesem Ausbruch ist der Priester sehr nervös zurückgekommen. Am Tage darauf war der Leiter eigenartig freundlich und tat so, als wäre am Tage zuvor nichts passiert.

Dieses Ereignis haben wir als Provokation empfunden, zu der man den „Vielredner" verwendete. Ähnliche Vorkommnisse gab es öfters. Noch ein Ereignis ist bemerkenswert: Wie ich schon bemerkte, wurde der Leiter versetzt. Er betrachtete es als seine Pflicht, den Priester darüber zu informieren. Er war freundlich zu ihm und wollte den Priester dazu überreden, um seine Entlassung anzusuchen. Er sagte: „Ich gehe weg, aber nach mir wird ein anderer kommen, der auch alles wissen wird, so wie ich alles weiß, und von ihm werde ich weiterhin informiert werden." Ob das eine Drohung oder eine Entschuldigung seines Benehmens war? Jedenfalls versetzte uns die Nachricht, daß der „Nazi" versetzt werde, in eine angenehme Stimmung. In den letzten Tagen seiner Anwesenheit war der Leiter zum Priester und zur Schwester besonders nett. Bei mir ließ er sich bis zu seiner Abreise nicht mehr blicken. Kurz vor seiner Abreise kam sein Nachfolger, welcher sich aber in der ersten Zeit bei mir nicht zeigte. Die Küche und den Garten inspizierte er öfters. Schon nach kurzer Zeit hat er auch vor meiner Tür einen Teil seiner Dienststunden verbracht. Da er in Nachtpantoffeln durchs Haus schlürfte und etwas von einem livrierten Lakaien an sich hatte, haben wir ihn „Katze" genannt.

Samstag, 9. 10. 1954

Nach einer zweitägigen Pause ist der zweite Stellvertreter, der von uns „Arzt" genannt wird, wieder mit seinen gewohnten Fragen nach meiner Gesundheit und meinen Notwendigkeiten gekommen. Ich erklärte ihm, daß es mir gutgehe und daß ich mich wohler fühle als in Stoczek. In diesem Haus werde mir nicht so kalt werden wie in der „Residenz in Warmien", die hiesige Luft bekomme meinen Lungen besser. Was andere Bedürfnisse anlangt, so habe ich keine, die sinnvollerweise zu äußern wären. Ich hätte aber die Frage an ihn, ob ich meinen Aufenthalt in Prudnik als einen längeren oder nur als Provisorium betrachten solle. Wenn er länger dauern sollte, würde ich demnächst eine Liste mit entsprechenden Büchern für meine weitere Arbeit aufstellen. Jeder Gefangene weiß, wie lange er im Gefängnis zu verweilen habe. Ich wisse das nicht, obwohl ich praktisch wie ein Gefangener behandelt werde. Das gehöre doch zu den geringsten Anrechten, auf die ein vernünftiger Mensch pochen könne. Der „Arzt" gab zur Antwort, daß unser letztes Gespräch in Stoczek an die Regierung weitergeleitet worden sei. Das weitere liege deshalb in den Händen der Regierung und nicht an ihm. Ich sagte darauf: „Gewiß, aber das stellt mir nur meine Situation immer deutlicher vor Augen, daß ich keine Möglichkeit habe, Kontakt mit der Regierung zu knüpfen. Stets erfahre ich das gleiche: Das Gespräch wurde weitergeleitet! Und damit Schluß, denn die andere Seite antwortet nicht. Auf Aufforderung der Regierung, die mir der Kommandant in Stoczek zur Kenntnis gebracht hat, habe ich meine Erklärungen zu den gegen mich erhobenen Vorwürfen überreicht. Zwei Monate sind seit der Aushändigung des Briefes vergangen, und bis jetzt habe ich nicht das kleinste Zeichen des guten Willens erhalten, daß man von kompetenter Seite her mit mir über diese Angelegenheit sprechen will. Schafft dieses Schweigen nicht neue Schwierigkeiten auf dem Wege zu den Gesprächen? Oder sollte ich vielleicht noch einmal schreiben? Für mich bedeutet das eine ungeheuerliche Schwierigkeit."

Arzt: „Wenn ich dazu etwas bemerken darf, würde ich die Meinung vertreten, daß Sie besser noch einmal einen Brief an die Regierung schreiben sollten."

Primas: „Das ist ja eben das Problem. In dem letzten Brief vom 2. 7. dieses Jahres, den ich am 1. 8. dieses Jahres ausgehändigt habe, gab ich prinzipielle Antworten zu den Fragen, die meines Erachtens Schwierigkeiten bilden könnten. Trotz meiner ausführlichen Antwort habe ich keine Anzeichen für eine Gesprächsbereitschaft erkennen können. Wenn die Regierung Beanstandungen zur Art und Weise meiner Einschätzung der Situation vorzubringen hat, dann sollte mir das mitgeteilt werden. Die Regierung sollte mir doch eine Möglichkeit geben, daß ich mich ihren Vorwürfen stelle und auf meine Weise mir wichtige Sachen sagen und ausdrücken kann. Die Themen, die ich in dem abgesandten Brief berührt habe, sind noch nicht alle, ich hätte noch mehr zu sagen. Sie haben mein letztes Gespräch als ‚eine zu persönliche Fassung der Sache eingeschätzt'. Hier kommt aber doch offensichtlich die ‚Staatsräson' ins Spiel. Ich würde gerne erfahren, worauf sich diese ‚Staatsräson' gründet. Wenn ich das aber nicht weiß, bin ich gezwungen, die Angelegenheit von meiner persönlichen Seite aus zu besprechen. Ich würde gerne eine Lösungsmöglichkeit sehen."

Arzt: „Das alles hängt allein von Ihnen ab. Das frühere Gespräch wurde jedenfalls von mir an die Regierung weitergeleitet – ebenso werde ich über das eben geführte Gespräch berichten. Haben Sie vielleicht noch irgendwelche andere Bedürfnisse?"

Primas: „Über Bedürfnisse könnte ich dann sprechen, wenn ich meine gegenwärtige Situation entsprechend einschätzen könnte: Ist sie nur ein Provisorium? Wie lange soll ich hier bleiben? Wenn ich darüber Informationen bekomme, könnte ich meinen Bedarf an Büchern und anderen Dingen äußern. Außerdem würde ich gerne wieder einmal einen Brief an meinen Vater, dem ich schon lange nicht mehr geschrieben habe, abschicken."

Sonntag, 10. 10. 1954

Die Art und Weise, wie wir von Stoczek nach Prudnik transportiert wurden, ist bemerkenswert – sozusagen als „Polizeiobjekt" –, wobei man viel Energie und Wachsamkeit an unsere Person verschwendete. Tage vor der Abreise haben wir schon ein Flugzeug gesehen, welches offensichtlich einen Landeplatz gesucht hat. Dann ist es hinter Bäumen unseren Augen entschwunden. Am Tag der Abreise hat man zuerst den Priester und die Schwester geholt. Ich selbst sollte mit dem zweiten Wagen geholt werden. Ein Wagen mit dem mir schon bekannten Chauffeur erwartete mich. Die Scheiben waren stark verschmutzt und verschmiert, man hat wohl absichtlich mit einem unausgewaschenen Bodentuch über die Scheiben gewischt.

Ich mußte noch einmal zum Balkon zurückgehen, dann erst schloß man das innere Tor auf und erlaubte mir einzusteigen.

Beim Tor stand einer der „Burschen". Der Leiter und sein Stellvertreter waren mit meiner Person beschäftigt. Den Kommandanten haben wir während unserer Übersiedlung nicht gesehen. Es sah so aus, als würden alle Dispositionen vom Stellvertreter getroffen werden, obwohl sich der Leiter sorgfältig mit den Vorbereitungen für die Reise befaßte.

Dem „neuen Leiter" möchte ich auch einige Zeilen widmen: Als er zum erstenmal kam, stellte er sich nicht vor und sagte mir auch nicht, welche Funktion er habe. Auch er begann sein Gespräch mit der Frage nach meiner Gesundheit und meinen Wünschen. Er brachte mir darauf zur Kenntnis, daß wir uns schon einmal kennengelernt haben, daß wir uns anläßlich einer meiner Pfarrvisitationen begegnet seien. Ich hatte keine Absicht zu raten, aber auch mir schien, daß ich ihn schon einmal getroffen haben könnte. Ich habe ihn vielleicht auch in der Miodowa-Straße gesehen und bin fast sicher, daß ihn mein Hund gebissen hat.

Ich wollte ihn jedoch nicht an diese Begebenheit erinnern. Er kam von selbst auf dieses Thema zurück und forderte mich auf, mich zu erinnern, wo wir einander begegnet sind. Ich habe dieses Gespräch nicht fortgesetzt.

Er ist ein hagerer Mann, wirkte eher wie ein Ungar und hatte sehr unangenehme Augen. Er hat sich sehr bemüht, daß der Transport besonders gut durchgeführt wird. Er wollte von Stoczek auch religiöse Bilder mitnehmen, ich habe ihm aber erklärt, daß diese Bilder an diesen „Ort" gehören. Man könne sie nicht einfach ohne Wissen der Besitzer mitnehmen. Er teilte meine Meinung nicht, hat aber die Bilder nicht mehr berührt. Als wir das Außentor durchfuhren und auf den Platz vor der Kirche kamen, saßen die Schulkinder des Ortes dort, um genau zu sehen, wer in diesem Auto fährt.

Ich spürte, daß diese Kinder „etwas" wissen. Die Fahrt zum abgestellten Flugzeug dauerte etwa eine dreiviertel Stunde. Die Bewacher dieses Transportes waren sehr nervös. Von weitem sah ich schon das Flugzeug, das auf einem weiten, völlig ebenen Feld stand. Nur in der Ferne sah ich die Silhouetten einiger Menschen, die den Zugang zum Startplatz versperrten. Als ich ins Flugzeug stieg, konnte ich die Beunruhigung der Schwester und des Priesters noch deutlich merken. Vielleicht hatten sie Angst, daß sie alleine reisen müßten. Der Start war perfekt. In der Kabine saßen natürlich auch der Leiter und sein Stellvertreter. Die Crew haben wir fast nicht gesehen. Der weitere Verlauf der Reise war nicht besonders interessant. Wir landeten auf dem Flugplatz bei Neisse. Auch dort rundum kein Lebewesen. Wir durften lange nicht die Maschine verlassen, zuerst sagte man uns, wir sollten eine „halbe Stunde" warten, bis das Auto unsere persönlichen Sachen ausgeladen habe und wieder zu uns zurückkomme. In Wirklichkeit mußten wir einige Stunden in der Maschine verbringen, nämlich so lange, bis es dunkel war. Da konnten wir sicherer und unbemerkt durch nahegelegene Dörfer und kleine Städte fahren. Es scheint uns, daß wir von weitem auch den Kommandanten in einem Militärfahrzeug auf dem Flugplatz sahen.

Beim Wegfahren haben wir die gesamte Crew der Flieger gesehen. Sie bestand aus etwa sieben Männern, die vor dem Propeller standen. Aufmerksam beobachteten sie die Zivilgruppe, die uns zwei Priester und die Schwester zum Auto gebracht hatte.

Meine Gefährten bestiegen das erste Auto, mir wurde der zweite Wagen zugeteilt. Die Reise nach Neustadt wurde in voller Dunkelheit durchgeführt.

Montag, 11. 10. 1954

Selbstverständliche Argumente, mit welchen wir Gott für unsere Angelegenheiten gewinnen wollen, bringen uns keine innere Ruhe. Ist es vielleicht deshalb so, weil es in den Argumenten zu viel menschliche Vernunft gibt? Ist sie nicht die, die alles sieht? Sie sieht das nicht, was infolge seiner „breiten Perspektive" nur Gott allein sieht. Regt die fehlende Ruhe nicht zum Suchen nach neuen Argumenten an? Wenn der Mensch dann dieser vergeblichen Mühe müde wird und sein tränenüberströmtes Gesicht im Rock der Mutter verbirgt, dann empfindet er Erleichterung. Wenn ich still bin, ruht mein von der Arbeit ermüdetes Gehirn. Die Ruhe kehrt zurück, es bleibt mir nur das zu sagen, was der heilige Petrus formulierte: „Herr, du weißt alles..." Es bleibt mir nur ein gehorsames Seufzen: „Vater, Vater... Mutter, Mutter..." Wenn mich die Einbildung über den Scharfsinn meiner Argumentation und die Glaubensüberzeugung verlassen, bin ich nur ein Kind, welches nichts versteht und sich nachgiebig, ruhig und untertänig verhält. Demut bringt die Ruhe meiner Gedanken und meines Bewußtseins zurück. Die Ruhe des Herzens und die Hoffnung... Gott hat mich überzeugt... Schiebe deinen Kummer dem Herrn zu... Vertrau dich ihm an.

Dienstag, 12. 10. 1954

Der neue Stellvertreter ist heute mit den üblichen Fragen zu mir gekommen. Er wollte wissen, ob ich mit dem neuen Aufenthaltsort zufrieden bin. Im Laufe des Gespräches meinte er, daß jetzt schon ein Jahr vergangen sei, seit ich isoliert wurde. Es wäre also höchste Zeit, über mein Verhältnis zur jetzigen und zu der aus der Vorkriegszeit stammenden Regierung, über meine Vorkriegsarbeit und über meine jetzige Arbeit nachzudenken. Ich antwortete ihm, daß der Regierung mein Verhältnis zu ihr bekannt ist, denn diese Frage habe ich deutlich und persönlich in vielen Gesprächen und zuletzt in meinem Brief vom 2. Juli des Jahres beantwortet. Den Hinweis auf meine Vorkriegsarbeit, obwohl ich mich dafür nicht schäme, betrachte ich als überflüssig. Dessen ungeachtet vertrat der neue Stellvertreter die Meinung, daß die gesamte katholische Öffentlichkeit und der Klerus damit zufrieden seien, daß mir meine Position entzogen wurde. Der Regierung kamen keinerlei Proteste gegen meine Isolierung zu Ohren.

Ich antwortete ihm, daß ich diese Äußerung als deutlichen Versuch einer Beleidigung meiner Person betrachte. Ich sei ja meiner Stellung nicht enthoben worden, denn das kann niemand vollbringen. Man hat mir vielmehr die Ausführung meiner Pflichten unmöglich gemacht. Dagegen habe ich immer protestiert, und das mache ich auch jetzt. Meine Isolierung in diesem Lager halte ich für schädlich, nicht nur für mich, sondern auch für die Regierung. Meine Überwachung, die wie „in einem Konzentrationslager" gehandhabt wird, widerspreche den elementaren Rechten eines Gefangenen. Mein Gesprächspartner verwahrte sich gegen die Äußerung, daß ich ein Gefangener sei. „Das hier ist doch kein Gefängnis, es ist ein Kloster."

Ich erklärte meinem Gesprächspartner, was man unter dem Begriff „Gefangenschaft im Kloster" versteht, welche man auch in den Zeiten der russischen Okkupation gegenüber katholischen Priestern angewandt hat. Ich muß meine Situation mit der während der russischen Okkupation vergleichen und als noch negativer einstufen, denn diese Menschen hatten wenigstens die Korrespondenz-, Presse- und Bewegungsfreiheit in ihrer unmittelbaren Umgebung, was mir aber vorenthalten wird. Dieses Gespräch faßte ich dann in den folgenden Punkten zusammen:

1. Ich bitte um die Abschrift des Dekretes, auf dessen Veranlassung hin ich mich in der gegenwärtigen Situation befinde.

2. Ich bitte um eine Erklärung, warum meine Briefe an meinen Vater immer wieder zurückgehalten werden und diesem erst nach einem längeren Zeitraum zugestellt bzw. daß sie ihm nicht übergeben, sondern nur vorgelesen werden.

3. Ich möchte wissen, wie lange ich noch in dieser unbestimmten Situation verweilen muß, die viel schlimmer ist als die jedes Gefangenen, der weiß, wofür und wie lange er festgehalten wird.

4. Ich möchte gerne mit jemandem sprechen, der berechtigt ist, die von der Regierung gestellten Vorwürfe im Detail zu wiederholen, damit ich diese endlich einmal klar und konkretisiert kennenlerne.

Ich erwähnte zuletzt noch, daß ich bis heute keine Antwort auf meinen Brief an die Regierung vom 2. 7. d. J., den ich am 1. 8. d. J. ausgehändigt habe, erhalten habe.

Mittwoch, 13. 10. 1954

Rasch haben wir unser neues Terrain kennengelernt: Wir befinden uns auf einem Hügel, welcher von einem Laubwald umgeben ist, ca. 250 Meter über dem Meeresspiegel. Wir wurden wiederum in einem ehemaligen Klostergebäude untergebracht, welches diesmal aber den „Schwarzen Franziskanern", die zur schlesischen Provinz gehörten, abgenommen wurde. Das Gebäude wurde vor unserem Einzug neu adaptiert.

Das Areal hat man mit einem hohen Zaun aus Stacheldraht umzäunt. Der neu angefertigte, 3,5 Meter hohe Zaun ist grün gestrichen. In einem geringen Abstand vor dem Zaun sehen wir frisch gepflanzte Fichten. Der kleine Garten ist für Spaziergänge ungeeignet. Es gibt viele Obstbäume, an denen noch Reste von Früchten hängen. Das Haus ist zweigeschoßig und über zwei Kelleretagen errichtet. Das ganze Haus ist unverputzt und trägt noch Spuren des Krieges – von Bombenangriffen und Artilleriegeschoßen. Das Dach wurde zum Teil nur provisorisch erneuert. Neben dem Haus steht eine kleine Kirche. Auch diese zeigt Spuren des Krieges und dürfte erst vor kurzem eine erste Etappe der Renovierung erlebt haben, da der Verputz abgeklopft war.

Das alles macht auf mich einen nicht besonders angenehmen Eindruck. Im Innern des Gebäudes haben wir drei den ersten Stock mit den Fenstern auf den Garten hinaus, und zwar an der Nordseite, zugewiesen bekommen. Unsere „Herren" haben den zweiten Stock besetzt. Das Parterre steht für die Küche und für die Aufseher zur Verfügung. Das Treppenhaus benützen wir gemeinsam. Von dort aus erreichen wir auch den Eingang zum Garten und zum äußeren Hof. Der Garten vor unseren Fenstern ist mit hohen schönen Bäumen bepflanzt, durch welche man überhaupt nichts sehen kann. Wir können nur ein Stück Himmel sehen – und das ist alles. Auf einem zweiten Hügel liegt die Stadt Prudnik, in Luftlinie etwa 2,5 Kilometer von uns entfernt. Uns trennen Wiesen und Fischteiche, die zum Teil bis in den Klosterpark hereinreichen. Es gibt hier viele technische Geräte, sowohl im Haus als auch im Garten. Im Haus gibt es Fließwasser, obwohl die Pumpen vorübergehend außer Betrieb sind. Es gibt auch Strom und eine Zentralheizung. Alles ist jedoch in sehr vernachlässigtem Zustand. Das Haus ist aber frisch getüncht. Unsere Etage besitzt einen langen Gang, welcher vom Treppenhaus durch eine Bretterwand abgetrennt ist. Die linke Seite des Ganges ist für uns bestimmt, auf der rechten Seite befinden sich sonnige Zimmer, deren Türen aber versperrt und zugenagelt sind. Das ganze hat einen noch größeren Isolationscharakter als in Stoczek. Von unseren Zimmern, vom Gang und vom Garten aus kann man praktisch keine „Menschenseele" sehen. Alles, was uns umgibt, geht entweder getarnt am äußeren Zaun entlang oder schlendert über den Gang, der von unserem durch die Bretterwand getrennt ist. Unser Gang ist „exterritorial", bietet nicht einmal einen Blick auf eine „Kassa", so wie es in Stoczek der Fall war.

Vom Stiegenaufgang her gesehen, liegt zuerst das Eßzimmer und die Kapelle. Anschließend befinden sich die Zimmer, die für uns bestimmt sind. Mir wurden wieder zwei Zimmer zugeteilt, ein Schlaf- und ein Arbeitszimmer.

Daneben wohnt der Priester, und dann in einiger Entfernung die Schwester. Am Ende des Ganges befindet sich das Badezimmer. Das ist alles. Auf diesem neuen Platz sind wir noch stärker aufeinander angewiesen und von den „anderen" abgegrenzt. Hier sieht uns niemand, es kann auch niemand unsere Bewegungen auf dem Gang kontrollieren. Auch hier wurde alles „im Pfusch" angestrichen. Es sieht ausgesprochen „billig" aus. Überall sieht man noch die Spuren der vor kurzem durchgeführten Arbeit: Benutzte Pinsel, Farbdosen, haufenweise verrostete Nägel, Handsägen und Werkzeug liegen überall herum. Kein Mensch kümmert sich darum. Wie in unserer früheren „Herberge" haben wir zuerst einmal Ordnung gemacht und alles Gerümpel in die Gartenveranda geräumt. So sah es wenigstens einmal halbwegs aufgeräumt aus. Sicherlich werden wir Schwierigkeiten mit den Spaziergängen haben, denn das Gehen auf den abfallenden, rutschigen Wegen wird sehr anstrengend sein. Das Haus dagegen ist in besserem Zustand als das vorherige. Unser Stockwerk ist trocken, und wir haben helle, saubere Räume. Sorgfältig montierte Gardinen schmücken das Zimmer. Uns wurde aufgetragen, daß wir uns nicht direkt am Fenster aufhalten und auch nicht hinausschauen sollten. Bevor wir das Licht einschalteten, sollten wir die Vorhänge schließen. Zwar ist rundum nichts und niemand zu sehen, wir haben aber trotzdem die Pflicht, uns vor den außen wachenden Soldaten zu verstecken. Diese Pflicht wurde selbstverständlich nur dem Priester und der Schwester eingeschärft. Mich hat man mit solchen Ermahnungen verschont.

Dienstag, 26. 10. 1954

Unter den neuen Bedingungen hat sich unser Leben bald stabilisiert. Mit „Feuer und Flamme" stürzte ich mich auf meine Arbeit, welche ich bereits in Stoczek angefangen habe. Das Thema ist „Das liturgische Jahr". Täglich hielt ich „für meine Gläubigen" die Frühandacht in der Kapelle. Nach dem Frühstück versuchte ich, meine Gedanken in kurzen Punkten zusammenzufassen.

So begann die Arbeit zu wachsen, die heute zum größten Teil ausgeführt ist. Obwohl diese Arbeit in unserer kleinen Gemeinschaft durchgeführt wurde, habe ich doch redaktionell meine Gedanken vorwiegend an katholische Laien gerichtet. Ich erarbeitete gleichzeitig zwei Zyklen: das *Proprium de Tempore* und das *Proprium Sanctorum*. Zu dieser Arbeit fehlt es mir freilich an fast jeglicher Hilfe: z. B. an liturgischen Büchern, Hagiographien, an einer Kirchengeschichte. Ich verfüge nur über das Meßbuch, mein Brevier, die Heilige Schrift und . . . meinen Kopf. Aus diesem Grund fällt es mir sehr schwer zu arbeiten.

Aber das Schreiben ist ein prophylaktisches Mittel gegen die Gefahr, die jedem droht, der seinen Kopf nicht ständig anstrengt. Dank dieser Arbeit verläuft der Tag wie im Nu. Unser Tagesablauf hat sich nicht verändert, außer daß er noch intensiver wurde. Wir alle beginnen uns „zu beeilen". Der Priester hat auch begonnen, liturgische Skizzen für die Schuljugend zu schreiben.

Der Schwester legten wir nahe, daß sie eine Kirchengeschichte und die Werke von Daniel Rops lesen soll. Sie findet sich nur langsam darein, denn ihr bewegliches, weibliches Temperament lockt sie immer wieder zu verschiedenen unwichtigen Arbeiten. Man kann sagen, daß in den Morgenstunden unsere ganze „Kolonie" intensiv arbeitet. Die Pause am Nachmittag bis 15 Uhr verbringen wir im Garten. Man kann hier nur schwer gehen. Die Luft ist schwer und drückend, man kann schlecht atmen. Das Gehen auf dem abfallenden Terrain ist ermüdend. Trotz des Gefälles ist es naß und daher rutschig. Der Garten weist im Vergleich zu unserem bisherigen Aufenthaltsort ein deutliches Minus auf.

Die Wohnung dagegen ist ein Plus: trocken, hell, gut beheizt. Man kann länger bei der Arbeit aushalten, denn die Füße und die Hände werden nicht so rasch kalt, wie es in Stoczek der Fall war.

Heute habe ich von meinem Vater einen Brief und ein Paket mit Lebensmitteln erhalten. Eine angenehme Überraschung war auch ein Brief von meiner Schwester Stanislawa Jaroszowa. Das bedeutet eine „Ausweitung der Kontakte". Unser Kommandant hat sich bis heute noch nicht gezeigt. Er wurde entweder „versetzt", oder es ist ihm vielleicht etwas zugestoßen. Die Visiten werden hauptsächlich von seinem Stellvertreter absolviert. Dieser besucht uns täglich. Er wird immer humaner. Er kann sogar schon gnädig mit dem linken Mundwinkel lächeln.

Er hält sich genau an seinen Plan und verhält sich daher immer noch sehr gemäßigt. Vielleicht wird auch er noch ein „Mensch" werden.

„Mein allerliebster Sohn, Deinen letzten Brief erhielt ich am 8. Juli. Ich schicke Dir auch ein Paket. Bis jetzt haben wir weder eine Antwort noch eine Nachricht von Dir erhalten. Es ist jetzt ein Jahr seit dem schmerzlichen Moment vergangen, und ich weiß weder, welches Schicksal Dich getroffen hat, noch wo Du Dich befindest. Mein Sohn, ich bin ein alter Mann und kann die heutige Zeit nicht begreifen. Trotz vielmaliger Ansuchen wurde meine Bitte um Deine Freilassung nicht berücksichtigt. Meine väterliche Pflicht und die Notwendigkeit des Herzens wirken beide darin zusammen, eine Weise ausfindig zu machen, wie ich Dich bald einmal wiedersehen kann. Solange ich noch etwas dafür machen kann, werde ich es tun. In einem Deiner ersten Briefe hast Du gebeten, daß aus dem Mund Deiner Nächsten niemals ein Wort der Klage zu hören sein solle. Deine Bitte ist für uns ein Heiligtum und ein Befehl. Es gibt aber Leiden, die trotz festen Willens Klagen über diesen Zustand hervorkommen lassen. Alle rufen wir Gott um Hilfe an und warten, daß er uns erhört. Ich insbesondere bete zu Gott, daß er mir Kraft spenden soll, damit ich begreifen kann, warum das alles sein muß. Bete auch Du, allerliebster Sohn, in der Intention Deines Vaters. Ich würde gerne Deine Rückkehr erwarten können. In der Familie ist Gott sei Dank alles in Ordnung. Wir sind gesund und bemühen uns, ruhig zu bleiben. Die Kinder lernen gut in der Schule. Hania fühlt sich auch besser. Ihre Eltern hoffen, daß das Kind vollständig gesund wird, und bitten Dich um Dein Gebet in dieser Intention. Ich bitte Dich um rasche Antwort und um Nachricht von Dir. Wir wollen alles über Deinen Gesundheitszustand und Deine Beschwerden, welche Du im letzten Brief erwähnt hast, wissen. Bekommst Du eine Behandlung? Schreibe mir, ob es Dir an etwas fehlt.

Ich empfehle Dich, teurer Sohn, der Muttergottes vom Jasna Góra. Deine Nächsten bitten mich, daß ich Dir versichere, daß sie mit den Gedanken und Gefühlen bei Dir sind. Sie beten zu Gott und seiner Mutter um Obhut, Gesundheit und Kräfte für Dich. Ich grüße Dich herzlichst und küsse Dich, allerliebster Sohn, noch einmal um Dein Gebet und Segnung bittend."

Zalesie am 18. Oktober 1954   Stanislaw Wyszyński

„Allerteuerster Bruder, zu den Worten des Vaters füge ich ein paar Nachrichten von mir hinzu. Ich hoffe, daß Du sie erhalten und Dich freuen wirst. Ich bitte Dich, daß Du wegen der Familie ganz beruhigt bist. Vater hält sich überraschend gut, und trotz des hohen Alters gibt er uns ein Beispiel großer Ausdauer. Mit den Gedanken und im Herzen bin ich fast jede Stunde des Tages mit Dir. In meinen Gebeten empfehle ich Dich Gott und glaube, daß unser Leid sinnvoll ist. Wir hoffen, es wird Nutzen bringen. Mit Sehnsucht erwarten wir den Tag, an welchen wir Dich, allerliebster und allerbester Bruder, begrüßen und umarmen werden. Ich halte mich gut, meine Kräfte reichen jetzt für alles. Josef malt wie früher die meisten Bilder beim Fluß. Von Zeit zu Zeit findet er auch andere Motive. Vor kurzem erst war er in Szczebrzeszyn hinter Lublin und hat eine Mühle gemalt. Diese erinnert mich an eine aus den Kinderjahren in der Nähe von Schlacken. Merkwürdigerweise habe ich sie im Gedächtnis behalten. Josef sieht gut aus, er hat nur mit dem Blutdruck Schwierigkeiten. Vor einem Monat mußte er durch Hungern den Bluthochdruck senken, er hat bis zu 260, und das ist viel zuviel. Ich habe schon befürchtet, daß das vielleicht schlecht enden könnte. Aber er hat sich wie immer keine Gedanken darüber gemacht. Oft denke ich über Deine Gesundheit nach und habe Angst um Dich. Ich bitte Dich sehr, Dich zu schonen und wenn es notwendig ist, ärztlich behandeln zu lassen. Bei sklerotischen Veränderungen muß man sich vor Verkühlungen hüten. Manchmal können Kleinigkeiten zu großen Komplikationen führen, die schwer ausheilbar sind.

Ich warte auf Nachricht von Dir und bitte um genaue Beschreibung Deines Lebensablaufs. Alles ist für uns wichtig, wir freuen und über jeden Satz. Ich grüße Dich herzlichst, teurer Bruder, und empfehle der Muttergottes alle Deine Wünsche und bitte Dich, mich bei Deinen Gebeten nicht zu vergessen.

Wlodek bittet Dich auch um Dein Gebet und Deinen Segen. Die Arbeit im vergangenen Jahr ist ihm immer erfolgreich gelungen, und er geht seinem gewählten Ziel mit gutem Ergebnis entgegen. Ich füge auch Grüße und Gedanken der Oberschwester an Dich bei. Mit dem Herzen Dir ergeben, Deine Schwester."

18. 10. 1954   Stanislawa Jaroszowa

Freitag, 29. 10. 1954

Gestern habe ich zwei Briefe geschrieben. Einen an den Vater und einen an die Schwester. Heute händigte ich sie dem Stellvertreter mit der Bitte um Zustellung aus. „Die Briefe werden den Adressaten überreicht", antwortete der Leiter. Zu den Briefen habe ich die Aufstellung der Bücher, um die ich bitte, in zwei Abschriften gelegt. Der Leiter versicherte mir, daß mir alle Bücher zugestellt werden.

„Mein allerliebster und allerbester Vater, ich möchte mich herzlichst bei Dir entschuldigen, daß ich mich bis jetzt für Deinen Brief vom 27. 7. d. J. und für das übersandte Paket nicht bedankt habe. Ich habe gespürt, daß es Schwierigkeiten gegeben hat. Mein Brief wurde, bevor er Dir vorgelesen wurde, zurückbehalten. Ich wollte keine neuerlichen Schwierigkeiten hervorrufen, und aus diesem Grund habe ich das Schreiben eines neuen Briefes hinausgezögert. Die Briefe vom 18. 10., die mir am 26. 10. d. J. ausgehändigt wurden, sind voll lebendiger Beunruhigung um mein Schicksal, so daß ich mich gedrängt fühle, für beide herzlichst zu danken; auch für die angenehmen Kleinigkeiten, die ich in dem gleichzeitig zugestellten Paket gefunden habe. Mein Brief – ich bitte um Verzeihung – wird nicht alle Fragen beantworten. Meine rechtliche Situation hat sich nicht geändert, obwohl ich einige Male mündlich um Klärung gebeten habe. Am 1. 8. habe ich ein umfangreiches Schreiben an die Regierung gerichtet. Ich habe bis heute keine Antwort erhalten. Es tut mir sehr leid, teurer Vater, daß Deine Mühe um eine Möglichkeit des Treffens mit mir Dich so großem Leid aussetzt. Obwohl Du ein väterliches Recht hast, ist mir doch Deine Ruhe, Schonung der Nerven und Schonung Deiner Gesundheit viel wichtiger. Seit ein paar Wochen bin ich an einem anderen Ort, in welchem die Wohn- und Klimabedingungen viel günstiger für meine Gesundheit sind. Während des vergangenen Winters habe ich mir verschiedene Beschwerden zugezogen, welche mich bis jetzt nicht ganz verlassen haben. Ich schreibe darüber nur deshalb, weil Du, teurer Vater, alles wissen willst. Mein gegenwärtiger Gesundheitszustand ist folgender: Außer den andauernden Beschwerden wegen der Übersäuerung, systematischen Kopfschmerzen und Schmerzen im unteren Teil der Bauchhöhle und an den Füßen, und außer der außerordentlich anwachsenden Empfindlichkeit der Leber und damit zusammenhängender allgemeiner Schwäche kann ich nichts Neues hinzufügen. Die Reaktion meiner Lungen ist zufriedenstellend. Ich bin Dir für Deine Ratschläge sehr dankbar, und ich bemühe mich, sie, soweit es die Möglichkeiten erlauben, auch einzuhalten. Ich bitte Dich sehr, teurer Vater, Dich nicht allzuviel um meine Gesundheit zu sorgen. Ich hoffe, daß der gute Gott mir seine Obhut nicht entziehen wird – und mir erlauben wird, das alles durchzustehen. Das ganze Leben lang war ich gesundheitlich schwach, was sich durch diese Umstände noch verstärkt. Du, teurer Vater, hast die Bereitschaft geäußert, mir neue Bücher und lebensnotwendige Dinge zu schicken. Zu diesem Brief lege ich in zweifacher Abschrift eine Aufstellung der Bücher bei, die ich zur Weiterführung meiner Arbeit benötige. Manche von ihnen befinden sich in meiner Privatbibliothek oder liegen auf den Tischen in meiner Wohnung. Andere wieder sind in der Hausbibliothek im zweiten Stock. Fast alle sind katalogisiert, so daß sie ohne Mühe gefunden werden können. Es fehlt mir sehr an italienischer Lektüre. Ich möchte den Bischof bitten, daß er mir Bücher aus seiner Bibliothek zur Verfügung stellt. (Ein recht schönes Buch wäre: Papini dante ferrari – oder was er sonst bei der Hand hat.) Ein Jahr hindurch feierte ich die heilige Messe ohne Altarstein auf einem provisorischen Altar. Vor einem Jahr schickte man mir einen Stein, dieser war aber ohne Reliquie und nicht geweiht. Wenn einer der Priester einen Altarstein gut verpackt den Büchern beilegen könnte, so wäre ich dafür sehr dankbar. Die ganze Zeit hindurch vermisse ich die ‚Rubricelli‘ meiner Erzdiözese. Sie fehlten mir deswegen sehr, weil es meine Pflicht ist, nach dem liturgischen Kalender von Gnesen und Warschau zu leben. Ich bitte Dich sehr, mir die ‚Rubricelli‘ zu besorgen. An kleinen Haushaltsdingen hätte ich gerne: zwei Kragen mit Spangen, einen Kamm und Spiegel. Für den kommenden Winter bitte ich um ein paar lange Wollsocken und warme Unterwäsche, welche die Oberschwester leicht in meinen Kästen finden wird. Auch hätte ich gerne Honig und Zitronen, Kaffee, eine Tafel Dessertschokolade und Hauszwieback. Dagegen bitte ich Euch, Zigaretten und Tee nicht mehr zu schicken. Mein teurer Vater, mit kindlicher Ehrfurcht küsse ich Deine abgearbeiteten Hände. Ich bitte Dich um eines, verliere nicht das Vertrauen in die Klugheit, Liebe und Güte unseres gemeinsamen Vaters, welcher im Himmel ist.

Ich bitte bei Gott für Dich um Ruhe, Vertrauen, Liebe und Geduld, die alles mildern und alle Dinge erklären, sogar die unangenehmen und unklaren. An der heiligen Messe, die ich täglich um

7.30 Uhr feiere, hast Du Deinen Teil, genauso wie meine Familie und meine Nächsten. Ich weiß, daß meine andauernde Abwesenheit für viele eine schwere Probe ist. Aber Gott hat das Recht, das von uns allen zu verlangen. Man soll es ihm daher mit Liebe und Ruhe geben. Unsere Leiden können aus uns nicht schlechtere Menschen machen und können uns nicht der Liebe zu den Menschen berauben. Denn das wäre unser Nachteil.

Heute hat Tadeusz Namenstag, bitte, richte ihm aus, daß ich an ihn denke und für ihn und seine Familie, auch für die kleine Hania, bete. Meinen Schwestern übermittle meine besten brüderlichen Gefühle und ihren Familien – Hingabe. Allen danke ich für ihre Gebete und bitte, daß sie mich besonders der Mutter vom Jasna Góra empfehlen. Ich gedenke des Todestages meiner Mutter. An alle Mitbewohner erinnere ich mich gerne und in Dankbarkeit. Ich segne alle aus vollem Herzen. Deine Hände, teurer Vater, küsse ich in Dankbarkeit, und ich segne Dich."

28. 10. 1954   Stefan Wyszyński
Beilage: 1. Aufstellung der Bücher.
            2. Brief an die Schwester Stanislawa Jarosz

„Meine allerliebste Schwester, Deinen Brief, welcher Vaters Brief beigefügt war, habe ich erhalten. Ich bin Dir für Deine Güte sehr dankbar, denn Deine Worte erlauben besser, die Situation der Familie zu verstehen. Aus Vaters letztem Brief habe ich gespürt, daß er müde und voll Beunruhigung um mich ist. Ich kann nicht so schreiben, daß ich die Wahrheit, die er von mir verlangt, völlig abschirme. Besonders die Nachrichten über meinen Gesundheitszustand könnten ihn sehr beunruhigen. Erfolglose Versuche, mich zu sehen, verursachen in Vaters Seele Leid. Ich möchte an Deine Vernunft und Erfahrung, teure Stachna, appellieren und Dich bitten, daß Du den Vater beruhigend beeinflußt. Ich weiß, daß die Erfahrung, die er jetzt durchleben muß, für sein hohes Alter fast zu schwer ist, und Du kannst ihn beeinflussen, daß er sich voll der göttlichen Führung anvertraut.

Ich bin ein Diener der Kirche, und in meiner Angelegenheit gibt es mehr Wege und Pläne Gottes als menschliches Wollen. Man soll sich bei niemandem beklagen und gegen niemanden Haß empfinden, sondern in Geduld und Ruhe zu Gott beten, damit er erlaubt, unseren täglichen Pflichten nachzukommen. Den Rest wirst Du aus dem Brief an den Vater erfahren. Ich hoffe, daß er in Eure Hände gelangen wird. Es bekümmert mich, wie wohl Janka mit den Kindern zurecht kommt. Besonders mit dem kleinen Stefan. Die Nachricht über Wlodek hat mich sehr erfreut, und von Herzen segne ich ihn. Gott solle ihm beistehen. Grüße Nascia, Janka, ihre Familien und Josef von mir, wache auch über sie, denn Du kannst Deine Kräfte bis zum letzten ausschöpfen. Der Oberschwester übermittle

von mir viele herzliche Worte. Mit dem Herzen und der Seele bin
ich bei Dir, meine allerbeste Schwester. Mit brüderlichem Gefühl
segne ich Dich."
28. 10. 1954   † Stefan, Kardinal

Samstag, 30. 10. 1954

An das Gespräch vom 9. 10. dieses Jahres anknüpfend, habe ich
einen weiteren Brief an das Präsidium der Regierung vorbereitet.
Ich bin bereit, ihnen diesen Brief mit der Bitte um Überreichung
auszuhändigen. Mein Gesprächspartner hat die Bereitschaft zur Annahme des Briefes geäußert und die Meinung vertreten, das weitere
Schicksal dieses Briefes getrost der Entscheidung der Regierung zu
überlassen. Der Brief ist mit 26. 10. d. J. datiert.

Dienstag, 23. 11. 1954

Ich bat um eine neuerliche Konsultation der Ärztekommission,
denn meine Beschwerden, welche in Stoczek aufgetreten sind, beunruhigen mich weiterhin. Aus diesem Grund habe ich mich entschlossen, mich einer ärztlichen Behandlung zu unterziehen. Diese Bitte
wurde so bereitwillig angenommen, als hätte man bereits auf sie gewartet. Da ich das letztemal trotz des Einverständnisses des Kommandanten meinen Arzt nicht bekommen konnte, habe ich beschlossen, diese Sache nicht mehr zu erwähnen. Ich wollte kein Objekt
neuer Schikanen sein, für welche ich das Benehmen des Kommandanten im Mai dieses Jahres halten muß.

Mittwoch, 24. 11. 1954

Werde ich noch irgendwann in meinem Leben in einer glücklichen-
ren Lage als jetzt sein? Der Gedanke, wie viele Menschen jetzt für
mich beten, stärkt mich, obwohl natürlich das Gebet selbst hundertmal wichtiger ist als dieses Gefühl.
Hätte ich soviel wie jetzt gebetet, wenn ich zu Hause gewesen
wäre? Alle Priester, die die Pflicht haben, *pro Antistite* zu beten,
sehen oft den Namen ihres Bischofs im Kanon der Heiligen Messe
nicht. Heute nähert uns das gemeinsame Leid und verursacht, daß
wir aufmerksamer beten. Wenn ich vom Gefängnis nach Hause
komme, werde ich sicherlich diese Früchte der stärkeren und brüderlichen Wachsamkeit wieder verlieren. Gesegnetere Tage, so reich
an geistigen Früchten, an Hilfe des Gebetes, werde ich nie mehr erleben. Was brauche ich mehr zu meinem Glück.

Donnerstag, 25. 11. 1954

Heute besuchten mich die Ärzte, es ging ausnahmsweise sehr rasch. Es waren die gleichen, die mich schon in Stoczek untersucht haben. Die Untersuchung hat der ältere Arzt geführt. Währenddessen hat der jüngere nur aus dem Fenster geschaut. Nach Meinung der Ärzte im Vergleich mit dem Zustand vor sechs Monaten hat sich mein allgemeiner Gesundheitszustand nicht verschlechtert. Man spürt nur die große Erschöpfung. „Von ihrem allgemeinen Gesundheitszustand sind wir nicht besonders begeistert", erklärte der ältere Arzt, „die uns beunruhigenden Zustände muß man auf dem Wege klinischer Untersuchungen klären. Diese muß man schon in nächster Zeit durchführen."

Ich bat die Ärzte, auch den Priester zu untersuchen, weil er sich in einem schlechteren Zustand befindet als ich selbst. Sie nahmen meine Bitte sehr zurückhaltend auf und erklärten mir, daß sie fürchteten, den Zug zu versäumen. Letztendlich sind sie doch zum Priester gegangen und haben diesen oberflächlich untersucht. Offensichtlich sollten sie nur für mich zuständig sein.

Freitag, 26. 11. 1954

Heute erhielt ich wieder einen Brief von meinem Vater mit einer Beilage meiner Schwester Stanislawa Jarosz; außerdem überreichte man mir ein Lebensmittelpaket. Der Vater fühlt sich wohl, sein Brief unterscheidet sich von den früheren insoferne, als er ruhiger wirkt. Meine Mitbewohner orientieren sich besser über mein Leben, über welches ich so wenig schreiben kann. Ich sehe das aufgrund des Inhaltes des mir zugestellten Paketes.

Dienstag, 30. 11. 1954

Freude der Gerechtigkeit! Gott erlaubt mir, die große Freude der Gerechtigkeit zu fühlen. Daß er gerecht ist, wenn er uns seine Macht und seine Anwesenheit kennenlernen läßt. In dem mich treffenden „Teil" der Gerechtigkeit empfinde ich die Anwesenheit des gerechten Gottes – und diese Anwesenheit freut mich.

Auch wenn die Gerechtigkeit den Charakter der Strafe hat. Die Freude über das Vorhandensein der Gerechtigkeit schirmt meine Betroffenheit über die Strafe ab.

Selbstverständlich sehen wir auch in der Betroffenheit über unsere Strafe um so mehr die Gerechtigkeit: Wer ist in der Lage, Gott auszuzahlen – für die begangenen Schulden?

Daß ich mich für schuldig erkläre, zeigt Gott in dieser Gnade anwesend, denn er hat mir die Gnade des Sehens meiner Schuld gegeben. Nur Gott und ich sehen meine Schuld. Ich freue mich auch deswegen darüber, daß alle diejenigen, die meine Schuld, meine Unfähigkeiten und Ungeschicklichkeiten, meine Unbeholfenheit und Unvollkommenheit sehen konnten, nun darin auch die Gerechtigkeit Gottes sehen können. Er ist den Menschen zu Hilfe gekommen, um sie vor meiner Schwäche zu schützen. Das ist ein Trost für sie, für Menschen, die die Gerechtigkeit begehren, obwohl sie sie anders sehen könnten als Gott und ich.

Die Vergabe der Gerechtigkeit Gottes, die ich mit Freude auf mir spüre, bringt allen mehr Vorteile, sogar den Klägern. Gott wird sie seine Gerechtigkeit spüren lassen ...

... und daß Gott bei der Verteilung seiner Gerechtigkeit so feinfühlig und barmherzig ist, ist wiederum ein Geheimnis zwischen Gott und mir ...

Meine Kläger erkennen Gottes Gerechtigkeit über mich an und erkennen Gottes Gerechtigkeit auch über sich an.

Freitag, 3. 12. 1954

Heute habe ich einen Großteil der Bücher, um welche ich am 28. 10. dieses Jahres angesucht habe, erhalten. Weiters erhielt ich auch die erbetenen Arzneimittel. Alles war geprüft, allerdings mit größerer Sorgfältigkeit als beim letztenmal wieder eingepackt worden. Die Spuren der Kontrolle wurden zum Teil retuschiert, zum Teil überdeckt.

Sonntag, 5. 12. 1954

Quia non iustificabitur apud Te omnis vivens ... Langsam fällt uns jedes streitbare Wort aus der Hand; wir verlieren die Argumente, wenn die Gnade in das Innere der Seele strahlt. Was kann ich Gott vorwerfen? Der unbefleckteste Mensch sieht in seinem Licht wie Staub unter Sonnenstrahlen aus. ... und wie erst ich, der ich erkenne, wie meine Sünden immer gegen mich gerichtet sind. Soll ich vielleicht Gott anklagen, daß er gerecht sein soll? Doch ich zwinge Gott dazu, daß er gerecht bestrafen muß. Ich tue Gott Gewalt an. Gott schützt sich vor mir mit seiner Barmherzigkeit. Ich sehe diese Barmherzigkeit sogar in der Erteilung der Gerechtigkeit! – Werde ich meine Brüder anklagen, daß ihre Gebete zu wenig wirksam sind? Zeugt das denn nicht von der Größe meiner Schuld, daß die Gebete dieser vielen guten Menschen meine Schuld bei Gott doch nicht wiedergutmachen können?

– Sollte ich sie nicht um Entschuldigung bitten, denn Gott muß wegen der Größe meiner Schuld ihnen widersprechen und muß sein Antlitz von ihren Gebeten wegdrehen?

– Sollte ich nicht Gott bitten, daß er – wegen der Größe meiner Schuld – diejenigen vor Leid und Kummer schont, die für mich beten?

– Auch jene, die wegen meines Leids bedrückt sind, denen ich nicht gemäß meiner Pflicht dienen kann?!

– Das ist meine Schuld, daß meine geliebten Diözesen des Hirten beraubt sind – ich sollte sie um Verzeihung bitten, daß sie wegen meiner Schuld ohne Leitung und Obhut gelassen wurden.

– Sollte ich das Werkzeug der Gerechtigkeit Gottes beschuldigen?

– Sie sind doch nur Werkzeug, hart, willenlos, nur mechanisch funktionierend und unklug.

– Solch ein Werkzeug war Judas, den Christus einen „Freund" genannt hat.

– Solch ein Werkzeug war Pilatus, dem Jesus erklärt hat: „Du hättest keine Macht über mich haben können, wenn sie Dir nicht von oben gegeben worden wäre".

– Heute funktionieren die Werkzeuge – und morgen liegen sie unter der Bank: ... das ist ihr Schicksal.

– Um wieviel mehr ist der Hammer ein Werkzeug als die weißglühenden Eisenbarren. In diesem Moment geht es um dieses Eisen.

– Sollte ich mich bei ihnen entschuldigen, daß sie die Schuld ernten, wenn ich mich von ihr befreie? Wer ist in der Lage, sich in Deinen Augen zu entschuldigen, Herr?!

Montag, 6. 12. 1954

Ich verliere meine Argumente – sterbe am Mangel der Worte. Um Gnade bitten? – Ist nicht die erste Gnade Gottes selbst der Gedanke, zu bitten?

– Bitten darum, daß er mich hört? – Er hört nicht auf, mich zu hören, auch dann nicht – wenn ich schweige! – Bitten, daß er Barmherzigkeit zeigt? – In jedem Moment leben wir dank der Barmherzigkeit Gottes! – Bitten, daß er verzeiht? – Er hat das schon getan! – noch ehe er die Beleidigung erfahren hat. Das Wort schweigt – der Gedanke beruhigt sich wie in der Seele des Petrus: „Herr, Du weißt alles, Du weißt auch, daß ..."

Mein Gefährte hinkt auf einem Bein. Ich bitte ihn, sich nicht zu quälen, ich werde die heilige Messe allein feiern. Aber mein Gefährte gibt nicht nach: ich sehe, wie er leidet.

– Ist es nicht doch besser für ihn, meinen Worten zu folgen als zu dienen?

– Seine diensteifrige Qual wird zu meiner Qual und provoziert Zerstreutheit.

– Was ist besser, dem Rat zu folgen oder gegen meine Bitte zu dienen? – Vielleicht ist aber das höchste Gut das Schweigen – sich bedienen lassen auch auf Kosten des Leides. Meine Zerstreutheit wird zum Kampf um Konzentration – und sein Leiden bedeutet Verdienst!

Mittwoch, 8. 12. 1954

Wie werde ich Dich loben – werde ich Dich mit Worten loben? Du Mutter des verkörperten Wortes, was bedeutet Dir mein ausgetrocknetes Flüstern, die ausgetrockneten Blätter meines Wortes? Jeder mit der Erbsünde Belastete wirkt wie ein ungehobeltes Brett, eine ungeschickte Hand, ein scharfer, kratzender Gegenstand, wirkt wie Hagel auf den Blütenblättern der Rosen! Meine Worte verwunden Deine unbefleckte Frische, sie verletzen das Ideal der Schönheit, der Fülle und Harmonie und sind ein Fleck auf Deinem Bild. Werde ich Dich mit dem Gefühl des Herzens loben? – Beflecktes Herz, selbst der Blick der Seele schirmt das Weib, welches mit der Sonne geschmückt ist!

Die besten Gefühle sind schwache Schatten, gemessen an den Strahlen der Reinheit und an der Farbenpracht ohne Tadel – werde ich Dich mit den Gedanken ehren?

Dieser dreiste Vogel wird zu schnell müde, faltet seine Flügel und fliegt niedriger. Werde ich Dich mit den Tränen loben...? Vielleicht ist das das einzige, was in mir sauber ist, und ohne... Makel! Ich getraue mich nicht, auf Dich zu schauen – Unbefleckte-, damit mein Blick Dein schönes Bild, mit welchem Du strahlst – nicht verforme.

– Der große Meister der Farbgebung muß ein Mystiker gewesen sein, denn er hat dich vom Himmel „herausgeschaut" und der Welt in diesem seinem Meisterstück als Unbefleckte geschenkt. Murillo hat Dich ähnlich wie die kleine Bernadette Soubirous gesehen.

Ich will Dich aber ohne Hilfe eines Pinsels oder Meißels sehen. Wenn ich Dich so sehen werde, will ich nichts anderes mehr sehen.

– Alles wird stiller.

O Purissima... O Integra...

Donnerstag, 9. 12. 1954

Unbefleckte – Immaculata, Immacolata, Immaculée, Unbefleckte, Sündenlose – Alle diese Wörter bedeuten eine Verminderung. Alle beinhalten ein Minus-Adjektiv. Sie sind wie Ungeziefer, welches die Rose zerstört.

Was hilft die Verneinung, dieses inhaltslose „Nein"? Wir sind so befleckt, daß wir das Saubere, Allersauberste, Glänzende gar nicht richtig entdecken und wahrnehmen können, was Gott in diesem gezeugten Wesen vollbracht hat, das zur Muttergottes geworden ist, nachdem Gott sie vorbereitet hatte. Man müßte reine, ätherische, durchsichtige und strahlende Worte finden können, um die eine, unaussprechbare Wahrheit erfassen zu können und sie durch Worte nicht zu verdunkeln.

Dienstag, 14. 12. 1954

Für Weihnachten habe ich an den Vater einen Brief mit folgendem Inhalt gerichtet:

„Mein allerteuerster und allerbester Vater. Den letzten Brief bekam ich ohne Datum am 26. 11. 1954. In Deinem Paket habe ich alle in meinen Briefen erwähnten und noch einige gute Dinge mehr erhalten. Ich bin sehr dankbar für alles, was ich erhalten habe. Ich fühle mich tief beschämt wegen der an mich gerichteten Hilfe, Güte und Andacht, die ich erlebe. Ich habe leider keine Möglichkeit, mich zu revanchieren. Ich lebe wirklich ‚dank der Gnade', die auch demütigend sein könnte, wenn in den mir zugesandten Gaben nicht so viel Sorge um mich spürbar wäre. Alles empfange ich als Beweis der so unverdienten Liebe und möchte mich durch Gefühle und Gebete revanchieren. Von den Büchern, um die ich am 20. 10. 1954 gebeten habe, habe ich bis jetzt folgende erhalten:

1. Daniel Rops
2. Vier Bände von A. Brückner
3. J. Kitowicz
4. Drei italienische Handbücher
5. Vatican
6. Henryk Sienkiewicz: Die Sintflut (ohne den ersten Band) und 2 Bände des ‚Deutschritterordens'
7. Golubiew – gesammelte Werke
8. S. Thomae Summa theologica Band 3 und 4.

Es ist schwer für mich, meine Dankbarkeit vor allem auch für die Photographien auszudrücken; für das Bild der Muttergottes vom Jasna Góra und für das Bild meiner verstorbenen Mutter. Ich wollte sie gerne haben und dachte auch schon daran, Euch darum zu bitten. Die Güte errät eben solche Wünsche von selbst. Am 25. 11. dieses Jahres haben mich wieder zwei Ärzte untersucht. Zu einer vollständigen Diagnose fehlt es aber an einer vollständigen klinischen Analyse. Aber die Ärzte haben wenigstens keine Verschlechterung, im Vergleich mit den Symptomen vor einem halben Jahr, festgestellt. Die Ärzte wiesen auf eine Schwächung des gesamten Organismus hin und empfahlen mir mehr Bewegung, um auch selbst zur Kräftigung beizutragen, und intensivere Ernährung, freilich in den Grenzen der vorgeschriebenen Diät. Ich habe die benötigten Arzneimittel bereits bekommen. Trotz dieser Beschwerden gebe ich meinen schlechten Stimmungen nicht nach. Ich bin fröhlich gestimmt und meide um jeden Preis das Bett. Vielleicht ist es das beste Arzneimittel, daß ich überhaupt nicht daran denke, was ist, und auch nicht darüber, was sein wird. Niemand von uns ist Herr der Vergangenheit noch der Zukunft! Ich plane meine Zeit genau, so daß ich sie vollständig mit Lektüre und Arbeit ausfülle, die – außer dem Gebet – meine einzige Beschäftigung sind. Trotz des Zwangs zur Untätigkeit bin ich den ganzen Tag beschäftigt und habe sogar hier keine Zeit.

Teurer Vater! Schon die zweiten Weihnachten wirst Du ohne meine ‚Oblate' auskommen, aber glaube nicht, daß Du benachteiligt wirst. Beide werden wir uns in Gebeten vor dem Herzen des allerbesten Vaters treffen. Ich bete sehr viel für Dich, mehr als je zuvor in meinem Leben. Immer wieder kehrst Du in meine Gedanken zurück, und jede Rückkehr bzw. Erinnerung endet mit dem Gebet. So kannst Du – wie Du es Dir wünschst – ‚katholisch leiden'. Das Mitleiden mit mir ist nicht so einfach. Gott muß an mich solche Ansprüche stellen, wie sie meiner priesterlichen Berufung entsprechen. Wenn Du Deine Erfahrung mit diesem Gedanken, was Gott durchführen will, vergleichst, kannst Du über Sinn und Wert Deines Leidens beruhigt sein.

Schon jetzt bete ich gemeinsam mit meinen Schicksalsgefährten für unsere Familien. Ich möchte ihnen als Gabe für Weihnachten vollständige Herrlichkeit und die Hoffnung des Herzens erbitten.

Ich umarme Dich, teurer Vater, samt meinen Geschwistern und Nächsten ganz herzlich und versichere Euch, den Kummer, dessen unabsichtliche Ursache ich bin, mit meinen Gebeten in Eurer Intention zu versüßen. Ich teile mit allen, obwohl ohne Oblate, mein Herz.

In der Weihnachtszeit werde ich während der heiligen Messe in unserer kleinen Kapelle Euch alle dem allerhöchsten Vater und der heiligen Gottesgebärerin empfehlen.

Deine teuren Hände küssend, allerbester Vater, segne ich Dich, meine Schwestern und alle meine Nächsten mit all meiner priesterlichen Macht im Namen Christi.

14. 12. 1954 + St. W

P. S. Ich danke Stachna für ihren lieben Brief und für das Bild der verstorbenen Mutter. Dir, Stachna, und Julcia empfehle ich in besonderer Weise den Vater, damit er in Gesundheit und Ruhe alles überstehen kann."

Mittwoch, 15. 12. 1954

Die ganze Woche der Oktav der Unbefleckten Empfängnis suche ich Gedanken und Worte, um der Reinsten zu genügen. Sind sie nicht doch nur Schatten in der Sonne? – Was bleibt uns? Mit dem befleckten Mund können wir nur eines schreien: Zuflucht der Sünde!... Aber die heilige Kirche der Sünder ist tapfer: Ihr ist es lieber, wenn die Schatten unserer Gedanken auf die Unbefleckte fallen, als wenn sie von der Dunkelheit und dem Schatten des Todes erfaßt würden. Die Sonne hat doch auch den Stall und die Wasserlachen beleuchtet. Das Volk, das in der Dunkelheit saß, hat das große Licht gesehen. Ich „stehle" also, unter der Abdeckung des Schattens meiner Worte und Gedanken, Strahlen von der mit der Sonne umgebenen Jungfrau. Dieser „Diebstahl" verlangt keine Wiedergutmachung... Vielleicht ist das der geheime Ausgleich für eine verworrene, aber wieder aufgebaute Natur?

Samstag, 18. 12. 1954

In ein paar Tagen wollen wir ein außergewöhnliches Jubiläumsjahr beginnen: Dreihundert Jahre der Verteidigung des Jasna Góra. Im November 1655*) erreichten die Wellen der „Sintflut" den Jasna Góra. Pater Augustin Kordecki sprach bei einem Eröffnungsseminar zu den Mönchen und Adeligen: „Verspottet und verachtet uns der Gegner und fragt er, was uns von der alten Tugend geblieben ist, so werde ich antworten: Nichts – alle sind gestorben. Jedoch etwas ist doch geblieben, der Glaube und die Ehrfurcht vor der allerheiligsten Jungfrau, auf deren Fundament der Rest wieder aufgebaut wurde..." (Henryk Sienkiewicz, Sintflut).
Das Jubiläum wird am Samstag beginnen, am Tag der Mutter Maria, denn Maria hat ihren Sohn in diesem Jahr am „Samstag" geboren. Alles wird unter dem Zeichen ihres Tages verlaufen.

---

*) 1655 konnte das Kloster der Paulinen auf dem Jasna Góra, in der Vorstadt von Tschenstochau, die schwedische Belagerung abwehren. Der Legende zufolge wird der unerwartete Sieg dem Gnadenbild der Schwarzen Muttergottes zugeschrieben. Die Verteidigung von Jasna Góra gab das Signal zur Erhebung gegen die Schweden.

Es lohnt sich, „über den Schutz vom Jasna Góra" im Jahre 1955 nachzudenken! Das ist Schutz der Seele, der Familie, der Nation, der Kirche – vor der Überflutung des „neuen Zaubers", der den Jasna Góra von allen Seiten einzwängt und mit einem Wall der Qual zusammendrängt.

Mit den Patronen „des Aberglaubens" und der „Rückschrittlichkeit" gegen den „Hühnerstall" (im Jasna Góra). Vor dreihundert Jahren hat der „Hühnerstall" diesen Angriff überstanden – und er dauert bis zum heutigen Tage. Schutz des Jasna Góra heute – ist Schutz des christlichen Geistes der Nation – das ist Schutz der heimischen Kultur – Schutz der Einheit der menschlichen Herzen – im Herzen Gottes. Das ist Schutz des freien Atmens der Menschen – der Gott mehr Vertrauen schenken will als den Menschen – und den Menschen gottähnlich macht.

Dienstag bis Mittwoch, 21./22. 12. 1954

Im Laufe dieser zwei Tage hat man alle zusätzlichen ärztlichen Tests und Untersuchungen an mir durchgeführt: eine Röntgenaufnahme des Brustkorbes, der Bauchhöhle, Bluttests und eine Zahnbehandlung. Das alles geschah in Opole, im Bezirksspital des Sicherheitsdienstes. Die Untersuchungen fanden in den Abendstunden (von 18–21 Uhr) statt.

Heute wurden mir die Ergebnisse dieser Untersuchung durchgegeben: Zustand des Blutes: sehr gut. Mein Blut ist gesund. Die Ärztin, welche diese Untersuchungen durchgeführt hatte, war eher verblüfft. Die Lungen sind sauber, in der Bauchhöhle hat man nichts gefunden. Allgemeiner Zustand: „Ein vollkommen gesunder Mensch". Dieses Ergebnis stimmt freilich mit den Untersuchungsergebnissen der Ärzte, welche diese zusätzlichen Tests angeordnet hatten, nicht überein. Das Ergebnis ist zu optimistisch ausgefallen. Bis jetzt habe ich noch nie in meinem Leben einen solchen Befund über meinen Zustand von einem Arzt gehört. Man hat meine Kiefer geröntgt, man hat mir zwei neue Plomben eingesetzt und eine dritte, die ausgefallen ist, erneuert. Die Ärztin erklärte mir, daß diese Behandlung für einige Jahre reichen wird.

Eine allgemeine Bemerkung über die Ärzte: Sie waren sehr freundlich, sie arbeiteten mit geübter Hand, sehr delikat und sehr geschickt. Es fehlt ihnen nur an einem, was aber für den Patienten von großer Bedeutung ist: Sie sind mehr Beamte als Helfer des kranken Menschen. Ein Arzt sollte Freund des Patienten sein und nicht nur der verlängerte Arm der dritten Kraft, von der abhängig zu sein er damit verrät.

Mittwoch, 22. 12. 1954

Zwei Tage hindurch war ich in der Hand der ärztlichen „Kliniken" in Oppeln. Ich sage bewußt der „Kliniken" und nicht „in Verwahrung der Ärzte", denn die Ärzte haben wie Automaten gearbeitet. Straff, fachmännisch geschickt und fast vollkommen zuverlässig, aber ohne ärztliche Seele. Diese Menschen spüren gegenüber dem leidenden Patienten keine menschliche Verpflichtung, und sie zeigen auch kein Verständnis dafür, daß der Patient mehr erwartet als ärztliche Rezepte. So arbeitet ein Beamter, für den Propaganda weit wichtiger ist als jede Medizin. Seine gewissenhafte Freundlichkeit und Anstrengung ist nicht für den Patienten bestimmt – sondern gehört „einem Dritten". Diese „dritte Instanz" hinterläßt einen guten Eindruck, ist freundlich und genau. Man spürt diesen „Dritten" so sehr, daß man zum Niveau des Gegenstandes herabsinkt, eines „bürokratischen Stückes", welches im Sonderauftrag zu behandeln ist. Arme Menschen mit einem gebrochen Rückgrat und ohne Gewissen! Sie spüren diesen „Dritten" und bemühen sich, auf ihn einen guten Eindruck zu machen. Der „Patient" wird dadurch auch so manchen Vorteil erlangen, nicht aus dem Grunde, weil er Hilfe braucht, sondern weil er sich in der Hand des „Dritten" befindet, welcher sowohl den Patienten als auch den Arzt in seinen Händen hält. – Existiert da noch die vielgerühmte ärztliche Ethik? Gibt es noch das Berufsgeheimnis und die Diskretion? – Dieser „Dritte" erfährt doch „alles" vom Arzt. Der Patient kann den Befund erst von diesem „Dritten" erfahren. Aber auch für diesen „Dritten" ist es wichtiger als alles andere, ob die Ärzte freundlich waren, und welchen Eindruck sie auf den Patienten machten. Wie gesagt: mehr Propaganda als Medizin!

Hier kann man genesen und sterben – beides auf Bestellung dieses „Dritten".

Und dabei müssen alle ein wenig lügen: Der Arzt muß jene Diagnose stellen, welche dieser „Dritte" gerne sehen will. Der Patient will dem Arzt nicht schaden – also schweigt er. Und dieser „Dritte" erteilt den Befund: „Ein vollkommen gesunder Mensch" – ein unerwartet und erstaunlich Gesunder. Jetzt soll sich dieser „Mensch" aber ja hüten – daß er nicht wirklich krank wird!

Donnerstag, 23. 12. 1954

Heute überreichte man mir Briefe des Vaters, der Schwester und des Bruders. Man hat mir auch ein großes Paket mit Weihnachtsgaben von zu Hause und sogar Weihnachtsoblaten gebracht.

Freitag, 24. 12. 1954

Ein paar Gedanken und Bemerkungen zum Thema der letzten Behandlungen: Eines muß man betonen, die große Eile, mit der man diesmal die Ärzte geholt hat. Im Zusammenhang mit dem Verlauf der klinischen Untersuchungen muß ich wachsende Freundlichkeit meiner Umgebung wie auch des ärztlichen Personals feststellen. Der Apparat des Sicherheitsdienstes arbeitet jedoch mit ganz präziser Vorsicht. Davon zeugt selbst die Art und Weise, auf die ich nach Oppeln transportiert wurde. Die Reise hat man immer schon einige Zeit früher angekündigt und den Zeitpunkt dann wieder verschoben. Sie hat also immer erst in der Dunkelheit stattgefunden. Unterwegs hielt man größte Vorsicht ein. Als wir zum Tor des Bezirksamtes kamen, wo sich die Kliniken befinden, war alles sorgfältig vorbereitet. Das Tor war bereits weit geöffnet (um diese Zeit!). Auf dem Hof sah man keine Menschenseele, sogar die Polizeihunde waren offensichtlich in ihre Zwinger gesperrt worden und nicht vorhanden. Das Auto hielt immer am Nebeneingang, einer der Aufsichtsbeamten kontrollierte Hof und Gang, dann erst konnten wir aussteigen und durch das leere Stiegenhaus und den Gang in den ersten Stock gelangen. Alles war menschenleer wie in einem „Zauberschloß". Überall waren nur Spuren des sonstigen Lebens vorhanden. Es sah so aus, als wären die Menschen „wegen der Pest" geflohen. Im Kabinett wartete der Arzt bereits vor dem Röntgenapparat. Der Arzt und die Zahnärztin haben sich gegenseitig unterstützt. Der Arzt – in großem Ausmaß behindert – konnte sich nur mit Mühe bewegen. Alles verlief in absoluter Stille. Der ständige Begleiter der Untersuchungen war der Leiter selbst. Der „ältere Herr", welcher uns nach Oppeln begleitete, saß im Gang und bewachte die Tür. Die Laborantin, die mir Blut abnahm, war besonders ungeschickt. Ihre Hände waren mit meinem Blut voll bespritzt, so als hätte ihr das Freude bereitet. Dagegen arbeitete die Zahnärztin erstaunlich schnell und sauber.

Die Rückfahrt vollzog sich mit der gleichen Vorsicht und unter genauso pedantischen Sicherheitsvorkehrungen. Zuerst ging der „alte Herr" durchs leere Stiegenhaus. Die ganze Zeit während meiner Behandlung durfte kein Mensch das Treppenhaus oder den Hof betreten. Es herrschte absolute Ruhe, als ob sich hier ein besonderes Mysterium vollziehen würde. Ich kann mit Sicherheit behaupten, daß mich hier tatsächlich niemand gesehen hat. Ich habe jedenfalls niemanden gesehen, ausgenommen die dazu befugten Menschen. Am nächsten Tag hat sich die gleiche Zeremonie mit der gleichen Diskretion des Vortages wiederholt. Unterwegs herrschte auch absolute Ruhe, ausgenommen einer Erklärung, welche der Leiter zum Thema meiner Gesundheit abgab: „Die Ärzte wundern sich, einen so gesunden Menschen haben sie noch nie gesehen". – Zum erstenmal in meinem Leben habe ich so ein Urteil über mich gehört!

Heute bekam ich weitere Bücher, um welche ich am 29. 10. dieses Jahres gebeten hatte.

Der Weihnachtsabend hatte den gleichen Charakter wie im vorigen Jahr. Heuer jedoch bekamen wir eine Tanne, welche der Priester mit primitiven Mitteln und selbstgemachten Kostbarkeiten schmückte.

Das Weihnachtsmahl war auch den traditionellen häuslichen Bräuchen ähnlich. Es herrschte angenehme Ruhe. Ich schickte der Wirtschafterin eine Oblate, hatte aber nicht den „Mut", auch die weltanschaulichen Gefühle unserer Aufseher mit der Oblate zu strapazieren. Vielleicht ist das ein Versagen. Ich glaube jedoch, daß sie das eher nicht positiv einschätzen könnten. Sie alle sind traurig und sehr ernst. Bei uns oben herrscht Ruhe, Herzlichkeit und Freude. Nach dem Weihnachtsmahl haben wir längere Zeit bei Tisch mit Gesprächen verbracht. Um 23.00 Uhr haben wir in der Kapelle Marienlieder zu singen begonnen: Meerstern ich Dich grüße . . . Mit dem Text in der Hand folgte die Schwester uns nach. Um 24.00 Uhr beginne ich die heilige Mette zu feiern. Die erste Messe haben wir gesungen, die zwei weiteren verbringen wir in Stille und Andacht.

Meine „Gläubigen" singen Weihnachtslieder. Wir haben es wundervoll hier in dieser armen kleinen Kapelle. Ohne jede Blume, mit billigen, rauchenden Kerzen. Uns gegenüber ist Christus, der an diesem Tag mit uns sein wollte „in der Herberge hinter der Stadt".

Wir haben beschlossen, daß wir die beiden Feiertage von der Früh bis zum Abend hin gemeinsam verbringen werden. Niemand von uns kann sich dadurch alleine gelassen fühlen. Wir helfen uns gegenseitig, unsere Gedanken an früher zu überwinden. Wir bekämpfen, so weit wie möglich, jegliches Nachdenken. Wir bemühen uns auch, uns unter keinen Umständen zu meiden und gerade in dieser Zeit für den anderen da zu sein. Gott hat uns zu diesem gemeinschaftlichen Leben verurteilt – wir müssen einander helfen. Wir verpflichten uns auch, daß wir gemeinsam für unsere Eltern und Geschwister beten werden – um die Wolken der Betrübtheit, die uns umfassen könnten, zu vertreiben. Morgen werden wir unsere gewöhnliche Arbeit nicht verrichten. Wir nehmen weder Feder noch Bücher zur Hand. In dieser Zeit ist auch allen alles ohne Zensur zu sagen erlaubt – auch Dinge, welche vielleicht nicht sehr klug sind.

Volle Freiheit für die Kinder Gottes!

Die heiligen Messen dauerten bis um 2.00 Uhr in der Nacht. Noch längere Zeit haben wir für die Kirche Christi, für den Heiligen Vater, für die polnischen Bischöfe, für die klösterlichen Familien, für unsere Diözesen und für unsere Familien gebetet. Es scheint uns, daß wir dank unserer Gebete zu einer solchen innerlichen Stimmung gekommen sind, daß der gute Gott, auf uns schauend, nicht betrübt sein muß.

Unser letztes Gebet war den Aufsehern gewidmet, besonders denjenigen, die jetzt auf den Gängen sitzen müssen, und auch den Soldaten, die rundum im Schnee frierend ihren Dienst versehen. Wir wissen, daß es diesen Leuten am schwersten und leidvollsten sein muß, heute ihren Dienst zu versehen. Um 2.30 Uhr wurde es auch in unserem Stockwerk dunkel. Wir versanken in der Dunkelheit, es war ein Traum voller Freude. Wir hoffen, daß Gott es nicht bedauert, daß er uns für die Weihnachtsfeiertage im Gefängnis zurückgehalten hat. Wir bedauern es auch nicht, daß er für diese Feiertage, welche der Welt „Davids Schlüssel bringen", für uns das Gefängnis gewollt hat.

Der allerkürzeste Weg, der zur inneren Versöhnung mit unseren „Schadensbringern" führt, ist die Erinnerung an die Frage, welche Christus dem Judas gestellt hat: „Freund, wozu bist Du gekommen?" – immer noch „Freund"!

Christus hat immer solche Worte verwendet, die den Sinn der Sache enthüllt haben. Der Verräter – ein „Freund" des Erlösers! Denn der Erlöser will die Welt erlösen – und Judas mit seinem Verrat hilft ihm dabei. Er ist ein unwissendes Werkzeug in den Plänen Christi. Er arbeitet mit ihm mit – „Mitarbeiter der Erlösung". Alle unsere Gegner arbeiten – gegen ihren Willen – mit uns mit. Sie tragen zu dem Werk der Erweckung der Gotteskräfte in uns bei. Wahrscheinlich vermuten sie gar nicht, welche Gefälligkeit sie dem Menschen erweisen, der aus Gottes Gnade Nutzen ziehen kann, der die Gnade des Leidens nutzt.

Was bedeutet es schon, daß sie meine „Gegner" sein wollen, wenn ich in ihnen Freunde und Mitarbeiter im Werk meiner Erlösung sehe?!

Das wirksamste Mittel zur Bekämpfung der Trauer in sich ist die Erinnerung an die Klugheit, Güte, Liebe und Vollkommenheit Gottes – dessen Werke vollkommen sind –, also auch diejenigen, die mich betreffen. In jeder Tat Gottes ist nur Klugheit, nur Güte, nur Liebe. Vielleicht verstehe ich sie nicht ganz, vielleicht sehe ich nur einen „Schimmer des Lichtes". Volle Helligkeit besteht erst dann, wenn ich den Sinn der Taten Gottes verstehe.

Man kann sich nicht von diesem Gedanken befreien: Was würde heute der heilige Petrus machen, wenn er meinen Weg gehen müßte?

Vielleicht würde er eine Oblate nehmen und würde zu den Aufsehern gehen und „Brüder" sagen. Würde er diese nach ihrer Weltanschauung fragen? Würde er sich fürchten, gegen die „Ordnung" zu verstoßen? So gerne würde der Mensch so viel Freiheit haben, um zu jedem „mein Bruder" sagen zu können. Das wäre doch wohl nicht die „nicht zugelassene Propaganda"?

Das erste Werk zur Beglückung des Menschen hat Gott beim

Mann begonnen, aus dessen Seite er das Weib entnommen hat – alles wurde durch die Sünde zerstört. Beim zweitenmal hat Gott mit dem Weib begonnen, aus ihr ist der neue Adam entstanden. Diesmal ist alles gut gegangen. Der erste Adam hat durch das Weib verloren – der zweite Adam hat durch das Weib gesiegt! Durch Eva und Maria . . .

Samstag, 25. 12. 1954

Vom frühen Morgen bis zum späten Abend herrscht hier *gaudium magnum.*

Der Priester Stanislaw feiert heute morgen drei Messen. Wir singen Weihnachtslieder und beten für alle, welche an uns denken: für den mystischen Körper, mit welchem wir umkleidet sind, für die Nächsten, mit welchen uns die Bindungen des Blutes vereinen, und für diejenigen, mit welchen uns Bündnisse der Freundschaft, Liebe und Arbeit verbinden.

Das Frühstück, Mittag- und Abendessen nehmen wir mit gesunder Freude und voll Humor ein; zum Glück ist niemand von uns krank. Nach dem Mittagessen lesen wir gemeinsam die Beschreibung des Tages des Heiligen Stefan aus dem Buch „Die Sintflut" von Henryk Sienkiewicz.

Das ist auch der letzte Tag der Belagerung des Jasna Góra durch die Schweden. Anschließend singen wir bis zum Abend Weihnachtslieder. Der Priester Stanislaw wehrt sich tapfer, obwohl seine kranke Mutter immer wieder in seine Gedanken zurückkehrt. Nach dem Abendgebet bleiben wir absichtlich länger beisammen, damit Stanislaw keine Zeit zum Nachdenken über seine „durch das Fenster" schauende Mutter hat.

Es scheint mir, daß er dieser Versuchung widerstehen konnte. Im Hause herrschte musterhafte Ruhe – unsere „Herren und Aufseher" haben wir fast nicht zu Gesicht bekommen. Es gehört das sichtlich zum guten Ton des Gefängnisses, wenn sich die Aufseher nicht bei den Internierten sehen lassen.

Vielleicht meinen diese „armen Aufseher" auch, daß wir nicht brüderlich auf sie schauen könnten.

Vielleicht behaupten sie, daß die religiösen Feiertage ein Anwachsen der Anti-Gottlosen-Spannungen bedeuten?

Wir haben um Heiterkeit und Liebe für sie gebetet – für die Liebe, welche im „Stall" für die „Menschen-Ställe" geboren wurde. Damit sie verstehen können, wie sehr Christus auch für sie da ist.

Der himmlische Vater gab seine Einwilligung nicht, daß ich heute am Altar der Kathedrale stehen darf, um das „Familienfest" der heiligen Dreieinigkeit zu feiern. Der Tag des Vaters – des Erzeugers des eingeborenen Sohnes – und des Heiligen Geistes. Ich kann

Dich, Gottesgebärerin und Jungfrau, nicht mit dem pontifikalen Dienst ehren. – Ich bitte Dich um eines: Sei Du, Maria, anwesend bei diesem Dienst und veranlasse, daß diejenigen, die mich vertreten, ehrenvoll und lobenswert die heilige Dreieinigkeit rühmen, damit sie besser dienen, als ich das getan habe, damit der Vater volle Ehre von der heiligen Kirche erfahren kann. Versammle, Maria, Gottes Ehre von allen Kirchen beider Erzdiözesen, vom Munde aller Priester, welche heute den Vater loben –, und die sich vor den Menschen zu Christus, dem Sohn des lebendigen Gottes bekennen. Maria – reinige diesen Ehrendienst von der menschlichen Unvollkommenheit – und gibt ihn als Gabe der heiligen Dreieinigkeit hin.

Montag, 27. 12. 1954

„Was von Anfang an war – was wir gehört haben, was wir mit unseren Augen gesehen haben – was wir gesehen und was unsere Hände ertastet haben vom Wort des Daseins (das Dasein ist uns erschienen, wir haben gesehen, wir zeugen und erzählen Euch davon – das ewige Dasein, das beim Vater war – und uns erschienen ist) ... Das, was wir gesehen und gehört haben, das erzählen wir Euch, damit auch Ihr Gemeinschaft mit uns habt, und unsere Gemeinschaft ist mit dem Vater und seinem Sohn Jesus Christus. Das schreiben wir für Euch, damit Ihr Euch freut – damit Eure Freude voll ist" (1 Joh 1, 1–4).

So schreibt der Schüler Christi, welcher an der Brust des Meisters lag und den Becher des belebenden Evangeliums getrunken hat, er, der von Anfang an alles mit seinen eigenen Händen ertastet hat – ehe er es erzählte.

Vielleicht deswegen, weil er so nah an der „Krippe" war, steht im liturgischen Text „der ausdauernde Schüler". Der Schüler, dem das Teilen des Mahles am Tisch mit dem Meister nicht gereicht hat, der freundschaftliche Vertrautheit mit dem Meister erreichen wollte. Christus hat seinen Wunsch nicht abgelehnt – er erlaubte ihm, an seiner Brust Platz zu nehmen. Wollte Christus nicht gerade deswegen in der Krippe zur Welt kommen, um uns zur Vertrautheit mit der religiösen Erfahrung anzuregen? Ist er nicht auch deswegen Kind, um auf die Arme genommen zu werden? – Ist er nicht deswegen in der Krippe, damit man in ihm die Nahrung, die wir uns einverleiben, sehen? – Hat er nicht deswegen den menschlichen Leib angenommen, damit jeder Johannes eine Stütze findet, sooft er sich dies in seiner Seele wünscht? Johannes – das ist nicht nur die Abstraktion der Logos-Lehre – es ist die Erfahrung liebender, treuer Hände!

Diese große Liebe zersprengt einfach die Schemata der philosophischen Gedankengänge. Bethlehem erleichtert uns die Annäherung an das Wort – an das Kind.

Wenn diese Annäherung vollbracht sein wird – dann ist das Kind bereits ein offenbares Dasein! Wenn uns die Kirche das verkörperte Wort zeigt, will sie anregen – dem Beispiel des Johannes folgend –, hoffnungsvoll und auf kindliche Art an der Brust Gottes zu ruhen und daraus Bäche des Evangeliums und der Herrlichkeit zu schöpfen. – Welchen großen Sinn hat doch Johannes bei der Krippe – Johannes, den wir im Saal des letzten Abendmahles, auf dem Kalvarienberg, beim Grab Christi und bei der Mutter des verkörperten Wortes sehen werden! – Johannes, das ist der Weg zum „Weg"...

Dienstag, 28. 12. 1954

Ex ore infantium... Das große Geheimnis der Welt: „Kinder und Herodes" – Herodes und Menschen seinesgleichen organisieren immer wieder die Welt gegen Gott – und Gott gibt ihnen die Antwort durch die Kinder. Für den Menschen schaut es immer so aus, als ob er etwas mehr Recht als Gott hat und daß er gerade in dieser Angelegenheit anders handeln würde: „gescheiter oder ein wenig klüger." Herodes und Menschen seinesgleichen bauen also ganze Konstruktionen von Argumenten auf, um Gott zu überzeugen – und Gott antwortet ihnen auf kindliche Weise. Als sich die Welt im Hochmut auf die Gipfel der Klugheit und der menschlichen Macht erhob – hat Gott seinen Sohn als Kind zur Welt geschickt. Der Macht Babylons, des Kyros, des Alexander, der Pharaonen, der Herrscher Griechenlands und Roms soll das Kind die Antwort bringen. Wenn die Welt unter den Füßen des Augustus zum Schweigen gebracht wird, wird das Kind von Bethlehem seine Stimme erheben... – Wenn der Sanheddrin schweigt, werden die *pueri Hebraeorum* „Hosanna dem Sohne Davids" rufen. Wenn man ihnen den Mund geschlossen hätte, würden die Steine schreien. Wenn Babylon, die Akropolis und der Palatin zugrunde gehen, werden auf den Trümmern wilde Rosen wachsen. In jeder Knospe ist mehr Hoffnung als in den rostenden Trümmern des alten Eisens, im abgestorbenen Mund der Weisen dieser Welt. Vielsagend ist dieses Schlachtfeld, wenn Gottes Wintersaat die Technik überwächst. In meiner Seele baue ich an dieser Gedankenkonstruktion; ich möchte Gott überzeugen. Mir kann das imponieren – wie den Einfältigen das imposante „Kulturhaus" in Warschau imponiert. Das aber nur deswegen, weil sie das halbe tausend Wolkenkratzer, zusammengepfercht auf der kleinen Insel Manhattan, nicht kennen! Wie naiv muß diese Gedankenakrobatik in den Augen jener Klugheit wirken, welche die Liebe ist!

Wenn meine „Wolkenkratzer" zusammenbrechen – eine Träne

gibt mir meine Hoffnung wieder zurück – das ist die Träne des Kindes. Wenn ich also weinen kann . . . bin ich Kind.

Der Weg zum Königreich ist geöffnet – ich werde nur mit Tränen in der Lage sein, Gott zu überzeugen – und mich selbst auch: denn die Träne bringt mir meine Ruhe zurück . . .

Mittwoch, 29. 12. 1954

Der englische König Heinrich II. (1133–1189) beschwerte sich, daß er in seinem Staat eines Priesters wegen keine Ruhe hat. Das war der heilige Thomas Becket, Erzbischof von Canterbury und Primas von England. Der König schwieg jedoch über die Ursachen seiner Unruhe – über die Beschlüsse von Clarendon, welche gegen die Kirche gerichtet waren. Diese Herren verstehen oft unter Ruhe – das Schweigen der mit Schuhen getretenen Menschen. Sie vergessen, daß ihr Fuß diesen langanhaltenden Druck nicht aushalten wird können. Um mit dem Staat regieren zu können, muß man die Gewalt aufgeben, erst dann wird die Ruhe zurückkommen. Es ist eine alarmierende Erfahrung, wie wenig die Menschen gegenwärtig aus der Geschichte lernen. Mächtige Imperien sind um so schneller zerfallen, je größer die Gewalt war, die sie anwendeten. Man kann anhand alter Beispiele beobachten: Nicht nur einmal haben sich schwächer organisierte Staaten länger gehalten als Staaten mit perfekter Tyrannei. Man kann das gleiche anhand neuester Beispiele beobachten: Hitler-Deutschland. Der Herrscher suchte die Ruhe – die Bürger auch! Möge der Herrscher die Bürger in „heiliger Ruhe" lassen – er selbst würde Ruhe empfangen. Er würde alles, was er besitzt, in Ruhe bewahren können. Die Angst des Herrschers ist die Vergeltung für seine Gewalt. Polizeistaaten – das sind Staaten, in denen man Gewalt anwendet. In diesen Staaten kann es nur der Priester wagen, die Bürger zu schützen. Diese Verteidigung ist aber nicht gegen den Herrscher gerichtet.

Freitag, 31. 12. 1954

Dieses Jahr, welches in einigen Minuten zu Ende sein wird, gebe ich Dir, Jungfrau vom Jasna Góra, um es durch Deine unbefleckten Hände der Ehre Gottes zu opfern. – *Soli Deo!*

Ich gebe es vollkommen, ohne Trauer, ohne Kummer, ohne Bemerkungen zurück – obwohl ich es in diesem als Kloster „getarnten Gefängnis" verbracht habe. Du schaust doch auf mein Leben! – Und Du weißt, was mir dieses Gefängnis gibt. Und ich vertraue der führenden Gnade Gottes und weiß, wieviel ich durch sie gewinne. Ich frage nicht: Wofür und warum? Denn ich vertraue. Es genügen mir die Klugheit, Güte und Liebe Gottes zur Prüfung alles dessen, was mich trifft.

Ansonsten – warum soll ich alles wissen und verstehen? – wo wäre dann Platz für das Vertrauen? Die volle Klugheit und Liebe Gottes hat mich in diesem Jahr überzeugt, daß es nicht den geringsten Platz mehr gibt für ein Zeichen des Widerstandes gegen Gottes Willen. Die Vernunft vertraut – der Wille ist untertan. Und das Herz – wenn es sich mit Sehnsucht nach dem Altar, nach der Kanzel, nach dem gemeinsamen Gebet mit dem Volk erhebt – kehrt sehr rasch zum Gleichgewicht zurück. Das ist vielleicht die schwerste Versuchung, wenn man sich nicht vor den Menschen zu Christus bekennen kann. Das ist der größte Verlust – denn der Sohn bekennt sich vor dem Vater zu denen, die sich vor den Menschen zu ihm bekennen. Man kann aber auch durch das Gebet und durch das Leiden bekennen. Vielleicht wird Christus mich vor dem Vater erkennen, wenn er mir jetzt die Gnade des Leidens für seinen Namen gibt.

Samstag, 1. 1. 1955

Soli Deo – durch Maria vom Jasna Góra.

In der Zeit des nächtlichen Wachens im Gebet mit dem Namen der Maria vom Jasna Góra im Mund haben wir das neue Jahr begonnen. In unserer Heimat ist dieses Jahr ein besonderes Jahr, ein Jubiläumsjahr: vor 300 Jahren wurde Jasna Góra zur Kraft der nationalen Wiedergeburt. Gott hat es gefallen, Polen „aus der Sintflut" (Schwedischer Krieg im 17. Jahrhundert) dank der Hilfe Marias herauszureißen. Der Herr hat die Mutter seines Sohnes durch große Wunder und Zeichen geehrt. Von da an blieb Jasna Góra die „Festung des nationalen Geistes", und die ist sie auch in den schwersten Momenten der Geschichte des Landes immer geblieben. Heute bezeichnen wir sie als Hauptstadt der Gnade, und bei dem Druck, der auf uns zukommt, richten wir vertrauensvoll unsere Augen auf Jasna Góra. Sichtbare Zeichen der Gnade in Form eines Sieges mit Waffengewalt sind für uns nur ein Argument, wenn wir uns an Gott, an Maria und an das menschliche Gewissen wenden, aber wir erwarten hundertmal mehr: Die Verteidigung von Jasna Góra heute, das ist die Verteidigung der christlichen Seele der Nation. Das ist das hundertmal bedeutsamere Wunder – und es verlangt noch größere Tapferkeit zum Kampf mit dem Gegensatz, der in uns ist. Es ist leicht, den Gegner, der außen steht, zu treffen – wie schwer aber ist es, ihn in sich selbst zu finden und zu treffen. Um so größere Hilfe brauchen wir von der siegreichen Mutter, der Vermittlerin aller Gnaden.

Die „Verteidigung von Jasna Góra" heute – das ist ein Sieg über sich selbst, über den Gegner, der ich selbst bin. Das Jubiläumsjahr

„Verteidigung von Jasna Góra" (1655 bis 1955) wird also das Jahr des Gebetes zur Königin von Polen sein, deren Bild durch die Fügung Gottes vorhanden ist.

Ad defensionem populi Polonici – damit sie allen Kindern der Nation hilft, in sich den Gegner Gottes, den Gegner des Nächsten, den innerlichen Gegner der Seele und damit sich selbst zu besiegen. Dieser historische Beweis der Macht Gottes dient den Schwachen und Kleinen.

Schon heute gebe ich alle meine Gebete und Leiden aus dem Gefängnis zur Ehrung der Herrin vom Jasna Góra – für das Volk Christi, damit es in Gnade und Liebe Bestand hat.

Mittwoch, 5. 1. 1955

Der Sohn des Vaters bedeutet immer eine Gnade – denn er ist der Beweis der Obhut, des Interesses, des Willens, sich einem Widerstand leistenden Wesen zu unterstellen. In glücklicher Lage befindet sich jener Mensch, der den Zorn Gottes auf sich spürt wie Hiob oder David, also ein Mensch, der in sich keine Spur der Anwesenheit Gottes spürt. Wenn Gott erzürnt ist, finde ich leichter die richtige Ursache seines Zornes in mir. Deshalb ist es für mich besser, mit dem Stiefel des Gegners in die Erde getreten worden zu sein – denn die Frucht wächst aus dem in der Erde abgestorbenen Keim. Wie leicht ist es dann, die Gerechtigkeit Gottes anzuerkennen. Auch dann noch, wenn meine Sünden durch ein Vergrößerungsglas gemessen werden würden. Wie angenehm ist es dann, die Verfolgung zu spüren, die mit Spießruten den angemessenen Betrag kassiert. Wie hilfsbereit sind deshalb meine Peiniger, die nicht wissen, daß ich durch ihre Dienste zur Versöhnung mit Gott komme. Wie sehr muß ich sie lieben – wenn Gott mir sein Interesse für mich durch ihre Hilfe zeigt. „Die Liebe der Gegner" ist nicht nur eine rhetorische Floskel – sie wird zur vollen Realität.

Donnerstag, 6. 1. 1955

Auch heute kann ich meine Pflicht nicht erfüllen: Ich kann den Huldigungseid im Namen meiner Anvertrauten – der Kirche von Gnesen und der Kirche von Warschau – vor Dir nicht ablegen. Ich kann Dich nur um Verzeihung bitten, daß ich dadurch Deine Ehre verkleinert habe. Du hast es mir wohl sagen müssen: „Ich nehme Dich nicht an und auch Deine Opfer nicht..." Ich bitte Dich, daß Du diesen Dienst von denen, die sich heute in der Kathedrale versammeln werden, in Freude annimmst: von den Domgemeinden, von den Alumnen, vom Klerus und von allen Gläubigen. Sie sind würdig, vor Deinem Antlitz zu stehen. Aus ihren Händen wirst Du die Opfer annehmen. – Erlaube, Vater, daß Dein „Exkommunizierter" – buchstäblich aus der Gemeinde der Heiligen Ausgeschlossener – zumindest mit dem Herzen sich an die Mauer der Kathedrale drücken und in Demut bitten wird: *ut Tibi digne et laudabiliter serviatur.* Ich werde bitten, daß alle Deine Diener, die jetzt in allen Gotteshäusern der beiden Erzdiözesen den Leib Deines Sohnes hochheben, die Liebe zu Dir und den Glauben an Dich wecken. Ich werde beten, daß alle Priester, die sich jetzt in so vielen Gotteshäusern vor den Menschen zu Dir bekennen, sich mit dem Wort und ihrem Leben zu Dir bekennen.

Du bist heilig, denn Du bist der Herr, Du bist der Allerhöchste . . . ich bin nur ein Sünder, ein Sklave, ich bin der Niedrigste. Alles, was du tust, ist heilig, ist mit Gerechtigkeit und Barmherzigkeit ausgefüllt. Wer kennt besser die Kraft Deiner Barmherzigkeit als Du selbst, dessen Barmherzigkeit sogar Deine Gerechtigkeit zurückhält? Wer kennt besser die Kraft Deiner Gerechtigkeit als ich, der sie freiwillig anerkennt? Ich bin voll von Deinem Recht überzeugt, so daß ich mich Deiner Barmherzigkeit nicht würdig fühle. Es braucht ein neues Wunder der Gnade, um das anzuerkennen.

Freitag, 7. 1. 1955

Heute ist der erste Freitag im Monat. Hinter dem Kreuz verbirgt sich das Herz Gottes. Auf die Erde strömendes Blut macht sie heilig; sie bewegt harte Felsen, die vor Schmerz zerspringen. Schlamm unter dem Kreuz, der mit Blut gesättigt ist, wird zum Schatz. Alles ändert sich, nur ein Herz – meines – bleibt weiter hart, und die Erde – Körper – ist ein sündiger Morast.

Ich bete für die Priester der Erzdiözesen, insbesondere für die in der Hauptstadt. Gott hat sie am meisten in Versuchung geführt, er hat erlaubt, daß ihre Kirchen zerstört werden. Heute läßt er sie doppelt quälen, weil sie das „Haus des Geistes" mitten in den Trümmern der zerstörten Kirchen errichten müssen. Mögen sie diese Ehre verstehen!

Wie sehr hat sich Gott ihnen anvertraut, welch großes Opfer verlangt er! Mögen sie den Segen Deiner Zeit und der Ankunft Gottes erkennen.

Doch die Bedeutung der zerstörten Hauptstadt kann sogar die gedankenlosesten Herzen bewegen. Diese Trümmer müssen auf die Priester einwirken, wie die Trümmer des zerstörten Jerusalem auf Jeremia gewirkt haben. Sie mögen die Augen vor der Wahrheit nicht verschließen. Gott verlangt von den Hirten und seinen Schäfchen die Reinigung der Herzen.

Ich befürchte, daß diese Zeit der Begnadigung vorübergehen wird. Der Wiederaufbau läßt die Wunden vernarben. Sollten sich unter ihnen alte Krankheiten verbergen? Schwer fällt es uns einzugestehen, daß wir nicht ohne Sünde sind, anzuerkennen, daß der Heiligste der Heiligen das Recht hat, auch wegen unserer geringsten Verstöße erzürnt zu sein. Wir schmücken uns gerne mit dem Mantel der Opfer menschlicher Ungerechtigkeit – betrachten es aber als Schande, von Gott bestraft zu werden. Wie viele gehorsame Gebete braucht man, um das anerkennen zu können?!

Immer mehr fürchte ich mich vor der Freiheit – mehr als vor dem Gefängnis. Die Freiheit bedeutet die Berufung des Unwürdigen zur Arbeit, würde auch Privilegien bedeuten, die Anwendung eines nichtentsprechenden Werkzeuges – also eines allzu billigen –, mit dem man nichts anfangen kann. Ich habe das gut kennengelernt. Das Gefängnis ist dagegen ein natürlicher Zustand – ist Ausdruck von Gottes Gerechtigkeit und Wahrheit.

In diesem Zustand des Eingesperrtseins liegt jedoch etwas Beruhigendes: Obwohl meine Aufseher Mißbrauch treiben können – Gott wird ihn in Gerechtigkeit umwandeln.

Sonntag, 16. 1. 1955

Heute habe ich einen Brief meiner Schwester Stanislawa und ein Paket mit Früchten erhalten.

Montag, 17. 1. 1955

Mit dem heutigen Tag sind 10 Jahre vergangen, seit der letzte Soldat Hitlerdeutschlands den Trümmerhaufen der polnischen Hauptstadt verlassen hat. *Dominus dissipat consilium nationum; irritas facit cogitationes populorum* (Ps 32). *Neque enim ab Oriente, neque ab Occidente, neque a deserto, neque a montibus: Sed Deus est iudex: hunc deprimit, et illum extollit. Nam in manu domini calix est* (Ps 74).

Sonntag, 23. 1. 1955

Am dritten Sonntag nach Epiphanie liest die Kirche ihren Kindern eine Stelle aus dem Brief des Paulus an die Römer vor: „Niemandem sollt Ihr Böses mit Bösem vergelten: und das Gute bemüht Euch, nicht nur vor Gott zu tun, sondern vor allen Menschen ... Rächt Euch nicht selbst, Brüder, sondern überlaßt die Gerechtigkeit dem Zorn Gottes, denn es steht geschrieben: Mein ist die Rache, ich werde vergelten, spricht der Herr. Vielmehr: Wenn Dein Feind hungrig ist, gib ihm Nahrung, wenn er durstig ist, gib ihm zu trinken: Wenn Du das tust, so sammelst Du glühende Kohlen auf sein Haupt. Laß Dich nicht vom Bösen besiegen, sondern besiege das Böse durch das Gute!" (Röm 12, 18–21).

Wie der Gipfel der christlichen Wahrheit die Lehre von der heiligen Dreieinigkeit ist, so ist der Gipfel der christlichen Moral die Lehre über die Feindesliebe: „Das Böse durch das Gute besiegen." – Suche also in dir alle Möglichkeiten des denkenden Wesens – und wenn es an diesen fehlt, so borge sie von den Kräften der Gnade. Nur das bringt moralischen, geistlichen, gesellschaftlichen, politischen, kulturellen Fortschritt in die Welt. Das zeugt von der Größe des Menschen.

Was eigentlich für die menschliche Natur am besten ist, darüber urteilt unser Empfinden, das in uns am Werke ist – selbst dann, wenn wir dem gerechten Zorn freien Lauf lassen müssen. Wer Macht ausübt, muß – selbst wenn er seine Untertanen bestraft – in seinem Gewissen überlegen, ob er diese Sache vielleicht auch anders entscheiden, ob er vielleicht andere Worte gebrauchen könnte. Die Stimme des Gewissens ist die Stimme der Größe des Menschen.

Um sie zu dämpfen, muß man künstlich „das Gefühl des Hasses erzielen". Vor drei Jahren konnten wir in der Presse einen Beschluß des Parteitages nachlesen: „Wir müssen uns zum Haß erziehen: Wir müssen noch mehr hassen."

Der polnische Geist, durch das Evangelium gehegt und gepflegt, drängt zur Liebe. Man braucht erst „Beschlüsse", um ihn zu ändern. Die Polen können nicht hassen: Gott und seinem Evangelium sei Dank!

Mittwoch, 1. 2. 1955

Frumentum Christi sum: dentibus bestiarum molar, ut panis mundus inveniar. Diese Worte hat man dem heiligen Märtyrer Ignatius, dem Bischof von Antiochien, in den Mund gelegt, es ist die Stimme des heroischen Aposteltums. Gewiß sind sie auch ein Ausdruck der innerlichen Notwendigkeit des Geistes jenes Menschen, der die unwiderruflichen Folgen seines ersten priesterlichen Schrittes verstanden hat. Eigentlich kann ein Priester nie rückwärtsgehen, auch wenn seine Mission unter den Zähnen der Bestien enden würde. Gott hat das Recht, alles von den Menschen zu verlangen, vielleicht auch ein Leben in Angst und Schrecken – oder eine Lage ohne Ausweg.

Unsere ganze Arbeit soll nicht darauf gerichtet sein, solche üblen und endgültigen Folgen zu meiden, sondern sie – mit Vertrauen, Heiterkeit und vollem Verständnis, daß dies so sein soll; das ver-

langt „Gottes Staatsräson" – auf sich zu nehmen. Weizen und Brot
– das sind priesterliche Werkzeuge opferbereiter Arbeit. Wenn es
am Altar daran fehlen sollte, bleibt nur mehr der Opfernde selbst. –
Wie sich einst Christus, der nach der Vermehrung des Brotes selbst
zum Brot wurde, den Zähnen der „Bestie" geopfert hat. Bestien, die
sich mit dieser göttlichen Speise ernähren, können sich „vergöttli-
chen". Verfolger, die meinen Weizen zerquetschen, um daraus Brot
zu machen, können sich noch bekehren. Kann man ihnen diese
letzte Chance zu ihrer Rettung entziehen? Gott verlangt von den
Priestern des 20. Jahrhunderts, daß sie ihre Körper als Ersatz-Ho-
stie geben. In so vielen Konzentrationslagern des Zweiten Weltkrieges wurde dieses Opfer dargebracht, wirkliche Hekatomben der heiligen Kirche.

Mittwoch, 2. 2. 1955

Heute habe ich dem Kommandanten einen Brief an meinen Vater
und einen Brief an meine Schwester Stanislawa mit folgendem Inhalt ausgehändigt:
„Mein teuerster und allerbester Vater! Ich bitte um Verzeihung,
daß ich erst jetzt Deinen Brief vom 18. 12. 1954 beantworte. Auch
für die Weihnachtsgeschenke, die ich am 23. 12. letzten Jahres bekommen habe, kann ich mich erst jetzt bedanken. Die Wünsche
habe ich rechtzeitig erhalten – sie waren eine riesige Freude in
meinem einsamen Leben. Ich danke herzlichst für so viel vorsor-
gende Güte und Gespür für meine Notwendigkeiten. Aus jedem
Brief versuche ich, teurer Vater, etwas zwischen den Zeilen über
Deine Gesundheit und Dein Wohlbefinden zu erfahren. Es wäre
besser, wenn Du Dich nicht mehr erkälten und auch Deine Augen
schonen würdest, damit sie Dir lange erhalten bleiben. Das ist
mein Anliegen, damit wir unserem allerbesten Vater im Himmel
immer nur herzliche und hoffnungsvolle Gesichter zeigen und damit der gute Gott nicht bedauern muß, daß er uns umsonst versucht. Leiden, das ist eine große Gnade. Damit das nicht nur ein
‚goldener Gedanke', sondern auch ein freudiges Empfinden ist,
muß man auch dafür dankbar sein. Das Gebet, mit welchem ich
mich Dir verbinde, teurer Vater, soll bei Gott erbitten, daß wir
beide seines Vertrauens, welches er uns erwiesen hat, würdig werden. Jeden Tag wiederhole ich das während der heiligen Messe,
beim Lesen des Breviers und beim Beten des Rosenkranzes, wenn
ich Gott von Dir erzähle.
Du fragst, lieber Vater, nach meiner Gesundheit? Kurz vor Weihnachten hat man bei mir ergänzende Untersuchungen des Blutes
und Röntgenaufnahmen durchgeführt. Das Ergebnis ist gut. Ich bekam verschiedene Arzneimittel zur allgemeinen Stärkung und Kräf-

tigung. Die Beschwerden des letzten Winters erneuern sich nicht mehr, vielleicht deswegen, weil das neue Haus trocken und sorgfältig beheizt ist. Die Klimabedingungen in diesem Teil Polens sind viel besser als jene meines letzten Aufenthaltsortes und wirken insgesamt positiv auf die Besserung meiner Gesundheit ein. Die alten Beschwerden, die Euch ja bekannt sind, verlangen selbstverständlich eine längere Kur. Nachdem ich mit Unterwäsche und guten Schuhen ausreichend versorgt bin, bitte ich Dich, mir zur Zeit keine weiteren Bekleidungsstücke zu schicken. Die Gamaschen, welche Ihr mir geschickt habt, tun mir gut. Das Geld aber brauche ich nicht – ich habe hier keinerlei Ausgaben. Deswegen gebe ich Dir das Geld, welches Du mir geschickt hast, wieder zurück. Über meine Lebensweise läßt sich nicht viel schreiben, weil sie sehr bescheiden ist: um 5 Uhr stehe ich auf, und um 22 Uhr lege ich mich nieder. Mittagessen gibt es um 13 Uhr. Das Abendessen nehmen wir um 19 Uhr ein. Jeden Tag um 7.30 Uhr feiere ich die heilige Messe. Nach dem Spaziergang arbeite ich an einem Buch; am Nachmittag mache ich das gleiche. Meine Zeit fülle ich mir deshalb so dicht aus, damit kein einziger Raum für sinnloses Nachdenken bleibt. Eben deswegen vergeht mir die Zeit auch ungeheuer schnell. Ich merke fast nicht, wie die Wochen und Monate dahingehen. Die zweite Serie der Bücher, um welche ich am 29. 10. 1954 angesucht habe, habe ich am 24. 12. erhalten. Bis jetzt fehlen von meiner Liste freilich noch manche Titel, die ich Dir hier wiederhole:

1. Journet, L'Eglise du Verbe Incarné
2. Radoński, Hagiographie
3. Heilige Theresia vom Kinde Jesu, Geschichte einer Seele
4. Dobraczyński, Die Gewalttäter
5. Merton, ein kleines graues Buch, an dessen Titel ich mich nicht mehr erinnern kann
6. Verfassung der Volksrepublik Polen
7. Schriften von Norwid
8. Schriften von Claudel
9. Italienische Lektüre
10. Maślińska, Kommunistische Moral.

Im Brief vom 18. 10. 1954 habe ich um die ‚Rubricelli' für das neue Kirchenjahr gebeten. Ich brauche sie deshalb notwendig, weil es sonst schwer für mich ist, ohne Kalendarium vor allem in der Zeit großer Feste und der Ostertage – auch jetzt, in der Zeit des großen Fastens –, richtig aus dem Brevier zu beten. Ich wiederhole deshalb meine Bitte. Hingegen bin ich sehr dankbar für die Albe – ich bitte Dich, den Schwestern dafür in meinem Namen zu danken. Auch für die schöne Bursa mit der aufgestickten Muttergottes und für die Palla zum Meßkelch möchte ich mich herzlichst bedanken – darüber habe ich mich sehr gefreut. Gerne hätte ich noch Altarkerzen; Wein und Hostien für die heilige Messe sind vorhanden.

Teuerster Vater, mit meinem kindlichen Herzen drücke ich mich an Deine Hände; in Dankbarkeit für alles, was sie mir irgendwann im Leben getan haben, küsse ich sie. Wisse, daß das allerbeste Licht in meiner Seele sich mit Dir verbindet, für die Güte, die Du mir erweist; ich werde das nie vergessen. Ich danke Dir, Vater, für Deine Gebete, die Sorge und die Herzlichkeit, die Du mir entgegenbringst. Danke auch für Deinen väterlichen Segen. Empfange von mir mein vollstes kindliches Gefühl und meinen Hirten-Segen."
2. 2. 1955   † Stefan Kardinal Wyszyński

Der Brief, den ich an meine Schwester Stanislawa gerichtet habe, hat folgenden Inhalt:
„Meine teure Schwester. Ich bin Dir noch meinen Dank für die beiden Briefe vom 18. 12. 1954 und für den zweiten (ohne Datum) schuldig. Den zweiten Brief erhielt ich am 16. 1. 1955. Die Nachricht, daß mein Brief Euch noch vor den Weihnachtsfeiertagen erreicht hat und daß er der Ausdruck meiner Gedanken an Euch, meiner Wünsche und der Verbundenheit der Herzen mit Euch an diesem Tag des Weihnachtsabendmahles war, hat mich sehr gefreut. Aufgrund der letzten Geschenke, welche Du mir geschickt hast, nehme ich an, daß man Dir die Pflicht, mich mit guten Dingen zu versorgen, auferlegt hat. Ich befürchte, daß Du Deine bescheidene Tasche zu sehr angreifen mußt, wenn Du mir weiterhin teure Früchte schickst. Ich danke Dir für alles, aber ich bitte Dich auch, mehr auf Deine bescheidenen Möglichkeiten zu achten. Insbesondere darum, weil ich hier ja alles, was ich zum Leben brauche, bekomme. Über meinen Gesundheitszustand habe ich im Brief an Vater bereits ausführlich berichtet. Ich bitte Euch, nicht beunruhigt zu sein. Ich lebe sehr vernünftig und hoffe, daß ich meine Kräfte bewahren kann. Wenn Gott es einmal erlauben wird, werde ich sicher auch einmal eine gründliche Kur durchführen können. Über den Gesundheitszustand von Josef bin ich etwas beunruhigt. Ich glaube, daß er sich doch, auch wenn er seine Krankheit verleugnet, einer Kur unterziehen sollte. Ich bitte ihn sehr darum, er möge es sich zu Herzen nehmen, daß ein Mensch, welcher von Gott Talente bekommen hat, die Pflicht hat, lange zu leben.
Bedanke Dich in meinem Namen bei Tadzio für seinen netten Brief. Es ist für mich sehr angenehm, eine authentische Schrift zu sehen, denn daraus erlese ich meistens mehr, als die Buchstaben bedeuten.
Ich weiß nicht, warum, aber öfters fürchte ich um seine Gesundheit, über die er so bündig schreibt. Hania empfehle ich ununterbrochen der allerheiligsten Mutter, und ich hoffe, daß das Kind bei sorgfältiger Kur aus der Krankheit geheilt hervorgehen wird. Am herzlichsten grüße Tadeusz und seine Familie von mir. Ich freue mich über die Nachrichten der Familie Stach, die ich immer in mei-

nem Herzen trage. Noch nie habe ich bis jetzt etwas von Julcia gehört. Sie möge wenigstens ihren Namen auf einen von Vaters Briefen setzen.

Grüße alle meine Schwestern samt ihren Familien herzlichst von mir. Ich bitte Dich, auch an die Oberschwester ein paar nette Worte zu richten. Alle mögen viel für mich beten und beruhigt sein. Ich küsse Dich aus ganzem Herzen und segne Dich mit brüderlichem Gefühl."

2. 2. 1955   † Stefan, Kardinal

Mittwoch, 2. 2. 1955

Rubum, quem viderat Moyses . . . In dem nicht verbrennenden Dornbusch, welchen Moses gesehen hat, sehen wir Deine immerwährend ehrwürdige Jungfräulichkeit. Gottesgebärerin, setze Dich für uns ein . . . Von diesem Dornbusch der Jungfräulichkeit, der immer brennt, vom Feuer Deiner unbefleckten Reinheit genährt, hat die Kirche alle Feuer, die heute in allen Kirchen der ganzen katholischen Welt brennen, angezündet. Ein wahrer Feuerstrom, von welchem unsere kleinen Flammen ihre Kraft und Helligkeit nehmen. Dieser Fluß der Lichter strömt wie Wasser „aus dem Heiligtum der rechten Seite" *(Vidi aquam).* In den Jahrhunderten nur um so mächtiger, wenn neue Generationen ihre Ströme zufließen lassen. Dieser Fluß der Lichter strömt durch die Dunkelheit der Welt, welche ihn nicht erfassen kann. – Strömend ergreift er alles um sich, was auf dieser Erde hell ist und kehrt damit – *lumen de lumine* – wieder in den Schoß des Vaters zurück, von welchem alle Helligkeit stammt. Ich freue mich, daß der Vater auch mir erlaubt hat, mich an diesen Fluß der Lichter anzuschließen: Daß ich durch das Leben gehen und rufen kann: *Lumen Christi!* Daß ich die wahre Helligkeit verehren kann, die der Vater der Welt aus diesem nichtverbrennenden Dornbusch heraus geschenkt hat.

Donnerstag, 3. 2. 1955

Der Priester Stanislaw ist heute nach Rawicz gebracht worden, um seinen Vater zu sehen, welcher aus Tarnow dorthin kommt. Dieser Besuch ist eine komplizierte Angelegenheit. Als wir noch in Stoczek waren, hat man den Priester nach Barczew geführt.

Seinem Vater gegenüber mußte er nämlich die Rolle des Gefangenen vortäuschen. Da er aber in der Kutte war, wäre das gewiß für seinen Vater schwer zu verstehen. Deshalb führen sie den Priester heute von Prudnik nach Rawicz (ins Gefängnis), damit er dort die Rolle des Gefangenen perfekt spielen kann. Er tritt dort sogar in der

Kutte auf, obwohl das den anderen Gefangenen nicht erlaubt ist. Der Priester trifft den Vater nicht im Besuchsraum des Gefängnisses, sondern in einem angrenzenden Sonderbüro. Der Transport des Priesters sieht sehr merkwürdig aus, denn er muß unterwegs seine Kutte verstecken, an Ort und Stelle angekommen, muß er dagegen augenfällig seine Kutte zeigen, damit der Vater weiß, daß er seine Kutte tragen darf, es ihm gut geht und er kein Gefangener im üblichen Sinn ist. Die Verwirrung ist deswegen besonders groß, weil er ja keinen üblichen Gefangenen vortäuschen soll, obwohl das Treffen im Gefängnis stattfindet. Was kann der arme Vater zu diesem Thema wohl meinen: Diese Besuche haben früher in Rawicz und in Gefangenenkleidung stattgefunden, dann plötzlich in Barczew und dort in der Kutte und jetzt wieder in Rawicz, aber auch in der Kutte. – Hier wird wohl das Geheimnis der Psyche eines Menschen offenbar, der in einem Staat mit kollektiver Staatsordnung lebt. Es zeigt sich, wie eine Lüge zwischenmenschliche Verhältnisse kompliziert macht und wie viele neue Lügen zu seiner Ausführung notwendig werden. *Abyssus abyssum invocat*... Der Priester hat vor diesen Besuchen „Angst", denn bei dieser Gelegenheit werden immer auch andere Treffen mit verschiedenen „Herren", die extra aus Warschau kommen, um ihn auszufragen, veranstaltet. Diese Gespräche sind nicht besonders angenehm.

Freitag, 4. 2. 1955

Der Priester Stanislaw ist vom Besuch seines Vaters zurückgekommen und hat das Directorium für das Jahr 1955 mitgebracht. Ich kann die Warschauer *Rubricelli* nicht erhalten, obwohl ich meine Bitte mehrmals wiederholt habe.

Aus dem Directorium erfahren wir wenigstens, daß der Heilige Vater lebt, daß die katholische Universität Lublin weiterhin ihre Tätigkeit ausüben darf, da Sammlungen zu ihrer Unterstützung in den Kirchen angekündigt sind. Die „Lauretanische Druckerei" darf weiterhin kirchliche Arbeiten zur Ausführung annehmen. Aus dem Gespräch zwischen Vater und Priester, welche in Anwesenheit des Stellvertreters des Kommandanten geführt wurden, erfahre ich, daß man viele Priester „wegen mangelnder Qualifikation" aus den Schulen entlassen hat. Die alles zermalmende Walze des Apparats rollt voran, und langsam und unauffällig wird versucht, das religiöse Leben in Polen zu zerstören. Die Jugend geht weiterhin in die Kirchen zum Religionsunterricht, Klosterschwestern haben sich in einigen Spitälern noch halten können – das sind aber eher die Ausnahmen.

Versetzungen von Geistlichen sind infolge des „Dekretes" über die Besetzung der kirchlichen Posten sehr erschwert. Anders gesagt: Meine Hoffnung darauf, daß meine Gefangenschaft den Kampf gegen die Kirche hintanhalten wird, wird immer kleiner. Bis jetzt war das für mich ein großer Trost, daß meine Verhaftung für einige Zeit die Aufmerksamkeit von der Kirche ablenken wird. Ich sollte ja das Haupthindernis bei der Gestaltung der vielversprechenden „Vereinbarungen" zwischen dem Episkopat und der Regierung sein. Vielleicht hat dieser Kampf auch tatsächlich für eine geringe Zeit nachgelassen. Aber die eiserne Logik der Staatsdoktrin wird das auf längere Zeit nicht zulassen ... Nach meiner Verhaftung, kündigte man an, werden die Vorschläge des Episkopates „angehört" werden. Vielleicht hat man sie angehört, trotzdem geht der Kampf unaufhaltsam weiter. – Was bleibt mir übrig? Soll ich die Hoffnung auf den Sinn meines Opfers verlieren? Ganz im Gegenteil: Ich gebe noch bewußter mein Leiden für die Kirche hin – um durch die Opfer bei Gott mehr Barmherzigkeit und ein bißchen Erholung für die müden Menschen zu erlangen. *Sic volo!*

Samstag, 6. 2. 1955

Nach längerer Abwesenheit hat sich der Kommandant wieder auf dem Horizont von Prudnik gezeigt. Heute stattete er mir einen Besuch ab, bei welchem er mir zwei Bücher übergab: „Die Verfassung der Volksrepublik Polen" und Maślińkas „Kommunistische Moral". Um diese Bücher habe ich bereits am 29. 10. 1954 angesucht. Die mir ausgehändigten Bücher stammen jedoch nicht aus meiner Bibliothek; ich kenne das sofort, weil sie nicht mit Bemerkungen versehen sind. Die anderen Bücher, um die ich auch gebeten hatte, hat man mir nicht geliefert. Sichtlich wurden diese beiden Bücher aus meiner Liste bevorzugt.

Donnerstag, 17. 2. 1955

Heute hat man mir das Buch von Bischof Radoński ausgehändigt, um welches ich am 29. 10. 1954 angesucht habe. Offensichtlich haben die „Herren" mehrere meiner Bücher, aber sie geben sie mir nur *data occasione*. Oder ist das das Ergebnis einer kunstvollen Politik der Sozialleistungen? Einige Zeit später hat man mir Briefe meiner Schwester Stanisława, meines Bruders Tadeusz und meiner Schwester Julcia zugestellt, die alle über die Krankheit meines Vaters berichten. Gleichzeitig hat man mir auch ein Paket mit Lebensmitteln und anderen Büchern gebracht.

„Geliebter Bruder! Ich habe mich entschlossen, Dir über die Krankheit unseres Vaters zu berichten. Jetzt fühlt er sich zwar schon wieder besser, in seinem betagten Alter kann so ein Ereignis aber doch starke Befürchtungen wecken. Vor zwei Wochen fuhr

Vater nach Warschau in die Miodowa-Straße. Am Tage nach der Abfahrt erlitt er eine kleine Lähmung der Sprechorgane. Er hat dabei nicht das Bewußtsein verloren, und der rasch herbeigeholte Arzt konstatierte eine kleine Lähmung infolge eines Blutergusses im Gehirn. Er hat uns jedoch über die Folgen beruhigt und verordnete Vater nur längere und absolute Ruhe. Die Sprache ist dann langsam wieder zurückgekommen, es ist ihm aber eine große Ermüdung geblieben. Ärztliche Betreuung und Genesungsbedingungen hat der Vater die allerbesten. Wir hoffen daher, daß er bald wieder auf die Beine kommen wird. Die Schwester Maxentia ist die Hauptbetreuerin, wir sind ihr für die Fürsorge und die Herzlichkeit, die sie dem Vater entgegenbringt, sehr dankbar.

Der Zwischenfall ereignete sich direkt in der Miodowa-Straße. Die Betreuung des kranken Vaters gehört zu unseren selbstverständlichen Pflichten. Ich bitte Dich, geliebter Bruder, um absolute Ruhe wegen des Vaters. Ich schreibe die volle Wahrheit, weil ich meine, daß es so besser ist, obwohl ich verstehen kann, wie Dir zumute sein muß. Wegen der Krankheit des Vaters habe ich ein Ansuchen an den Premier der Regierung gerichtet mit der Bitte, daß Du nach Möglichkeit den Vater sehen kannst. Ich hoffe, daß meine Bitte berücksichtigt werden wird. Ungeduldig erwarten wir Nachrichten von Dir. Seit zwei Monaten haben wir keine Nachricht mehr von Dir erhalten. Wir wüßten gerne Genaueres über Deine Gesundheit und wie Du die Zeit seit Deinem letzten Schreiben verbracht hast. Wir übermitteln Dir viele Worte des Gedenkens und unserer Ergebenheit. Wir bitten Gott stets in Deiner Intention um Gesundheit, Kraft und Ausdauer. Vielleicht wird der gute Gott zulassen, daß wir uns bald sehen können. Wir leben mit dieser Hoffnung und warten in Geduld. Dich Gott und der allerheiligsten Mutter empfehlend, bitten wir um Deinen Segen und Deine Gebete. Besonders herzliche Grüße und die Versicherung seiner väterlichen Liebe läßt Dir auch Vater übermitteln.

10. 2. 1955   Deine Dir von Herzen ergebene Schwester St. Jarosz."

Freitag, 18. 2. 1955

Im Zusammenhang mit der gestern erhaltenen Nachricht über die schwere Krankheit meines Vaters habe ich in einem Brief an den Ministerrat meine Bitte um die Ermöglichung eines Treffens mit meinem kranken Vater zum Ausdruck gebracht.

In dem Brief erwähnte ich, daß der Vater sich bereits fünfmal mit der Bitte, mich treffen zu dürfen, an den Ministerrat gewandt hat. Bis jetzt habe er aber keine Antwort erhalten. Während seiner Krankheit hat er wieder den Willen geäußert, mich zu sehen. Ich kann seinen Willen doch nicht unberücksichtigt lassen.

Der Kommandant hat sich den Inhalt des Briefes angehört und hat ihn mitgenommen.

Primas: „Ich habe noch zwei Briefe, einen an meinen Vater und einen an meine Schwester, welche den Vater im Namen der Familie betreut. Ich äußere jedoch die Bitte, daß man meinem Vater den Brief nicht wieder wegnimmt, wie das früher immer geschehen ist, sondern daß er ihn behalten kann. Dieses Verhalten ist besonders inhuman, und nun erst recht, weil es sich um einen Menschen handelt, der krank ist und am Rande des Grabes steht. Sie müssen mir zugestehen, daß diese Methode, die bereits gegenüber einem Gesunden nicht verständlich ist, erst recht schmerzlich für einen Kranken ist."

Der Kommandant erklärte, daß der letzte Brief in Anwesenheit meiner Schwester Stanislawa und in Anwesenheit noch eines weiteren Herrn vorgelesen wurde. Auf Wunsch wurden manche Abschnitte noch einmal vorgelesen. Ich erklärte dem Kommandanten, daß sogar ein gesunder Mensch nicht viel Nutzen von einer solchen Vorgangsweise hat, wie dann erst ein kranker Mensch, der doch einen Trost darin findet, daß er einen Brief in Händen hält, den sein Kind mit eigener Hand geschrieben hat. Wie könne ich wissen, wie dieses Vorlesen vor sich gehe, und ob meine Worte beim Vorlesen nicht verunstaltet werden.

Kommandant: „Alles, was Sie und Ihre Familie betrifft, wird vorgelesen, andere Sachen, die nicht Sie oder die Familie direkt betreffen, werden weggelassen."

Primas: „Da ich in diesen Briefen keine Manifeste an meine Diözesen oder an die Geistlichen schreibe, frage ich Sie, was Sie mit diesen ausgelassenen Stellen meinen. Aus welchem Grund werden eigentlich diese Briefe zurückgehalten, die doch mein oder meines Vaters Eigentum sind? Das ist doch eindeutig eine Beschlagnahmung. Ein Brief, den ich geschrieben habe, der ist mein Eigentum oder das Eigentum des Adressaten, also meines Vaters, wenn er ihn erreicht. Weder mein Eigentum noch das meines Vaters wurde konfisziert. Auf welcher rechtlichen Basis werden also die Briefe zurückbehalten?"

Kommandant: „Ich kann Ihnen das jetzt nicht erklären. Eine Antwort werde ich in einigen Tagen erteilen. Es müssen irgendwelche Beschlüsse vorhanden sein, aufgrund deren man so handelt."

Primas: „Sie sollten diese Beschlüsse doch kennen, denn in meinen Augen sind Sie der Ausführer dieser mir unbekannten, mich betreffenden Anordnungen. Jede dieser Anordnungen muß auf der Verfassung und auf einem ausdrücklichen Regierungsbeschluß beruhen, sonst ist das nur ein eigenmächtiges Handeln, welches große Möglichkeiten des Mißbrauchs eröffnet. Alles, was Ihr mit mir macht, ist im Grunde ein Mißbrauch des Rechtes, denn es handelt sich nur um Sonderanordnungen. Bitte, erklären Sie mir, aufgrund welchen Artikels in der Verfassung oder aufgrund welcher Beschlüsse oder Anordnungen meine Briefe beschlagnahmt werden. Sie sind mein oder meines Vaters Besitz! Im übrigen geht es mir auch um die Art und Weise der Erledigung meiner Angelegenheiten. Was habe ich Euch getan, daß Ihr mich so behandelt? Konkret: Was habe ich Ihnen angetan?"

Kommandant: „Wir benehmen uns Ihnen gegenüber sehr höflich. Und in bezug auf die Briefe: Ist es da nicht besser, sie werden vorgelesen, als Sie dürften überhaupt nicht schreiben?!"

Primas: „Ich möchte mich nicht über das äußern, was Sie unter ‚freundlich‘ verstehen, denn es geht mir nicht um gesellschaftliche Formen. Man kann einem Menschen das größte Unrecht ‚freundlich‘ antun. Ich erfahre von Euch allen seit eineinhalb Jahren immer nur Unrecht. – Die andere Sache, betreffend das Vorlesen der Briefe, sieht für mich ganz anders aus. Mit Absicht schreibe ich selten, um meinem Vater diese unangenehme Prozedur des ‚Vorlesens‘ – nämlich des Vorlesens nur der Passagen, die Ihnen gefallen – und außerdem das Zurückbehalten der Briefe zu ersparen. Mir ist das durchaus nicht egal. Es ist mir lieber, meinen Vater mit solchen Unannehmlichkeiten zu verschonen. Womit kann man diese Sondermaßnahmen entschuldigen, die man gegenüber keinem Familienmitglied normaler Gefangener anwendet?"

Kommandant: „Es muß sich am Anfang etwas ereignet haben – es scheint mir, als wäre es von seiten Ihrer Familie gekommen –, was uns veranlaßte, die Zustellung der Briefe einzustellen."

Primas: „Ich kann mir das nicht vorstellen, denn meine Familie ist zu bescheiden, um sich etwas Derartiges zu erlauben, was wie eine ‚Aktion‘ ausschauen könnte. Ansonsten kennt die Familie meinen Willen, denn im ersten Brief aus Stoczek habe ich meinem Vater geschrieben, daß von seiten der Familie keine Klage geäußert werden soll. Sie sollen auch niemandem ihre Trauer zeigen und mit niemandem darüber sprechen. Ich weiß, daß mein Wille eingehalten wurde, denn mein Vater hat mich in einem seiner letzten Briefe daran erinnert. Ihr dagegen habt einen Boykott gegen mich organisiert, in dessen Folge ich von Oktober 1953 bis April 1954 keinen einzigen Brief erhalten habe. Sogar zu Weihnachten 1953 hat man mir die Briefe meiner Familie nicht ausgehändigt. Ist das nicht ein deutlicher Mißbrauch der Macht? Wenn Ihr Euch reif dünkt, die Nation zu regieren, dann müßt Ihr doch merken, daß man mit Gewalt nichts erreichen kann. Man muß andere Mittel anwenden, man muß dem Menschen Herz zeigen, von welchem man auch Herz erwartet. Solche Methoden können zu nichts Gutem führen."

Kommandant: „Wir wenden keine Gewalt an. In diesem Jahr haben Sie außerdem die Briefe zu Weihnachten erhalten."

Primas: „Schauen Sie sich z. B. diesen Brief an, den ich im April 1954 – es ist der erste nach einem halben Jahr Internierung – erhalten habe. Er ist ausgeschnitten, zensuriert und zusammengeklebt. Was soll ich dazu sagen? Ihr habt Angst, daß meine Familie Nachrichten über mich verbreitet. Wovor haben Sie aber Angst, daß Sie mir die Briefe meiner Familie nicht komplett aushändigen? Wem kann ich von hier aus Nachrichten weiterleiten? Das ist doch grotesk, wenn ernstzunehmende Männer ein solches Spiel mit mir treiben!"

Kommandant: „Die Krankheit Ihres Vaters ist unzweifelhaft eine unangenehme Sache. Die Eltern sind ja doch das Wichtigste, was wir haben. Ich verstehe das."

Heute habe ich dem Kommandanten drei Briefe ausgehändigt: einen an meinen Vater, einen an meine Schwester Stanislawa Jarosz und einen Brief an den Ministerrat.

Hier die Abschrift der Briefe:

„Mein allerbester und allerteuerster Vater!

Ich weiß nicht, wie ich Dir danken soll für den Brief, den ich heute von Staszia erhalten habe, vor allem, daß dieser Brief mit Deiner Unterschrift bestätigt wurde. Gewiß fällt es Dir schwer, im Bett zu schreiben, aber um so teurer ist mir Deine väterliche Anstrengung. Im Laufe dieser Woche habe ich stets die heiligen Messen in der vollkommenen Intention der Familie gefeiert. Heute hat es sich erwiesen, wie notwendig das war. Ich muß mich dafür entschuldigen, daß ich in diesem Moment Deines Leidens und Deiner Krankheit nicht bei Dir sein kann. Ich bin doch am meisten dazu verpflichtet, Dir mein Herz zu öffnen, damit Du Dich nicht verlassen fühlst. Aber wenn Gott es so gewollt hat, erfülle ich das, was ich machen kann. Ich verdopple meine Gebete für die Rückkehr Deiner Gesundheit und Deiner Kräfte. Ich bete zu meiner Mutter, die sicherlich schon im Himmel ist, damit sie für mich bei der Gottesmutter die Gnade, Dich zu sehen, erbittet. Wenn der himmlische Vater immer seinen Sohn bei sich haben will, dann wird er vielleicht auch Verständnis für unsere familiären Gefühle zeigen, welche er selbst gesegnet hat. Ich möchte wärmstens Deinen Wunsch, teurer Vater, erfüllen, und aus diesem Grund habe ich ein Schreiben an den Ministerrat gerichtet, damit man mir erlaubt, Deine väterlichen Hände zu küssen. Ehe das geschieht, nehme ich das jetzt schon mit meinem Herzen und Begehren vorweg. Dabei bitte ich Dich, daß Du die vollkommene christliche Ruhe und das Vertrauen und die Hoffnung, die bei der Bekämpfung der Folgen einer solchen Krankheit so sehr wichtig sind, bewahrst. Wisse, teurer Vater, daß ich mit jedem meiner Gebete bei Dir bin, daß ich den himmlischen Vater um alle Gnaden, die zu Deiner Genesung notwendig sind, bitte. Dein ganzes Leben lang bist Du in den Händen des Vaters des Lichtes. Gott hat Dir erlaubt, Dein Leben in seinem Dienst zu verbringen. Du hast einen großen Teil Deiner Lebenszeit im Gotteshaus verbracht. Du hast der Kirche mit ganzer Seele gedient und nicht für Brot. Was kann diejenigen beunruhigen, die sich dem allerhöchsten Gott anvertraut haben? Ich werde nicht aufhören, zur ‚Ärztin vom Jasna Góra‘ zu beten, damit sie Dich, Vater, in Deinem Leiden begleitet und Genesung und Erleichterung in Deinem Leiden bringt und uns damit Trost spendet. Ich neige mich mit Ehrfurcht Deinen teuren Händen zu, die ich mit Hingabe küsse. Ich bitte Dich um Deine väterlichen Gebete und Deinen Segen. Aus der Fülle meines Priestertums erteile ich Dir, allerbester Vater, den Segen des Bischofs und Primas.“

17. 2. 1955 † Stefan Kardinal Wyszyński

„Meine teuerste Schwester! Das, was ich so sehr befürchtet habe, ist eingetreten. Ich wußte vorher schon, daß das besonders empfindliche Herz unseres Vaters sich mit den Leiden, die in so betagtem Alter auf ihn zugekommen sind, nicht abfinden wird.

Das ist wirklich eine Gottesgnade, daß das alles in der Stadt geschah, wo leichter ärztliche Hilfe zur Hand war als bei Euch zu Hause. Ich weiß, daß Vater immer auf das Treffen mit Gott vorbereitet ist, aber wir müssen es als Beweis der Liebe Gottes ansehen, daß dies doch noch nicht der Fall war. Ich bin Dir, teure Stachna, sehr dankbar, daß Du bewußt Deine Gedanken gesammelt hast und weiterhin über den Vater wachst, obwohl Du selbst – ich beziehe mich auf das, was Du über die Gesundheit von Josef schreibst – nicht ohne Leiden bist.

Ich möchte mich auch sehr bei der Oberschwester bedanken, für ihre Güte und daß sie ihre ärztliche Erfahrung Vater zukommen läßt. Ich schreibe noch ein paar Worte an meinen Vater, nicht zuviel, um ihn nicht zu sehr anzustrengen. Dir aber möchte ich ein wenig mehr schreiben. Es geht mir darum, daß Vater gegenüber allem, was ihn quält, gut behütet wird, damit er bis zum Schluß im Herzen Liebe zu allen Menschen bewahrt. Das wichtigste, was wir in dieser Welt erreichen können, ist doch die Liebe. Alles andere, obwohl das höchste Verdienste sein können, verlassen wir auf der Schwelle zum neuen Leben. Es gibt so viel Freude und Ehre im Himmel, so viel Liebe man auf der Erden hatte. Es ist schade, wenn man sich wegen vorübergehender Hindernisse den ‚Vorschuß‘ auf das Glück bei Gott vermindert. Ich möchte auch, daß Vater in der Überzeugung lebt, daß Gott recht hat, immer und in allem – und der Mensch nur je nach dem Maße seiner Gottesnähe. Das ist die unerschöpfliche Quelle unseres Vertrauens und unserer Ruhe. Gib ihm möglichst viel Trost. Unser Vater war immer sehr familienbezogen, so daß er seine Vereinsamung mehr empfinden wird als je zuvor. Mein Brief vom 2. 2. dieses Jahres hat auf die Fragen in bezug auf meinen gesundheitlichen Zustand geantwortet. Dieser Zustand hält sich mit kleinen Abweichungen im Gleichgewicht. Sehr dankbar bin ich Dir für familiäre Nachrichten. Es scheint mir, daß Josef noch mehr von Deiner Energie verlangt. In diesen Tagen habe ich die heilige Messe für seine Gesundheit gefeiert. Ich denke an Euch alle. Heute habe ich in der heiligen Messe in der Intention Julcias die allerheiligste Mutter behelligt. Über das Autogramm, welches ich von Julcia erhalten habe, freue ich mich sehr. Sehr dankbar bin ich Dir für die Bücher über die Vögel: Sie erleichtern mir das Zusammenleben mit den geflügelten Brüdern, die sich gerne auf meinem Fenstersims niederlassen. Heute habe ich sieben italienische Bücher erhalten, die mir bei der Arbeit sehr behilflich sein werden.

Ich danke Dir auch für die neuerlich übersandten Lebensmittel. Zur Zeit habe ich aber keinerlei neue Bedürfnisse. Es bleibt mir nur die große Sorge um Vater. Macht alles, was in den Grenzen der menschlichen Möglichkeiten liegt, um ihn am Leben zu erhalten. Ich würde ihn gerne noch einmal sehen. Gott will von uns allen Gebete, und deswegen läßt er uns in dieser Situation, die nur die einzige Hoffnung – das Gebet – läßt. Küsse herzlichst von mir die Hände des Vaters. Bei den Schwestern bedanke Dich in meinem Namen für ihre Güte, besonders bei Julcia. Tadzio danke ich herzlichst für seine Briefe. Alle mir Teuren gebe ich der allerheiligsten Mutter hin. Ich vergesse Euch nie in der täglichen heiligen Messe um 7.30 Uhr in der Früh und umfasse Euch mit brüderlichem Gefühl und segne alle aus vollem Herzen."

17. 2. 1955   † Stefan Kardinal Wyszyński

„An den Ministerrat der Volksrepublik Polen in Warschau. Am 17. 2. dieses Jahres habe ich die Nachricht von meiner Familie erhalten, daß mein Vater Stanislaw Wyszyński sehr schwer und gefährlich erkrankt ist. Aus den Briefen ist mir bekannt, daß sich mein Vater bereits fünfmal schriftlich an die Regierung mit der Bitte, mich zu sehen, gewandt hat. Er hat bis jetzt keine Antwort bekommen. Mein Vater hat jetzt erneut den Wunsch geäußert, mich zu sehen. Da mein Vater sich bereits in vorgerücktem Alter befindet und seine Krankheit in einer Lähmung, durch einen Bluterguß im Gehirn hervorgerufen, besteht, lebt er in akuter Todesgefahr. In meinem Gewissen muß ich den Wunsch meines Vaters sehr ernst nehmen. Ich möchte nicht, daß meine Abwesenheit den Krankheitsverlauf negativ beeinflussen und das Ableben beschleunigen könnte. Aus diesem Grunde ersuche ich den Ministerrat, es mir zu ermöglichen, meinen Vater zu sehen. Ich möchte seinen Wunsch und die Pflicht meines Herzens, die Pflicht, welche der Sohn gegenüber seinem Vater hat, erfüllen."

18. 2. 1955   † Stefan Kardinal Wyszyński

Freitag, 18. 2. 1955

Warum kehrst Du Dich mit den Gedanken lieber zu den Menschen, die Dich quälen, als zu mir, die ich Deine unbefleckte Mutter, Deine Zuflucht, Trösterin und Verteidigung bin? – Und warum wendest Du Dich nicht an meinen eingeborenen Sohn, der Dich mit dem Blut, das aus seinem Herzen geflossen ist, erlöst hat? Und warum kehrst Du Dich nicht zum barmherzigen Vater, der Dich so liebt, daß er meinen Sohn für Dich gegeben hat?

Werden Deine Leiden das Nachdenken über das Unrecht Deiner Gegner stillen? Ist nicht doch die Liebe, die mein Sohn auf die Erde gebracht hat – und die Dir durch meinen Dienst vermittelt ist –, das einzige Arzneimittel? Wende Dich von Deinen Gedanken weg und bekenne Dich zu meinen. Laß Deinen Kummer in meine Hände fallen. Ich konnte in meinen Händen das Leiden des Erlösers der Welt tragen, so werde ich auch Deine Leiden tragen können. Es ist schade, Gedanken an die Ungerechten zu verschwenden. Widme sie lieber denen, die bereit sind, Dich zu verstehen, die Dich erhören und trösten. Kehre die Weltordnung nicht um: Gott ist Dein Erlöser, nicht die Menschen. Du bist doch dazu da, daß Du die Menschen über den Erlöser informierst und nicht dazu, daß Du mit ihrer Hilfe rechnest.

Es gehört zu Deinen Pflichten, sie, die Menschen, zum einzigen Erlöser zu führen. Wie kannst Du in der Kraftlosigkeit Erlösung sehen und Hoffnung aus der Ohnmacht gewinnen? Wenn es für Dich schwer ist, den Haß der Menschen zu ertragen, so denke daran, daß Dich nicht alle hassen. – Und auch dann, wenn alle Dich für ihren Gegner halten, bin ich sicher immer für Dich die Mutter der schönen Liebe, dann liebt Dich sicher mein Sohn bis zum Ende, dann ist sicher der Vater immer die Liebe.

Donnerstag, 24. 2. 1955

Ich habe heute dem Kommandanten gegenüber meine Bitte wiederholt, die ich an den Ministerrat gerichtet habe, meinen kranken Vater sehen zu können: „Es ist bereits eine Woche vergangen, wann werde ich die Antwort bekommen?" – Der Kommandant antwortete mir, daß er das nicht wisse, denn eine solche Angelegenheit ließe sich nicht sofort erledigen, dazu brauche man eben ein paar Tage.

„Der Tod wartet nicht", antwortete ich ihm. „Ich werde vielleicht die Antwort dann bekommen, wenn es schon zu spät ist. Das ist doch eine rein menschliche Angelegenheit."

„Ich vermute, daß Sie in dieser Angelegenheit doch sehr bald eine Antwort bekommen, denn das ist eine so wichtige Sache, daß Sie sicher rasch eine Antwort bekommen werden", antwortet der Kommandant.

„Aber wann?" frage ich ihn.

„Ich weiß es nicht, aber ich meine, es wird nicht mehr lange dauern. Ich werde jetzt gleich meinen Vorgesetzten über den Kummer, den Sie sich machen, informieren!"

Freitag, 25. 2. 1955

Der Kommandant hat mir folgende Erklärung gebracht: „Ich bin von meinen Vorgesetzten autorisiert, Ihnen zu erklären, daß Ihr Vater sich besser fühlt und daß er das Haus schon verlassen kann."

Primas: „Ist diese Erklärung alles? Ich danke für die Nachricht, die mich teilweise beruhigt, sie beruhigt aber sicher nicht den kranken Menschen, der fühlt, daß seine Bitte nicht erfüllt wurde. Er hat doch fünfmal an den Ministerrat geschrieben und hat keine Antwort erhalten. Wenn es sich um einen gesunden Menschen handeln würde, könnte er sich das alles erklären – aber diese Art von Krankheit kann in ihrer Entwicklung von äußerlichen Bedingungen abhängig sein. Bis jetzt kann ich die Bitte meines Vaters nicht erfüllen, und das bleibt weiterhin zwischen uns. Ich betrachte es als meine Pflicht, ihre Aufmerksamkeit darauf zu lenken, daß in unserer Familie bereits so ein Fall passierte: Mein Bruder saß zweieinhalb Jahre im Gefängnis, wie sich später erwiesen hat, zu Unrecht, denn man hat ihn ohne Angabe von Gründen entlassen, aber das hat seine Mutter getötet, die dieses Leid tödlich verletzte. Mein Bruder konnte nicht einmal beim Begräbnis der Mutter anwesend sein. Diese Sache ist im Bewußtsein unserer Familie als ein uns allen angetanes Unrecht lebendig. Jetzt liegt die Situation ähnlich."

Kommandant: „Ich bin nicht berechtigt, Ihnen mehr zu sagen. Aber ich kann Ihnen wiederholen, was mir meine Vorgesetzten befohlen haben, Ihnen mitzuteilen, damit Sie sich keine Sorgen mehr machen."

Primas: „Danke, aber wer wird veranlassen, daß mein Vater sich keinen Kummer mehr macht? Er hat doch fünfmal geschrieben. Wenn das in einem totalitären Staat geschähe oder in einer Satrapie, könnte man vielleicht gar nicht darüber sprechen, aber in einem demokratischen Staat, dessen Verfassung in jedem Artikel über die Rechte der Bürger spricht – wirkt das unverständlich. Ich selbst habe dreimal geschrieben und keine Antwort bekommen – das läuft der Verfassung zuwider, die Beamtenwillkür und Bürokratismus in Artikel 73 ausdrücklich verurteilt."

Kommandant: „Ich bin nicht berechtigt, in dieser Angelegenheit Erklärungen abzugeben. Sie sind aufgeregt . . ."

Primas: „Ich bin nicht aufgeregt, aber ich erkläre Ihnen, daß eine solche Behandlung zu psychischer Verstimmung führen kann. Ich habe das Gefühl, daß mir großes Unrecht angetan wird, mir, meiner Familie und den Gläubigen meiner beiden Diözesen, die das Recht auf einen eigenen Hirten haben. Ihr habt an mir eine Art Zivilmord verübt, Ihr habt meine Arbeit unterbrochen – Ihr zerstört mein persönliches Leben. Und daß ich ruhig bin, das beweist noch nichts. Ich lebe mit dem Gefühl, daß mir schweres Unrecht angetan wird. Zusätzlich sprecht Ihr mir auch das Recht auf Verteidigung ab – was ich dem Schweigen auf alle meine Petitionen entnehme."

Kommandant: „Bitte, nehmen Sie meine Versicherung entgegen, daß Sie eine Antwort bekommen werden – seien Sie, bitte, guter Hoffnung."

Primas: „Danke."

Dienstag, 8. 3. 1955

Der hl. Johannes von Gott hat erst, als er sich im Gefängnis für Geisteskranke befand, seine eigentliche Lebensmission verstanden. Er gab sich dem Dienst an seinen Mitgefangenen vollständig hin. Damals haben die Gefängnisaufseher sehr wohl verstanden, daß Johannes nicht verrückt ist. Aber Johannes wollte ein „Geisteskranker für die Geisteskranken" bleiben, um ihnen dienen zu können. Als man ihn aus dem Gefängnis entließ, befaßte er sich nur mehr mit dem Schicksal der Armen, deren schwere Lage er erst im Gefängnis kennengelernt hat. Kann Gott seine Diener nicht auf solche Wege führen, um ihnen die Augen für menschliche Anliegen zu öffnen?

Freitag, 11. 3. 1955

Von Deinem Kreuz aus hast Du die Winzer im Weinberg gesehen, über welche Du zur jüdischen Menschenmenge und zu den Hohenpriestern und Pharisäern gesprochen hast (vgl. Mt 21, 33–46). Sie haben Dir nicht so viel Frucht gebracht, daß Du den Weinberg in ihren Händen lassen konntest. Du hast auf Deine Kirche gesehen, welcher Du den Weinberg übergeben hast. Erntest Du genügend Früchte? In ihrer großen Demut betet die Kirche ununterbrochen darum, daß „unsere Gerechtigkeit eine ausreichende Ernte bringt". Dieses Gebet löst sich nicht leicht aus unserem Mund, denn es verbindet sich mit der Furcht, daß unser gegenwärtiges Leben – auf welches die Menschen schauen, die Dich nicht kennen – in ihren Herzen auch noch den letzten Rest „des Göttlichen" vernichtet. Wir beten für sie, damit Du in empfindlichen Gewissen Gedanken an Dich erweckst. Vielleicht ist das die letzte Möglichkeit! – Vielleicht aber auch der tödliche Anstoß zur völligen Abkehr? Denn wenn sie meine Schwäche und Mängel kennenlernen werden, was werden sie von der Kirche Gottes denken – zu der so unwürdige Menschen gehören, Menschen, die die Liebe nicht kennen – die so leicht an den Dienern der Liebe Anstoß nehmen? Sie leiden zu viel Hunger, um nicht im Brot ihr ganzes Glück zu sehen. Sie mögen nicht denken, daß der schwache Mensch das ganze Brot des Daseins ist. Sie mögen verstehen wollen, daß nur Du die vollkommene und unübertroffene Liebe hast – weil Du die Liebe bist.

Sie mögen davon mindestens soviel sehen, als ein Kind in einer Blüte sieht: Wenn eine Blüte vorhanden ist, muß auch irgendwo ein Baum sein, der diese Blüte trägt. – Große Angst um die Menschen, die seit 18 Monaten auf mich schauen, erfaßt meine Seele, daß sie diese endgültige Gnade der Liebe verscherzen, weil sie auf einen so unbeholfenen Vertreter der Ordnung der Liebe schauen müssen. – Welch großes Glück ist es, daß die gesamte Kirche für das gleiche Anliegen betet!

Samstag, 12. 3. 1955

Oremus pro Pontifice Papa nostro Pio ... Ich flehe zu Dir, Vater, um lange Jahre für Deinen Diener Pius, unseren Heiligen Vater. Zeige, daß Du der Herr des Lebens bist, über alle erhaben, die das Leben Deines Dieners belauern. Gib ihm Kraft zur Arbeit, damit er schreiben kann, damit er predigen kann, damit er sich vor den Menschen zu Dir bekennen kann, damit er segnen und lehren kann – damit er seinen pontifikalen Dienst aufnehmen kann. Um diese Gnade bettelt Dein gehorsamer Gefangener – der seinen Gläubigen nicht predigen, der sie nicht belehren und segnen kann. Wer kann besser die Gnade – daß man sich vor den Menschen zu Dir bekennen kann – verstehen als Dein Gefangener, der diese Gnade nicht empfängt, obwohl es seine Pflicht wäre? Erhöre Deinen Gefangenen, der Dir gehorsam ist, wenn er für Deinen Diener Pius bettelt. Gib ihm alle Gaben des Heiligen Geistes. Gib ihm große Heiligkeit, damit er, der der Welt den Ruhm der Himmelfahrt der Mutter Deines Sohnes verkündet hat, auch selbst die große Ehre der Heiligkeit erfahren kann.

Sonntag, 13. 3. 1955

Das Evangelium lesend ... Es ist erstaunlich, wie viele Satane sich zum Glauben Christi – der aus der göttlichen Natur schöpft – bekannt haben (Lk 4, 33–41).

Christus hat ihnen befohlen zu schweigen. Aber sie konnten es nicht: sie mußten „den Heiligen, Göttlichen" verkünden. Diese

Kraft des Glaubens öffnet die Gedanken und gibt ihnen eine mächtige Stimme, eine Selbstverständlichkeit, der man nicht widersprechen, die man aber auch nicht in sich festhalten kann. Wie vielen Menschen liegt die Selbstverständlichkeit des Glaubens auf den Lippen? Mit den Menschen ist es aber nicht schlimmer als mit den Teufeln, denn Konvention, Hochmut, Aberglaube können die Lippen der Bekenner schließen. Wie viele Teufel haben in menschlichen Herzen Haß zu Gott entfacht – sie haben den Glauben an Gott gelernt! Wie viele blutige Verfolgungen der Kirche erschließen den Menschen die Größe der Kirche! Besonders Schriftsteller, die ihr ganzes Leben dem Schreiben von Gotteslästerungen gewidmet haben, haben das anerkannt. Schlimmer war es mit den Teufeln in Uniform. Hier trifft man besonders viele dumme Menschen. Mit ihnen kann selbst der Teufel nichts anfangen – er kann sie nichts lehren. Die Dummheit ist der treueste Verbündete des Unglaubens. Der wirkliche Teufel aber – das ist ein kluger Geist, der weiß, daß Jesus der Christus (Lk 4, 41) – und Gottes Sohn ist.

Mittwoch, 16. 3. 1955

Der Leiter hat mir heute Briefe meines Vaters, meiner Schwester und des kleinen Staś überreicht. Weiters brachte er mir ein Paket mit Büchern (sechs Bände der Schriften von Norwid und die Geschichte einer Seele der heiligen Theresia). Ich habe einen kurzen Blick auf den Brief geworfen und habe wiederum festgestellt, daß mein Brief dem Vater nur vorgelesen und wieder nicht ausgehändigt worden war. Mit dem Brief an meine Schwester war es das gleiche. Im Zusammenhang damit fragte ich den Kommandanten, ob er mir heute sagen kann, auf welcher rechtlichen Basis das Zurückbehalten der Briefe verankert sei. Die Verfassung der Volksrepublik Polen schütze doch im Artikel 74 ausdrücklich das Briefgeheimnis. Die Briefe, die ich an meinen Vater abschicke, sind sein Eigentum, fallen unter das Briefgeheimnis und dürften daher nicht einbehalten werden.

„Mein allerliebster Sohn! Den letzten Brief vom 17. 2. hat man mir am 21. 2. 1955 in der Miodowa-Straße vorgelesen. Ich danke Dir, mein Sohn, für Worte der herzlichen Liebe und des Trostes. Mit vollem Herzen danke ich Dir für die Gebete in meiner Intention. Auch wir beten mit Vertrauen zur Trösterin der Betrübten, zur allerheiligsten Maria von Jasna Góra. Schon sechs Wochen muß ich das Zimmer hüten. Die Ärzte haben mir wenig Bewegung und viel Ruhe verordnet. Vier Wochen lang war ich sehr schwach und mußte im Bett liegen. Heute fühle ich mich besser – ich hoffe, daß ich bald nach Zalesie zurückkehren werde. Der Schwester Maxentia bin ich für die Mühe, die sie sich um mich macht, sehr dankbar. Ich kann noch nicht gut schreiben, da ich über meine Hände noch nicht ganz verfügen kann. Das wird aber wiederkommen, denn es war schon schlimmer. Herzlichst danke ich für Deinen Hirtensegen. Ich wünsche Dir Gesundheit und Kraft des Geistes. Außerdem hoffe ich auf Deine schnelle Rückkehr, auf die wir alle mit Sehnsucht warten. Ich füge noch Grüße und Küsse von allen, die Dir nahestehen, und meinen väterlichen Segen hinzu."

Warschau, am 8. 3. 1955   S. Wyszyński

„Geliebter Onkel!
Ich möchte gerne an Dich schreiben, ich weiß aber nicht, was und wie. Mutti und Vati bat ich um Hilfe, daß ich Dir schreiben kann. Solange habe ich Dich, Onkel, nicht mehr gesehen, ich hätte gerne, daß Du wieder zu uns zurückkommen könntest. Jeden Morgen und Abend bete ich zur Muttergottes um Deine Rückkehr und Deine Gesundheit. Ich besuche schon das zweite Jahr die Schule und lerne viel. Ich lerne auch aus dem Katechismus, denn im Mai darf ich die erste heilige Kommunion empfangen. Vielleicht kannst Du zu diesem Zeitpunkt zurückkommen und mir die heilige Kommunion geben. Ich bin Meßdiener. Zu Hause helfe ich der Mutti, ich gehe einkaufen und spiele mit Hania. Ich liebe Hania sehr, denn sie ist so nett. Sie war wieder ein bißchen krank, jetzt ist sie aber schon gesund und wieder fröhlich. Ich bitte Dich, geliebter Onkel, schreibe mir einen langen Brief, dann kann ich Dir besser antworten. Ich überreiche Dir viele Grüße und Küsse von mir, Hania und den Eltern. Bitte, verzeih mit die Fehler. Ich bitte um Andacht und Gebet. Ich werde innigst für Deine Rückkehr beten und diesen Herrn, der mir Deinen Brief bringen wird, bitten, daß er ihn mir läßt.

Meine Adresse: Warschau, Grójeckastraße 43/11"   Dein Staś

Samstag, 19. 3. 1955

Mit dem Lukasevangelium in der Hand . . . „Wenn Du das Mittag- oder Abendmahl veranstaltest, so lade weder Deine Freunde und Brüder noch Deine Nächsten, weder Verwandte, noch reiche Nachbarn ein . . . – sondern rufe Arme, Gebrechliche, Lahme, Blinde zusammen: So wirst Du gesegnet sein . . ." (Lk 14, 12–14). Das ist das Manifest Christi für die Gesellschaftsordnung einer vielleicht nicht weit entfernten Zukunft. Bis jetzt hat man die Armen nur im Evangelium ernährt, bis jetzt haben nur Christen solche Gastmahle veranstaltet . . . Alle anderen haben immer nur die Hoffnung, daß man ihnen Gleiches mit Gleichem vergilt: – Mit der Mütze, mit dem Brei, mit dem Salz . . . – Und doch kann man in diesen Worten Christi die wahre Gesellschaftsordnung und Kultur sehen – in diesem wunderbaren Bild vom Gastmahl ... Das scheint schwer begreiflich zu sein – wir sind noch so wenig Christen. – Es gibt in uns noch so wenig gesellschaftlichen Sinn, so wenig Glauben an einen entschlossenen Forschritt – so wenig Kühnheit zu gesellschaftlicher Initiative ... – so wenig Mut zu zeigen, daß man dieses „Einzige" braucht ... – so wenig Uneigennützigkeit im Dienste der menschlichen Notwendigkeiten! Ich frage nicht, wer Du bist: Ich weiß, daß Du arm und gebrechlich, lahm und blind bist – das ist Deine gesellschaftliche Legitimation. – Und Du wirst gesegnet sein, weil Du es nicht mit Gleichem erwidern kannst. Alle gesellschaftlichen Programme, auch die radikalsten, sind kindliches Gezwitscher im Vergleich mit diesem Mut des urewigen Wortes des Schöpfers von Himmel und Erde ... Wir befinden uns also erst auf der Schwelle der geistigen Umwandlung der Welt ... – Es möge Dein Königreich kommen ... – nicht mit Krone und Zepter – aber im Dienste am Menschen und in der Liebe ... Ein weiter Weg? Vielleicht – aber man darf nicht auf die Vergangenheit schauen ... Erst dann wird die Welt auf das Jüngste Gericht, wo man für ein Stück Brot, einen Becher Wasser, ein Bekleidungsstück mit dem himmlischen Königreich zahlen wird, vorbereitet sein. Wir sind noch wie kleine Kinder! Wie wunderbar ist das Programm „des Vaters des zukünftigen Jahrhunderts"!

Dienstag, 22. 3. 1955

Heute lehrt uns die heilige Kirche in der Lesung vom Dienstag nach dem vierten Fastensonntag, wie es dem Moses gelungen ist, Deinen Zorn, in welchem Du das auserwählte Volk in die Wüste verbannt hast, durch sein Flehen zu beschwichtigen (Ex 32, 7–14).

„Es möge Dein Zorn gestillt werden. Sei barmherzig und gedenke nicht der Bosheit Deines Volkes." Moses war groß, Vater, aber was war er gegenüber Deinem Sohn? Dies ist eine prophetische Vision. Vor Dir heute ist es die verkörperte Wirklichkeit: der ewig Lebende kommt, um sich für uns einzusetzen! Dein Sohn fleht – von seiner Mutter, der Himmelskönigin angeregt –, daß Du Dich unser erbarmst – wir vertrauen diesem Gebet, denn Dein Sohn hat uns – den Sündern – gesagt, daß wir die Sonne nicht untergehen lassen dürfen über unserem Zorn, sondern daß wir unseren Schuldnern nicht sieben, sondern siebenundsiebzigmal verzeihen sollen. – Wenn schon so arme Sünder so rasch verzeihen sollen, kann man dann nicht erst recht eine rasche Verzeihung von Dir erwarten?

Die Lehre Deines Sohnes ist nicht seine Lehre, sondern Deine, denn Du hast ihn zur Erde gesandt. Wir warten also hoffnungsvoll, obwohl nicht nur einmal die Sonne über Deinem Zorn untergegangen ist ... obwohl das Blut unserer Söhne in ungeheurer Menge auf die Erde geflossen ist ... obwohl die Öfen in den Krematorien schon verglüht sind ... obwohl die Glut im brennenden Tiegel der aufständischen Hauptstadt schon zu Asche wurde ... obwohl tausende Hände Verblutender, flehend zum Himmel ausgestreckt, von der Ohnmacht überflutet wurden. Wir schreien trotzdem weiter: *Miserere, Domine, popolo tuo: et continuis tribulationibus*... mit den Worten des dritten Fastensonntags. So grausam unser Anteil am Leid Deines Sohnes auch ist: *et sustinui qui simul mecum contristaretur*... Wir waren mit Dir, leidender Christus, unsere Schulden haben wir – zusammen mit Tausenden Priestermärtyrern in Lagern, mitsamt den Hunderttausenden Gefangenen und den während der Verhöre Stöhnenden und Gefolterten, im Feuerschein brennender Dörfer und Städte, im Erdulden zahlloser Mißhandlungen und Beleidigungen – getragen und gebüßt. Was sind die Hekatomben des Salomo – gegenüber diesem Brandopfer einer ganzen Nation ...? *Veni, iam noli tardare* ...

Freitag, 25. 3. 1955

Ich habe heute Briefe an den Vater und die Schwester geschickt: „Mein allerteuerster und allerbester Vater! Ich bin sehr dankbar für den Brief vom 8. 3. 1955, welchen man mir am 16. 3. dieses Jahres ausgehändigt hat. Ich sehe in diesem Brief einen Beweis dafür, daß Deine Gesundheit sich verbessert hat, wenn sie Dir bereits solch eine Anstrengung erlaubt. Sorgfältig schaue ich mir jeden Buchstaben Deines Briefes an, um in ihnen Dich, Vater, wie in einem Spiegel zu sehen. Obwohl die Krankheit das gewöhnliche Leben stört, muß man sie in Ruhe durchstehen – wie die Launen eines Kindes –, dann wird es um so früher mit dem Weinen aufhören.

Ich bitte Dich, Vater, Dich nicht zu rasch wieder anzustrengen, wenn Dir die Ärzte Ruhe empfehlen. Strenge Dich auch nicht zu sehr mit Lektüre an, versuche das bis jetzt Erfahrene mit Deinem Denk- und Erinnerungsvermögen zu nutzen. Zum Glück haben Dir die Ärzte das Beten nicht verboten – es ist doch Trost für das Herz und Nahrung für die Gedanken. Ich unterstütze Dich, teurer Vater, mit meinem Gebet. Jeden Tag, wenn ich die heilige Messe feiere und aus dem Brevier lese, bete ich für Dich. Wenn Du zur Mutter von Jasna Góra betest, treffen wir uns in unserem Gebet vor ihrem Altar. Das wird uns bei allen Hindernissen viel Trost bringen und ist das beste, was wir tun können. Ich wünsche mir innigst, teurer Vater, daß Du Dich vor allem in den bevorstehenden Tagen der Auferstehung Christi dieser Freude hingibst, welche der lebendige Gott in allem vermittelt, was er sich durch sein eigenes Blut erworben hat. Christus will von uns diese Freude, denn er hat schwer daran gearbeitet, um sie uns schenken zu können. Er will unsere

Freude als Antwort auf seine Anstrengung und Mühe sehen. Am wärmsten wünsche ich Dir, teuerster Vater, diese Freude, und ich werde um sie – für Dich beten. Dir, der guten Oberschwester, den anderen Schwestern und meinen Nächsten überreiche ich die Worte des göttlichen Friedens zu den Osterfeiertagen. Andere Informationen gebe ich in dem Brief an Stasia – ich segne Dich, teurer Vater, aus meiner ganzen Seele, so wie auch diejenigen, die Dich mit Obhut und Sorge umgeben. Der Mutter von Jasna Góra gebe ich Euch alle hin."

25. 3. 1955 † St. W.

„Meine allerbeste Schwester! Ich bin Dir für Deinen Brief vom 11. 3. 1955 sehr dankbar, welcher mir am 16. 3. dieses Jahres ausgehändigt wurde. Die Nachricht über die Verbesserung des Gesundheitszustandes unseres Vaters hat mich sehr getröstet. Aus dem Brief sehe ich, daß die Hände des Vaters mit beeinträchtigt waren, was man auch aus der Veränderung der Schriftzüge sehen kann. Die empfindsame Gemütsart des Vaters wird ihm jetzt etwas zu schaffen machen. Wache treu über ihn, damit er sich nicht zu sehr anstrengt. Die einsamen Ausflüge, welche mich immer beunruhigt haben, wird Vater jetzt einstellen müssen, auch bei allerbestem Gesundheitszustand. Obwohl vielleicht die Luft in Zalesie vorteilhaft für sein Befinden wäre, sollte er sich doch besser mit der Rückkehr nach Hause nicht besonders beeilen. Es geht mir vor allem um die erfahrene Pflege, die er bei der Oberschwester genießt. Du, Stachna, bemühe Dich, Vater durch Deine Ruhe positiv zu beeinflussen. Ich arbeite daran, meine Beunruhigung Gott zu übergeben, und das tut mir gut. Ich danke Dir für die sechs Bände von Norwig, dessen Verehrer ich bin. Leider befinden sich die interessantesten Auszüge nicht in diesen Bänden, die ich erhalten habe. Ich habe auch die Geschichte der kleinen heiligen Theresia erhalten, das Buch von Merton dagegen (Die Aussaat der Kontemplation) war nicht dabei, obwohl es abgeschickt wurde. Du hast mir doch geschrieben, es im Juni letzten Jahres abgeschickt zu haben.

In Zukunft gib mir, bitte, die abgeschickten Bücher direkt im Brief an. Ich habe mich sehr über den Brief des braven Staś gefreut. Ich werde ihn gerne beantworten, aber erst später. Bedanke Dich in meinem Namen bei ihm, und sag ihm, daß alles, was er mir geschrieben hat, mir große Freude bereitet hat. Der Namenstag von Zenia und Józia ist nun vorbei – ich habe vor dem Altar für sie gebetet. Jetzt nähert sich der Namenstag Naścias, ich werde ihrer in der heiligen Messe gedenken.

Ich möchte gerne, daß alle in meiner Familie am Tage der Auferstehung Christi die Herrlichkeit im Herzen tragen, damit Ihr die Freude der Gnade Gottes empfindet und im Vertrauen auf den allerbesten Vater lebt, der aus Liebe der Welt seinen Sohn gegeben hat, damit er uns mit Liebe und Frieden erfüllt. Der ganzen Familie übermittle ich dank Deiner Güte meine brüderliche Hingabe und die Worte der Andacht. Ich höre nicht auf, für Euch zu beten. Seid alle ruhig, was meine Person betrifft – betet nur geduldig und beharrlich, das wird für mich die allerwichtigste Hilfe sein.

Zum Schluß noch ein paar Worte über die Vögel, die sich auf meinem Fenster niederlassen, um Futter zu finden. Da ist ein ‚Herr Specht‘, der in mir Mißtrauen weckt, weil er zu chic angezogen ist, dabei ist er aber sehr gut erzogen – und obwohl er der größte ist, wartet er immer ruhig auf einem Apfelbaum, bis die Mensa frei ist. Es kommen auch gefräßige Kleiber, die mit dem Enthusiasmus von Konsum-‚Aktivisten‘ Weißkäse fressen. Es kommen auch fleischfressende Kohlmeisen und nette Blaumeisen, welche übermäßig bescheiden und vertrauensvoll Brot fressen. Die Spatzen wollen nicht alles wegfressen, obwohl sie durch die Scheiben schauen, was ich mache. Ich mache viele Entdeckungen, die für den Ornithologen wertlos sind, aber mir große Freude bereiten. Am interessantesten sind jedoch die Stare, die jetzt aber nicht vorhanden sind. Über diese möchte ich Dir einmal einen ganzen Vortrag halten. Ich danke Dir, Stachna, für Dein treusorgendes Herz, das Du mir in jedem Brief zeigst. Ich möchte so gerne, daß Ihr um mich ganz ruhig bleibt, so wie ich darum in meinem ersten Brief gebeten habe. Gott ist über uns und – wenn er uns versucht – in uns, wo er jeden mit seiner Liebe belohnt. Ich segne die ganze Familie – und vertraue Euch der Mutter vom Jasna Góra an.“

25. 3. 1955 † St. W.

Freitag, 25. 3. 1955

Heute sind eineinhalb Jahre meines „Ziviltodes“ in diesem getarnten Konzentrationslager vergangen, das schamvoll vor der Welt mit Stacheldraht, Mauern und Wachposten abgezäunt ist. Ich habe nichts bei mir, was nicht Spuren der Zensur über mein Gehirn, meine Taten und mein Leben trüge . . .

Das belastet das Bewußtsein eines Menschen, der für die Freiheit geschaffen ist, überaus schwer. Aber jedes Leid hat seinen tiefen Sinn, der sich erst allmählich im Laufe der vergehenden Tage und Schmerzen enthüllt. Das ist Gottes, nicht menschlicher Sinn . . . Das Leiden des Priesters hat immer Gottes Sinn, denn es ist „als Zeichen dargestellt“ . . . Und wenn das Dir, Christus, und Deiner Kirche notwendig ist – ich kann Dir nicht widersprechen, obwohl ich weiß, wie schwer es fällt, von sich auch nur das Geringste zu geben. Ich schreibe das mit Angst, ob ich das schaffen würde, wenn Du meine Zustimmung einfordern wolltest . . . Ich kann Dir nichts verweigern, dem Gott und Vater der Liebe, dem Erlöser der Kirche. Dem heili-

gen Vater der erlösten Seelen meiner Diözesen kann ich nichts verweigern. Vielleicht ist gerade mein armes Leben dazu notwendig,
daß ich zum Argument der Wahrheit werde! Vielleicht wird das der
beste Tag meines ganzen Lebens sein?! Wenn Du durch mein Leben
gerühmt sein wolltest – ich kann Dir nicht das volle Recht auf mich
und auf alles, was „mir gehört", verweigern. – *Benedic anima mea
Domino, et omnia, quae intra me sunt Nomini Sancto eius – Soli Deo!*
Diese Worte sprechen wir der Gottesdienerin Maria nach.

Dienstag, 29. 3. 1955

Der heilige Johannes Chrysostomus schreibt aus seiner Verban-
nung an Priester, Bischöfe und Gläubige die folgenden Worte: „Ihr
befindet Euch im Gefängnis, und mit Ketten seid Ihr verbunden.
Was Besseres außer diesem könntet Ihr haben? Denn was bedeutet
schon eine goldene Krone auf dem Kopf dessen, der zugleich die zu
Gott erhobenen Hände in Ketten legt. Was bedeutet schon Besitz
für den, der in einem Gefängnis voll Dunkelheit, Schmutz und Leid
leben muß! Freut Euch also und setzt den Kranz auf Euer Haupt,
denn diese Leiden werden Euch großes Glück bereiten. Sie sind das
Korn, das eine große Ernte ankündigt. Sie sind ein Kampf, welcher
Euch Sieg und Palmen bringen wird." (Brief 118)

Donnerstag, 31. 3. 1955

Der Priester Stanislaw Skorodecki kehrte aus der Klinik in Breslau, wo er zwei Wochen lang unter Beobachtung stand, zurück.
Einer der jüngsten Aufseher war zu seiner Bewachung mit ihm innerhalb der Krankenanstalt eingeschlossen. Der Priester fühlte sich
gut, obwohl ihn die Isolation sehr ermüdet hat. Er hatte Sehnsucht
nach unserem „Zuhause" und nach der heiligen Messe, welche er
die ganze Zeit nicht feiern konnte.
Die Isolation des Priesters war so vollständig, daß er nichts hören
und sehen konnte, außer dem, was ihm der Aufseher erzählte. Der
Aufseher war sehr redselig, aber der Priester, durch die Erfahrung
belehrt, hatte keine Neigung, diese Redefreudigkeit zu erwidern.
Andeutungen des Aufsehers ermöglichten es doch, eine Veränderung der Atmosphäre, nämlich die zunehmende Freundlichkeit unserer Umgebung, zu erklären. Im Gefängnis ist alles wichtig. Im „di-
plomatischen" Protokoll unserer Aufseher sind alle Kleinigkeiten
von großer Bedeutung. Mit der Pedanterie von Hofmenschen Lud-
wigs des XIV. notieren sie alles, auch die kleinsten Geschehnisse.
Bis jetzt habe ich keine Antwort auf meine Anfrage bezüglich
eines Treffens mit meinem Vater – trotz der Versprechungen, die

ich vom Kommandanten und vom Leiter bekommen habe. Zu der Serie von Lügen, die man mir von Anfang an serviert hat, ist noch eine weitere dazugekommen – und das in einer so wichtigen Angelegenheit. Im Zusammenhang damit habe ich beschlossen, keine weiteren Ansprüche mehr zu erheben, keine neuen Postulate zu äußern und auch keine Bitten mehr an diese Herren zu richten.

Sonntag, 3. 4. 1955

Palmsonntag – *Gloria, laus et honor Tibi sit, Rex Christe* ... Das Herz und die Gedanken reißen sich vom Gefängnis los und wenden sich zur Erzdiözese des heiligen Johannes hin, um an der Schwelle der Kathedrale zu stehen und die Freude des gemeinsamen Gebetes zu empfinden. – Ich muß jedoch mein Herz und die Gedanken im Zaum halten – sie müssen dort sein, wo es Gott zuläßt, daß der Leib gefangengehalten wird. Ich möchte mich – sogar von den besten Gefühlen durchdrungen – nicht Deinem heiligen Willen widersetzen.

Du hast es erlaubt, daß ich zwischen diesen Drahtzäunen gefangengehalten werde und daß meine Kathedrale auch heute ohne meinen Dienst bleibt. *Fiat voluntas Tua.* Herz, kehre zurück und überschreite die Grenzen deiner Mauern nicht – bleibe Gott treu, so wie der Leib Gott gehorsam ist. Schaue nur zum Himmel empor – er ist nicht mit Draht umzäunt.

Montag, 4. 4. 1955

„Und das Haus hat sich mit wohlriechendem Öl gefüllt." – Die Tat der Maria aus Bethanien – an welche die Kirche am Montag in der Karwoche erinnert – ist in der geschichtlichen Perspektive sehr tief verwurzelt: Maria hat aus Dankbarkeit für das Leben ihres Bruders Lazarus die Füße Christi gesalbt. Sie hat die Füße mit ihren Haaren abgewischt. Der Wohlgeruch strömte in größerer Menge aus der Seele als aus dem Alabastergefäß. Das Haus in Bethanien ist ein Bild für die Kirche. Und der Wohlgeruch ist Gottes Ehre, welche das ganze Gotteshaus, die ganze Kirche erfüllt hat.

Der Duft der dankbaren, gottergebenen Herzen ist die größte Freude Gottes. Christus schützte Maria vor Judas – so wie die Kirche ihre Diener vor denen schützt, die an einem gottergebenen Leben Anstoß nehmen. Ihm alles geben – nicht nur den Duft des Lebens, sondern seine ganze Schönheit –, sich dem Meister zu Füßen werfen, ihm nichts abschlagen – das ist der Wohlgeruch, der Duft, der das ganze Haus erfüllt. Das ist die Frucht der jahrhundertelangen Arbeit der Kirche. Dieser Duft erweckt in allen, die ruhig auf die Kirche schauen, Erstaunen. Seine größte Ehre ist, daß er um sich herum die Seelen weckt – dabei den Duft der Heiligkeit und Ehre Gottes verstreuend. Die Welt zahlt Gott mit ihrem Dienst – wenn wir das Martyrologium, das Meßbuch, das Brevier, die Kirchengeschichte, die hagiographischen Jahrbücher oder asketische und mystische Schriften öffnen, dann können wir diesen Duft fühlen. Kann man dem gegenüber die Frage stellen: Wozu diese Verschwendung?

Donnerstag, 7. 4. 1955

Gründonnerstag – Tag des letzten Abendmahles – Tag der Einsetzung der Eucharistie – der ersten heiligen Messe – der ersten heiligen Kommunion und der ersten heiligen priesterlichen Weihe – ein großer priesterlicher Tag, der die priesterliche Seele in seine Arme nimmt und die Taten, zu welchen ich berufen bin, fordert. Christus wollte an diesem Tag mit seinen Schülern beisammen sein: Mit großem Begehren hat er dieses Paschafest herbeigewünscht. Dieses christliche Begehren ist jeder Seele, die ihr Priestertum von Christus nimmt, geblieben. Welch große Qual kann es doch für einen Bischof sein, so weit von seinen Priestern, von seiner Kathedrale und Diözese entfernt zu sein. Kein einziger Tag meiner Gefangenschaft quält mich so wie dieser Tag. Welch eine große Anstrengung des Gehorsams und der Demut ist notwendig, um diesen Tag in dem Geiste mitzufeiern, den der Vater ein Recht hat, von mir zu erwarten. Wie unwürdig fühle ich mich der Gnade des Altars – zu welchem ich immer so kühn getreten bin ... Heute spüre ich das, heute fühle ich es.

Mein Gründonnerstag: „Wie fühlen Sie sich heute – gut oder schlecht? Sie haben sich so um die Gartenarbeit angenommen!" sagt der Lagerkommandant.

„Ihr erlaubt mir weder die Beichte zu hören noch zu predigen, also mache ich, was ich machen kann."

„Das ist gut – dann werden Sie sich besser fühlen."

„Jeder fühlt sich dort am besten, wozu er berufen ist."

„Das ist wahr", bejaht der lächelnde Besucher.

Mandatum novum do ... – Allerteuerster Lehrer und Führer, wenn ich meine berufliche Pflicht nicht erfüllen kann, wenn ich Dich nicht nachahmen darf, um auf meinen Knien die Füße Deiner Kinder, die Du mir anvertraut hast, zu waschen – empfange doch mein innigstes Begehren, alle Füße, die Du in meine bischöfliche Obhut gegeben hast, zu küssen ... Ich küsse mit Ehrfurcht die Füße dieser Brüder, für welche Dein Vater Dir Deinen Körper bereitet hat. – Ich küsse mit Ehrfurcht diese Füße, über die Du dem Vater sagtest: „Ich gehe, um Deinen göttlichen Willen zu erfüllen." – Ich küsse mit Ehrfurcht diese Füße, für welche Du den Schoß der Jungfrau nicht verschmäht hast. – Ich küsse mit Ehrfurcht diese Füße, deren Du selbst Dich bedienen wolltest. – Ich küsse in Ehrfurcht diese Füße, mit denen Du selbst auf der heiligen Erde gelaufen bist. – Ich küsse diese Füße, auf welchen Du Dich der Qual des Auspeitschens nicht entzogen hast. Ich küsse mit Ehrfurcht diese Füße, vor welchen Du selbst beim Letzten Abendmahl gekniet bist. – Ich küsse in Ehrfurcht diese Füße, für welche Du Deine heiligen Füße ans Kreuz nageln ließest. – Ich küsse in Ehrfurcht diese Füße, für welche Du in der ganzen Welt *speciosi pedes evangelizantium pacem* geschickt hast... Ich küsse in Ehrfurcht diese Füße – für welche Du ein sichtbares Haupt in Deinem Nachfolger auf Erden festgesetzt und uns Bischöfen erlaubt hast, in seiner Person Deine heiligen Füße zu küssen. – Ich küsse in Ehrfurcht diese Füße – für welche Du mich zum Hirten erhoben und mir befohlen hast, ihnen in Liebe zu dienen. – Ich küsse in Ehrfurcht die Füße aller meiner mir anvertrauten Schäfchen – aller, die Dich lieben, und aller, die Dich hassen, aller, die sich in der Gnade befinden, und aller, die sich in der Sünde befinden, aller, die auf Deinen Wegen gehen – und aller, die von Deinem Wege abgewichen sind. Allen jenen, die aus Haß zu Dir zu meinen Gegnern wurden, allen, welchen ich auf Deinen Befehl Liebe zeigen soll, um ihre Seele zu retten... allen ohne Ausnahme. Erlaube mir, auf den Knien durch die Krakowskīe-Przedmieście-Straße*) zu gehen, und ich werde das ohne Zögern tun.

Freitag, 8. 4. 1955

Karfreitag – „In Schmerzen wirst du gebären..." Dich, Mutter, haben die Schmerzen, als Du Deinen erstgeborenen Sohn in Bethlehem zur Welt gebracht hast, verschont. Aber wie sehr haben sich die Schmerzen vermehrt – als du auf dem Kalvarienberg Mutter des ganzen sündigen, obwohl erlösten Menschengeschlechtes wurdest. Du hast uns in Schmerzen geboren. Schau mit jener Liebe auf uns, welche jede Mutter der Frucht ihrer Qual gegenüber hegt. Schmerzensmutter, für uns bist Du eine Freudenmutter.

Du, unser Lehrer und Führer, hättest das vollste Recht, alle Menschen, sogar die schlimmsten, gegen mich zu mobilisieren, damit der Ehre des Vaters Genüge geschieht. – Denn der Vater hat in seiner Liebe gegen Dich den Judas, Hannas und Kaiphas, Pilatus, Herodes und ganze Kohorten von Soldaten, Dienern und Dienerinnen sowie das Straßengesindel als falsche Zeugen angesetzt – damit sich „die Schrift erfüllen" kann. Du hast das alles in Gehorsam und Vertrauen angenommen. Für alles zahlst Du mit schweigender Liebe.

---

*) Hauptstraße im alten Warschau mit sehr schönen Beispielen sakraler und profaner Baukunst aus dem 17. und 18. Jh.

Du Heiliger, Unschuldiger, Unsterblicher, ausgesondert von den Sündern – was würde ich in meiner Sache zu sagen haben, wenn Du mich den Ohrfeigenden, Spuckenden und Schlagenden, mit dem Stiefel Stoßenden und Verleumderischen ausgeliefert hättest? Ich hätte anerkennen müssen, daß Du auf das alles ein Recht hast. Hätte ich mich gegen Dich wehren können?

Ich müßte in allem Zeichen Deines Willens erkennen – und in all dem ein willenloses Werkzeug, das ich ehren muß, wie man Dein Kreuz und die Nägel küßt. *Proprio Filio suo non pepercit* – Und wenn er dem Abraham verziehen hat – mit dem Gefühl des treuen Herzens des „Vaters des Glaubens" rechnend –, dem eigenen Sohn hat er nicht verziehen, denn mit dem Gefühl des eigenen Herzens hat er nicht gerechnet. Gott hat das Recht, von den Hohenpriestern ein vollkommenes Opfer – für das Volk, sogar das Opfer des Lebens zu fordern. Das ist auf dem Kalvarienberg geschehen – während des ersten Opfers des „Neuen Bundes". Heute ruft Christus seine Diener des Altares zu Hilfe, welche er mit der Macht des Opferns ausgerüstet hat. Uns dem Vater zeigend, sagt er: „*Sacerdos alter Christus.*" Was Gott von den allerhöchsten Priestern gefordert hat, gibt ihm auch das Recht, es von seinen Dienern zu verlangen. Dem eigenen Sohn hat er nicht verziehen und hat daher das Recht, auch uns nicht zu verzeihen. Und er fordert das Opfer des Lebens, wenn es für das Heil des Menschen notwendig ist. Wenn es dazu kommt, werden wir die Schulden des uns anvertrauten Volkes auf uns nehmen müssen. – Wenn es dazu kommt, werden wir es schützen müssen. – Wenn es dazu kommen wird, werden wir für das Volk alles opfern müssen – sogar das eigene Leben. – Denn das ist das Recht des Erben des Priestertums Christi – dem Gott nicht verziehen hat. Wir können vom Vater für uns nicht mehr Nachsicht fordern, als er dem eigenen Sohn zukommen ließ.

Samstag, 9. 4. 1955

In der Karwoche haben wir die dreitägigen Andachtsübungen beendet, die es uns erlaubten, die ganze Zeit in der Kapelle unseres Hauses zu verbringen. Ich mußte gleichzeitig an mich, an den Priester und an die Schwester eine Ansprache halten. Die Zuhörerschaft war „auserlesen", obwohl nicht sehr differenziert. Man muß trotzdem die Themen genau überlegen, um Bezüge ad personam zu vermeiden, obwohl natürlich Andachtsübungen ohne persönlichen Bezug auch keinen größeren Sinn haben. Meine Zuhörer waren sehr geduldig und nachsichtig. Die großen Tage dieser Woche haben wir in der Kapelle verbracht. Wir waren bemüht, uns den Erlebnissen der heiligen Kirche möglichst anzunähern. Am Gründonnerstag gab es eine feierliche heilige Messe mit der Kommunion für das „Volk".

Täglich sangen wir am Nachmittag die Trauermette. Am Karfreitag sangen wir nachmittags die Mette und hielten anschließend „unseren Kreuzweg", der frei von Schmerzen und Klagen, hingegen voll der Gemeinsamkeit mit Christus auf seinem Weg war.

Es war der Weg Christi, nicht unserer. Am Karsamstag haben wir uns eine heilige Messe erlaubt, in der Hoffnung, daß die Kirche – unter den Sonderbedingungen, unter welchen wir uns jetzt befinden – das erlauben würde.

Wir haben es mit dem Ausschmücken unserer Kapelle für die Feiertage nicht gerade leicht gehabt. Im Garten fanden wir nur „Bergblümchen", die eben erst aus der Erde herausgewachsen sind. Diese, in kleine Blumentöpfe verpflanzt, haben dazu beigetragen, unseren Altar zu schmücken. Um Punkt 12.00 Uhr brachte mir der Leiter Briefe und Pakete zum Festtag. In diesem Zusammenhang haben wir eine große Sitzung der „Kommission der drei", die diese Gaben empfangen hatten, abgehalten. Die Menge der erhaltenen Briefe ist wohl auch ein Zeichen des sich langsam lockernden Netzes des Isolation. Diesmal halte ich in der Hand Briefe von Vater, von Schwester Stanislawa, von Bruder Tadeusz und von Schwester Janka; das ist eine außergewöhnlich umfangreiche Lektüre.

Sonntag, 10. 4. 1955

Valde mane. – Heute haben wir die Auferstehungsfeier in unserer Kapelle abgehalten: ohne Prozession, dagegen mit gesungener Matutin und mit dem Te Deum. Diese Feiertage haben wir wieder völlig gemeinsam verbracht: in der Kapelle, bei Tisch und während der „Nachmittagssitzungen". In unserem Stock konnte man fröhliches Singen und Freude hören. Dagegen herrschten im Parterre und im zweiten Stock tiefe Stille und Ernsthaftigkeit. Menschen, die der religiösen Freiheit beraubt sind, sitzen wie Vögel mit gestutzten Flügeln herum. Sie tun uns leid. Ich riskierte heute gegenüber dem Stellvertreter, der mich besuchte, folgende Anrede: „Ich wünsche Ihnen viel Freude und Gnade."

Flüsternd erwiderte er: „Danke."

Auf dem Weg zum Garten traf ich den „älteren Herrn" und sagte ihm: „Gott möge Ihnen Gesundheit geben." Ich hörte auch wieder als Antwort „Danke". Etwas länger haben wir uns beim Tisch des diensthabenden Aufsehers aufgehalten. Wir wollten ihn aufmuntern, damit er sich gegen die Trauer wehrt, denn für Sieger paßt es nicht gut, solch betrübte Gesichter zu haben; alles auf der Welt beginnt aufzuerstehen, man muß nur den Lebenswillen durchhalten. Er hat mit der Vorsichtigkeit eines Apothekers gelächelt.

Nur meine Schicksalsgefährten sind voll Freude und Herzlichkeit. Ich höre ihre singenden Worte. Die Schwester geht am Gang herum und summt vor sich hin: *O Filii et filiae, Rex caelestis, Rex gloriae, ex morte resurrexit hodie, Alleluja.* Der Priester ist zufrieden, daß er wieder „zu Hause" ist und nicht mehr in der Klinik. Er versucht immer wieder Auferstehungslieder zu singen. Als Christus auferstanden war, zeigte er den Menschen so viele Möglichkeiten, daß uns jetzt alles egal ist, selbst die Situation, in welcher wir uns immer noch befinden. Wir wissen, daß alle Möglichkeiten vor uns liegen – und wer „im Namen Gottes alles machen kann", der vergißt, was heute ist.

Montag, 11. 4. 1955

Surrexit Dominus vere et apparuit Simoni, Alleluja. Das ist die wahre Freude des Petrus, denn das war der Beweis, daß ihm verziehen war. Es hat genügt, daß Christus auf Petrus schaut, das war die Absolution, die Christus dem sichtbaren Haupt der Kirche erteilte. Christus hat Petrus verziehen. Es wächst dadurch die Hoffnung, daß er auch uns verzeihen wird. Der befohlen hat, für die Feinde zu beten, und es auch selbst tat, weiß, daß wir nicht seine Gegner sind. Um so mehr können wir auf den barmherzigen Blick Christi schauen. *Alleluja, gavisi sunt dicipuli, viso Domino.* Die Freude, das ist ein großartiger Gesang in der Zeit der Auferstehung Christi. Denn alles ist schon vollbracht. Das Urteil, das den Menschen drohte, wurde vernichtet. Denn Christus, zum Tode verurteilt, stirbt nicht mehr. – Das, was den Sohn Gottes seit der Erschaffung der Welt bedroht hat, droht ihm nicht mehr. Der Zorn des Vaters über seinen Sohn ist schon besänftigt. Die grauenvollen Visionen der Qualen, die der Sohn vom „Protoevangelium" im Paradies her vor Augen gehabt hat, haben sich aufgelöst. Hiebe und Ohrfeigen werden den Gottmenschen nicht mehr treffen. Diese ganze Schrecklichkeit ist schon vorbei ... Alleluja, Alleluja!

Dienstag, 12. 4. 1955

Zuflucht der Sünder – sage dem Gotteslamm und seinem Vater, daß die Urteile Gottes gerecht sind. Vor kurzem noch konnte ich mich darüber wundern, warum mich die Urteile Gottes so schmerzhaft treffen. Heute wundere ich mich nicht mehr: Gottes Gnade hat mich gelehrt, wie sehr ich der Kirche und ihren Mitgliedern geschadet habe. Schon eine einzige Schuld gibt dem gerechten Richter das Recht, mich für immer von der Gnade zu lösen. Wenn Gott das nicht tut, dann sehe ich darin seine Barmherzigkeit. Wie weit entfernt sind alle Leiden der Erde von der ewigen Strafe – wie groß ist die Barmherzigkeit Gottes über mir!

Deswegen, himmlische Mutter, verehre ich die Gerechtigkeit Gottes, welche über mir steht. Ich anerkenne das volle Recht Gottes, mich zu bestrafen und bitte nur um eines: Verteidigen wir gemeinsam Deinen Sohn und den himmlischen Vater vor den Menschen, damit diese in sich keine Gedanken gegen Gottes Gerechtigkeit zulassen – immer dann, wenn sie an mich denken oder für mich beten. Du kannst das tun, damit – durch innerliche Erleuchtung – meine Nächsten überzeugt werden, daß Gott mich gerecht bestraft. Gib ihnen, himmlische Mutter, eine vollständige Schau aller meiner Sünden – sie mögen meine Armut kennenlernen, damit sie zusammen mit mir die Gerechtigkeit Gottes verehren. Verteidige mich nicht vor menschlichen Urteilen – aber verteidige Gott auf meine Kosten. Es wird besser sein, wenn ich von den Menschen strengstens verurteilt werde, als wenn der geringste zweifelnde Gedanke gegenüber der Gerechtigkeit des Vaters und des Sohnes aufkommen würde. Du kannst das tun . . . – Ich werde nicht „*Ne respicias peccata mea*" beten – sondern ich werde beten: „Schau auf meine Sünden, Vater, damit Du Deine Überzeugung stärkst, daß die Strafen, mit welchen Du mich triffst, gerecht sind."

Montag, 18. 4. 1955

Ich weiß nicht, warum, aber ich muß das schreiben, obwohl ich mich so fürchte. Du befiehlst mir das – ich selbst bin nicht dazu imstande. Du befiehlst mir zu wollen – Du befiehlst mir zu schreiben. Obwohl ich versuche, mich Deinem Willen zu widersetzen. Wenn Dir, Vater, mehr als das, was bereits mit mir geschieht, notwendig zu sein scheint, dann bitte ich Dich, es zu tun. Wenn Dir mein Gefängnis hier zu wenig ist, dann vertausche es doch mit einem Kerker und mit der Qual von Verhören. – Laß über Deinen Diener kommen, was Du willst: Verleumdung, Verspottung oder Schmähung durch das Gesindel . . . Hier bin ich! – Ich habe das geschrieben . . ., und ein Stein ist mir vom Herzen gefallen.

Dienstag, 19. 4. 1955

Nihil proficimus – Den ganzen Tag treibt der Schneesturm sein Spiel – dazwischen immer wieder helle Sonnenstrahlen – und schon umfaßt wieder Dunkelheit die Erde. Frische Schneeflocken fallen auf den grünen Rasen – sie scheinen, von der Kraft der Winde getrieben, zu sagen: Wir haben nichts erreicht. Die Aprilerde hat die kalten Flocken erwärmt und sie besiegt – denn umsonst schneit es im April, wenn die Zeit des Frostes vorbei ist, und alles sich nach der Wärme, nach dem Licht der Begrünung der Erde sehnt. Auch die stärksten Stürme werden nicht zurechtkommen. Es gibt die Zeit des Winters – und die Zeit des Frühlings. Ihr werdet nichts mehr machen können, ihr kalten Blumen, wenn die Erde sich nach den warmen Blumen sehnt!

Umsonst ist eure Anstrengung – eure Hartnäckigkeit und Bosheit. Wenn ihr wüßtet, wie die Erde Sonne, Friede und Liebe begehrt... Nichts kann die Zeiten zurückdrehen, kann die Jahrhunderte der Geschichte zurückbringen und aus der Umarmung der Güte, aus der Gewöhnung des Herzens befreien... Zweitausend Jahre lang hat „die Sonne der Gerechtigkeit" die Erde mit der Liebkosung ihrer liebenden Lippen geküßt... Wir genießen diese Liebkosung: unsere Lippen, unsere Augen, unsere Gedanken, unsere Worte, unsere Taten – entstehen aus der Liebe. Die ganze Welt sehnt sich nach einem guten Herzen, nach einem guten Blick, nach einem guten Wort...

Das ist der Welt bereits in Fleisch und Blut übergegangen... Es gibt also heute keine Zeit mehr für Schneestürme... Erwärmt die Welt mit den Strahlen des Herzens – wenn auch nur mit denen des Aprils. Vielleicht ist er noch schwach: Aber nach dem April kommt der Mai und nicht der März. Und die Sonne wird stärker werden – die Liebe wird sich erholen... Vorwärts zur Sonne, zur Wärme, zur Güte, es gab genug Kälte, genug harte Worte, genug frostige Winde!

Wir öffnen die Tore der Heimat – der Wärme und den Blüten... „Denn der Winter ist schon vorbei – der Regen ist vergangen – er hat aufgehört. Auf unserer Erde zeigen sich die Blumen..." (Pnp 2, 11–12).

Kehrt nicht um! Vorwärts zum Licht! Ihr werdet den Lauf der menschlichen Sehnsucht nicht aufhalten können... *Nihil proficimus* – und das frostige Weiß ist in den Smaragdumarmungen der Wintersaat gestorben...

Montag, 25. 4. 1955

Heute habe ich die Osterbriefe vom 9. 4. 1955 beantwortet. Ich schrieb aber nur dem Vater und der Schwester Stanislawa. Ohne Antwort bleiben noch die Briefe des kleinen Staś und der Schwestern Anastasia und Janina. Es fällt mir nicht schwer zu erraten, wie dieses Unwesen der Verlesung meiner Briefe vor sich geht. Ich möchte die anderen Mitglieder der Familie dieser brutalen Aktion des Vorzeigens der Briefe und des anschließenden Verstauens in der

Tasche des Polizisten nicht aussetzen. Besonders möchte ich den kleinen Staś vor diesem Schock bewahren. Er ist noch zu jung, um schon solch eine drastische Begrenzung seiner bürgerlichen Rechte zu erfahren.

„Mein allerbester und allerteuerster Vater. In ein paar Tagen feiern wir den Feiertag Deines Patrons, des heiligen Stanislaus. Ich möchte Dir jetzt schon versichern, daß ich an diesem Tag auf besondere Weise mit dem Gebet und mit den besten kindlichen Gefühlen mit Dir verbunden sein werde. Die heilige Messe in Deiner Intention werde ich am 9. Mai feiern, denn am Sonntag habe ich die Pflicht, sie meinen Diözesen aufzuopfern. Ich werde auch aller Namensbrüder der ganzen Familie gedenken. Am Tage Deines Patrons, teurer Vater, werde ich Gott dafür danken, daß er Dir die Rückkehr zur Gesundheit ermöglichte. Außerdem werde ich ihm danken, daß er mir die Gnade gegeben hat, daß ich weiterhin mit Deinem Gebet – der einzigen Hilfe, welche ich von Dir erwarte – rechnen kann. Ich werde den allerbesten Vater auch darum bitten, daß er in Deiner Seele das Leben des Glaubens stärke, der um nichts fragt, sondern einfach vertraut, wie Abraham, der nichts haben will und alles hergibt, der zu seinem Herzen keine Angst kommen läßt, weil er weiß, daß die Erfahrungen dieses Lebens nichts sind gegenüber der Freude, die Gott seinen Dienern gibt. Unterstützen wir uns gegenseitig mit dieser Hoffnung. Obwohl uns die Entfernung trennt, verbindet uns doch der gemeinsame himmlische Vater, der auch der Herr des Raumes ist, und der mit der Schnelligkeit eines Herzschlags diesen Raum durchqueren kann.

Alle Mitglieder meiner Familie und meine Nächsten haben mir so viel Gedenken und Güte anläßlich der Festtage gezeigt, daß ich mich dadurch fast beschämt fühle. Ich vergelte es ihnen mit meinen besten Gefühlen und dem Gebet, besonders während der heiligen Messe. Meine Nächsten bewahre ich dankbar im Herzen und unterstütze sie mit dem Gebet vor Gott – indem ich an jeden speziell denke.

Ununterbrochen empfehle ich Euch alle der Maria von Jasna Góra, der Helferin der Gläubigen – denn diese allerbeste Herrin – *Virgo Auxiliatrix* – vergißt die Kinder, die sich ihr hoffnungsvoll hingegeben haben, niemals. Gegenüber der Schwester, die Dich, teurer Vater, unterstützt und zum Spital begleitet hat, empfinde ich tiefen Dank. Durch diese Obhut bin ich voll beruhigt, denn ich weiß, daß Du Dich dadurch in guten und erfahrenen Händen befindest. Aber auch mein Herz ist für sie voll Dankbarkeit, so wie für alle, die Dir helfen. Ich bitte Dich um eines: Mute Dir nicht zu früh größere Anstrengungen oder Arbeiten zu. Dein ganzes Leben war arbeitsam, und diese gegenwärtige erzwungene Erholung ist vollständig verdient.

Über meine Situation, teurer Vater, sei vollständig beruhigt, ich

führe ein arbeitsreiches Leben im vollen Sinne dieses Wortes. Ich lasse mir keine freie Zeit – ich mache alles mit der Uhr in der Hand, vom Aufstehen bis zum Schlafengehen. Vielleicht ist mein Leben am besten mit dem eines Karthäusermönches vergleichbar. Hinsichtlich meines Gesundheitszustandes gibt es nichts Neues, das wert wäre, erzählt zu werden. Empfange, mein teurer Vater, die allerbesten Grüße, die Worte herzlichster kindlicher Ehrerbietung und Hingabe. Deine Hände küsse ich mit Liebe und Dankbarkeit. Dir und meinen Nächsten übermittle ich meinen Segen. Der allerheiligsten Mutter und Unterstützerin der Gläubigen empfehle ich Euch alle.“
25. 4. 1955   S. W.

„Meine allerteuerste Schwester! Ich möchte Dich wieder mit den Pflichten der Vermittlung belasten – aber ich tröste mich damit, daß Deine Güte gerne dazu bereit ist. Ich möchte Dir mit den Wünschen, welche ich am Tag des heiligen Stanislaw, Deines Patrons, Dir im Gebet überreiche, meine Dankbarkeit erweisen. Durch Deinen Mund möchte ich die Wünsche für Stach und den kleinen Staś übermitteln. In den kommenden Tagen werde ich die heiligen Messen in Eurer Intention feiern: Für den Vater am 9. 5., für Dich am 11. 5., in der Intention von Stach und seiner Familie am 13. 5., in der Intention von Staś, Hania und ihren Eltern am 18. 5.! Alles, was ich für Euch begehre, werde ich dem himmlischen Vater vor dem Altar sagen – hoffend, daß das mehr bedeutet als menschliche Gefühle. Wenn ich schon über die heilige Messe schreibe, bitte ich Dich, daß Du der Oberschwester übermittelst, daß ich in ihrer Intention die heilige Messe am 20. 5. feiern werde. – In der Intention von Julcia feiere ich sie am 2. 6. und in der Intention von Tosia und der ganzen Familie am 13. 6. – Ich weiß nicht, ob ich eine Möglichkeit haben werde, später noch zusätzlich zu schreiben, also möchte ich, daß Du meine Wünsche an Julcia, Janka und Czesio übermittelst. Ich werde sie an ihren Namenstagen bei der heiligen Messe mit meinem Gebet unterstützen. Ich habe mich so sehr über alle Briefe gefreut, die ich während der Osterfeiertage bekommen habe. Ich möchte ihnen gerne antworten, aber ich möchte ihnen nicht zu viele Schwierigkeiten bereiten. Nascia sage, daß ich mich sehr über die Entschlossenheit des Willens ihres jüngsten Sohnes freue, ich bete, daß er diesen Entschluß auch einhält. Sie selbst möge ihre Gesundheit schonen, damit sie möglichst lange über die Familie, die ihr Gott anvertraut hat, wachen kann. Die persönlichen Zeilen der Familienmitglieder von Janka haben mich sehr gefreut. Ich sehe, daß Stefanek deutlicher schreibt als ich in seinem Alter. Zosia bin ich für das Bild sehr dankbar. Es steht stets auf meinem Tisch. Tadzio danke in meinem Namen für die nette Photographie von Stasia und Hania. Die Kinder sehen wirklich ein wenig ernst, aber gesund aus. Ich kann mich nicht dazu aufraffen, dem kleinen Staś, der mein

Trost ist, zu antworten – aber ich möchte ihn nicht dem Vorlesen der Briefe aussetzen, da er doch bereits deutlich die Ambition hat, alleine zu lesen. Vielleicht wird Gott erlauben, daß ich ihm irgendwann doch einmal schreiben werde. Ich würde gerne wissen, an welchem Tag er die erste heilige Kommunion empfangen wird. Dann werde ich an diesem Tag die heilige Messe in seiner Intention feiern. Ich danke sehr für den 5. Band „des Tapferen". Dieses Buch ist wirklich ein Ereignis in der polnischen Kultur. Ein großes Talent!

Tadzio trifft öfters die Familie Romki – er möge ihnen sagen, daß ich mein kleines Patenkind nicht vergesse, und daß ich in seiner Intention bete. Am Karsamstag hat man mir zwei Osterpakete ausgehändigt, in welchen ich alles, was Du in Deinem Brief angibst, gefunden habe. Das erweckt in mir verschiedene Gefühle: Selbstverständlich am Anfang das Gefühl der Dankbarkeit und Freude – aber andererseits auch das Gefühl der Befürchtung, daß ich zu einem luxuriösen Leben verführt werde. Jeder neue Gegenstand, der in mein bescheidenes Betrachtungsfeld gerät, bereichert die Welt meiner Betrachtungen. Erst jetzt habe ich bemerkt, wie schön Tomaten in ihrer Frische aussehen – obwohl es so eine praktische und alltägliche Frucht ist. In Bewunderung haben mich drei bemalte Ostereier versetzt, die so hübsch gemacht worden sind. Nimm es mir nicht übel, wenn ich über meine Gesundheit schweige, aber das bedeutet, daß es keine bemerkenswerte Veränderung gibt. Ich fühle mich wesentlich besser als im letzten Jahr, es bleiben nur verschiedene Symptome, die eine systematische Kur verlangen würden, was Dir ja bekannt ist. Mit meinen Zähnen habe ich keine Schwierigkeiten mehr. – Bremse den Vater ein, damit er nicht so schnell wieder arbeitet. Er hat in seinem Leben genug geleistet. Wie ist der Spitalsbefund von Julcia ausgefallen? Bedanke Dich für mich bei den kleinen Kindern für das schöne Bild und für ihre guten Herzen. Allen Mitgliedern der Familie und den nächsten Bekannten überreiche ich die Worte meiner brüderlichen Hingabe. Ich gebe Euch in die Hände der Trösterin und Unterstützerin vom Jasna Góra - von Herzen segne ich Euch."

S. W.

Sonntag, 1. 5. 1955

Confiteor . . . Beatae Mariae semper Virgini. – Die Kirche hat mir befohlen, vor Maria zu beichten. Sie gibt ihr das Recht, in meine Seele zu schauen zur Selbstanklage und zur Enthüllung von allem, was in mir ist. „Zuflucht der Sünder" – eine unangenehme Sache ist es, Beichtvater zu sein; Ich habe viel Mitleid mit Dir – wenn Du mich erhören mußt. Aber was für ein großer Trost ist es für den

Sünder, wenn er einen guten Beichtvater findet. Und was es erst für mich bedeutet, wenn Du meine Beichte erhörst! Deine Barmherzigkeit wird mir Verzeihung – und meinem Herzen Erleichterung bringen.

Dienstag, 3. 5. 1955

Du engste Gefährtin der heiligen Dreieinigkeit, Gottesgebärerin, Jungfrau und Königin von Polen, heute wollen wir durch Deine mütterlichen Hände unsere dankbare Huldigung der heiligen Dreieinigkeit dafür darbringen, daß Du unsere Mutter bist, daß Du die Königin von Polen bist, daß Du das Herz des barmherzigen Gottes beeinflußt, dessen Liebe sich in so vielen Gnaden erweist, die auf Jasna Góra verteilt werden. Für alles dankend, bitten wir um die Gnade der Treue zur heiligen Dreieinigkeit, um die Gnade der Treue dem Herzen Deines Sohnes und Deinem unbefleckten Herzen gegenüber und – um die Gnade der Treue zur Kirche.

Gedenke, Mutter, daß wir voll Hoffnung die polnische Nation und die Kirche Deinem unbefleckten Herzen geweiht haben, sobald das Unrecht der Okkupation über uns gekommen ist.

Bald darauf haben wir die Nation auch durch Deine unbefleckten Hände dem Herzen Deines Sohnes übergeben.

Wir wollen uns bei Dir ein bißchen Erholung erbitten, damit wir unsere Gelübde erfüllen. Erhöre, Mutter, dieses Rufen – Deine königlichen Hände mögen Deinen gequälten Kindern mütterliche Nachsicht erweisen. Ich bringe Dir, Mutter, meine ganze Last – ich werfe sie von meinen Schultern zu Deinen Füßen – und schaue so darauf, wie die Herrin auf den Arbeiter schaut, der schwere Lasten trägt. Das habe ich gebracht, abgeworfen – ich schaue auf Deine Hände ... Ich kann nichts Besseres machen, also trage ich Lasten. Nicht nur meine – da sind auch Lasten von Dir und Deinem Sohn. Wenn ich sie vor Dir abwerfen darf, wird es mir ein bißchen leichter werden. Werde ich dafür den Lohn des Arbeiters bekommen? . . .

Donnerstag, 12. 5. 1955

Am neunten Jahrestag meiner Bischofsweihe, die ich in dem Kloster auf dem Berg Jasna Góra, vor dem Thron der allerheiligsten Mutter, durch die Hände meiner Herrin und Beschützerin, mich der heiligen Dreieinigkeit dankbar hingebend, empfangen habe, danke ich für die Gnade der Bischofsweihe und für die Ausübung meines Priestertums. Mit dem Pontifikale in der Hand erneuere ich mein Bischofsgelöbnis, indem ich in der Tiefe meines Herzens wiederhole: *Volo – Credo.* Ich erfülle meine Pflicht der Gewissenserforschung und anerkenne in Demut, daß ich in diesen neun Jahren nicht alles in mir vollbracht habe. Die Frage „*Vis mores tuos ab omni malo temperare, et quantum poteris, Domino adiuvante, ad omne bonum commutare?*" erinnert mich daran, wie weit ich noch vom Austausch des Bösen durch das Gute entfernt bin, obwohl die Bischofsgnade eine große Hilfe zur Erreichung der eigenen Heiligung ist. Welch schwaches Werkzeug hat Gott erwählt, wenn die mächtigsten Mittel der Hilfe versagen. Die während der Weihe gebetete Präfation ist in jedem Wort nur eine Ausrede des untreuen Dieners, der während der neun Jahre nicht fähig war, dieses Programm zu verwirklichen. Es fehlt mir noch an dieser „*puritas dilectionis*". Das Leben ist mir „*in persuasibilibus humanae sapientiae verbis*" vergangen. Habe ich nicht doch einen warnenden Vorwurf verdient: „*Ut utatur, non glorietur potestate*"? – Was war es mit dem „*fidelis servus et prudens*"?... Es möge sich der Wunsch der Kirche durch mich erfüllen: „*Multiplica super eum benedictionem et gratiam tuam; ut ad exorandam semper misericordiam tuam tuo munere idoneus et tua gratia possit esse devotus*" (P. R.). – Ich kehre zu dieser Präfation zurück, damit sie mir als Programm meiner innerlichen Arbeit diene... Das ist ein großer Trost für meine Armut, daß ich geboren wurde, um in Jasna Góra Bischof zu werden, das „*ab origine claromontanus*" ist. Daß ich mich in der Heimat sehen kann, in der die allerbeste Mutter herrscht: Sie wird es ihrem Kind, das sich im Kampf um die Treue befindet, nicht absprechen.

Donnerstag, 19. 5. 1955

Christi Himmelfahrt. – Die geöffneten Tore des Himmels erlauben allen Wanderern, mit der durchdringenden Kraft des Glaubens und mit den Augen der Hoffnung „in den Himmel zu schauen". Wenn der Himmel geöffnet ist, scheint das ganze Leben wie eine Träne zu sein, die auf dem Gesichtchen eines Neugeborenen hinabfließt. Rasch wird sie durch die Sonne des Lebens getrocknet. Die Sonne wird sie mit den Strahlen ihrer wärmenden Liebe umfassen. Die Liebe ist ohne Grenzen. Reinige mich also, wie Du die Samariterin Maria von Magdala, die öffentliche Sünderin, gereinigt hast; reiche mir Deine Hand, wie Du sie dem Petrus auf den Meereswellen hingehalten hast. – Öffne mir die Augen – wie Du sie dem Blinden von Jericho und dem Blindgeborenen geöffnet hast. Führe mich aus dem Grab, wie Du den Lazarus aus dem Grab geführt hast. Erlaube mir, Deine Seite zu berühren, wie Du dem Thomas erlaubt hast, Dich zu befühlen. Vermehre meinen Glauben und lehre mich beten, wie Du die Apostel gelehrt hast. Gib mir die Liebe, wie Du sie Maria gegeben hast, damit ich viel lieben kann – denn die Liebe ist

die Haupttugend der Himmelsbewohner. Es sollte schon so sein,
wie Du es willst: „Denke nur an mich – und ich werde an Dich denken, so wirst Du Dich von unnötigen Gedanken befreien." Wieviel
Zeit wirst Du dadurch gewinnen, die Du ausschließlich mir und
meiner Kirche widmen kannst. Willst Du mehr Zeit haben? Denke
nur an mich – und Du wirst Dich überzeugen, wieviel Zeit Du gewinnen wirst. – Es soll alles so werden, wie Du es willst, allerbester
Lehrer!

Sonntag, 29. 5. 1955

Die Tage vergehen in großer Ordnung: Wir beide arbeiten mit
großem Eifer. Der Priester findet große Erfüllung beim Lesen und
Schreiben. Dabei stört ihn die Schwester, welche immer wieder von
den Büchern zur Haushaltsarbeit abschwenkt. Ich habe die Arbeit
über die Feier des liturgischen Jahres beendet und habe begonnen,
einen Hirtenbrief an die von mir geweihten Priester vorzubereiten.
Das ist eine große, vier Teile umfassende Arbeit, die die übernatürliche Bindung betont, die zwischen dem Priester und der heiligen
Dreieinigkeit, zwischen der Kirche, dem Bischof und der Kirchen-
gemeinde besteht. Diese Arbeit habe ich den Priestern gewidmet, die
ich geweiht habe. Ich schreibe sehr langsam und mit großer Mühe,
denn es fehlt mir an günstigen Voraussetzungen für diese Art von
Arbeit. Der Priester arbeitet weiterhin an seinen „Erwägungen für
die Schuljugend". Er konzipiert einen kleinen Führer für die Meßdiener. – Wir beide üben auch fleißig italienische Konversation. Alle
Mahlzeiten und Spaziergänge sind der Übung der italienischen Aus-
sprache gewidmet. Der Priester macht rasche Fortschritte.

Unser Verhältnis zu den Bewohnern hat sich so entwickelt, daß
wir uns während der offiziellen Besuche immer weniger zu sagen
haben, dagegen sind die Treffen mit dem „älteren Herrn", wenn wir
in den Garten gehen, immer natürlicher geworden. Wir sprechen
über „die Gesundheit, das Wetter und die Vögel". Unsere Bezie-
hung zu „Äskulap" wurde noch mechanischer, es scheint, daß er uns
überhaupt nicht bemerkt, wenn er uns nach „Gesundheit und Wünschen" fragt, denn er geht weiter, ohne auf die Antwort zu warten.
Der Kommandant dagegen wird immer „menschlicher"; einmal hat
er sogar die Wendung „so menschlich" gebraucht. Mit dem Leiter
kann man nur über „Fliegenschnäpper" sprechen, die sich in meiner
Fensternische ein Nest gebaut haben und ihre Jungen ausbrüten. –
Heute hat man mir wieder einen Brief meines Vaters und meiner
Schwester Stanislawa ausgehändigt.

„Mein allerliebster Sohn! Den Brief vom 25. 4. hat man mir am
3. 5. dieses Jahres vorgelesen. Ich danke Dir sehr für diesen Brief,

sowohl für die Feier der heiligen Messe in meiner Intention wie auch für die Namenstagswünsche. Nach Zalesie bin ich am 4. 5. in Begleitung des Priesters Franz und des Priesters Hieronymus zurückgekommen. Hier zu Hause kehrt die Gesundheit wieder. Sichtbar wirkt sich die Frühlingsluft positiv darauf aus, es fehlt nur noch an Wärme. Schwester Maxentia erkrankte – sie fuhr nach Poznań. Nach der Untersuchung stellten die Ärzte eine innere Krankheit fest. Sie muß operiert werden. Nach zweiwöchiger Vorbereitung wurde die Operation mit Erfolg durchgeführt.

Die Familie Tadeusz dankt Dir für die heilige Messe in ihrer Intention – sie sind gesund, und die kleine Hania erholt sich auch schnell. Staś hat gestern die erste heilige Kommunion empfangen. Der Priester Padacz bittet mich, Dich zu fragen, ob Dir sein Brief vom 3. 7., der gleichzeitig mit unseren Briefen abgeschickt wurde, ausgehändigt wurde. Stasia wird Dir ausführlich schreiben. Noch einmal danke ich Dir für Deine Gebete und den Hirtensegen und ich betone, daß wir in Deiner Intention beten und hoffen, daß der gute Gott uns erhören wird. Ich küsse Dich, mein teurer Sohn. Ich wünsche Dir Gesundheit und Ausdauer, Dich der Obhut der Mutter vom Jasna Góra empfehlend."

Zalesie 23. 5. 1955   S. Wyszyński

„Mein allerteuerster Bruder!
Deine Briefe vom 25. 4. wurden uns am 3. Mai vorgelesen. Ich überreiche Dir meine herzliche Danksagung, auch die der anderen Namenstagskinder, welche Du mit Deinen Meßintentionen bedacht hast. Wir danken Dir für die uns erzeigte Güte. An den von Dir erwähnten Tagen haben wir uns alle in Gedanken vor Gott mit Dir verbunden. Deine Botschaft an uns war die wertvollste Namenstagsgabe für uns. Anläßlich des 8. Mai fuhr ich dieses Jahr nach Jasna Góra. Zuletzt war ich vor neun Jahren am Sonntag Deiner Bischofsweihe dort. An diesem Tag hat man in unserer Intention zwei heilige Messen vor der Muttergottes gefeiert: um 10 Uhr und am Abend in Verbindung mit dem Mariengottesdienst. Ich habe für den 12. 5. – den Jahrestag Deiner Priesterweihe – auch eine Messe in Deiner Intention bestellt.

In dem Paket übersende ich Dir die Hostie mit dem Gotteslamm zusammen mit dem vom Tag der Weihe Dir bekannten Satz: *Volo in caelo et in terra.* – Ich füge eine Bitte hinzu, daß Du, wenn es möglich ist, die heilige Messe am 30. Mai, dem Tag des Festes der Krönung Mariae – mit dieser Hostie feierst. Ich würde mich sehr freuen, wenn Du meine Bitte erfüllen würdest und, wenn es so geschehen kann, daß Du mir im nächsten Brief davon schreibst."

Sonntag, 29. 5. 1955

Kleinigkeiten haben für die Kleinen keine größere Bedeutung als große Ereignisse für die Mächtigen des Geistes. Eine solche Kleinigkeit könnte es sein, daß ich von meinen Nächsten bis jetzt keinen Brief erhalten habe, da ich die Post normalerweise anläßlich der Feiertage immer einen Tag früher erhalte. Aber Gott hat mir die Gnade gegeben, diesen Entzug mit Freuden zu opfern. Ich empfange alles mit Vertrauen, was von seiner Hand kommt. Ich wiederhole mir vom frühen Morgen an ohne Pause: Alles ist Gnade, Du bist die Güte und Klugheit, die in allem ist. Ich spreche mich von diesem Trost los – Du hast das Recht, alles zu verlangen. Könnte ich Dir das absprechen, was die Notwendigkeit des menschlichen Herzens ist? Auch wenn ich ohne Schuld wäre – auch dann hättest Du das Recht, die Qual auf mich zu laden. – Kennst Du übrigens die Mittel, mit denen Du mich trösten kannst? . . . Völlig beruhigt, habe ich mich mit meinen Gefährten, die traurig waren, befaßt. Nach kurzer Zeit haben wir alle einen Trost empfangen: Es ist ein Brief, voll mit besten Nachrichten gekommen. Man hat für uns am 8. 5. in dem Kloster von Jasna Góra in der Kapelle der Muttergottes gebetet. Vor dem Bild des Wunders hat man für uns zwei heilige Messen abgehalten: eine um 10 Uhr und die zweite während des Mariengottesdienstes. Die allerheiligste Mutter hat zugestimmt, daß man vor ihrem königlichen Thron für ihren Sklaven betet. Während dieser Messe war meine Schwester Stanislawa anwesend wie einst während meiner Primizmesse, die ich 1924 vor dem „Wundervollen Bild" gefeiert habe, wo ich – wie einst Lazarus – aller Kräfte bar war. Man hat uns viele Kleinigkeiten, die Kindern guttun, geschickt. Die Schwester hat einen Brief von ihrer Ordensmutter Getter erhalten. Das war eine große Freude. Trost für die Kinder, denen man die Gnade des Vertrauens gegeben hat. Der gefangengehaltene Primas wußte nicht, daß im Kloster von Jasna Góra Tag und Nacht in seiner Intention gebetet wird, daß für ihn Hunderte von heiligen Messen gefeiert wurden.

Nicht einmal denke ich, daß Du bei unserem Gefängnis vorbeikommen und sagen könntest: „Lazarus, komm heraus aus Deinem Grab!" Wir haben Fesseln an den Füßen. Jeden Augenblick sehe ich Stacheldraht vor meinem Fenster. Auch meine Schwestern überreichen Dir Gebete und Bitten. „Aber Du zögerst das hinaus bis zum vierten Tag." Wenn Dir diese Verzögerung Ruhm bringen sollte, werde ich in meinem Grab warten.

Montag, 30. 5. 1955

„So sehr hat Gott die Welt geliebt ..." Wenn die Kirche am zweiten Tag der „Ausgießung des Heiligen Geistes" uns an das kleine Wort „so" erinnert – scheint sie unsere Antwort zu erwarten. Christus hat kein besseres Wort zur Bezeichnung seiner Liebe gefunden – man kann sie vergleichen mit dem, was bodenlos ist, was keinen *terminus a quo* oder *terminus ad quem* hat, es soll ein Zeichen des Voluminösen sein, das nur Gott fordert. Und Gottes Sohn, der seinen Preis im liebenden Antlitz seines Vaters kennt, muß in der Gabe des Vaters für die Erde die Unermeßlichkeit der Liebe Gottes zur Welt sehen.

„So" wird also immer die Tiefe bleiben. Obwohl sie mit dem Sohn gefüllt scheint wie die Weinfässer in Kana. Diesem „so" kann man nur mit einem zweiten „so" antworten – das ist das „so" des Menschen. Es ist ohne Ausmaß, ohne Grenzen, ohne Boden. Es hat immer die Möglichkeit des Durchdringens in die Tiefe, in die Breite, in die Länge. Das ist die Arbeit des ganzen Lebens. Das ist Mitarbeit mit der heiligen Dreieinigkeit. Das ist, was ständig zuwächst, was nie „genug" sagt. Man kann es vielleicht mit dem *„unum"* vergleichen – das allein notwendig ist – und mit dem *„primum"*, das man zuerst suchen muß. Diese drei Worte sind in der Lage, der Dynamik eines gottwilligen Herzens zu genügen.

Dienstag, 31. 5. 1955

Heute erlaubt die Kirche ihren Kindern, alle nur möglichen Namen als Bezeichnungen und Ehrentitel zu verwenden, um Maria umfassend zu preisen. Und sie erlaubt während der heiligen Messe zu Ehren der Mittlerin aller Gnaden alles, was ein gläubiges und liebendes Herz sagen kann. Heute herrscht die volle Freiheit des Wortes und der Gefühle. Alles wird verziehen. Heute reicht keine, auch nicht die schönste Bezeichnung. Heute bekommt man alles und muß alles geben. Was könnte es Schöneres in diesem Tal der Tränen geben – als die Jungfrau, die in ihren Armen den Gottmenschen hält?! – als den Priester, der Brot und Wein zu Leib und Blut des Sohnes der Jungfrau umwandelt?! – als die Jungfrau, die ihren Körper und ihr Herz dem König der Jungfrauen opfert?! – als die Mutter, die die Frucht ihres Leibes stillt?!

Wenn ich heute noch einmal geboren und gefragt würde, welchen Lebensweg ich wählen möchte, würde ich ohne zu zögern den Weg des Priestertums einschlagen, obwohl ich von Anfang an weiß, daß ich in Christi Fesseln, am Galgen verschmachtend, enden werde. Es ist besser, ein geschmähter Priester als ein verehrter Cäsar zu sein.

Sonntag, 5. 6. 1955

Die heilige Dreieinigkeit – das Feuer der Liebe – das ewig wie der Dornbusch des Moses in der Wüste brennt. Die Helligkeit dieses Feuers ist der Sohn. – *Lumen de lumine* – und der Geist in der Form der feurigen Zungen – das sind Funken des Feuers, die auf menschliche Herzen fallen, sie verbreiten das Feuer Gottes in der ganzen Welt. In diesem Feuer verbrennt alles, was nur Heu ist, und durchglüht alles, was nur Gold ist. Die Seelen strahlen vom Licht Gottes, welches vom Feuer Gottes stammt. Feuer verbindet – unsere Flammen vereinigen sich mit dem Feuer der Liebe. – Und so entsteht ein Gottesfeuer, das für alle Menschen Helligkeit ist. Dieses Feuer verlöscht nicht.

Das Herz der heiligen Dreieinigkeit. – Er ist gekommen als Frucht der Liebe des Vaters zur Welt. Aus großer Liebe geboren, um Liebe zu gebären. Er ist gekommen – im Glanz väterlicher Vollkommenheit. Er hat erlaubt, sein Herz auf dem Kreuz zu öffnen. Das ist das Herz des Vaters. In diesem Herz lernen wir das Herz des Vaters kennen. Der Vater hat das vollkommene Herz und hat dieses auch seinem Sohn gegeben. Man kann und soll über das Herz des Vaters reden. Kann die Liebe ohne Herz sein? Der Geist ist die Liebe des Vaters und des Sohnes. Das Herz des Geistes kommt aus dem Herzen des Vaters und des Sohnes. Diese drei Herzen sind ein Herz – das in gegenseitiger Liebe schlägt. Aus dieser Liebe leben wir – wir bewegen uns in ihr und wird sind in ihr.

Donnerstag, 9. 6. 1955

Fronleichnam – Notre-Dame – Kathedra – Synonym der Kathedrale.

Templum Domini – in dem das urewige Wort wohnt. *Sacrarium Spiritus Sancti* – fast alle alten Kathedralen in Polen stehen unter dem Patronat der Mutter des Gottmenschen. Wie richtig das ist! Denn in den Kathedralen werden Priester geweiht. Die erste Priesterweihe hatte in der Kathedrale Notre-Dame am Tag Mariä Verkündigung stattgefunden, als in die Menschennatur Christi die Gabe des Vaters – das Priestertum – nach der Ordnung des Melchisedech geflossen ist. Aus diesem Priestertum Christi haben alle Diener des Altars ihr Priestertum gewonnen. Sie nehmen an dieser Gabe des Vaters, der Jesus zum Priester ernannt hat, teil. Das ist eine sehr richtige Sache, daß sie in diesem *Sacrarium Spiritus Sancti* wurzeln, damit sie alles in Gemeinschaft mit der Mutter des ewigen Priesters tun! Maria war während der Primizmesse ihres Sohnes auf dem Kalvarienberg anwesend. – Wie nah steht sie dann am Altar, an welchem wir das heilige Opfer ausüben! – Wie sehr soll man sie einladen, Anteil an jedem heiligen Meßopfer zu nehmen. Daran erinnert uns die Kirche – als sie uns zu beichten befahl: *Beatae Mariae Virgini –*, wenn wir während der Meßgebete Marias gedenken. Das Priestertum Christ hat sich in Maria vollendet. Ein „*alter Christus*" kann das nicht vergessen.

Freitag, 10. 6. 1955

Wegen der Gnade des Verstehens der Größe des Priestertums muß man manchmal auch um die Gnade des Erkennens der eigenen Armut und Unwürdigkeit bitten. Christus – zu dem wir während der heiligen Messe sagen: „*Quoniam tu solus sanctus*"– wird mir zeigen, wer ich bin: „*Quoniam tu solus peccator*". Dabei ist mir dann die „*felix culpa*"behilflich. Sie erlaubt mir, mich von diesen anmaßenden Gefühlen des Rechtes auf den Altar zu befreien, denn das souveräne Recht auf den Altar hat nur Jesus Christus, der Gottmensch. *Sacerdos et Hostia* – in seiner Menschlichkeit für immer mit dem Priestertum verbunden. Ich bin nur „ein Gefäß der Beleidigung", aus welchem der allein Heilige so wunderbar seine Kinder ernährt, daß er sie vor dem ganzen Schmutz und der Armut schützt. *Misericors et miserator Dominus.*

Sonntag, 12. 6. 1955

In der Oktave von Fronleichnam beten wir: „*Etiam passer invenit domum, et hirundo nidum sibi, ubi ponet pullos suos. Altaria Tua, Domine, exercituum . . .*" *(Ps 83)*. Wenn ich auf das Nest der Fliegenschnäpper sehe, das die geflügelten Eltern in der Nische meines Fensters geflochten haben, um hier ihre fünf Jungen aufzuziehen – beginne ich den Altar in seiner Funktion für die priesterliche Seele besser zu verstehen. Diese unbeholfenen Kleinen, in welchen ein Funken des Lebens glimmt, können nur ihre Schnäbel öffnen. Wie groß und leidenschaftlich, gierig und automatisch tun sie das aber, sobald sie nur das Geräusch der elterlichen Flügel hören. Wie sicher fühlen sie sich in diesem Nestchen, obwohl sie von meiner Stube nur eine Scheibe trennt! Wie wachsam sind sie . . . . . . nie haben sie genug! . . . wo besser kann sich ein Kücken fühlen, wenn nicht im Nest. Es ist nicht verwunderlich, daß sie ungern den ersten Flug wagen. Vor dem Altar bin ich unbeholfener als ein Küken. Ich kann nur eines – den Mund aufmachen – aber ich kann nichts von mir geben!
Christus legt alles in mich hinein. *Hoc est enim Corpus Meum . . .* Meine ganze Kraft kommt von diesem geflügelten Serafim – der meine Hände und Füße am Altar festnagelt: *Altaria Tua, Domine,*

195

virtutem ... Wo kann ich mich denn besser fühlen als beim Altar? Wo kann ich wunderbarer leben, wenn nicht in diesem Nest der Gnade? Was bleibt mir übrig? – den Mund vor Freßsucht wie die Kücken aufzumachen! Mich fest an den Altar halten, wie die Küken sich an den Rand des Nestes drücken! Das Herz aufmachen – vertrauen, warten, begehren, spähen ... Altar – das ist mein Haus.

Samstag, 9. 7. 1955

Bis jetzt habe ich auf die Briefe vom 29. 5. d. J. nicht geantwortet – in der Zwischenzeit habe ich am 7. 6. neue Briefe bekommen. Zusammen mit den Briefen vom Vater und der Schwester hat man mir ein Lebensmittelpaket überreicht. Der Vater teilte mir in seinem Brief das Ableben des Erzbischofs Jalbrzykowski mit. Ich habe sofort einen Antwortbrief aufgesetzt. Das ist vielleicht die größte Schwierigkeit, einen Brief zu schreiben, der Ausdruck der ganzen Wahrheit und der besten Gefühle sein soll, mit dem Gedanken, daß auch diese Wahrheit und diese Gefühle durch die Holzkehle des polizeilichen Lektors gehen werden. Das ist eine große Qual. Das einzige, was mich zur Überwindung dieses Widerstandes bewegt, ist, daß man mit der Liebe vieler, die sich deswegen beunruhigen, rechnen muß. Andererseits bedeutet Widerstand den Protest gegen die Vergewaltigung der Bürgerrechte auf Freiheit und auf Wahrung des Briefgeheimnisses. Dieses Recht wird weiterhin, trotz meiner Proteste, vergewaltigt. Ich weiß auch nicht, was aus meinem Brief vorgelesen und was verschwiegen wird. Vielleicht werden meine Texte auch mit Kommentaren ergänzt, die mich in ein falsches Licht stellen. Hat es unter diesen Umständen wirklich einen Sinn, weitere Briefe zu schreiben? Statt Erleichterung können sie vielleicht neue Qualen bringen. Von Menschen, für die kein Unterschied zwischen der Wahrheit und der Lüge besteht, kann man alles erwarten. Ich kann nicht begreifen, wie ein System, das die Beamten zwingt, die Bürger zu belügen, Bestand haben kann. Diese Fertigkeit und „Tugend" des Lügens wird sich einst gegen die Machthaber wenden!

„Mein allerliebster Sohn!

Ein Paket und Briefe wurden im Mai an Dich abgeschickt. Du hast sie gewiß erhalten. Leider haben wir bis heute keinen Brief von Dir bekommen. Wir sind deshalb beunruhigt, denn es sind schon fünf Wochen vergangen. Ich kehre langsam zur Gesundheit zurück. Aber kleine Beschwerden in so betagtem Alter gehören einfach dazu.

In der Familie hat sich nichts Neues ergeben. Darüber wird Dir Stasia ausführlicher schreiben. Schreibe uns, bitte, wie es Dir gesundheitlich geht, denn das ist für uns das Allerwichtigste. Die Zeitung „Slowo Powszechne" vom 21. 6. hat vom Tod des Erzbischofs

Jalbrzykowski berichtet. Er starb am 19. 6. dieses Jahres. Wir empfehlen Dich der Obhut der Mutter Gottes von Tschenstochau und
beten, innigst auf Gottes Barmherzigkeit hoffend, daß er unsere Bitten erhören möge. Ich bitte um die heilige Messe für die verstorbene
Jadwiga – die mit den anderen in Deiner Intention gebetet hat.

Ich beende diese paar Worte und bitte Dich um ein Gebet in unserer Intention. Ich wünsche Dir Gesundheit und die rasche Rückkehr nach Hause und bitte Dich noch um Deinen Hirtensegen."

Zalesie, 30. 6. 1955   S. Wyszyński

„Mein allerbester und allerteuerster Vater!

Dieser Brief ist die Antwort auf die beiden Briefe vom 23. 5. und
30. 6. Ich habe mich so sehr gefreut, Vater, daß Du nach so vielen
Erlebnissen und Leiden nach Zalesie zurückkehren konntest. Ich
habe mich bei Gott für die Rückkehr Deiner Kräfte bedankt. Ich
hoffe, daß die Sommerzeit und die Waldluft vorteilhaft zu Deiner
vollkommenen Genesung beitragen werden. Ich höre nicht auf, zu
Gott und zur allerheiligsten Mutter für Dich zu beten. Ich bin allen
dankbar, die Dir, Vater, während der Krankheit durch ihre Hilfe,
mit ihrem Herzen und durch ihre Obhut gedient haben. Besonders
der guten Oberschwester und den Priestern Franz und Hieronymus,
die Dich nach Hause gebracht haben, werde ich ihre Güte bei der
heiligen Messe in ihrer Intention vergelten. Die Nachricht, daß die
Schwester Maxentia wieder krank war, hat mich schwer betrübt.
Um so mehr hat mich die Nachricht getröstet, daß sie wieder zur
Gesundheit zurückgekehrt und wieder zu Hause ist. Die Erstkom-
munion des kleinen Staś – das ist für mich eine große Freude. Ich
konnte nicht mit ihm feiern, aber es hat sich gut gefügt, daß ich am
18. 5. die heilige Messe in seiner Intention gefeiert habe. Ich habe
Gott gebeten, daß Staś sein ganzes Leben lang Gott die Treue hält.
Sage, teurer Vater, dem kleinen Staś, daß ich – obwohl ich seinen
Brief nicht beantwortet habe – seiner ständig gedenke, denn die
Photos der Kinder, die man mir zugeschickt hatte, stehen auf dem
Tisch, und öfters während der Arbeit empfehle ich sie der allerhei-
ligsten Mutter. Er soll auf christliche Weise leben – in der Wahrheit,
mit einem reinen Herzen, ehrlich gegenüber allen und tapfer im
Kampf mit sich selbst. Ich segne ihn aus ganzem Herzen. Auf die
Frage des Priesters Wladzio Padacz, ob ich seinen Brief im letzten
Jahr zum Namenstag erhalten habe, antworte ihm: Ich habe ihn
nicht bekommen, aber ich danke für seinen guten Willen und bitte
ihn, daß er mit dem Beten in meiner Intention nicht aufhört. Öfters
feiere ich die heilige Messe in seiner Intention. Am 4. 6. habe ich die
heilige Messe in Deiner und in der Intention der Familie gefeiert.

Du, Vater, hast Anteil an jeder heiligen Messe. Dich, teurer Vater, bitte ich, daß Du Deine Kräfte schonst, Dich nicht zu schnell
wieder mit schweren Arbeiten beschäftigst, Dich nicht der Betrübnis

hingibst und Ruhe, Hoffnung und Geduld gegenüber Gott, dem heiligen Vater, bewahrst. Du weißt, mit dem Gebet bin ich immer bei Dir. Weitere Einzelheiten über mich befinden sich in meinem Brief an Stasia. Die Nachricht über den Tod Erzbischof Jalbrzykowskis hat mich sehr berührt. Er war ein Mensch mit tiefem Herzen und einnehmender Einfachheit. Für die Seele der gestorbenen Jadwiga werde ich am 29. 7. die heilige Messe feiern. Ich küsse Deine Hände mit Ehrfurcht und Hingabe und segne Dich."

8. 7. 1955   St. W.

„Meine allerbeste Schwester.
Ich antworte auf die beiden Briefe vom 23. 5. und 30. 6. Entschuldige die Verzögerung, aber ich möchte Dir Schwierigkeiten mit dem Vorlesen meiner Briefe ersparen. Deswegen schreibe ich seltener. Ohne einen Schatten der Eifersucht habe ich mich darüber gefreut, daß Du im Kloster von Jasna Góra vor dem Bild unserer Mutter beten konntest. Meine Eifersucht war deswegen nicht vorhanden, weil ich wußte, daß auch ich aus Deinem Gebet Nutzen ziehen werde. Ich danke Dir sehr für die drei heiligen Messen, die in meiner Intention gefeiert wurden, besonders für die des neunten Jahrestages meiner Bischofsweihe. Deine Pilgerfahrt erinnert mich an meine erste heilige Messe im Kloster von Jasna Góra vor 31 Jahren, als wir beide dort waren. Mit Freude habe ich die von Dir übermittelte Meßhostie empfangen. Deinen Wunsch habe ich genau am 31. 5. dieses Jahres erfüllt. Ich glaube, daß die Trösterin der Gläubigen uns verbindet und uns hilft, Gott Vater im Himmel die Treue und ein freundschaftliches Herz zu bewahren. Ich sage *volo in coelo et in terra*, ohne zu zaudern oder zu zögern, sogar noch freudiger als am Tage der Weihe. Es hat sich günstig gefügt, daß ich in meinem Brevier ein kleines Bild mit den Händen Christi fand, das mich immer daran erinnert. Wenn der Mensch sieht, wie sehr die Hände Gottes den menschlichen ähnlich sind, empfindet er großen Trost, daß alles so ist. Ihr habt zu Hause viel Freude, da unser teurer Vater wieder mit Euch zusammen ist – ich hoffe, in einem halbwegs zufriedenstellenden gesundheitlichen Zustand. Während des Schuljahres ist er gewiß allein, aber jetzt kannst auch Du Dich mehr um ihn kümmern. Man muß ununterbrochen wachen, damit sein Arbeitseifer, mit welchem er bis jetzt gelebt hat, seine Kräfte nicht überfordert. Vielleicht werden sich unsere beiden Genesenden gegenseitig zur Klugheit anregen. Ich freue mich so sehr, daß auch Jozio den Weg der Besserung seiner Kräfte angetreten hat. Die Nachrichten über Julcia haben mich getröstet, ich bedanke mich und unterstütze sie mit der heiligen Messe. Mit der guten Schwester Maxentia habe ich Mitleid, daß sie in so kurzer Zeit so schwere Krankheiten erlebte. Ich wünsche ihr aus ganzem Herzen, daß sie sich diesmal für längere Zeit stärken kann. Öfters feiere ich für sie und die anderen

Schwestern heilige Messen, ich will ihnen mit dem Gebet die Obhut, welche ich von ihnen empfangen habe, vergelten. Der Familie des Tadzio überreiche meine Wünsche zum Heranwachsen ihres Sohnes. Sage ihnen, daß ich am Tage der heiligen Anna Gott während der heiligen Messe die kleine Hania empfehlen werde. Es ist gut, daß sie endlich eine Wohnung haben.

Bedanke Dich für mich bei Wlodzio für das schöne Bild und seine beruhigende Nachricht. Sage ihm auch, daß ich am 8. 6. die heilige Messe in seiner Intention für die Mutter vom Jasna Góra gefeiert habe. Ihr habe ich ihn für sein ganzes Leben in Obhut gegeben. Er muß sich als Neffe des Kardinals auf ein nicht leichtes Leben vorbereiten. Er ·muß der gehorsamste von allen Priestern sein. Er kann sich über nichts hinwegsetzen und darf mit keinen Begünstigungen rechnen. In der Kirche Christi wird alles mit dem Maßstab der Gnade Gottes und nicht mit dem Maßstab der Menschen gemessen. Er möge von Anfang an lernen, dieses Prinzip einzuhalten. Ich hoffe, daß wir da mit unseren Gedanken vollständig übereinstimmen. Auf besondere Weise segne ich ihn aus ganzem Herzen. Ich freue mich für Euch alle, für Dich, für Janka, für die Familie Roncie – über die Ferien, die Euch erlauben werden, die Kräfte nach der Anstrengung des Arbeitsjahres zu erneuern und etwas mehr über Euch selbst nachdenken zu können. Ich danke Dir, daß Du mich bei Zosia vertreten hast – denn auch ihren Tag habe ich hier nicht vergessen. Ich denke an Cześ; in seiner Intention werde ich am 20. 7. die heilige Messe feiern. Für die Kinder werde ich die heilige Messe am 16. 8. feiern. Ich grüße die Familie der Nascia herzlichst, ebenso alle Deine Mitbewohner, die Familien Janka, Julcia und alle meine Nächsten. Tröste Janka und sage ihr, daß in unserer Familie schon ein Stefan war – mit dem es sehr viele Schwierigkeiten gab. Ich bin Dir für die Lebensmittel, die Du mir in zwei Paketen geschickt hast, sehr dankbar. Du machst Dir sehr große Mühe, und ich könnte eigentlich ohne all das auskommen. Aber ich lehne nichts ab, nehme es vielmehr als Ausdruck unserer Gemeinsamkeit. Über meinen Gesundheitszustand gibt es nichts Neues zu berichten. Meine alten Beschwerden quälen mich ab und zu – neue habe ich keine bekommen. Da die Ferien schon begonnen haben, muß ich Dir von einem Sommerereignis erzählen. Ich habe fünf kleine Fliegenschnäpper erzogen, deren Eltern mir die Kleinen anvertraut haben. In meiner Fensternische haben sie ein Nest geflochten. Einen ganzen Monat lang hatte ich einen Anschauungsunterricht in Gottesklugheit in allen Einzelheiten des Lebens dieser Kleinen. Am Beispiel der Spatzen hat Gott die Menschen gelehrt, wie wichtig sie in den Augen Gottes sind. Heute sind meine Schüler aus dem Nest ausgeflogen; von Zeit zu Zeit treffe ich sie im Garten.

Bewahre Deine Geduld, denn Du brauchst sie für Dich und um

Vater Hilfe zu leisten. Du hast mehr Geduld, als Du glaubst. Ich werde beten, daß Gott sie Dir reichlich gibt. Das wäre alles – im Stil einer Chronik aus meinem Leben –, was Euch interessieren könnte. Ich gebe mich Euch mit dem ganzen Herzen und dem Gebet hin, Euch in Gedanken bewahrend und Euch segnend."

St. W.

Samstag. 16. 7. 1955

Samstag – Die Erinnerung an Maria, die allerheiligste karmelitanische Jungfrau. Das Schlußgebet nach der heiligen Kommunion, das Jesus und Maria verehrt, mündet in die Worte des Weibes: Gesegnet sei der Leib, der Dich getragen, und die Brust, welche Dich genährt hat . . . Hier ist das Leben von Jesus und Maria verbunden. Ähnlich wie in der Geschichte der Erlösung ist es in jeder Seele. Das zweite Wort „Ave, verum Corpus, natum de Maria Virgine." Das dritte Wort ist das Rufen der Kirche: „Beata viscera Mariae Virginis."– Das vierte stammt aus dem einfachen Volkslied: „Gegrüßt sei Jesus, Sohn der Maria – Du bist der wahre Gott in der heiligen Hostie." Könnte es eine bessere Verehrung des Gastes, der am Samstagmorgen in meine Seele kommt, geben?!

Wir haben unseren bescheidenen Altar mit den Lilien aus dem Garten „Florete flores quasi lilium" geschmückt. Christus hat die Lilien so wunderbar gelobt – auf unseren sitzen im Garten so gerne die Spatzen. Vielleicht spüren sie ihre „evangelische Verwandtschaft" im Mund des Wortes? Die Lilie ist ein wahrer Lobpreis des Schöpfers. Sie sind ihm besser gelungen als selbst Salomon. Murillo hat die Farben für seine Purissima von einer Lilie entlehnt. Drei verschiedene Rottöne der Wangen der schamhaften Jungfrau enthüllen drei durchsichtige innere Blütenblätter, so unbefleckt, daß man selbst, wenn man sie unter ein Licht stellt, keinen Mangel sehen kann. Wunderbare Architektur der Blume: Drei schneeweiße Blätter, in Form eines Dreiecks gelegt, sind mit drei schmäleren Blättern umfaßt, die von innen her leicht rötlich leuchten. Diese sich überschneidenden Dreiecke:
Das äußere –
„Tres sunt, qui testimonium dant in terra: spiritus et sanguis et aqua – das ist die Frucht des eingehauchten Geistes des Schöpfers, der das Antlitz der Erde durch Blut und Wasser erneuert.
Das innere –
„Tres sunt, qui testimonium dant in caelo: Pater, Verbum et Spiritus Sanctus" (1 Joh 5, 7.8), das das gemeinsame Werk schont – das verkörperte Wort; es wird symbolisiert durch das Palais der reinen

„Jungfrau", die der wahre „Tempel" des Herrn ist, denn der Kelch der Lilie macht, von unten gesehen, den Eindruck einer gotischen Kathedrale – ein schneeweißes Gewölbe, von rosafarbenen Armen gestützt. Christus hatte gesagt: „Schau auf die Lilien des Feldes..." Es lohnt sich, auf ihn zu hören.

Montag, 1. 8. 1955

Gefesselte Hände Christi – ich habe ein derartiges Bild bekommen, als ich auf dem Weg zur Inthronisation in Gnesen in die Kirche in Podgórze, am Stadtrand von Thorn gekommen bin. Christus stand da mit gefesselten Armen – am rechten Arm von einem Soldaten gehalten. Im Brevier habe ich ein kleines Bildchen – das Christus mit gebundenen Händen darstellt. Dieses habe ich am Tage meiner Bischofsweihe bekommen. Heute sind beide Bilder für mich sehr aktuell geworden! Sie bringen mir Trost – wenn man denkt, wie die Hände Christi den menschlichen Händen gleichen. Diejenigen, die Christus die Hände gebunden haben, wollen Christus weiterhin mit gefesselten Händen sehen. Wie viele Menschen arbeiten daran, um die Hände Christi weiterhin zu fesseln! Aber heute haben sie keine Macht mehr über Gott. Also bedienen sie sich der Hände jener Menschen, deren Pflicht es ist, die Hände des Christus zu entfesseln. Je mehr Anstrengung es gibt, um Christus die Hände zu fesseln, desto mehr priesterlicher Mühe bedarf es, um diese gebenedeiten Hände wieder zu entfesseln. Christus, hilf mir, Deine Hände in den menschlichen Seelen zu entfesseln, damit Du ein freies Betätigungsfeld findest, damit Du segnen und heilen kannst... Aber habe Erbarmen gegenüber denen, die Deine Hände binden. Entfessle ihre Herzen, damit sie Deine Liebe empfinden können.

Mittwoch, 3. 8. 1955

In Prudnik hat sich der Brauch entwickelt, daß die Briefe und Pakete mir zu bestimmten Anlässen – *ipsa die* – ausgehändigt werden. Deswegen ist der Kommandant heute mit den Gratulationsbriefen gekommen, und in seinem Gesicht konnte man eine relativ höhere Herzlichkeit sehen als gewöhnlich. Es scheint mir auch, daß er mittelbar ein wenig an der Freude Anteil hat, welche die Briefe mir verursachen, wenn er sie mir bringt. In familiärer Atmosphäre verbringen wir den Tag des heiligen Stefan. Meine Gefährten der Gnade haben alles, was sie konnten, getan, um mir ihr Herz zu zeigen. Der Priester Stanisław hat die heilige Messe gesungen. Die Schwester hat eine ganze Reihe der Lieder, die uns aus der „Familie Marias" bekannt sind, gesungen. Diesen Tag haben wir gemeinsam bei

Tisch, in der Kapelle und während der Vesper verbracht. Dank der heute erhaltenen Pakete haben wir unseren Tisch auf „europäische Art" geschmückt. Weil das Wetter nicht schön war, konnten wir uns nicht im Garten aufhalten. Man geht im Garten immer schwerer. Es fehlt an einem entsprechenden Weg und an genügend Luft – ein wirklicher Kessel, obwohl er auf einer Anhöhe gebaut ist. Die Schwester hat es nicht gerne, wenn wir im Garten herumspazieren. Sie bevorzugt es, wenn wir zu Hause bleiben. Übrigens zieht uns nichts dorthin. Wir sind zwar weniger beobachtet als am Anfang, aber immer lauert irgendwo ein Auge – unsere Schritte mißtrauisch verfolgend. Wir kämpfen gegen eine richtige Natternplage; sie haben sich in unserem Garten so vermehrt, daß wir sie überall antreffen.

Dank Deines allerbesten Willens, Vater des Daseins, habe ich heute nacht vierundfünfzig Jahre des Lebens auf der Erde und einunddreißig Jahre des Priestertums vollendet. Ich möchte Dir danken für dieses Leben: für das ganze Leben – sowohl für dieses jetzige im Gehorsam in Deiner Gnade wie für das Leben vorher im Widerstand. Überall in meinem Leben erkenne ich die Liebe, dank der ich bin, und Deine Barmherzigkeit. Hast Du vielleicht auch über mich *„Paenitet me fecisse hominem"* gesagt? – Warum habe ich ihnen das Leben gegeben?! Vater, auch wenn mein Leben noch erfolgloser wäre – es ist doch mein Glück. Ohne die Gnade des Lebens hätte ich keine Hoffnung auf den Himmel. – Und doch, was aus meiner Schwäche, aus Sünde und Widerstand stammt, wird alles von der Seele abfallen wie die Blätter vom Baum. Das Leben ist eine größere Gabe als irgend etwas anderes sonst, denn man kann durch das Leben gehen wie durch einen Dschungel, um zu Dir zu kommen, mit zerrissener Kleidung und voll von Wunden – als ob man von einem Schlachtfeld kommt, aber all das wirst Du heilen. Bedauere nicht, Vater, daß Du mir das Leben geschenkt hast. Gib mir mehr Gnade, und das wird mir reichen. Ich bin Dir dankbar für das Leben, für das ganze Leben, sogar für das jetzige, das ich im Gefängnis verbringe. Sogar das ist besser, als nicht da zu sein. Ich danke Dir für die Mutter, die Du mir gegeben hast, und die mir vor 54 Jahren unter Leiden und Qualen Deine väterliche Liebe geschenkt hat. Durch ihre Arme hast Du mich umfaßt und gepflegt. Sie war Dir darin gehorsam. Wie einst Maria hat sie für Dein Recht gelitten. So erzeige ihr heute Dein Herz und drücke sie an den Thron Deiner Gnade und des Glückes. In jungem Alter hast Du sie von dieser Erde zu Dir berufen: Du hast ihr alle Qualen der Gebärerin, nicht aber die Freude des Sehens der Früchte ihres Leidens gegeben. Gib ihr Freude mit Deinen väterlichen Augen. Ich danke Dir, Vater, für meinen heiligen Patron, den heiligen Stefan, in dessen Obhut ich gebracht wurde. Vielleicht habe ich seinen Namen, der durch sein Märtyrerblut geheiligt wurde, befleckt. Ich möchte es durch ein gutes Leben und mein Leiden wiedergutmachen. Vater, gib mir die Gnade, daß ich den geöffneten Himmel sehe und für meine Gegner beten kann. Heiliger Stefan, Du erster Märtyrer, bis jetzt habe ich Dir wenig Ehre gebracht. Bitte den Vater meines Lebens, damit ab jetzt aus diesem Leben nur Ehre auf Deinen Namen fällt und es nichts mehr gibt, dessen sich Stefan schämen müßte. Ich danke Dir, Vater, für die Gnade der Taufe, für das Priester- und Bischofstum, für das Leben in der Kirche und für die allerbeste Mutter, die Du mir im Tausch für die Mutter meines Körpers gegeben hast. Alles ist so voll von Gnade, daß ich für jede mit dem höchsten Preis bezahlen möchte – sogar mit dem Preis des Blutes.

Samstag, 6. 8. 1955

Gestern hat mir der Leiter die Zustellung von Zeitungen vorgeschlagen. Ich fragte ihn, welche ich erhalten könnte, und ersuchte um die „Volkstribüne" (Tribuna Ludu). Heute hat man mir die illustrierte Wochenschrift die „Hauptstadt" (Stolica) zugestellt. Es ist die erste Zeitung, die ich seit dem Beginn meiner Isolation wieder in meinen Händen halte.

Sonntag, 7. 8. 1955

Um die übliche Zeit hat sich der Leiter in Begleitung eines Herrn, der sich als Vertreter des Sicherheitsdienstes vorgestellt hat, gemeldet. Dieser sollte mit mir Gespräche führen. Nachdem uns der Leiter alleine gelassen hatte, erklärte mir der unerwartete Gast, daß er zum Thema meiner zwei Petitionen, mit welchen ich mich an den Ministerrat gewandt habe, mit mir sprechen möchte. Er brachte die Antwort samt Vorschlägen. Er begann mit dem ersten Punkt, der weitgehende Änderungen meiner Isolation voraussetzte. Die Erklärung lautet folgendermaßen: „Ihre Rückkehr nach Hause ist unmöglich. Die Entscheidung des Ministerrates ist unwiderruflich. Hingegen möchte der Ministerrat die Isolationsbedingungen mildern, damit Sie nicht mehr so wie bis jetzt in der Umgebung dieser Menschen leben müssen. Aus diesem Grund schlägt man Ihnen folgendes vor:
1. Daß Sie in einem Kloster wohnen werden, das wir gemeinsam auswählen.
2. Sie haben aber auch dort nicht das Recht, sich aus dem Kloster zu entfernen. Es ist nicht erlaubt, irgendeine öffentliche Funktion auszuüben.
3. Das Auftreten in der Öffentlichkeit ist Ihnen untersagt.
4. Sie haben sich zu verpflichten, keinerlei Petitionen oder Mani-

festationen im Zusammenhang mit Ihrem Aufenthalt oder mit zu Besuch kommenden Menschen abzugeben.

Das ist die Vorlage der Regierung – auf welche ich Ihre Antworten hören möchte."

„Meine Antwort erfordert noch Erklärungen: Auf zwei oder drei Schriften an den Präsidenten des Ministerrates habe ich bis jetzt keine Antwort bekommen. Ich möchte gerne wissen, auf Grund welcher Anschuldigung bzw. Anordnung ich festgehalten werde. Einige Male ersuchte ich um die Abschrift des diesbezüglichen Regierungsdekretes – leider hat man mir dieses bis heute nicht zugestellt."

Der Vertreter des Sicherheitsamtes erklärte: „Aufgrund der Bestimmung des Regierungspräsidiums, auf das sich das Dekret über die Besetzung kirchlicher Stellen durch die Staatsmacht stützt. Artikel 6." Der Vertreter des Sicherheitsdienstes las mir diesen Artikel vor.

Ich erklärte dazu: „Den Artikel 6 kann man hier nicht anwenden; er sieht auch gar keine Strafsanktionen vor, währenddessen ich aber von Strafsanktionen betroffen bin. Und dies ohne Feststellung meiner Schuld und unter Nichteinhaltung des Gesetzes *„audiatur et altera pars"* – also in Abwesenheit. Mir gegenüber verwendet man eine Haftordnung, welche man nicht einmal Kriminellen gegenüber verwendet. Für jeden Gefangenen gilt doch:

1. Er weiß, welche Rechte er hat – was ich bis jetzt nicht weiß.

2. Er kennt das Ausmaß der Strafe und weiß daher, wie lange er im Gefängnis bleiben wird – was von großer Bedeutung für die menschliche Psyche ist; ich weiß das nicht.

3. Jeder Gefangene hat die Möglichkeit der Korrespondenz – meine Briefe werden beschlagnahmt.

4. Jeder Gefangene hat die Möglichkeit, sich mit seiner Familie zu treffen, was mir auch entzogen wird. – Ich wollte meine Situation endlich verstehen und habe mich deswegen bemüht, daß irgendwelche Vertreter der Regierung mich anhören oder verhören mögen. Man hat mir immer geantwortet: ‚Ihr Wunsch wird an die Regierung weitergeleitet.' – Ich blieb aber immer ohne Antwort. Meine drei Briefe vom 12. 7. 1954, vom Oktober 1954 und vom Februar 1955 blieben bis heute ohne Antwort. Sie sind der erste Vertreter der Regierung, mit welchem ich die Möglichkeit zu sprechen habe, und deswegen erkläre ich meinen Standpunkt, bevor ich die Antwort auf die mir vorgelegten Angebote geben kann. Das Verhalten der Regierung betrachte ich als den Grundprinzipien der Gerechtigkeit widersprechend. Ich hatte die Möglichkeit, ständig Gespräche mit Präsident Boleslaw Bierut und mit Marschall Franz Mazur zu führen. Auch vor zwei Jahren hätte ein halbstündiges Gespräch gereicht. Warum hat sich die Regierung diesem zwischen uns festgelegten Brauch entzogen? Wenn die Regierung einen Priester von seiner Stelle entfernen wollte, war immer eine Möglichkeit der

Klärung der Ursachen und Möglichkeiten vorhanden. Das wurde zum festen Brauch, und die Betroffenen haben eine einvernehmliche Lösung gefunden. Ich selbst habe oftmals beschuldigte Priester zurechtgewiesen, daß sie nach den Vorwürfen, die man ihnen machte, fragen sollten. Erklärungen hatten positive Ergebnisse gebracht. In meinem Fall hat niemand die Vorwürfe präzisiert, niemand hat nach Erklärungen gefragt, niemand hat sich bemüht, die Angelegenheit mit mir zu besprechen. Ich wurde in der Nacht überfallen, abtransportiert, obwohl im Dekret nichts darüber steht, daß die Staatsgewalt mich abtransportieren soll. Warum hat man sich diesmal nicht einmal an die elementaren Forderungen der Gerechtigkeit und Rechtsstaatlichkeit gehalten? Dieses Recht wird sogar Verbrechern gegenüber gewahrt, die den Anklageakt zugestellt bekommen und sich verteidigen dürfen, die den Richtern gegenüber die Möglichkeit einer Erklärung haben und zum Schluß deren Urteil als begründet akzeptieren müssen."

Mein Gesprächspartner notierte meine Bemerkungen und erklärte anschließend, daß er jetzt um die Antwort auf die mir gestellten Fragen bitte.

Ich bat ihn noch um ein paar Erklärungen:

1. „Was den Ort des Aufenthaltes betrifft: Kann ich im Gebiet meiner Diözesen bleiben?"

Antwort: „Selbstverständlich nicht; Ihr Aufenthalt kann in keiner Stadt sein, nur auf dem Lande, weit entfernt von Menschenansammlungen. Sie können dort mit anderen Menschen wohnen und jene ‚häuslichen Bedingungen‘ bekommen, um welche Sie in Ihrem Brief gebeten haben." Ich erkläre ihm, daß es etwas anderes war, um das ich gebeten habe.

2. „Was das Recht des Sich-Entfernens betrifft: – Das schließt dann wohl auch die Durchführung einer Kur in Krynica oder in Zakopane aus?"

„Gewiß", war die Antwort.

3. „Ich verstehe nicht, wie ich ‚Petitionen und Manifestationen‘ abgeben sollte, ohne mit Menschen Kontakt aufnehmen zu können. Verpflichtungen für andere kann ich nicht abgeben."

Die Antwort meines Gesprächspartners ging dahin, daß ich meine Besucher beeinflussen könne, daß sie solche Aktionen nicht durchführen. Nach der Erteilung dieser Erklärungen drängte mich mein Gesprächspartner zur Antwort. Ich bat ihn um einige Stunden Bedenkzeit zur Besinnung auf diese Vorschläge. Wir haben uns dann geeinigt, daß er um 15 Uhr die Antwort bekommen kann.

Nach dem Gebet bin ich zur Schlußfolgerung gekommen, daß die neue Situation, welche die Isolation mildern sollte, in Wirklichkeit bedeute:

1. Daß die durch das Dekret entstandene Situation approbiert wird und dies de facto unbegrenzten Freiheitsentzug bedeutet.

2. Es bedeutet ein Ersetzen der unfreiwilligen Gefangenschaft durch eine freiwillige Gefangenschaft.

3. Es nimmt mir die Gelegenheit zu ernsthaften Vorwürfen, zum Widerstand gegen die ungerechte Staatsmacht.

4. Die Lebensbedingungen des Klosters, in welchem ich mich befinden werde, würden dadurch erheblich erschwert werden, die Bewohner würden vielfältigen Schwierigkeiten ausgesetzt sein.

5. Mein Einverständnis könnte eine Gelegenheit zu anstoßerregenden Kommentaren in der Öffentlichkeit bieten.

Nach gründlichem Abwägen der positiven und negativen Seiten gab ich um 15 Uhr meinem Gesprächspartner folgende Antwort:

„1. Auf den mir gemachten Vorschlag kann ich keine positive Antwort geben.

2. Ich betrachte dieses Ansinnen vielmehr als neuerliche Strafverschärfung nach diesen zwei Jahren der Internierung. Da ich in der Zwischenzeit keine neue Schuld auf mich geladen haben kann, bedeutet dieser Vorschlag nur die Entziehung des Rechtes auf Arbeit und Freiheit.

3. Ich bitte die Regierung um Gerechtigkeit."

Mein Gesprächspartner erklärte mir, daß das keine neuerliche Strafe sei, sondern eine Milderung der alten.

Ich antwortete: „Wenn ich diese Vorschläge annehme, würde ich ohne Schuldspruch und Verteidigungsmöglichkeit die erteilte Strafe anerkennen."

Mein Gesprächspartner erhob sich und erklärte mir: „Es tut mir leid – wir werden uns in einem Jahr wiedersehen."

Ich fügte hinzu: „Ist das eine Drohung!?"

Die Antwort: „Das ist keine Drohung."

Mit diesen Worten verließ er mein Zimmer. Ich möchte noch hinzufügen, daß der Vertreter der Regierung mich während des ganzen Gespräches mit „Kardinal" titulierte. Ich legte die ganze Angelegenheit in die Hände der Muttergottes im Sinne der heutigen Meßliturgie:

Iacta cogitatum tuum in Dominum et Ipse te enutriet. De vultu tuo iudicium meum prodeat: oculi Tui videant aequitatem. – Es scheint mir, daß ich nicht anders entscheiden durfte; ich konnte doch nicht Komplize der Regierung bei ihrem neuerlichen Versuch, meine Gefangenschaft zu etablieren, sein. Mein Platz, der mir vom Heiligen Stuhl bestimmt wurde, ist in der bischöflichen Kathedrale. Ich kann also gar nicht meinen Aufenthaltsplatz selbst „wählen", wenn ich die Pflicht habe, in der Kathedrale zu residieren.

Über meinen Entschluß habe ich den Priester informiert und ihm die Gründe meiner Entscheidung erklärt. Es scheint mir, daß er anfangs desorientiert war und die Gründe meiner Absage unterschätzt hat. Ihm schien, daß der Gewinn von ein wenig Freiheit mir doch die Möglichkeit zur Arbeit für die Kirche gegeben hätte.

Nach einer Weile der Besinnung hat er mir jedoch zugestanden, daß ich gar keine andere Antwort hätte geben können. Langsam kam wieder die Zufriedenheit in sein Gesicht zurück, und wir führten weiter unser „normales Leben". Die Schwester habe ich dahingehend informiert, daß ich ihr sagte, es sei besser, jetzt nicht über das Resultat meines Gespräches mit dem Sicherheitsbeamten zu sprechen, im gegenwärtigen Augenblick sei es mir nicht angenehm. Ich bat die Schwester um ihr Vertrauen auf den Bischof und um das Gebet für mich.

Der zehnte Sonntag nach der Sendung des Heiligen Geistes. Man hat mir vorgeschlagen, daß ich irgendein Kloster als neuen Aufenthaltsort wählen und daß ich mich verpflichten sollte, dieses Kloster nicht zu verlassen, um an irgendwelchen offiziellen Veranstaltungen und Erklärungen teilzunehmen, weiters sollte ich mitwirken, daß keine Petitionen oder Manifestationen durchgeführt werden. Ich habe ablehnend geantwortet. Mein Platz ist in den Kathedralen von Gnesen und Warschau, deshalb kann ich diesen Vorschlag überhaupt nicht erwägen. Ich kann auch nicht an Beratungen mitwirken, die mir einen neuerlichen Freiheitsentzug bringen und mich außerdem zu einem freiwilligen Sklaven machen würden. Ein freiwilliges Lossagen von der Freiheit ist der Ausdruck eines moralischen Verfalls des Bürgers. Wenn ich heute nicht meine Rechte auf die Freiheit verteidigen wollte, könnte ich auch nicht – wenn solch eine Notwendigkeit vorhanden sein sollte – die Freiheit der Heimat verteidigen. Nur der Bürger kann die Freiheit verteidigen, der die Freiheit auch in der „eigenen Heimat" empfindet. Der in der „eigenen Heimat" unterdrückte Bürger ist nicht fähig, sie auch nach außen zu verteidigen.

Dienstag, 9. 8. 1955

Meine negative Antwort auf die Vorschläge des Sicherheitsamtes hat meine Umgebung sehr beeindruckt. Alle waren offensichtlich davon überzeugt, daß ich die mir gemachten Vorschläge annehmen werde. Der Leiter hat z. B. den Priester mit der Frage angesprochen: „Wissen Sie, hat der Primas zugestimmt?" Der Priester hat seine Verwunderung geäußert: „Zugestimmt?" – „Sie wissen doch, er könnte in ein Kloster übersiedeln", meinte der Leiter. Ich habe Gott sei Dank begriffen, daß meine „Zustimmung" ein Propagandatrick sein könnte. Vielleicht sogar für die Presse oder ausländische Vertreter arrangiert, von welchen sich derzeit viele in Warschau wegen des Festivals aufhalten.

Im Garten hat man mit größeren Arbeiten für den Bau des Weges begonnen. Mein Gesprächspartner hatte offensichtlich die Bedingungen, unter welchen wir unsere Spaziergänge unternehmen müssen, kennengelernt und gab den Auftrag für den Bau eines Weges. Auf dem abfallenden Terrain wird der Rasen durch Kies ersetzt. Auf dem so entstehenden Weg wird freilich das von Zaun und Tor kommende Wasser wegen des Gefälles den Kies wieder fortschwemmen. An dieser Arbeit haben sich alle Bewohner des Hauses beteiligt, jeder nach seinen Fähigkeiten und Eigenschaften. Sogar der Kommandant hat symbolisch ein paar Spaten Erde ausgehoben. Und der „ältere Herr" leistete den Arbeitenden große Dienste, indem er sie wachsam beobachtete.

Eine große Attraktion sind die Zeitungen, die wir jetzt zugestellt bekommen. Zwar hat nach dem Besuch des Sicherheitsbeamten am 7. 8. die regelmäßige Zustellung wieder aufgehört, wir bekommen aber trotzdem manche Zeitungen: Swiat (die Welt), Przekroj (Querschnitt), Stolica (die Hauptstadt), Problemy (Probleme), Przeglad Sportowy (Sportrundschau). Alles ist für uns eine Neuigkeit. Die ganze Art und Weise, wie die Artikel geschrieben sind, ist „merkwürdig kritisch" gegenüber dem, was bis jetzt tabu war. Das alles setzt uns in Verwunderung. Wieso kann man heute ohne Scheu über die Probleme innerhalb des Polizeiapparates, innerhalb der Landwirtschaftsgenossenschaften oder innerhalb des bankrotten Verbandes der polnischen Jugend schreiben? Noch vor zwei Jahren war es gefährlich, so auch nur zu denken! Es mußte etwas Wesentliches in der taktischen Linie der Führung verändert worden sein, wenn die gesellschaftliche Meinung jetzt plötzlich zu Wort kommt. Zwischen den Zeilen habe ich sogar Bemerkungen zum Thema: „Man soll die Kritik nicht unterdrücken" gelesen. Daraus schließe ich, daß heute das erlaubt ist, wofür ich bereits zwei Jahre im Gefängnis sitze. Bedeutet das, daß ich den „Geist des Kommunismus" besser kenne als meine Aufseher? Wenn heute die Gegner der Revolution diejenigen sind, die Kritik unterdrücken, bedeutet das, daß ich ihr „Freund" war? Von Anfang an wußte ich, was der Revolution dient. – Um zu verstehen, worum es geht, lese ich diese paar banalen Zeitschriften von vorne bis hinten genau durch. Dabei lasse ich nichts aus, sogar die Anzeigen lese ich. Denn alles lehrt mich etwas und erlaubt mir, diesen neuen Wind in Polen zu verstehen.

Montag, 15. 8. 1955

Maria Himmelfahrt. – „Ein Weib mit Sonne umhüllt" – das ist der Kuß der Apokalypse an die Genesis, die Urenkelin küßt die Urgroßmutter, Omega und Alpha verbinden sich. Wie konsequent Gott ist: Er hat unseren Eltern im Paradies eine Hoffnung gezeigt: „Das Weib wird der Schlange den Kopf zertreten" – so wie sie heute „mit Sonne überzogen" ist! Über wie lange Gedankenperioden herrscht Gott – wie wunderbar ist sein Programmieren! Herr-

scher der Jahrhunderte! Nur die Menschen haben es immer eilig –
denn ihre Jahre vergehen. Gott hat Millionen von Jahren vorpro-
grammiert, aber keines seiner Worte wird sich ändern – bis es sich
erfüllt. Darüber wacht der Heilige Geist, der Vater des Buches, der
Genesis und der Apokalypse. Darüber hat das Wort gewacht, damit
sich die Schrift erfüllt. Wieviel Freude ergießt sich von Gott über die
Jahrhunderte hin in das Herz des Menschen. Dieses Einhalten seiner Versprechungen! Diese wunderbare Einheit der Gedanken in
Gottes Plan, das ist die Kraft der Sache Gottes auf Erden. So oft erwarten wir Prüfungen des Gott zur Verfügung gestellten Glaubens
und Vertrauens. So oft wollen wir, daß Gott sich vor uns entschuldigt: *ut iustificaris in sermonibus Tuis...*

Donnerstag, 1. 9. 1955

Eine größere Sensation war heute das Gespräch des Leiters mit
dem Priester. Dem herrschenden Brauch zuwiderlaufend, hat der
Leiter den Priester aus seiner Wohnung geholt und ihn auf eine un-
gewohnte Weise angesprochen: „Ich fahre schon. An meiner Stelle
wird ein anderer kommen, ich sollte zwar mit Euch bis zum Schluß
bleiben, aber ab dem Ersten muß ich an meiner neuen Arbeitsstelle
sein. Bald werdet Ihr entlassen sein: Der Primas wird nach Hause
können, und Ihr werdet auch nicht mehr ins Gefängnis zurückkehren. Da jetzt Ferien sind und die Regierung auf Urlaub ist, muß
man damit noch ein wenig warten. Ende des Monats werden die
Herren der Regierung aus dem Urlaub zurückkehren und einen
Entschluß in der Angelegenheit des Primas treffen. Denn dazu ist
eine Regierungsbestimmung notwendig, danach wird der Primas
nach Hause zurückkehren können." Der Priester hat diese Nachricht mit Zurückhaltung aufgenommen. Der Leiter hat das sofort
gespürt: „Sie glauben mir nicht?" – Der Priester hat es wirklich
nicht geglaubt: „Es gab schon verschiedene Gerüchte, aber keines
davon hat sich erfüllt." – „Sie werden sich bald davon überzeugen
können – Sie werden entlassen und frei sein, und wir werden uns
irgendwo treffen, dann werden Sie wissen, daß ich die Wahrheit gesagt habe." In diesem Sinne hat der Leiter den Priester, Freundlichkeit vermittelnd, zu überzeugen versucht. Aber dem Priester hat
man zu lange Lügen serviert, als daß er noch an diese „Wahrheit"
glauben könnte. Diesmal hat der Leiter keine Bemerkung fallen lassen, daß der Priester von dem Gespräch nichts dem Primas erzählen
soll. Vielleicht war es sogar sein Anliegen, daß ich bald davon erfahre. Der Priester hat seine Beherrschung behalten, als er mich auf-
suchte, um mir von dem Gespräch mit dem Leiter zu erzählen. Wir
haben beschlossen, den Inhalt dieses Gespräches für uns zu behalten. Unser ganzes Verhalten soll weiterhin so bleiben, als hätte die-

ses Gespräch nicht stattgefunden. Wir werden normal, ruhig und systematisch arbeiten – jede Erregung meidend. Ich werde einen Brief nach Hause schreiben und um weitere Bücher bitten. Wenn dieses Gespräch nur ein Trick sein sollte, dann sollen sie wissen, daß wir dies entsprechend einschätzen können. Ansonsten haben wir das Recht, nichts zu glauben nach so vielen Lügen, mit welchen wir täglich umgeben werden. Eines muß man zugeben: Seit dem Zeitpunkt des Gespräches, welches ich am 7. 8. d. J. mit dem Sicherheitsbeamten geführt habe, verhält sich unsere Umgebung uns gegenüber merkwürdig freundlich. Der Kommandant macht alles, was er für uns tun kann. Er rafft sich sogar dazu auf, über gesellschaftliche Probleme zu diskutieren. Er interessiert sich für meine Erfolge beim Füttern und Aufziehen der Vögel. Er kommt lächelnd zu mir und geht dann zufrieden zum Priester. Wir konnten das beide feststellen. Ähnlich verhalten sich auch die anderen Funktionäre. Vom „älteren Herrn" angefangen, sind alle merklich höflich. Man spürt ihre Anwesenheit fast nicht mehr. Sie verhalten sich sehr zurückhaltend. Der „Tisch" am Eingang zum Garten ist „fast" außer Betrieb. Früher war er sorgfältig und regelmäßig besetzt. Heute sitzt niemand bei diesem Tisch. Die Bücher, Papiere und die Feder sind verschwunden. Sogar der typische 100-Zloty-Schein, der hier öfters auf dem öffentlichen Platz lag, ist verschwunden. Der Diensthabende zieht sich diskret in die Tiefe des Ganges zurück, sobald er uns von oben die Stiegen herunterkommen hört. Die sich wiederholenden Wünsche, Wein, Hostien und Glühbirnen betreffend, werden sofort erledigt. Früher mußte man wochenlang darauf warten. Der Leiter ist wirklich verschwunden, er ist samt seinen Koffern abgefahren, der Schwester gelang es, ihn dabei zu beobachten. An seiner Stelle ist irgendein „armes Männlein" ohne Heldenpose mit bescheidenen Manieren eingesetzt worden. Der „Äskulap" zeigt sich auch nicht mehr. Es besucht uns nur der Kommandant, der jeden Tag zu uns kommt.

Freitag, 9. 9. 1955

Ich habe dem Kommandanten einen Brief an meinen Vater mit folgendem Inhalt ausgehändigt:
„Mein allerteuerster und allerbester Vater!
Alle Briefe, Grüße und Sendungen habe ich am 3. 8. dieses Jahres am Vormittag erhalten. Ich kann mich für die von der Familie gezeigte Güte nicht so bedanken, wie ich es mir wünschen würde. Ich bin in einer solchen Lage, daß ich mich nur auf die Vermittlung des Papiers und der Feder verlassen kann, und das bedeutet so wenig. Das Herz kann doch durch nichts ersetzt werden, und das Gefühl wird nicht enthüllt. Aber sichtbar soll man es auf den allerrichtigsten

Weg leiten – durch den stärksten Sender – Gottes Herz. Die Briefe heben sich von selbst auf, die Tinte verblaßt, nur das, was ewig lebt, wird seine Frische behalten. Wiederfinden können wir uns nur im Gebet, und deswegen danke ich für die allerwertvollste Namenstagsgabe, als die ich das Gebet betrachte. Ich bin für jeden Engelsgruß dankbar, für jeden Teil des Rosenkranzes – für jede heilige Messe. Besonders Deine Gebete, teurer Vater, sind mir eine lebendige, spürbare Hilfe. Du hast mir das Leben geschenkt und achtest darauf, daß dieses Leben ehrenvoll ist. Muß ich Dir versichern, daß das meine allerwichtigste Sorge ist? Ich kann doch nur ein Leben leben, und ich kann es mit nichts abschirmen. Bete in diesem Sinne, teurer Vater, denn Dein Gebet ist mir die wertvollste und einzige Hilfe, die ich von Dir erwarte. Damit Du von Ängsten und Verzweiflungen frei bist, darum bete ich – besonders während jeder heiligen Messe, und den dritten Teil des Rosenkranzes spreche ich in Deiner Intention. Mein Geist wird dadurch, daß sich Dein Wohlbefinden mit jedem Tag bessert, gestärkt. Dein Organismus, der an ein Leben voller Anstrengung gewöhnt ist, wird sich rasch wieder zurechtfinden. Also wache jetzt darüber, um Dich in diesem herrlichen und vertrauensvollen Zustand zu erhalten. Gib Dich nicht traurigen Gedanken hin, die innerlich quälen und psychisch erschöpfen. Lebe in der christlichen Hoffnung, die immer weiß, daß Gott mit seiner väterlichen Hand die menschlichen Angelegenheiten führt. Lebe immer mit dem Gefühl der Dankbarkeit und der Verehrung Gottes, welche uns Gott im Gloria beibringt. Wir danken Dir, Gott, für Deine große Ehre. Es mögen Dir die Psalmen helfen, die voll von Verehrung für Gott sind. Wenn der Mensch sich von seinen kleinen Sorgen befreit, wieviel Herrlichkeit gewinnt er dann zur Bekämpfung der großen Leiden! Folge Gottes Eingebungen! Denke an mich, und ich werde an Dich denken. Nimm Dir, teurer Vater, die Nachrichten, die ich Stasia von Zeit zu Zeit über meinen Gesundheitszustand schicke, nicht zu sehr zu Herzen. Ich mache das nur deswegen, um in der Wahrheit zu sein und Euch Vermutungen darüber zu ersparen. Zwar benötige ich mehr eine häusliche Kur als eine unter ärztlicher Aufsicht, aber zu meiner Verwunderung ertrage ich die Bedingungen meines Daseins und leide nicht besonders an meinen Beschwerden. Dabei hilft mir sehr, daß ich die Ruhe bewahre, ich denke nicht darüber nach, was war, noch was sein wird.

Ich lese viel und schreibe auch ein wenig. Mit dem Schreiben ist es nicht so leicht, denn es fehlt mir an meinem Arbeitswerkzeug. Sicher ist es so gut! Ab Anfang August dieses Jahres erhalte ich manche Wochenzeitschriften (Stolica, Swiat, Przekroj, Problemy). Ich kann mich daher ein wenig über das, was gedruckt wird, orientieren.

Ich freue mich sehr, teurer Vater, daß Du zu Hause bist, daß Julcia und Stasia bei Dir sind, daß Du nicht alleine bist und daß die

Kapelle mit dem allerheiligsten Sakrament so nahe ist, so daß Du sie öfters besuchen kannst. Ich freue mich sehr, daß Du ein wenig Trost von Deinen Kindern erfährst, die Dir ein bißchen Herz zeigen können, was Du auch verdienst. Wie viele Gründe zur Dankbarkeit dem allerbesten Vater im Himmel gegenüber hast Du deswegen. Wenn Du daran denkst, so bete öfters ein Te Deum! Bleiben wir weiterhin in unserem Kontakt, im Gebet, besonders während der heiligen Messe, die ich immer um 7.30 Uhr in der Früh feiere. Vor ein paar Tagen habe ich die heilige Messe in der Intention der heiligen Jadwiga, deren ich öfters gedenke, gefeiert. Am Jahrestag des Todes der Mutter werde ich auch eine heilige Messe abhalten. Ihrer gedenke ich immer wieder, weil mir das sehr viel hilft. Deine Hände, teurer Vater, küsse ich mit Hingabe und kindlichem Gehorsam und gebe mich dem Gebet in Deiner Intention hin. Ich danke Dir und Julcia für die Briefe und übermittle allen Mitgliedern der Familie Worte der Verbundenheit; ich segne Euch alle."

8. 9. 1955   St. W.

„Mein allerteuerster Sohn!
Deinen Brief vom 8. 9. hat man mir am 17. 9. vorgelesen, ich danke Dir sehr herzlich dafür. Zwei Monate lang haben wir keinen Brief von Dir erhalten, das ist eine sehr lange Zeit. Wir freuen uns, daß Dir die Pakete und Briefe rechtzeitig zugestellt wurden. Der 3. August war für unsere Familie ein großer Festtag. An diesem Tag haben wir Dich Gott und der allerheiligsten Mutter aufs innigste empfohlen und um Gesundheit, Ausdauer und Rückkehr zu Deinen Pflichten, die auf Dich warten, gebetet. Der Priester Wladislaw hat die heilige Messe in Deiner Intention gefeiert, daran haben viele Personen, innigst für Dich betend, teilgenommen. Für Deine belehrenden Sätze – ein Ausdruck der Herzlichkeit, Ehrlichkeit und Lebenspraxis – danke ich Dir. Zum Beispiel war die Anregung der Verwendung der Hymne ‚Te Deum‘ für mich ein Anstoß, daß ich sie öfters bete, was ich ab diesem Zeitpunkt auch täglich mache. Bis jetzt hatte ich meine Aufmerksamkeit nicht darauf gelenkt. Ich danke Dir für einen Teil des Rosenkranzes in meiner Intention. Im Sinne des Mottos des Meßbuches opfere ich alle meine Taten und Gebete Gott jeden Tag für meinen Sohn auf.
Was meinen Gesundheitszustand anbelangt, fühle ich mich gut. Ich habe etwas Angst vor dem sich nähernden Winter, denn seit ein paar Jahren erkranke ich immer kurz nach dem Wintereinbruch. Seine Exzellenz, der Bischof Michael, schlägt mir des öfteren vor, daß ich die Wintermonate, wenn der Frost kommt, in Warschau wohnen solle. Schöne Sätze zum Ertragen der Leiden würde ich gerne in meinem Leben verwenden können. Ich hatte viele davon in meinem Leben gehabt. Dieses letzte Leid aber ist ausgesprochen schwer. Ich vertraue Gott, daß ich auch dieses Kreuz dank der Hilfe

Gottes ertragen werde. Es tröstet mich die Nachricht über Deinen Gesundheitszustand, denn das ist unsere größte Sorge, daß der gute Gott Dir in Deiner kritischen Lage diese wertvolle Gabe schenkt. Darum belästige ich Gott mit meinen Bitten immer wieder. Zum Feiertag der „schmerzhaften Muttergottes" war ich mit einer Pilgerfahrt in Tschenstochau. Vor dem wunderbaren Bild der Muttergottes kniend, habe ich der allerheiligsten Mutter die Heimat, die Kirche und die ganze Geistlichkeit mit Dir an der Spitze, mein Sohn, Eure Nöte, die der Familie und meine eigenen zu Füßen gelegt. Der erste Weihbischof hat mich gebeten, daß ich Dir seine Grüße mit der Versicherung, daß er im Gebet an ‚Seine Eminenz' denkt, überreiche. In diesen Tagen waren hier auch Bischöfe, die Andachtsübungen abgehalten haben.

Einige Worte zu Deinem Haus in der Miodowa-Straße: Die historische Laube (Rondell) wurde mit Dachziegeln verkleidet. Im Garten hat man Ordnung gemacht und Gras gesät. Verschiedene Sträucher wurden neu gepflanzt. In den Spalieren blühen die Rosen wunderbar. In den Beeten dominieren vor allem die Astern. Alles macht einen imponierenden Eindruck. Auf dem Platz vor dem Palais hat man zwei neue Grünflächen angelegt, auf welchen in vier Beeten Astern und andere Blumen wachsen. Die Häuser, das linke und das rechte, sind neu verputzt. Gegenwärtig wird die Frontseite hin zur Straße renoviert. Die Hausverwaltung bemüht sich also, daß das Haus schön ist. Sie bereiten sich wohl auf den Empfang Seiner Eminenz vor. Ich danke Dir sehr für die abgehaltene Messe für die Seele der verstorbenen Jadwiga. Jula dankt sehr für die heilige Messe für die Seele der verstorbenen Mutter. Über die anderen Sachen, die die Familie betreffen, wird Dir Stasia schreiben. Zum Schluß danke ich Dir noch einmal für die Gebete. Ich empfehle Dich der Obhut des Herzens Jesu und der Muttergottes von Tschenstochau. Ich füge herzliche Grüße und Küsse und auch meinen Dank für die Hirtensegnung bei."

S. Wyszyúski

Mittwoch, 14. 9. 1955

„Vater, vergib ihnen . . ." Das Rufen vom Kreuz her treibt sie an. Die schmerzhafte Entehrung empfindend, hat der Heilige der Heiligen sein ganzes Verhältnis gegenüber den Gegnern und Verfolgern in diesem Gebet an den Vater ausgesprochen.

Er hat gewußt, daß er auch für sie stirbt. Könnte er ihnen den Weg zu den Früchten der Erlösung verschließen? – Solch ein Beispiel hat der *Sacerdos in aeternum* uns gegeben. Kann deshalb das Verhältnis eines Priesters gegenüber seinen Verfolgern ein anderes sein? Sie müssen doch auch erlöst werden, müssen auch die Liebe und Gnade Gottes empfinden. Wer wird ihnen das verschaffen? Wenn Gott uns aneinander gefesselt hat: Gegner und Priester – so vielleicht deswegen, weil er unser Gebet für unsere Verfolger will. Wir sollen doch nach dem Muster des Hirten der Hirten handeln! Übrigens, auch diese Menschen „wissen nicht, was sie tun": Es fehlt ihnen am Glauben an Gott, sie können nicht unterscheiden, was gut und böse ist; sie kennen das Evangelium nicht, sie wissen nicht, was die Kirche eigentlich ist, sie haben eine falsche Vorstellung von den Aufgaben und vom Leben der Priester, sie sind voll von Vorbehalten. Vielleicht erregen wir in ihren Augen Anstoß, vielleicht sind sie voll von Zorn und erfüllt vom Geist der Vergeltung, voll von Schwächen und bösen Neigungen. Unter solchen Voraussetzungen ist es schwer, sich menschlich zu verhalten. Sie sind doch Sklaven ihrer selbst. Bemitleidenswert! Wären meine Taten besser, wenn ich ohne Glauben, ohne Hilfe der Gnaden, ohne die Prinzipien der christlichen Moralität gelebt hätte? Und auch jetzt, da ich so sehr bereichert bin, verdiene ich nicht doch auch den Vorwurf: „Er weiß nicht, was er macht"? Ich habe den Glauben, ich kenne die Theologie und Philosophie, ich wurde christlich erzogen, das Leben habe ich in der Kirche verbracht, die heiligen Sakramente haben mich gestärkt, ich habe das Priestertum empfangen – und trotzdem?! – Gefalle ich in allem Gott? Suche ich nicht die Verzeihung für mich, indem ich mich mit den Worten Christi abschirme: „Vater, vergib mir, denn ich weiß nicht, was ich tue"? Um wieviel öfters sollte ich diese Bitte für meine Gegner wiederholen, die tatsächlich nicht wissen, was sie tun.

Sonntag, 25. 9. 1955

Heute sind genau zwei Jahre seit dem Zeitpunkt meiner Verhaftung vergangen. Innerhalb dieser Zeit bin ich zu der unwiderruflichen Überzeugung gekommen, daß alles, was Gott getan hat, er „mit gerechtem Urteil vollbracht hat". Deswegen beende ich diese zwei Jahre mit den Worten „Te Deum…"

Ich anerkenne vollständig Gottes Gerechtigkeit, die mir in dem erschienen ist, was mich so betroffen hat. Mein ganzes priesterliches Leben betrachtend, das so unbeholfen war, muß ich Dir, Vater, das Recht zugestehen, daß Du mich von den Altären und der Kanzel abgeschoben hast. Ich danke Dir, daß Du die Verteidigung der Kirche übernommen hast, daß Du sie vor mir verteidigst. Daß Du die Heiligkeit des Altares vor meinem unwürdigen Dienst verteidigst. Daß du Deine Diözesen vor so einem schwachen Hirten verteidigst. Ich bin Dein ehrlicher Verbündeter im Kampf gegen mich, Du kannst Kämpfe gegen mich führen, ich werde Dir dabei gegen mich selbst helfen. *Rectum iudicium Tuum* . . . Du bist im vollen Recht . . . Sei dafür gelobt.

Die kommenden Tage werde ich im Geist der Danksagung verbringen: Als Gabe werde ich Dir alle meine Gebete widmen – um die heilige Dreieinigkeit mit der Verehrungshymne zu loben. Wenn ich Deine Gerechtigkeit verehre, kann ich doch die Zeichen Deiner Barmherzigkeit nicht verbergen, mit welchen Du mich diese zwei Jahre im Gefängnis ausgefüllt hast. Wenn ich etwas bedauern soll, dann nur das, daß ich nicht immer fähig war, die Fülle Deiner Barmherzigkeit zu nützen. Erlaube mir, daß ich weiterhin das Leben in voller Hingabe an Dich weiterführe: *tacere, adorare, gaudere.* – Mein Gefängnisleben habe ich mit Dir, Mutter des Rosenkranzes, begonnen. Um ihren „Rosenkranz" habe ich die Gruppe der Gläubigen gebeten, als ich sie vor der Kirche zur heiligen Anna verabschiedet habe. Bewahre mich – Deinem Rosenkranz treu – Du „*refugium peccatorum*" – *ora pro me.*

Samstag, 15. 10. 1955

Die letzten Tage waren für unseren karthäuserartigen Lebensstil turbulent. Am 9. 10. dieses Jahres habe ich einen Brief von Vater, von meiner Schwester Stanislawa Jarosz und viele Pakete mit Büchern und Lebensmitteln erhalten. Es sind auch Bücher gekommen, die ich sehr gerne haben wollte, von denen ich aber nicht wußte, wie ich in den Briefen darum bitten sollte. Ich habe schon einige Male gemerkt, daß zwischen mir und meiner Familie eine Art Kommunikationsknoten – zum Glück zensurfrei – funktioniert. Es gibt solche Angelegenheiten: es reicht, wenn man nur daran denkt, damit sie sich erfüllen. Es gibt aber auch solche, um welche man lange betteln muß, und es fehlt dann trotzdem an jeder Antwort.

Im Gesicht habe ich nach meiner Verkühlung ein größeres Geschwür bekommen, welches ich mit den hiesigen Medikamenten nicht bekämpfen konnte. Ich war gezwungen, um ärztliche Hilfe zu bitten. Diesmal bekam ich sehr rasch eine Antwort. Man hat festgesetzt, daß wir am Abend des 13. 10. zur Klinik nach Opole fahren werden. Um 23.30 Uhr fuhren wir dann zum Spital. Die Behandlung hat in der Bezirksklinik des Sicherheitsdienstes stattgefunden. Der Arzt, welcher mich behandelt hat, ist aus Warschau gekommen. Bei dem Eingriff war noch eine junge Frau anwesend, eine Schwester. Der Arzt war redselig, die Frau hat „gelächelt". Unser Kommandant, der mich begleitet hat, war ein „Freund" des Arztes – ein Mensch voller Frechheit –, der mich deutlich seine Position spüren ließ. Alle „Sicherheitsbedingungen", über die ich schon früher geschrieben habe, wurden auch jetzt wieder sorgfältigst eingehalten. Die Dunkelheit der Nacht, leere Straßen, der abgeschirmte Hof der

Klinik, ebenfalls das Treppenhaus und die Gänge – in bewährter Art haben sie die Diskretion gesichert. Die Visite hat sich am folgenden Tag zwischen 18 und 20 Uhr wiederholt. Dieses Mal war der Arzt alleine, ohne Schwester, jedoch in Begleitung des Kommandanten und des „älteren Herrn". Beide waren freundlich. Ich hatte sogar die Möglichkeit, eine Nummer der Zeitschrift „Świat" (Welt), welche im Wartezimmer lag, anzuschauen. Vielleicht hat man auch hier gewußt, daß es mir jetzt erlaubt ist, zu wissen, was in manchen Zeitungen geschrieben wird. Diesmal war der Arzt „entgegenkommender", eher bereit als seine Vorgänger zu menschlichen Akzenten – bei der Verwaltung der verstaatlichten Gesundheit und der Arzneimittel. Um geheilt zu werden, muß ich die Hilfe der Gesellschaftsordnung benutzen. Wie merkwürdig und wie einfach ist das! In der Nacht sind wir in aller Stille zurückgekehrt.

Meine Hausgefährten haben auf meine Rückkehr gewartet und haben sich ehrlich gefreut, daß ich wieder bei ihnen war. Auch in der vergangenen Nacht haben sie gewacht, ob ich zurückgebracht werde. Als ich ihnen Vorwürfe machte, daß sie nicht geschlafen haben, haben sie sich sehr gewundert, wie sie denn schlafen könnten, wenn ich noch nicht da war. Jedesmal wenn ich von Opole in mein Kloster zurückgekehrt war und man in der Dunkelheit der Nacht den mit Draht umwickelten Zaun erkennen konnte, hatte ich den Eindruck, als ob meine „Schublade" wieder tief in den voluminösen Schreibtisch hineingeschoben würde. In Ruhe und Isolierung soll ich hier leben, ohne zu wissen, wie rasch sich dieses Tor wieder öffnen wird. Auch diesmal war der gleiche Chauffeur aus Warschau anwesend, ich nehme an, der gleiche, der mich auch aus der Miodowa-Straße abgeholt hat.

Heute habe ich meinen Antwortbrief auf den Brief meines Vaters, den ich am 1. 10. dieses Jahres erhalten habe, skizziert.

„Mein allerteuerster und allerbester Vater!

Ich möchte mich bei Dir für Deinen Brief vom 1. 10., den man mir am 9. 10. dieses Jahres zugestellt hat, und für alles, was er beinhaltet, bedanken. Ich habe den heutigen Tag für die Antwort gewählt, um Dir gleichzeitig mitzuteilen, daß ich des Todestages der Mutter gedacht habe und daß ich drei heilige Messen in ihrer Intention feiern werde: eine am 25. 10., die zweite am 31. 10. und die dritte am 2. 11. Ich bin davon überzeugt, daß die Mutter schon das Glück im Himmel genießt: Der gute Gott berechnet alles sorgfältig: ihr nicht leichtes menschliches Leben, die Gebete, die sie ihm geopfert hat, er möge auch seine Gnaden beschleunigen.

Ich möchte Dir auch versichern, daß ich der Großmutter Katharina gedenke. Öfters erinnere ich mich an den Moment, als ich sie zum letzten Mal gesehen habe. Da habe ich den Entschluß gefaßt, Priester zu werden. Ich gedenke dessen öfters als der größten Gnade Gottes und wundere mich, wie dauerhaft solche Momente sind.

Einmal habe ich gelesen, daß man niemandem, der um etwas bittet, diese Bitte abschlagen soll, denn es wird eine Zeit kommen, in welcher wir unsere Absage nicht mehr bedauern können. Und das ist eine große Wahrheit – besonders gegenüber den Verstorbenen, denn an ihnen kann man die angetanen Unannehmlichkeiten nicht wiedergutmachen. – Es bleibt nur eine Möglichkeit – das Gebet. Zum Glück ist das Gebet eine Gabe, die wir nicht erst lernen müssen, es reicht, beten zu wollen, alles andere kommt von selbst. Mit seiner Hilfe ist es am leichtesten, alle Sachen und Versprechungen zu regulieren. Während des Gebetes ist es am einfachsten, Kontakt mit dem Nächsten anzuknüpfen und Beruhigung über ihr Schicksal zu gewinnen. Auf die Weise ist es auch am leichtesten, die erwiesene Güte zu vergelten. Wenn Leiden und Qualen kommen – das Gebet hilft, auch diese Last zu überwinden, wenn wir in Gottes väterliche Hände alles, was schmerzt, hingeben.

Ich freue mich sehr, teurer Vater, daß Dein Gesundheitszustand besser ist, ich bitte Dich, benutze den freundschaftlichen Ratschlag des Bischofs Michal und übersiedle für die Wintermonate in die Stadt. Ich bin ihm sehr dankbar für diese Dir erwiesene Hilfe, da ich nicht da bin, meine Pflicht Dir gegenüber zu erfüllen. Aber Gott hat Dich nicht ohne menschliche Hilfe gelassen. Er kümmert sich früher um Dich als Deine Kinder. Ich pflege oft für diese Menschen, die Dir ihre Güte erweisen, zu beten. Die Zeit des herbstlichen Wetters, das Du öfters schlecht verträgst, wird bald vergehen. Ich bitte Dich sehr, paß auf Dich auf, hol Dir keine Verkühlung und keinen Schnupfen. Begrenze unnötige Fahrten und Wanderungen in die Stadt.

In der Zeitung „Stolica" fand ich am 23. 9. dieses Jahres ein Bild der Fassade der Kathedrale des hl. Johannes. Ich habe mich sehr gefreut, daß man die Renovierungsarbeiten in Angriff genommen hat. Endlich hat man den Vorschlag von Professor Zachwatowicz angenommen! Wenn das Wetter gut ist, bitte ich Dich, die Kathedrale zu besuchen und beim Grab des verstorbenen Kardinals und in der Sakramentenkapelle zu beten. Beschreibe mir bitte – wenn es möglich ist –, wie das Innere der Kathedrale jetzt aussieht. Ich hoffe, daß die Arbeiten während der zwei Jahre vorangekommen sind. Ich danke Dir sehr für die Nachricht über den Stand der Arbeiten bei meinem Hause. Ich befürchte nur, daß das alles im Vergleich zur Umgebung zu aufwendig wirkt.

Die Bewahrung des Gleichgewichtes ist eine diskret-gesellschaftliche Tugend – besonders in den Zeiten des Wiederaufbaues der Stadt aus den Ruinen. Es gibt viele Kirchen, z. B. die des heiligen Florian, wo die Hilfe für die Instandsetzung der Mauern notwendig wäre. Ich bitte Julcia, daß sie in jedem Brief mit eigener Hand kurz über ihren Gesundheitszustand berichtet, was ich leider sehr vermisse. Wenn Du ein paar Worte über Tadzio hinzufügen würdest, wäre ich Dir recht dankbar, umso mehr, als mich die Gedanken über seine Gesundheit stets verfolgen.

Ich habe mich sehr gefreut, daß Vater im Kloster von Jasna Góra sein konnte und die Möglichkeit gehabt hat, in der Kapelle der Muttergottes zu beten."

(Dieser Brief wurde nicht abgeschickt.)

Dienstag, 25. 10. 1955

Auch wenn ich Dich am Grund der Hölle in Anwesenheit des dort herrschenden Satan in all seiner Ehre und unmenschlichen Macht suchen müßte, auch dann wirst Du der König meines Herzens sein – Du Gepeitschter, Mißhandelter und Gekreuzigter. Dein verfolgtes Königreich bedeutet für mich mehr als die größte Ehre des Reiches der Dunkelheit. Wenn ich heute die Wege meines Lebens aufs neue wählen sollte, würde ich dieses wundervollste Tor, das zum Priestertum führt, wählen – selbst wenn ich inmitten dieses Weges eine für mich bereitstehende Guillotine sehen würde. Wenn ich zu wählen hätte: als Eigentum die Bibliothek des britischen Museums oder nur das eine Meßbuch zu besitzen – würde ich dieses Meßbüchlein wählen. Wenn ich eine Hoffnung auf die Rückgewinnung der Freiheit um den Preis auch nur der kleinsten Demütigung der Kirche hätte, würde ich doch die lebenslängliche Gefangenschaft wählen. Ich glaube an das ewige Dasein, also an das Leben, welches sich nur verändert, das aber nicht aufhört. Ich habe deswegen viel Zeit und viel Geduld.

Mittwoch, 26. 10. 1955

Zur inneren Stille drängend: ich bewahre die volle Ruhe während der Arbeitsstunden, die ich in meinem Zimmer verbringe und meide den Kontakt mit der Umgebung, um die Effektivität der Arbeit mit der Feder zu erhöhen. Öfters muß ich mich an den guten Vater wenden, damit er weiß, wie nachgiebig ich seinem Willen bin, daß ich Gottes Gerechtigkeit über mir fühle – und sie mit dem Gehirn und Willen anerkenne. Ich möchte ihr mein Herz unterwerfen, damit diese Gefühle sich mit der Basis der Vernunft verbinden. Mit der Vernunft und dem Willen bin ich an der Seite des gerechten Gottes. Ich will an der Seite des gerechten Gottes mit dem Herz gegen mich selbst sein.

Dir, Christus, gebe ich das vollste Recht auf meine Freuden und Leiden. Mein Priestertum, mit welchem ich an Deinem Priestertum teilnehme, verlangt, daß ich meine Leiden samt Deinen opfere, daß ich Mit-Leid mit Dir habe. Wenn Deiner Kirche mein Leiden notwendig ist, möchte ich gegenüber Deinem Willen nachgiebig sein. Ich möchte mein eigenes Gut dem Gut der Kirche opfern. Je schlimmer meine eigenen persönlichen Angelegenheiten stehen, umso besser ist es für die Kirche. Meine Leiden schirmen die Kirche von der Boshaftigkeit der Gegner Gottes ab. Ich bin die Beute, welche die Aufmerksamkeit der Wölfe ablenkt, die ihnen die Kehle verstopft, die ihnen nicht mehr erlaubt, andere zu beißen. Ich spüre das gut, wie meine Gefangenschaft den Gegnern der Kirche, die bis jetzt alles Böse auf mich gelegt haben, die Hände fesselt. *Prudentia carnis* würde meine Situation vielleicht erleichtern – aber ich möchte das nicht nutzen, um die Situation der Kirche nicht zu verschlechtern. Du mein Lehrer und Führer, gib mir mehr Kraft, damit ich diesem Gedanken treu bleiben kann.

Freitag, 28. 10. 1955

Um 17.30 Uhr besuchte mich der Kommandant des Hauses, sich entschuldigend, daß er „nicht zur üblichen Tageszeit" gekommen ist. Er erklärte mir, daß ein Vertreter der Regierung aus Warschau gekommen sei und mich gerne treffen möchte. Ich antwortete ihm, daß ich nichts gegen ein solches Gespräch einzuwenden habe. Bald darauf trat ein großer Mann mit unkoordinierten Bewegungen in mein Zimmer und äußerte den Wunsch, mit mir zu sprechen. In der Hand hielt er eine Aktenmappe. Er ließ sich am Tisch nieder, holte aus der Mappe ein Papier heraus und erklärte mir: „Die Regierung hat beschlossen, daß sich meine Lebens- und Wohnbedingungen laut der folgenden Anordnung ändern werden: Amt der konfessionellen Angelegenheiten, Warschau, am 27. 10. 1955, Anordnung:
„Ich teile mit, daß die Regierung der Volksrepublik Polen dem Erzbischof Stefan Wyszyński die Änderung des bis jetzt bestimmten Aufenthaltsortes bewilligt hat. Der Erzbischof kann ab sofort seinen Aufenthaltsort im Kloster der Nazareth-Schwestern in Komańcza nehmen. Er hat allerdings nicht das Recht, dieses Kloster zu verlassen. Im Falle irgendwelcher Versuche, die Möglichkeit des Kontaktes mit anderen Menschen für staatsfeindliche Aktionen zu nutzen, werden gegenüber den Schuldigen Konsequenzen gezogen. Das im Regierungsbeschluß Nr. 700 vom 24. 9. 1955 beinhaltete Verbot der Ausübung der kirchlichen Funktionen sowie das Verbot jeglichen öffentlichen Auftretens bleiben weiterhin in Kraft."
Direktor des Amtes für die Angelegenheit der Konfessionen
(Marian Zygmanowski)
Nachdem der Regierungsvertreter mir diesen Beschluß vorgelesen hatte, bat er mich, seinen Inhalt zu erwägen und ihm meine Antwort

zu erteilen. Daraufhin habe ich ihn gefragt, was ich unter „Ort des Aufenthaltes" verstehen soll. Der Beamte erklärte mir, daß es um den ganzen Ort Komańcza gehe, in welchem ich mich frei bewegen könnte. Ich dürfe aber z. B. nicht in ein Auto einsteigen und in einen anderen Ort fahren. Dann fügte er noch hinzu: „Bitte, packen Sie Ihre Sachen, denn morgen um 6 Uhr früh werden Sie mit einem Auto zu Ihrem neuen Aufenthaltsort gebracht." Ich fragte ihn noch, was mit dem Priester Stanislaw Skorodecki und der Schwester Leonia Graczek, meinen Gefangenschaftsgefährten, geschehen werde, sie seien beide krank und bedürfen einer Hausbetreuung.

Der Beamte äußerte seine Verwunderung darüber, daß die Schwester auch krank sei und fügte hinzu: „Beide werden entlassen, vor allem der Priester, da sein Vater in Sachen seiner Freilassung interveniert hat. Aufgrund einer Amnestie hat die Regierung bereits die Mehrheit der Priester, welche zu schweren Strafen verurteilt worden waren, entlassen. So sieht jetzt die Regierungslinie aus."

Ich fragte den Beamten, ob ich mir diese „Anordnung" abschreiben dürfe. Der Beamte stimmte meiner Bitte zu. Wahrscheinlich hat er meine Zweifel gegenüber Regierungsbeschlüssen gefühlt. Aus der Tasche holte er ein weiteres Schriftstück, einen Brief des Bischofs Michal Klepacz, des Vorsitzenden der Bischofskonferenz, an den Präsidenten der Regierung. Er erlaubte mir, diesen Brief zu lesen. Dieser Brief im Original hat mir versichert, daß es sich bei meiner Ortsverlegung um eine Initiative des Episkopates handelt. Das Ziel scheint zu sein, mich aus dem Lager, in welchem ich bereits zwei Jahre verweile, herauszubekommen und bessere Existenz- und Wohnverhältnisse für mich zu erreichen. Der Beamte hat mir auch die Abschrift der Bedingungen, welchen der Episkopat als Gegenleistung für meine Befreiung aus der Isolation zugestand, vorgelegt. Beide Schriften haben die Möglichkeit eines Treffens mit meinem Vater, der Schwester und dem Bruder als auch mit den Bischöfen Klepacz und Choromanski vorgesehen. Ich bat um nähere Erklärungen zu der Möglichkeit des Treffens mit anderen Menschen. Die Formulierung der „Anordnung" hat auf mich einen unangenehmen Eindruck gemacht, so als ob ich jede „Möglichkeit des Kontaktes mit anderen Menschen für staatsfeindliche Aktionen nutzen" würde. Auch die Androhung von Konsequenzen gegenüber den Schuldigen gefiel mir nicht. Die Erklärung des Beamten hat aber gezeigt, daß alle Bischöfe, die mich besuchen wollen, mich treffen könnten. Ich entnahm seinen Worten, daß auch andere Menschen freien Zutritt zu mir haben werden. Diese Erklärungen überdenkend, habe ich keine meritorischen Forderungen gegenüber anderen Beschränkungen meiner Freiheit erhoben. Ich habe nur hinzugefügt, daß man mir verschiedene Vorwürfe macht und ich bis jetzt nicht weiß, welche Handlung man als „staatsfeindliche Aktion" bezeichnet. Der Beamte erklärte: „Die Regierung hat die Bischöfe zu einem

Gespräch eingeladen und alle Vorwürfe, die gegen Sie erhoben wurden, vorgelegt.

Bischof Klepacz, welcher Sie in den kommenden Tagen besuchen wird, wird Ihnen das alles erklären. Er wird auch weitere Erklärungen über Ihre Situation machen." Nach dieser Erklärung habe ich keine Zweifel, welche die neue Anordnung in mir geweckt hat, mehr geäußert. Es ist mir lieber, mit dem Bischof als mit dem Beamten, der nur über Teilinformationen verfügte, zu diskutieren. Ich habe noch erklärt: „Ihr werdet ohnehin alles, was Ihr beschlossen habt, mit mir tun, so wie Ihr es bis jetzt getan habt."

Der Beamte bat mich, daß ich auf das Schriftstück schreibe: „Das hier Beinhaltete habe ich zur Kenntnis genommen."

Ich habe geschrieben: „Ich habe es gelesen – Stefan Kardinal Wyszyński am 28. 10. 1955."

Der Beamte hat mir versichert, daß meine Umgebung mir beim Zusammenpacken meiner Sachen behilflich sein werde. Dann hat er mein Zimmer verlassen. Als ersten habe ich darüber dem Priester Stanislaw, welcher gerade den Kreuzweg gebetet hat, erzählt. Er reagierte sehr gerührt, obwohl er Beherrschung zeigte. Wir haben beschlossen, nach dem Abendmahl unseren Haushalt aufzulösen. Wir haben gezögert, was wir mit der Kapelle machen sollten. Ich war bereit, alles hier zu lassen, damit der Priester, bis er entlassen wird, noch die heilige Messe feiern kann. Aber der Priester hat bald darauf eine Versicherung des zweiten Stellvertreters erhalten, daß er, sobald der Kommandant zurückkäme, ebenfalls entlassen werde. So war es nicht notwendig, irgend etwas hier zu lassen. Der zweite Stellvertreter erklärte dazu: „Man muß alles mitnehmen, denn dieses Haus wird abgerissen". Die Schwester Leonia hat die Nachricht über ihre baldige Freilassung ohne Verwunderung empfangen; längere Zeit haben wir alle geschwiegen. Ich habe mich an die Erklärung des Vertreters des Sicherheitsamtes vom 7. 7. dieses Jahres erinnert: „Wir werden uns in einem Jahr treffen." Die Regierung selbst hat jetzt ohne mein Mitwirken eine teilweise Änderung der Sonderbeschlüsse verordnet, welche mir gegenüber seit zwei Jahren angewendet wurden. Das alles geschieht allerdings ohne meine ausdrückliche Zustimmung. Weiterhin bin ich nur das Objekt der willkürlichen Handlungen der Regierung. Ich bin mir dessen bewußt, daß ich mich auf keine Vereinbarungen, was den Ort meines Aufenthaltes betrifft, einlassen kann, denn meine Pflicht ist es, in der Kathedrale meiner Diözese zu sein. Ich werde mich erst dann frei fühlen, wenn ich in die Miodowa-Straße zurückkehren werde. Diese neue Verordnung kann ich nicht als Wiedergutmachung der mir angetanen Leiden und als Rückkehr zu meiner Arbeit betrachten. Die Vergewaltigung des kanonischen Rechts bleibt weiterhin aufrecht. Nach dem Abendessen feierten wir die letzte gemeinsame heilige Messe. Wir haben auch die Novene zur Verehrung des

Christkönigs beendet. Uns wurde die Gefälligkeit des himmlischen Vaters bewußt, der uns ein Zeichen seiner Güte darin gezeigt hat, daß er uns seine Kraft gerade während dieser Novene erwiesen hat. Ansonsten konnten wir die Wahrheit des Anspruches feststellen, daß „seit Jahrhunderten niemand davon gehört hat", daß einer, der sich an die allerheiligste Mutter wendet, nicht erhört werde. Seit langem haben wir drei uns im Gebet an die Muttergottes vom Jasna Góra, an die Mutter der unentwegten Hilfe gewendet. Nichts kann innerlich so beruhigen wie ein Gebet zu Maria. Wie viele heilige Messen haben wir abgehalten, um die Gnade der Rückkehr zu den Pflichten unserer Berufung bittend! Manchmal könnte es scheinen, daß die Bitten nicht erhört werden. Aber niemals waren unsere Gebete ohne Wirkung in unserer Seele geblieben. Niemals habe uns das Vertrauen und die Ruhe verlassen. Die Gebete im letzten Jahr hier in Prudnik waren eher Dank- als Bittgebete. Wir stellen fest, daß Verehrungsgebete mehr Freude und Kraft bringen als ein flehendes Bittgebet.

Wir haben mit der allerheiligsten Mutter eine „Vereinbarung" getroffen, daß die Gnade, die wir erwarten, am Samstag oder in dem Monat, der Maria gewidmet ist, geschenkt werde. Wir waren sogar bereit, länger im Gefängnis zu bleiben, damit sich Gottes Barmherzigkeit so über uns zeigt, daß sie der Ehre Marias dient.

Gott hat seine Güte gezeigt, denn der erste Tag der Freiheit wird nicht nur im Rosenkranzmonat Marias, sondern zusätzlich am Tag *Sanctae Mariae in sabbato* sein, der auf den morgigen Tag fällt.

Freitag, 28. 10. 1955

Mit Deinem Rosenkranz in der Hand warte ich auf den Feiertag Deines königlichen Sohnes. Maria, hilf mir, mein Herz, meinen Willen und meine Gedanken darauf vorzubereiten.

1. Alles habe ich durch Dich. Ich möchte, daß die Huldigung des Königs entsprechend würdig durch Dich zu seinem Thron kommt. Wenn ich auf die Qual des Ölberges schaue, verwundert mich der Gehorsam der königlichen Macht gegenüber dem Vater. Aber es gibt kein Königtum ohne Gehorsam. Ich möchte ihn für Dich haben, um den König verehren zu können.

2. Die Herrscher ziehen die prächtigsten Krönungsmäntel an. Dein Sohn, Maria, hat sich mit dem Mantel des eigenen Blutes bedeckt. Seine ausgepeitschten Arme sind die allerwertvollste Zier. Mit tiefster Ehrfurcht knie ich auf dem Steinfußboden des Prätoriums in Jerusalem, um vor den abgerissenen Stücken des königlichen Mantels, der mit Deinem Blut getränkt ist, meine Huldigung zu leisten – als ob sich meine Lippen am Meßkelch festsaugten

3. Das ist die einzige Krone, die Blut aus der Stirn des Herrschers drückt. Alle anderen drücken Blut aus ihren Untertanen aus. Nur Dein Sohn schont sie, sich selbst aber nicht. Und doch, ein Bruchteil des Dornes dieser Krone ist mir mehr wert als alle Kronen dieser Welt.

4. Welchem König sind so große Massen kreuztragend gefolgt? Das Volk geht hinter dem Herrscher und Triumphator nach. Nur Dir, Christus, folgen zum Leiden bereite Menschenmassen. Wie unsagbar sind die Scharen der Bekenner Deines Kreuzes!

5. Den Galgen hast Du zum Thron gewandelt, wir sehen ihn mit Gold und teuren Steinen geschmückt. Die Herrscher kennen ihren Preis, deswegen fügen sie Stein an Stein, um an Wert zu gewinnen. Nur Du, Christus, hast alles abgelehnt. Du bist der höchste Wert des nackten Holzes des Kreuzes. Dieser Thron wurde zur größten Ehre der Welt.

V
In Kománcza

Samstag, 29. 10. 1955

Neustadt/Schlesien – Kománcza. Die heilige Messe aus Dankbarkeit für die Muttergottes vom Jasna Góra um 4.30 Uhr und die
zweite Messe zu Ehren der Muttergottes der unentwegten Hilfe waren die letzten Akte unseres gemeinsamen Gebetes.

Das zwei Jahre lange Zusammenleben der drei Menschen ist im
Gebet verklungen. Obwohl wir Opfer des Zwanges waren, ist es uns
gelungen, eine christliche Gemeinde zu bilden, die frei von innerli-
chem Zwang und voll Ruhe und freundschaftlichen Lebens war.
Dieses Leben ist für uns besonders schnell vergangen. Die Tagesordnung hat sich nicht verändert, und wir haben die folgende mehr
als klösterliche Ordnung eingehalten:

 5.00 Aufstehen
 5.30 Prim und Morgengebete
 5.45 Meditation (Ich habe die Betrachtungspunkte auf-
      grund des liturgischen Jahres selbst angegeben)
 6.15 Angelus Domini – Vorbereitung zur heiligen Messe
 6.30 Die erste heilige Messe – öfters gesungene gregoriani-
      sche, besonders im Advent und zu Feiertagen
 7.15 Die zweite heilige Messe (Danksagung)
 8.15 Frühstück
 8.45 Brevierstunden (und ein Teil des Rosenkranzes –
      manchmal im Garten)
 9.15 Arbeit am Schreibtisch
11.15 Besuch der Leitung
13.00 Mittagessen (Adoratio Sanctissimi)
13.30 Spaziergang und Freizeit
15.00 Vesper und ein weiterer Teil des Rosenkranzes – öf-
      ters während des Spazierganges
15.30 Arbeit am Schreibtisch

18.15 Matutin und Laudes
19.00 Abendmahl (deutsche Lektüre)
20.00 Rosenkranz in der Kapelle und Abendgebete – kirchlicher Gesang
20.45 Arbeit – Lektüre und Nachtruhe

Diese Tagesordnung hat sich nur an Sonn- und Feiertagen verändert, da haben wir uns am Nachmittag um 15.00 Uhr öfters zu gemeinsamem „Kaffee mit Lektüre" versammelt. Diese „Akademien" hatten immer verschiedene Dinge zum Thema: Mariologische Vorlesungen, Einzelheiten aus dem Bereich der religiösen Kunstgeschichte, verschiedene andere Lektüre (Geschichte einer Seele, Ricciotti, Sienkiewicz, Parnicki, Geschichte der Kirche, K. Michalski). Während der Weihnachtstage haben wir stundenlang Weihnachtslieder gesungen. Wir haben in dieser Zeit den gregorianischen Gesang gelernt. Am Weihnachtsfeiertag haben wir uns ein gemeinsames Weihnachtsabendmahl mit Oblaten, Pilzen und sogar einem Weihnachtsbaum gegönnt. Um Mitternacht haben wir die Christmette gefeiert. In der Karwoche haben wir die „Liturgie" zum Teil modifiziert, also ohne Zelebration gefeiert. Manchesmal haben wir beide die Matutin und Laudes gesungen. Wir haben das Prinzip eingehalten: Alles machen, um nicht vom Leben der Kirche abzuweichen, die engste Verbindung mit dem offiziellen Gebet der Kirche zu halten, beginnend mit der Meditation in der Früh bis zum Gebet am Abend. Diese Wachsamkeit hat in unser Leben viel Abwechslung gebracht und unser Gebet bereichert.

Um 6.00 Uhr in der Früh haben wir Prudnik verlassen. Die Reise führte durch Kattowitz, Krakau, Tarnow, Jaslo, Sanok. Wir sind mit zwei Autos vom Typ Warschau gefahren. In dem Auto, in welchem ich saß, fuhr auch ein mir unbekannter Mann mit Herrscherallüren, die er öfters unterwegs gegenüber dem Chauffeur an den Tag legte. Mein Begleiter war der Kommandant, welcher zwei Jahre lang mit mir lebte. Er hat sich sehr freundlich verhalten, hat sogar ein Gespräch angefangen und mir über „die Kathedrale in Stalingrad" erzählt, die man an eben diesem Sonntag einweihen sollte. Unterwegs haben wir nur einmal in einem Wald unter Wahrung aller Sicherheitsvorkehrungen angehalten. In Kománcza kamen wir um 15.30 Uhr an.

Eine Frau kam auf uns zugelaufen, die, wie sich später erwiesen hat, bereits in der Früh nach Kománcza gekommen war, um die Schwestern rechtzeitig von meiner Ankunft in Kenntnis zu setzen. Alles wurde im letzten Augenblick arrangiert, die Schwestern waren von meiner Ankunft überrascht und sichtlich desorientiert. Lange mußten wir im Gang warten, ehe sich jemand zeigte. Ich habe gespürt, wieviel sie schon von meiner Angelegenheit gehört haben müssen, da sie die sonst im Orden übliche Unbefangenheit gegenüber dem zu Besuch kommenden Bischof verloren hatten. Die Delegation aus Warschau bestand aus einem Mann und einer Frau, welche bereits in der Früh nach Kománcza angereist waren und sich sehr für die Einzelheiten meiner Unterkunft interessierten.

Endlich erschien eine Schwester, welche mich wortlos begrüßte, sie war aber gleich darauf wieder verschwunden. Mein Begleiter verhielt sich sichtlich ungeduldig. Endlich kamen zwei Schwestern. Die eine der beiden – sie war mir bis dahin unbekannt – war die Oberschwester des Hauses. Sie führte mich zu einem geräumigen Zimmer, in welchem ich endlich allein gelassen wurde.

Ich bin jetzt also endgültig in dem „Kloster", über das sie seit zwei Jahren im Regierungskommuniqué gesprochen hatten. Diesmal ist es ein wirkliches Kloster. Es ist ein großes Haus, in dem ein normales Klosterleben geführt wird, mit echten Nonnen, die keine Gefangenen sind, mit eigenen Ordensregeln. Von der Schwester habe ich erfahren, daß erst heute in der Früh plötzlich ein Auto vom Typ Warschau vorfuhr, zwei Männer seien ausgestiegen und hätten der Schwester erklärt, daß ich am Nachmittag kommen werde. Beide prüften sorgfältig das Haus, wählten ein Zimmer im ersten Stock aus und befahlen, es herzurichten. Sie forderten außerdem, daß man eine Kapelle ausstatten solle, und wiesen geradezu aufdringlich darauf hin, daß der Kardinal eine eigene Kapelle haben müsse. Darüber haben sie wahrscheinlich oberflächlich im Kodex des kanonischen Rechtes gelesen. Die Schwestern waren sehr aufgeregt über das, was auf sie zugekommen war.

Ein normaler Gedankenaustausch mit der Oberin war dadurch fürs erste erschwert. Meine Begleiter beschäftigten sich mit Essen und Ausruhen. Man brachte mir meine Koffer und die Kartons mit den Büchern. Alle Herren haben sich sehr nett verhalten. Von der Prudnik-Crew waren anwesend: der Kommandant (Oberst), sein Stellvertreter, ein sogenannter „Mo" (= Volkspolizist) und ein mir unbekannter weiterer Begleiter. Im Lastwagen waren auch einige Männer aus Prudnik, die ich jedoch nicht erkannt habe. Um 17.00 Uhr ist „der Unbekannte" in mein Zimmer gekommen und erklärte mir: „Von diesem Zeitpunkt an ist unsere Obhut über Sie beendet, sie wird vom Episkopat Polens übernommen." Er fragte noch, ob ich irgendwelche Wünsche hätte. Ich bat ihn um eine Erklärung, wie ich den „Ort Kománcza" verstehen solle, um zu wissen, welche Bewegungsfreiheit ich besitze.

Aus seiner zögernd gegebenen Antwort habe ich entnommen, daß ich längere Spaziergänge in alle Richtungen, in den Wald und ins Gebirge machen kann. Dagegen darf ich nicht in ein Auto einsteigen und wegfahren. Ich versuchte zu scherzen: „Noch weiter weg könntet Ihr mich wohl nicht unterbringen."

„Doch", antwortete er, „man könnte Sie auch in den Bezirk Przemyśl bringen." – „Soviel ich weiß, liegt Przemyśl nördlich von hier." Ich fragte noch, was ich tun solle, wenn ich eine Krankheit bekäme und einer ärztlichen oder zahnärztlichen Konsultation bedürfe. „In dieser Angelegenheit", bekam ich zur Antwort, „können Sie sich an Bischof Klepacz wenden."

Ich verstand, daß ab jetzt mein Leben von den Bischöfen abhing, deshalb stellte ich keine weiteren Fragen mehr.

Sein kurzes und arrogantes „Auf Wiedersehen" hatte sicherlich nur die Bedeutung, daß mein Begleiter seine Aufgabe für beendet ansah. Ich habe ihm mit einem kurzem „Ich verabschiede mich" den Abschied leichtgemacht.

Ab diesem Zeitpunkt fühle ich mich frei von der polizeilichen Isolation. Welche Form mein weiteres Leben hier annehmen wird, wird die Zukunft zeigen. Ich war und bin bereit zu denken, daß das hier nicht das Ende ist, daß sich auch diese „Form" bald ändern wird. Man braucht freilich Geduld, um dies zu erkennen. Aber das, was heute begonnen hat, ist so neu und so von den bisherigen Lebensbedingungen abweichend, daß es eine große Erleichterung ist, die man unzweifelhaft als Gottes Gnade betrachten kann. Ich kann meinen Eindruck so zusammenfassen: Zwei Jahre lang haben wir zu dritt um die Gnade der Rückkehr zur Arbeit, zu welcher wir berufen sind, gebetet. Seit einem Jahr beteten wir besonders darum, daß diese Gnade der Freiheit an einem Samstag oder in einem Monat, welcher der allerheiligsten Mutter gewidmet ist, geschehen möge. Der gute Vater hat in seiner Feinfühligkeit ein Zeichen gegeben, daß ihm unsere Gebete angenehm waren, denn er hat uns diese Erleichterung nicht nur im Rosenkranzmonat gezeigt, sondern auch am Festtag *Sanctae Mariae in sabbato*. Der gute Vater wollte, daß das am Vortag des Christkönigsfestes geschieht. Man ist vielleicht nicht willens zu denken, daß der göttliche Führer mit dem Zepter seiner Macht gewinkt und verlangt hat, seine Kinder freizulassen. Aber dieses deutliche Zeichen der Gnade befiehlt uns zu glauben, daß Werke, die man sich vorgenommen hat, mit Gottes Kraft zu Ende geführt werden. Ich möchte noch einmal meine Bereitschaft für alles zum Ausdruck bringen: in vollster Ruhe vertraue ich der Klugheit und Güte Gottes. Wird mich Gott von hier weg zu meinen verwaisten Kathedralen führen, oder wird er neue Opfer verlangen? Ich weiß, daß er alles macht, um die Ehre der von seinem Sohn so geliebten Kirche zu vergrößern.

Sonntag, 30. 10. 1955

Christkönigsfest. Die heilige Messe feierte ich an einem normalen Altar mit einem echten Altarstein, zwischen normalen Menschen, die hingebungsvoll die Lieder singen. Ich danke Gott für alles, was war, und drücke meine Bereitschaft aus, alles, was kommen wird, gehorsam hinzunehmen. Weil es mir nicht erlaubt ist, „öffentlich" aufzutreten, habe ich dem öffentlichen Gesang im Chor der Kapelle zugehört. Ich habe mich über das betende Gottesvolk gefreut, das so zahlreich am Gottesdienst teilgenommen hat.

Die Messe feierte der Ortspfarrer. Als große Gnade habe ich es angesehen, daß ich mindestens in dieser Form an der Huldigung des Königs der Jahrhunderte, des unsterblichen und unsichtbaren Gottes, teilhaben kann.

Ich möchte auf das in Prudnik verbrachte Jahr zurückschauen: Obwohl die Umstände sich nicht wesentlich verändert haben, war doch die „Atmosphäre" anders als in Stoczek. Vielleicht ist das ein Eindruck, den ich mit der Gewöhnung an die Menschen und ihre Methoden verbinde. Die Menschen des Sicherheitsamtes sind eine neue Art von Menschen, welche unter normalen Lebensbedingungen nicht vorkommt. Man muß sie kennenlernen und sich an viele Sachen gewöhnen, um sie trotzdem „normal" zu finden. Dieser Gewöhnungseffekt half, die Annahme der Verhaltensweise der Sicherheitsbeamten zu „verkraften". Obwohl wir uns an alle uns umgebenden Menschen gewöhnt hatten, war trotzdem für uns nicht alles ganz klar. Was mich anlangt, muß ich gestehen, daß nur meine Neigung, die Wahrheit zu sagen und die Überzeugung der Menschen mit einem anderen Lebensstil zu achten, zu einem Wortaustausch geführt hat. Ansonsten waren es eher Monologe, die man in Ruhe angehört hat (außer den Gesprächen mit der „Katze") – jede Polemik meidend. Wenn nicht meine „private Initiative" gewesen wäre, hätte ich ein ganzes Jahr schweigen können, ohne daß mir irgendwelche Fragen gestellt worden wären, außer den unpersönlichen Fragen während der täglichen Visiten. Die Herren der Regierung haben mich wirklich zur vollen Isolation von allem, sogar von den bescheidensten Höflichkeitsformen, verurteilt. Übrigens habe ich mich davon überzeugt, als ich ab März dieses Jahres entschlossen geschwiegen habe, nachdem ich keine Antwort auf mein Ansuchen, meinen kranken Vater zu sehen, erhalten hatte. Ab März haben wir absolut geschwiegen, so daß sich einer der „Herren" gegenüber dem Priester folgendermaßen geäußert hat: „Es ist ein Jammer, daß beide Seiten so hartnäckig sind." – Trotz dieses offiziellen Schweigens ist der gelegentliche Austausch der Höflichkeiten eher natürlich verlaufen. Die Diensthabenden, welche im unteren Stock Wache hielten, haben uns nicht gemieden, besonders der „ältere Herr" teilte uns gerne seine Eindrücke über das Wetter, die Gesundheit, das Altwerden und seine künstlerischen Erfolge mit.

Gelegentlich hat er sogar eine kleine Ausstellung veranstaltet: Er legte seine mit der Laubsäge hergestellten Produkte auf den Tisch, breitete seine „Leidensbilder" vor uns aus, um unsere Aufmerksamkeit darauf zu lenken und ein Gespräch daran anzuknüpfen. Mit der Zeit schien mir, daß er uns gegenüber menschlicher wurde. Im

Vergleich zu den anderen haben wir in seinem Gesicht freundlichere Züge gefunden.

„Äskulap" hat sich nicht verändert, für diesen Menschen waren wir weiterhin „ein Schriftstück, das zu erledigen" ist. Wir hatten den Eindruck, daß er sich möglichst rasch von uns trennen wollte. Dagegen wurde der Kommandant von Tag zu Tag höflicher, besonders in den Frühjahrsmonaten dieses Jahres. Wir bemerkten auch die Veränderungen beim Tisch der Diensthabenden. Ungefähr im Mai ist die „Besetzung des Tisches" verschwunden. Ab dann sahen wir niemanden mehr beim Aufsichtstisch sitzen. Wenn wir nach unten gingen, haben sich die Aufsichtspersonen in die Tiefe des Ganges zurückgezogen. Am Weg zum Garten war der Tisch verlassen und leer. Die Präsentationsblumen, die weiße Tischdecke und der Aschenbecher, die zuerst den Eindruck eines Mädchenpensionates machten, sah man ab dieser Zeit nicht mehr auf dem Tisch. Sogar der Stuhl war verschwunden. Das alles hat bei uns den Eindruck der Lockerung der Aufsicht hinterlassen. Wir sahen auch niemanden mehr am Fenster stehen und uns im Garten beobachten. Es gab auch keine Manipulationen an den Vorhängen. Offiziell ist das „Interesse" für uns geringer geworden. Unsere Aufseher haben sich immer öfters gelangweilt und ihre Langeweile nicht verborgen. Fast alle haben sich zu lächeln erlaubt, also eine gewisse Art von Freiheit und Vertraulichkeit uns gegenüber gezeigt.

Der Priester hatte in diesem Jahr mehrere abwechslungsreiche Lebensereignisse. Er war öfters krank: Erkrankung der Zähne, der Nieren, Schwierigkeiten mit der Bauchspeicheldrüse, der Leber, Gelenksentzündung. Ein paar Wochen hatte er wegen eines Hexenschusses im Bett verbracht. Er hatte sich zusätzlich öfters stark verkühlt und stets wegen Rheuma geklagt. Kurz vor Weihnachten hat er zwei Wochen in der Klinik in Wroclaw verbracht. Mit großer Mühe und nicht ohne Verzögerungen hat der Priester die ärztliche Hilfe erhalten. Es scheint mir, daß viele und wirklich echte Beschwerden des Priesters mißtrauisch aufgenommen wurden. Man war der Meinung, daß er sich manchen Leiden selbst unbedacht aussetzt. Ich glaube, daß die Schwester, ohne es zu wissen, zu dieser Meinung beigetragen hat. Der Priester wurde nett behandelt, aber eher förmlich, obwohl er sich selbst sehr bemüht hat, höflich zu sein. Die Ausreisen des Priesters haben öfters stattgefunden: Hauptsächlich zum Arzt oder zum Treffen mit seinem Vater. Einige Zeit verzögerte sich das übliche Treffen mit dem Vater im Gefängnis von Rawicz. Wir haben den Eindruck gewonnen, daß diese Verzögerung eine Strafmaßnahme sei. Man hat versucht, den Priester zu zwingen, daß er über mich Informationen weitergibt. Der Priester hat sich dadurch gewehrt, daß er sagte, er nehme mir die Beichte ab und stehe daher unter dem Beichtgeheimnis. Das hat sofort gewirkt, obwohl man ihm immer wieder entgegenhielt, daß es nicht um Angelegenheiten des Gewissens geht. Aus verständlichen Gründen habe ich diese Situation nicht genauer erörtert.

Die Schwester war die ganze Zeit über gut gelaunt, woraus ich schließen konnte, daß die Schwierigkeiten, welchen sie in Stoczek ausgesetzt war, sich hier nicht wiederholt haben. Sie war aber in diesem Jahr noch verschlossener als vorher. Sie saß öfters in der Küche, wo es zu schrillen Gesprächen und grellem Lachen mit der Wirtschafterin und dem „Verwalter", welche die Küche gerne besuchten, kam. Da ich mein Zimmer über der Küche hatte, haben mich alle diese Versammlungen tangiert. Ich habe die Schwester öfters ermahnt, daß sie sich mit diesen Gesprächen nicht die Zeit vertreiben solle, sie möge lieber lernen und lesen. Das ist ihr aber immer sehr schwergefallen. Öfters hat sie sich verschiedene zusätzliche Arbeiten ausgesucht, nur um die Bücher unberührt lassen zu können.

So sorgfältig der Priester an seinem Buch arbeitete, so war doch die Schwester schwer für geistige Tätigkeiten zu motivieren. Sie hat zwar mit großem Interesse das Alte Testament und die Geschichte der Kirche zu lesen begonnen, doch mit fortschreitender Zeit hat sie sich immer mehr den Romanen gewidmet. Dagegen hat sie sich der Hausarbeit leidenschaftlich hingegeben: öfters als notwendig hat sie Wäsche gewaschen, da sie meinte, es fehle uns an Unterwäsche. Immer wieder hat sie besonders gründliche Aufräumarbeiten organisiert. Oft, sehr oft hat sie den Boden in meinem Zimmer eingelassen oder den des Ganges. Wenn die Wirtschafterin nach Warschau gefahren ist, was öfters vorkam, dann hat die Schwester gekocht. In den letzten Monaten unseres gemeinsamen Aufenthaltes wurde die Schwester ernster. Man konnte sie öfters in der Kapelle bei selbständiger Adoration sehen. Das eben geschilderte Benehmen der Schwester hätte verursachen können, daß sie sich nebenbei und ohne es zu wissen über unsere Einstellung zu diesem Aufenthalt, unsere Gespräche, vielleicht sogar über unsere Fehler äußern könnte. Nicht einmal hat sie mich gebeten, daß ich sie über meinen Gesundheitszustand informiere. Ich habe das vermieden, denn ich fürchtete, daß dank ihrer angeborenen Lebhaftigkeit solche Informationen die Runde machen könnten.

Als sie bei der Arbeit ihre Schwesterntracht abgenutzt hat, hat man ihr Stoff gebracht und ihr geraten, sich eine neue Tracht zu nähen. Anfangs war sie gekränkt über diese Forderung, später hat sie sich doch eine genäht und sie auch getragen. In dieser Zeit hat man mir von zu Hause eine neue Soutane geschickt, um welche ich überhaupt nicht gebeten hatte. Vielleicht war das auf die Initiative der Schwester zurückzuführen, der es vorkam, daß meine Kleidung bereits abgewetzt aussah. Vielleicht meinte sie, daß meine alte Soutane zu sehr mit ihrer neuen Tracht kontrastiert. Ein paarmal hatte die Schwester herauszubekommen versucht, wo ich mich am besten fühlen würde – aber unfreiwillige Suggestionen vermeidend, habe ich geschwiegen. Einmal sagte sie: „Sie würden sich gewiß am besten in der Sonne an der Riviera fühlen." Als sie nach ein paar Wochen diese Vermutung wiederholte, beunruhigte mich das. „Schwester", habe ich ihr entschlossen erwidert, „merken Sie sich das, bitte, daß ich das polnische Gefängnis hier einem ausländischen Palais vorziehe, wenn es in meiner Heimat keinen anderen Platz für mich gibt." Die Schwester hat ihre Verwunderung darüber geäußert, ich fügte daraufhin noch hinzu: „Der Platz eines polnischen Bischofs ist entweder in seiner Kathedrale oder im Gefängnis, aber nicht im Ausland." Die Schwester versuchte mich ein paarmal zu überreden, daß ich mich doch mit einem Schreiben an die Regierung wenden solle, mit der Bitte um Entlassung nach Hause. Später hat sie diese Fragen aufgegeben.

Die Taktik des Sicherheitsamtes kennend, bin ich überzeugt, daß man die Schwester zur Erforschung der Situation hinter den Kulissen verwenden wollte. Wegen ihrer angeborenen Lebhaftigkeit konnte sie unwillkürlich manche für die Interessenten wichtige Informationen weitergeben. Man kann sie jedoch nicht eines bösen Willens in dieser Richtung beschuldigen. Vielleicht hat sie sogar gedacht, daß sie mir auf diese Weise helfen könnte.

Was konnte sie diesen Menschen, die doch über meine Lebensweise vollständige Informationen gehabt haben, sonst sagen? Meine Anschauungen habe ich selbst – und nicht nur einmal – während der Konferenzen im Belvedere (Treffpunkt für Staatsgespräche) und im Palais von Wilanow enthüllt. Sie haben gewußt, was ich denke und womit sie nicht rechnen könnten.

Ob der Priester und die Schwester vom Sicherheitsamt „ausgewählt" wurden – in der Hoffnung, daß sie „nutzbringend" sein werden? Ich zweifle sehr daran. Vielleicht haben manche Funktionäre, wie der von uns so titulierte „Nazi", damit gerechnet, der Leiter aber sicherlich nicht. – Vielleicht waren ihre Funktionen auch genau verteilt. Das Verhalten des „Herrn Nazi" war zu simpel, als daß er vom Geheimdienst als Werkzeug verwendet wurde. Dieser „Kerl" hat sofort alles, was ihn gekränkt hat, ausgesprochen.

Sein Nachfolger (die „Katze") hat nicht einmal diese Funktion ausgeübt; gewöhnlich hat er den Priester zu den entsprechenden Ämtern befördert. Ich bin davon überzeugt, daß sich das Sicherheitsamt – wenn es auf meine Gefährten gerechnet haben sollte, in diesen Menschen sehr getäuscht hat. Ich betone das deswegen, um meine Gefährten vor Verdächtigungen der Gesellschaft – die allerlei Vermutungen anstellen könnte, warum mir gerade diese zwei Menschen Gesellschaft geleistet haben – zu schützen. Ich habe Gelegenheit gehabt, die beiden so genau kennenzulernen, daß ich von ihrer moralischen Redlichkeit überzeugt bin. Dabei muß man auch betonen, daß das geistige Niveau des Priesters ausgesprochen hoch war. Er ist ein Mensch von innigstem Glauben, ein sehr gefühlvoller Beter – der die heilige Kirche liebt und ihr mit seinem ganzen Sein ergeben ist. Seine Interessen waren ausgesprochen kirchlich und religiös. Theologische Bücher „verzehrte" er besonders schnell, besonders aus dem Bereich der Geschichte der Kirche. Er hatte seine eigenen apostolisch-missionarischen Ideale, die einzige Ausnahme war sein Interesse für den Sport. Er hat eine ausgesprochen priesterliche Berufung, die er von ganzer Seele liebt, seine natürliche Neigung in den gemeinsamen Gesprächen war der Kirche gewidmet. Dagegen hat er sich für das politische Leben überhaupt nicht interessiert und hat darüber auch nichts gewußt. Das hat den Charakter unserer Gespräche, welche sich immer in den Grenzen der kirchlichen Angelegenheiten gehalten haben, beeinflußt. Unsere Arbeit in Prudnik, die bereits in Stoczek begonnen hat, war intensiv. Wir beide hatte keine Zeit, um über unwichtige Dinge zu sprechen oder sonstige Nebensächlichkeiten zu betreiben.

Trotz des bescheidenen Bücherbestands ist es uns gelungen, unsere Studien systematisch durchzuführen. Der Priester hat die Geschichte der Kirche studiert, Theologie wiederholt, hat auch angefangen, verschiedene liturgische Skizzen, ein kleines Handbuch für Meßdiener und Predigten zu schreiben. Mit großem Eifer hat er auch begonnen, die italienische Sprache zu lernen. Während aller Mahlzeiten und Spaziergänge haben wir lateinische und italienische Konversation geführt. Ansonsten war der Abend dem Studium der deutschen Sprache gewidmet, wir benutzten dazu ein altes Geographiebuch, welches tausend Seiten zählte. Meine Arbeit machte Fortschritte in der Richtung des Schreibens der liturgischen „Skizzen" und der Briefe an Neophyten. Diese Briefe sind zu einem großen Umfang herangewachsen und haben bereits die Systematik eines Buches angenommen. Es ist mir auch gelungen, die erste Redaktion der liturgischen Skizzen für das gesamte Kirchenjahr, sowohl für das *Proprium de Tempore* als auch für das *Proprium Sanctorum* anzufertigen. Auf diese Weise habe ich dreitausend Bogen DIN A4 beschrieben und etwa 800 Skizzen zusammengestellt.

Die „Briefe" sind im ersten Teil vollständig fertig, im zweiten Teil zum größten Teil, im dritten Teil fast ganz. Für die Redaktion bleibt mir also vor allem Teil vier. Ich bin dabei zu dem Thema, welches ich schon vor dem Zweiten Weltkrieg in Wloclawek begonnen habe, zurückgekehrt: „Die Heiligung des zeitlichen irdischen Lebens." Bei dieser Arbeit bin ich noch nicht über das Stadium des Sammelns von Notizen und Auszügen aus Büchern hinausgekommen. An Samstagen habe ich jeweils an Meditationen über die Lauretanische Litanei gearbeitet.

Viele kleine Skizzen, Konferenzen, Predigten wurden zu Ende gefertigt. Darüber hinaus habe ich die gesamte Heilige Schrift wie auch eine Reihe von französischen Büchern studiert. Zwischendurch habe ich zwei Bände des Werkes „Maria" zweimal durchgelesen.

Ähnlich wie in Stoczek habe ich die Tagesordnung streng eingehalten und bin von einer Tätigkeit zur anderen, von einem Buch zum anderen ohne Verzögerung übergegangen. Ich habe mit meinen Gefährten vereinbart, daß sie mich in der Zeit von 9.00 bis 13.00 und 15.00 bis 18.00 Uhr nicht besuchen. Nur an Sonn- und Feiertagen haben wir diesen Rhythmus unterbrochen. Dadurch habe ich erreicht, daß mir die Zeit rasch verging, daß ich meine Gedanken nicht der Vergangenheit gewidmet habe und frei von Trauer und Sehnsucht nach einem anderen Leben war. Ich habe es geschafft, mich an das „Gefängnis" zu gewöhnen. Das darf man natürlich nicht preisen.

Unter solchen Lebensbedingungen war es für mich eine „Überraschung", daß der neue Vertreter der Regierung in Prudnik erschienen ist, während wir uns schon psychisch gestärkt hatten, den dritten Winter im Gefängnis zu verbringen. Unseren physischen Arbeiten im Garten waren hier engere Grenzen gesteckt als in Stoczek. Der kleine Garten war mit Unkraut bewachsen, es fehlte uns außerdem an Werkzeug für die Erdarbeiten. Wir haben uns deshalb mehr den Weinhecken an der Mauer gewidmet, die wir für den Winter vorbereiten wollten. Der Erfolg unserer Arbeit war miserabel, denn während des Sommers wurden die Reben von einem weißen Pilz angegriffen und die Früchte vernichtet. Blumen konnten wir keine züchten wegen des zu hohen Unkrautes, welches wir nicht bekämpfen konnten. Wir hatten auch keinen Blumensamen. Der einzige Trost für uns waren die Lilien, die schön wuchsen und wunderbar blühten. Am Weg neben den Weinreben haben wir uns mit unserem Rechen versucht, doch auch dort wurden wir vom Unkraut besiegt. Wir haben uns eine „Laube" an der Scheune gebaut, haben sie aber wegen ständiger Regenfälle und andauernder Kälte in diesem Sommer wenig benutzt. Sonne haben wir sehr wenig gehabt, im Garten wie auch beim Fenster nicht. Das „gesellschaftliche Leben" wurde in dieser Zeit eher zurückgestellt, es belebte sich erst dann, als im Herbst die Früchte im Garten reif wurden. Unsere Aufseher haben von dieser Zeit an auch öfters den Garten besucht und offensichtlich erst die umgestürzten Bäume bemerkt. Unser Beispiel hat die „Materialisten" z. B. dazu angeregt, die fruchtbeladenen Äste der Zwetschkenbäume zu stützen. Trotz der Versprechungen, die man der Wirtschafterin und der Schwester machte, hat man sich um die Erdbeeren nicht gekümmert und hat auch keine Blumen gezüchtet. Was von alleine aus dem Boden gewachsen ist, hat man genommen, hat jedoch auch diese Pflanzen nicht weiter gepflegt.

Erst in Kománcza habe ich erfahren, daß Bischof Antoni Baraniak im Gefängnis sitzt. Es gibt sogar Menschen, die ihn dort in einem sehr miserablen Zustand gesehen haben. Angeblich verweilt er seit einem Jahr im Spital des Gefängnisses. Es gibt Zeugen dafür, daß er sich trotz der Erschöpfung und der Krankheit sehr tapfer hält. Bischof Baraniak war nie besonders gesund, obwohl er nie über seinen Gesundheitszustand gesprochen hat. Er war immer auffällig blaß. Bischof Antoni erzählte im allgemeinen nicht gerne über sich selbst, sogar dann nicht, wenn er direkt nach seinem Gesundheitszustand gefragt wurde. Diesem Thema ist er immer geschickt ausgewichen und hat zu aktuellen Angelegenheiten übergelenkt. Man konnte nicht sagen, daß er sich um sich selbst nicht kümmert, aber damit ist er immer ohne Hilfe der Umgebung sehr gut zurechtgekommen. Man kann sich vorstellen, was er im Gefängnisspital erleben mußte! Die Menschen, die mir die ersten Informationen über Bischof Antoni gebracht haben, konnten ihn gelegentlich aus der Ferne während seiner Spaziergänge im Gefängnis von Mokotow*) beobachten. Er war mit seiner Soutane bekleidet, war sehr blaß, zeigte aber trotzdem keinen betrübten Gesichtsausdruck. Die Meinung, die man von ihm im Gefängnis hatte, hat die allerbesten Eindrücke über ihn vermittelt. In Mokotow wußte man, daß Bischof Baraniak sich tapfer hält, und seine Würde gegenüber den Amtspersonen zu wahren verstand. Man wußte, daß der Bischof einem Verhör unterzogen wurde, daß dieses Verhör sehr lange und sehr anstrengend für ihn war, daß der Bischof dabei aber niemanden belastet hatte. Man erzählte auch, daß er auf die Mitgefangenen einen guten Einfluß ausübt, und ihnen Trost spendet. Er geht ihnen mit echter priesterlicher Haltung und gutem Vorbild voran und imponiert durch seine Gemütsart.

„Er besiegt sich selbst und erweckt wegen seiner geistigen Kräfte Bewunderung", berichtete man mir, obwohl seine physische Kraft so gering ist, daß dies alle Mitgefangenen beunruhigt. In Mokotow hat man die Stellungnahme der beiden Bischöfe Baraniak und Kaczmarek verglichen. Die Gefangenen haben sich gegenüber beiden Bischöfen sehr herzlich benommen. Wenn z. B. in der Waschküche die Unterwäsche für den Bischof vorbereitet wurde, haben sich alle Gefangenen darum bemüht, daß die Wäsche besonders schön aussieht – denn sie ist doch für den Bischof-Gefangenen. Und so war es bis zum Prozeß. Die gleichen Frauen waren dann tief gekränkt über das, was im Prozeß ans Licht gebracht wurde und haben offen ihre Abneigung gegenüber dem „Bischof-Verräter" zum Ausdruck gebracht. Die anderen konnten nicht glauben, daß all dies, was man über die Haltung des Bischofs erzählte, wahr sein kann.

Diese Menschen haben ihn weiterhin mit Herzlichkeit umgeben. Unter der Last der üblen Gefängnisgerüchte ist die Haltung von Bischof Baraniak zu einem Symbol geworden. Soweit die ersten Informationen über Bischof Antoni.

---

*) Der Name eines Bezirks in Warschau der zugleich als Name für ein dort befindliches Gefängnis dient.

Jetzt kann ich das Verhalten der Sicherheitsbeamten, die versucht haben, mir falsche Informationen zum Thema des Bischofs Baraniak zu liefern, vergleichen. Noch in der Miodowa-Straße, als man mich gefragt hat „Wer ist hier der Hausherr?" habe ich geantwortet: „Ich weiß nicht, wen Ihr mitnehmt; während meiner Abwesenheit ist jedenfalls immer Bischof Baraniak der Hausherr." Man hat sich damals durch nichts verraten, was man mit Bischof Baraniak zu tun beabsichtigte. Als ich dem Bischof meine Erklärung erstattet habe, haben die dabei anwesenden „Herren" nicht versucht, meine Meinung, daß der Bischof in der Miodowa-Straße bleiben werde, zu korrigieren. Einige Tage später, bereits in Rywald (10. 10. 1953), als die Angelegenheit des Scheck- und Auszahlungsverkehrs für die Arbeiten an der Baustelle zur Sprache gebracht wurde, habe ich wieder die Frage gestellt bekommen, ob Bischof Baraniak zur Unterzeichnung der Schecks berechtigt war. Als ich damals einen der Herren des Sicherheitsamtes direkt angesprochen habe, ob Bischof Baraniak zu Hause sei, erklärte er mir: „Wir haben den Bischof Baraniak in der Miodowa-Straße gelassen." Er hat entweder direkt gelogen oder er hat eine Mentalrestriktion benutzt: „Wir haben ihn gelassen" – aber was die anderen mit dem Bischof gemacht haben, das ist deren Angelegenheit!

Trotz allem bin ich meine Zweifel über das Schicksal des Bischofs nicht los geworden. Meine Zweifel hat zusätzlich noch genährt, daß nicht der Bischof, sondern der Priester Gozdziewicz die erste Liste der mir aus der Miodowa-Straße geschickten Dinge zusammengestellt hat. Der Bischof war immer sehr aufmerksam und sehr feinfühlend, er hätte dies sicher alleine gemacht, wenn er zu Hause gewesen wäre. Während der zwei Jahre der Isolation konnte ich die Situation des Bischofs Baraniak nicht klären. Ich hatte nicht die geringsten Anzeichen dafür gehört, daß der Bischof sich zu Hause befindet. Als ich in den Bücherpaketen Tolstojs „Krieg und Frieden" aus der Privatbibliothek des Bischofs Baraniak erhalten habe, schien es mir sehr merkwürdig, daß die Bücher vom Priester Hieronym mit den Initialen „AB" unterschrieben waren – auf die übliche Weise des Bischofs, jedoch mit der charakteristischen Schrift des Priester Gozdziewicz.

Diese Zeichen haben meine Zweifel zur Überzeugung werden lassen, daß der Bischof nicht mehr zu Hause sei. Der Bischof in seiner präzisen Genauigkeit hätte nicht dem Priester Hieronym die Bücher zum Signieren gegeben. Er hätte das sicherlich selbst gemacht.

Erst heute habe ich erfahren, daß man in der Miodowa-Straße eine Hausdurchsuchung gemacht und viele Dinge mitgenommen hatte, als man mich damals abholte. Nähere Einzelheiten konnte man mir nicht angeben, außer daß die Durchsuchung die ganze Nacht und den ganzen folgenden Samstag gedauert hat. Erst am späten Abend dieses Samstags, die Autos voll mit Akten beladen, haben die Hausdurchsucher den Hof des erzbischöflichen Palais verlassen. Diese Tatsache belastet noch mehr „das Konto des Unrechtes", das man der Miodowa-Straße angetan hat. Die staatlichen Organe haben doch die Pflicht, sich bei der Durchführung einer Durchsuchung an die Vorschriften der Verfassung (Art. 71) und des Strafkodex zu halten. Die Beamten wußten, daß sie die Durchsuchung ausführen sollten, waren also dazu verpflichtet, laut Artikel 136, Paragraph 1, zu handeln. In diesem Artikel heißt es: „Die Personen, bei welchen eine Durchsuchung stattfinden soll, müssen über den Zweck der Durchsuchung informiert werden, sie sind aufgefordert, bei der Durchsuchung anwesend zu sein." Vorschriftswidrig hat man erst den Hauseigentümer weggebracht und anschließend die Durchsuchung durchgeführt. Zu der langen Reihe von Verstößen gegen das Recht, welche mich in den letzten zwei Jahren zu Protesten veranlaßt haben, ist noch eine lange Kette gesetzloser Gewalttaten gekommen, über welche ich noch nichts wußte. Auf eine sehr eindrucksvolle Weise charakterisiert das die Handlungsweise der Machthaber. Ich muß mir ein genaues Bild des „rechtlichen Zustandes" machen, in welchem die Funktionäre des Sicherheitsamtes gehandelt haben. Ich muß mir auch genau die Beschlüsse der Verfassung und die Gesetze, welche hier im Spiel sind, zusammenstellen, um eine gerechte Einschätzung der Handlungsweise dieser Menschen zu haben. Die Regierung glaubt, daß sie „gesetzesgemäß" gehandelt hat. Handelt die Regierung nach Gesetzen, welche mir nicht bekannt sind, oder sogar nach solchen, welche sie auf Grund eigener Beschlüsse aufgestellt hat? Es fällt schwer, a priori anzunehmen, daß die Regierung die Vorschriften der Verfassung, die „eine Frucht der menschlichen Gedanken" ist, einfach bedenkenlos mißachtet. Hat man so wenig Ehrfurcht vor dieser Verfassung? Ich werde mir Mühe geben, das zu verstehen.

Montag, 31. 10. 1955

Ich habe von Bischof Klepacz ein Telegramm mit folgendem Inhalt erhalten: „Ich werde in Begleitung von Zygmunt*) und Ihrem Vater zu einem privaten Besuch kommen. Am 2. November um 15.00 Uhr werden wir bei Ihnen eintreffen – Bischof Klepacz." Schon einen Tag zuvor habe ich einen Brief an Bischof Barda gerichtet, in welchem ich ihn informiere, daß ich mich im Bereich seiner Erzdiözese befinde. Der Brief hat folgenden Inhalt:
S. E. Bp. Fr. *Barda*
Przemyśl, Bischöfliches Ordinariat

---

*) Gemeint ist Bischof Zygmont Choromanski.

„Eure Exzellenz, sehr geehrter Herr Bischof!
Ich halte es für meine Pflicht, Ihnen mitzuteilen, daß ich am vergangenen Samstag um 15.30 Uhr von den Sicherheitsbeamten der Volksrepublik Polen von meinem bisherigen Zwangsinternierungsort in Neustadt in Schlesien in das Haus der Nazareth-Schwestern in Kománcza gebracht wurde. Da es mir nicht erlaubt ist, meinen mir zwangsweise zugeteilten Ort zu verlassen, kann ich – solange ich hier bleiben muß – Sie, Eure Exzellenz, als Diözesanbischof dieses Ortes nicht persönlich um gnädige Nachsicht bitten. Die Schwestern haben mich herzlichst empfangen, obwohl ich ein so unerwarteter Gast war. In diesem Hause fühle ich mich wohl. Ich empfehle mich der großen Güte Ihres Herzens, Exzellenz, und Ihren wirkungsvollen Gebeten – voll Ehrfurcht und in brüderlicher Hingabe in *Christo Rege*."
Kománcza, am 30. 10. 1955   † Stefan, Kardinal Wyszyński

Ich betrachte es als meine Pflicht, auch die Briefe an Bischof Klepacz, an Bischof Choromanski und an meine Nächsten – an den Vater und an die Schwester Jarosz, die am meisten unter meinem Aufenthalt im Gefängnis leiden mußten – zu notieren. Diese Briefe mögen als Zeugen meiner Gefühle in diesen Erinnerungen Platz finden.

S. E. Bs. Michal Klepacz, Warschau, Miodowa-Straße 17
„Eure Exzellenz, geliebter Bischof!
Ich möchte Ihnen mitteilen, daß ich aufgrund des Beschlusses der Regierung der Volksrepublik Polen vom 27. 10. 1955 von Neustadt in Schlesien am 28. 10. dieses Jahres um 17.30 Uhr von Sicherheitsbeamten nach Kománcza bei Sanok gebracht wurde. Ich wurde im Haus der Nazareth-Schwestern untergebracht. Der Leiter der Transportgruppe erklärte mir, daß ‚die Obhut des Sicherheitsamtes damit beendet sei' – in weiterer Folge werde sich der polnische Episkopat um mich kümmern.
Den mir zugeteilten neuen Aufenthaltsort darf ich nicht verlassen. Weiters bleibt das Verbot des Ausübens meiner kirchlichen Funktionen aufrecht. Es besteht auch ein Verbot ‚jeglichen öffentlichen Auftritts'. Wie ich mich aufgrund des mir gezeigten Briefes Eurer Exzellenz an den Premier der Regierung überzeugen konnte, verdanke ich die Verbesserung meiner Lebensbedingungen Eurer Exzellenz und dem Episkopat von Polen. Ich möchte mich herzlich bei Ihnen bedanken für Ihr brüderliches Interesse an meinem Schicksal, sowohl bei Ihnen, Exzellenz, als auch bei allen Mitgliedern des polnischen Episkopates. Ich empfehle mich Ihren guten Gebeten, Exzellenz, voll Ehrfurcht, Dankbarkeit und Hingabe. *In Christo Rege!*"
Kománcza bei Sanok, am 30. 10. 1955   † S. W.

Seine Exzellenz Bischof Z. Choromanski
Warschau
„Eure Exzellenz, allerteuerster Bischof!
Die Nachricht über meine Entlassung wird für Sie verspätet kommen, aber ich kann mir diesen Trost des Herzens nicht verbieten, um Ihnen für die mir erteilte Verteidigung gegenüber der Staatsmacht und die unternommenen Schritte zur Änderung meiner Aufenthaltsbedingungen in Prudnik zu danken. Aus dem mir vom Funktionär des Sicherheitskomitees gezeigten Brief von Bischof Klepacz an die Regierung geht hervor, daß die Bischöfe sich das Recht, mich besuchen zu können, vorbehalten haben. Ich hoffe, Sie bald in Kománcza sehen zu können, obwohl ich Sie gerne vor der Mühe des weiten und anstrengenden Weges verschonen würde. Empfangen Sie, bitte, einstweilen ein paar Worte meiner Dankbarkeit, der brüderlichen Hingabe und der tiefen Ehrfurcht – in Christo Rege!"
Kománcza, am 30. 10. 1955   † S. W.

Sehr geehrter Herr
Stanisław Wyszyński
Zalesie bei Piaseczno
„Mein allerteuerster Vater! In diesem Augenblick ist es Dir gewiß schon bekannt, daß die Regierung mich aus der politischen Isolation im Gefängnis entlassen hat. Sie haben mich im Haus der Nazareth-Schwestern untergebracht. Es ist mir verboten, diesen Ort zu verlassen und jegliche Funktionen auszuüben, die mit meinen Hirtenpflichten verbunden sind. Auf diese Weise haben sich meine persönlichen Daseinsbedingungen zwar verbessert, in dem, was für mich am wichtigsten ist, erprobt mich Gott weiter. Ich konnte Dir das, was mir mein Herz befohlen hat, nicht schreiben. Ich weiß nicht, ob Dich das, was ich Dir, teurer Vater, geschrieben habe, auch richtig erreicht hat, in dem Sinne, in welchem ich es ausgedrückt habe. Ich will jedoch, daß Du weißt, daß ich meine vollsten Anstrengungen eingesetzt habe, um die Kirche würdig zu repräsentieren – sogar im Gefängnis – und um die Aufgabe, welche Gott jedem Menschen auf seinem Platz aufgetragen hat, zu erfüllen. Die primäre Aufgabe eines katholischen Bischofs – sei er bei der Pontifikalmesse oder auf der Kanzel oder im Gefängnis – ist die eine: *Tibi semper et ubique gratias agere, Domine Sancte, Pater.* Ich war der Meinung, daß meine Gefangenschaft den Charakter des Bekenntnisses der Wahrheit und der Dankbarkeit haben soll. Das erste konnte meine Situation verschlechtern, aber es war notwendig. Das zweite war eine reine Freude – so sehr ein unvollendeter Mensch dazu überhaupt in der Lage ist –, nämlich Gott dementsprechend zu loben. Ich war und bin davon überzeugt, daß diese meine Haltung für das Gut der Kir-

239

che und für ihre Ehre notwendig ist, obwohl ich schweigen mußte; doch in Gottes Macht lag es, für mich zu sprechen. Das durchlebte Leid hat die Eigenschaft, daß Gott sich dadurch an jedes Gewissen wenden kann und dies stärker als durch die beste Predigt. Ich war und bin beruhigt darüber, daß meine Situation der Kirche nicht schaden, sondern ihr sogar Gutes bringen wird – durch die Gnade des Heiligen Geistes, der doch durch alles mit der Kirche verbunden ist.

Das Leiden der Menschen als Mittel der Hilfe der Kirche ist so mit ihrer Geschichte zusammengewachsen, daß es fast das „achte Sakrament" geworden ist, das seine Kraft aus dem Sakrament der Leiden Christi am Kalvarienberg schöpft. Konnte ich Christus das Recht absprechen, mich um die Hilfe meiner Leiden zu bitten, wenn er das zum Wohl der Kirche für notwendig hält? Letztlich äußert sich das Wesen des christlichen Priestertums im Opfer, wozu alle seine Diener berufen sind, nicht nur dem Herrn Jesus ihre Leiden aufzuopfern, sondern auch sich selbst der Kirche auszuliefern – wie Christus sich für uns Menschen ausgeliefert hat. Man soll sich also freuen, teurer Vater, sich freuen, daß es uns gegeben war, für den Namen Christi Beleidigungen zu erdulden. Ich setze voraus, daß ich Dich bald sehen werde, obwohl ich bei einer so langen Reise für Dich fürchte. Ich habe aber kein Recht, Dich davon abzuhalten. Ich hoffe nur, daß wir unsere Tränen beherrschen können werden, denn man soll dem guten Vater nicht dort Trauer zeigen, wo nur reine Freude und Ehrfurcht vorhanden ist. Du hast an meinem Leiden teilgenommen, Du hast es tief miterlebt, ich weiß, daß Du nichts bereust. Ich bereue auch nichts, denn alles, was Gottes Weisheit und Güte voraussetzt, ist die reine Liebe und die reine Weisheit. Ich danke Dir, teurer Vater, aus meinem ganzem kindlichen Herzen dafür, daß Du Deinen Glauben gut genutzt hast, daß Du die Liebe und Hoffnung auf Gott bewahrt hast, daß Du mit den Gebeten nicht aufgehört hast, deren gute Früchte für mich so nahrhaft waren. Besonders große Dankbarkeit sind wir beide der allerheiligsten Mutter schuldig. In unserer Gefängniskapelle baten wir immer darum, daß die Gnade der Freiheit, wenn sie kommen wird, an einem Samstag im Marienmonat kommen möge.

Wir waren sogar bereit, länger hinter den Gefängnisgittern zu bleiben, um nur einen deutlichen Beweis der Kraft der Muttergottes und ein sichtbares Zeichen ihrer Gnade zu erhalten. Dieses kindliche Gebet hat der gute Gott voll angenommen, denn er hat die Gefängnisgitter am Samstag im Rosenkranzmonat geöffnet. Ich habe die Gläubigen in der Kirche der heiligen Anna gebeten, daß sie mir mit ihrem Rosenkranzgebet helfen. Ich habe eine Gruppe von Jugendlichen, die mich am Gang zur Kirche angehalten haben, an ein Detail aus den Fresken, das Jüngste Gericht darstellend, erinnert: Gottes Engel zieht mit einem Rosenkranz eine menschliche Seele aus dem Abgrund. Sichtbar haben sie diese Bitte angenommen, denn eben zum Ausgang des Oktober, am Vortag des Festes des siegreichen Königs der Jahrhunderte, habe ich mehr Freiheit um mich herum gespürt. Natürlich ist das noch nicht alles: Meine zwei bischöflichen Kathedralen und das Volk Gottes in meinen Diözesen bleiben weiterhin verwaist. Ich höre aber nicht auf zu hoffen, daß Gott das begonnene Werk bis zum Schluß führen wird. Unterbrechen wir also unsere Hoffnung und Dankbarkeit nicht. Wenn in der Zeit der Gefangenschaft unser allerschönstes Gebet das Te Deum war, so wollen wie weiter dabei bleiben. Empfange, allerliebster Vater, diese paar Worte des kindlichen Trostes, den ich nur für Dich alleine bestimme, denn Du hast ihn am ehesten und ersten verdient. Deine väterlichen Hände küsse ich mit Ehrfurcht und Hingabe.

Gottes Herz und der Mutter vom Jasna Góra empfehle ich Dich, und mit der mir erteilten bischöflichen Macht segne ich Dich.“

Kománcza, am Feiertag des   † Stefan, Kardinal Wyszyński
Christkönigs 1955   Primas von Polen

Am 45. Jahrestag des Todes meiner Mutter, auf ihre Hände schauend, danke ich Dir, Vater, dem Spender des Lebens, für Deine treuen Arme, mit welchen Du mir Deine süße Vorsehung und Güte erwiesen hast. Mit ihrer Hilfe hast Du mich in meiner kindlichen Unbeholfenheit getragen. Diese Hände haben mich vorm Fallen beschützt, die Finger haben meine Tränen abgewischt, sie haben mir Nahrung gegeben, haben mir in jeder Notwendigkeit gedient. Es mögen Deine väterlichen Arme in den Händen meiner Mutter geehrt werden. Heute möge sie vor Deinem Thron stehen und meine Fürbitterin sein. Sovielmal hat sie mich in ihrem Leben in ihren Gebeten Dir, Vater, empfohlen. Du kennst die Leiden der Mütter dieser Erde, denn Du hast sie Eva verkündet. Heute preise diese angenommenen Leiden, um Deinen väterlichen Plan, die Übertragung des Lebens, auszuführen.

Meine Mutter möge doch noch einmal bei Dir, Vater, in der Angelegenheit der Frucht ihres Leibes vorsprechen.

Dienstag, 1. 11. 1955

Ich habe mich sehr über den Anblick der Schwestern von Nazareth und der betenden Menschen in der Kapelle gefreut. Ein gemeinsames Gebet der Kirche hat einen besonderen Wert für jeden einzelnen. Dieses dringt leichter zum Vater und zu den Menschen, wenn es in Gemeinsamkeit vollzogen wird.

Betende Menschen helfen uns, sie erleichtern das Finden des Weges zu Gott. Enge und Nähe verbinden sich, und dadurch wächst die gemeinschaftliche Liebe. Auf meine letzten zwei Jahre zurückblickend, sehe ich deutlich, was für eine große Bedeutung für mein geistiges Gleichgewicht und für meine Ruhe die Briefe meiner jüngsten Schwester Stanislawa gehabt haben. Gott hat ihr ein wunderbares Gleichgewicht des Geistes und der weiblichen Klugheit und eine große Portion an Tapferkeit und großem Glauben gegeben. Alle diese Werte haben aus ihren Briefen gestrahlt. Sicher mußte sie sich viel Mühe geben, um mir Brief und Pakete senden zu können. Ich weiß nicht, wie das ausgesehen hat, ich kann es mir aber vorstellen, daß dies nur mit nicht kleinem persönlichem Risiko oder sogar auch mit Demütigungen verbunden war. So danke ich Gott für die Güte des Herzens, die er mir durch die Menschen erweist, welche er mit mir durch die Bande des Blutes und des Glaubens verbunden hat. Diese wenigen Worte, welche ich für meine Schwester aufgesetzt habe, mögen ein Zeugnis meiner Dankbarkeit sein.

Sehr geehrte Frau Stanislawa Jarosz, Zalesie, bei Piaseczno.
„Meine allerteuerste Schwester!
Diesen Brief wirst Du erhalten, wenn Du schon den Trost empfinden konntest, aber zu dieser Gnade, die Dir der gute Gott als Preis für Deine Güte und Tapferkeit gegeben hat, möchte ich auch ein paar Worte der brüderlichen Dankbarkeit, welche ich Dir schulde, hinzufügen. Wenn sich unsere Hoffnungen zum Teil verwirklicht haben, ist es Zeit zu bekennen, daß ich in Dir ‚die starke Frau‘ unserer Familie gesehen habe. Du hast diese Aufgabe mutig erfüllt. Deine Briefe, die Du mir während meiner zweijährigen Internierung geschrieben hast, waren Ausdruck Deiner Tapferkeit, Ruhe, Hoffnung und des lebendigen Glaubens, der immer Früchte trägt. Ich danke Dir sehr für diese Haltung, die der Schwester des so schwer versuchten Menschen und Primas von Polen würdig ist. Gott verlangt von mir sehr viel, aber er hat das volle Recht dazu. Von wem sollte er es sonst verlangen können, wenn nicht von seinen erwählten Dienern? Er hat doch auch an seinen einziggeborenen Sohn so harte Prüfungen gestellt. Könnte man da Nachgiebigkeit gegenüber seinen angenommenen Söhnen erwarten? Umso mehr, als er das mit voller Gerechtigkeit und väterlicher Liebe gemacht hat. Ich habe in meinem Leben so viele Gnaden von Gott und der Kirche empfangen: Meine Ernennung und meinen Ruhm, so unverdient, verdanke ich nur Gottes Gnade und Barmherzigkeit. Für so große Gnaden soll man mit etwas bezahlen. Heute fühle ich mich viel ehrlicher Gott gegenüber, der den Preis des Leidens, der Treue und Hoffnung für so zahlreiche Gnaden verlangt hat. Aus den mich umgebenden Gefängnismauern bin ich sehr bereichert herausgegangen. Das sind Gottes Geheimnisse. Gemeinsam mögen wir Gottes unaussprechliche Güte rühmen. Empfange, meine allerteuerste Stachna, die Worte der brüderlichen Dankbarkeit für die große

Güte, die Du mir und in meiner Vertretung unserem teuren Vater erwiesest, dem Du Hilfe und Unterstützung geleistet hast. Aus ganzem Herzen segne ich Dich und Deinen Mann, Dein Haus und alle Deine Tätigkeiten."

Kománcza am 1. 11. 1955   † Stefan, Kardinal Wyszyński

Ich beginne „in die weite Welt" des neuen Lebens zu gehen. Das sind die ersten freien Schritte während des Spazierganges. Das „Laufgitter" von Prudnik – um einen Wald, durch den ich frei gehen kann, erweitert. Die aus der Zeit der Gefangenschaft gebliebene Gewohnheit läßt mich immer noch auf die Bäume schauen, um mich voll Verwunderung zu überzeugen, daß ich auf dieser Seite des unsichtbaren Zaunes stehe. Ich sehe keine Stacheldrähte, ich „spüre kein großes Ohr", das mit allen seinen Poren – mit dem Zaun, mit den dichten Baumwällen, dem Tor, oder sogar mit Abhörgeräten – mitgehört hat. Hier ist all das nicht vorhanden. Ich bevorzuge jedoch trotzdem, leiser zu reden, obwohl meine Sprache kindlich unschuldig und ungefährlich ist – sogar für die schwächste Staatsordnung. Ich lese die neuen Zeitungen, die mir nach eigener Auswahl frei zugänglich sind. Ich verstehe darin nicht alles, denn es fehlt mir die Kontinuität der Vorfälle. Ich muß jedoch alle überholten, mindestens die wichtigsten Tages-, Wochen- und Regierungszeitungen durchstudieren. Insbesondere „Trybuna Lüdü" (Volkstribüne) und „Slowo Powszechne" (Das Allgemeine Wort) – diese zwei Meinungszugpferde, die so sehr die Wahrheit manipulieren.

Mittwoch, 2. 11. 1955

Heute habe ich die Zeitung „Das Allgemeine Wort" vom 29. 9. 1953 (Dienstag) gefunden. Auf der ersten Seite sind vier Dokumente, meine Verhaftung betreffend, abgedruckt: Kommuniqué des Präsidiums der Regierung der Volksrepublik Polen. Die Deklaration des polnischen Episkopates. Die Wahl des Episkopatsvorsitzenden und die Erklärung des Vizepräsidenten des Ministerrates, Josef Cyrankiewicz. Bis jetzt habe ich nur Fragmente des Kommuniqués, das an einem diskreten Ort in meine Hände gelangt ist, bekommen. „Das Allgemeine Wort" berichtete über die Plenarsitzung des Episkopates und hat alle teilnehmenden Diözesanbischöfe samt Bischof Choromanski aufgezählt. In kurzer Fassung wurde auch die Erklärung des Episkopates angeführt. Aufgrund dessen bin ich zu der Meinung gekommen, daß die Bischöfe sehr beunruhigt waren, wenn sie die Erklärung so rasch veröffentlicht haben. Heute lese ich diese Dokumente mit der Ruhe des Menschen, der schon weiß, was geschehen ist. Diese Ruhe erlaubt mir, mit mehr Objektivität das, was vor zwei Jahren stattgefunden ist, einzuschätzen. Aber ich bin fest davon überzeugt, daß die Bischöfe diese Ruhe nicht gehabt haben, denn sie wurde ihnen nicht gegeben. Sie wußten auch nicht, wie das weitere Schicksal der Kirche verlaufen wird. Höchstwahrscheinlich hat man ihnen gegenüber die einfache Einschüchterungsmethode und Drohungen angewandt, durch welche sich die Herren Franciszek Mazur und Edward Ochab ausgezeichnet haben. Ich kann mir vorstellen, wie das ausgesehen hat, da ich so viele Berichte von den Sitzungen der gemischten Kommission in Erinnerung habe. Vielleicht mußten die Bischöfe eine ganze Reihe von Beschuldigungen und Vorwürfen gegen mich anhören. Sie wurden damit erdrückt. Gewiß hat man von ihnen eine sofortige Entscheidung, wie das schon manchmal passiert ist, verlangt, so daß sie keine Möglichkeit gehabt haben, die Situation und die Trumpfkarten, über welche sie in dieser für die Regierung so dramatischen Situation verfügt haben, zu erwägen. Wenn die Regierung sich so drastische Maßnahmen zugetraut hat, hat sie ihre Autorität in der ganzen katholischen Gesellschaft aufs Spiel gesetzt. Sie wollte also rasch aus dieser unbequemen Situation einen Ausweg finden. Darin steckte die Kraft der Position des Episkopates. Waren sich die Bischöfe dieser Kraft bewußt? Höchstwahrscheinlich hatte ihnen der Druck zur schnellen Entscheidung nicht erlaubt, ihre Kräfte und die Trumpfkarten, die sie in der Hand gehabt haben, klar zu erkennen. Das hat zu einer „schmerzlichen Deklaration" des polnischen Episkopates geführt, dessen Spitze – dem Willen der Autoren zuwiderlaufend – gegen alles, was ich bis dahin getan habe, gerichtet war. Wenn ich heute auf diese Dokumente schaue, perfide nebeneinandergestellt, empfinde ich einen sehr schmerzhaften Eindruck, der in seinem authentischen Ausdruck in die Geschichte eingeht. Wie unangenehm mußte dieser Eindruck erst für die katholische Gesellschaft Polens sein, besonders durch die Zusammenstellung solcher Texte! Vielleicht gar nicht so der Inhalt als das Nebeneinanderstehen der Dokumente kränkt! Und schon die Bitte des Episkopates „um die Zustimmung, daß Erzbischof Wyszyński in einem Kloster wohnen könnte" zeigt heute, daß die Regierung auch in einer so heiklen Situation brutal gehandelt hat, als sie den Bischöfen den Vorschlag meines Aufenthalts im „Kloster" zuschob.

Ich habe das nicht vollständig verstanden, als der Kommandant mir an einem Junitag in Stoczek erklärt hat: „Die Regierung hält das vor der Gesellschaft nicht geheim, daß Sie im Kloster sind." Schon ab dem 29. 9. 1953 hat man das nicht „verheimlicht", als „die Regierung diesem Vorschlag zugestimmt hat". Auf diese Weise fielen die Bischöfe ihrem „Vertrauen" auf die Wahrhaftigkeit und Wahrheitsliebe der Regierung zum Opfer, die mein „Kloster" zu einem „Konzentrationslager" umgestaltet hat.

20. 11. 1955

Gib mir Kraft, Vater, damit in meinem Leben nichts mehr für mich, nach meinem Belieben, zu meiner Genugtuung und Zufriedenheit, zum Stillen meiner eigenen Begierden geschehe. Belehre mich, wie man handeln soll, um sofort zu bemerken, daß dieses Gefühl zu persönlich ist, daß aus diesem Empfinden niemand Nutzen empfängt. – Weder Du noch Deine Kinder oder sogar ... ich. Hilf mir, daß ich meine Zeit spare, damit ich sie für Dich und Deine Angelegenheiten zur Verfügung habe. Erwecke in mir den Willen, mich selbst zu vergessen, meine Vorlieben, meine Bequemlichkeit, meine Sinnlichkeit und alles, was meiner Eigenliebe dient. Ich weiß nicht, ob ich das schaffen kann, aber ich weiß, daß ich das sehr möchte – ich weiß, daß es sich anders nicht lohnt; es wäre schade um die Zeit und Energie, die ich damit verschwende. Kinder in die Welt setzen kann man doch nur zu zweit: ich mit Dir – Vater! Zwei junge Eltern – ich und Du als ein Leib. – Wenn ich nur ich selbst mit mir bin – was könnte ich gebären? Ich will und begehre nur, mit Dir zu sein, denn nur dann kann ich für Dich, für Deine Ehre schöpferisch sein. *Soli Deo!* ... Ich wiederhole – nichts für mich selbst! Ich möchte nicht, daß meine Erde unfruchtbar bleibt! – Aber nur mit Dir. Denn jede Väterlichkeit stammt von Dir. Befreie mich, Vater, von meinem sisyphushaften Pflügen auf meinem Brachfeld. Verursache, daß wir immer zusammensein werden: Du und ich, Du in mir und ich in Dir. Das hat sich für mich schon Dein eingeborener Sohn gewünscht.

30. 11. 1955

In seinem Organ verschiedene Beleidigungen gegenüber dem Primas bringend, hat Herr Piasecki*) es als angemessen empfunden, sich am Vortag meiner Verhaftung bei mir zu melden. Er vertrat die Meinung, daß „der Prozeß auf sichtbare Weise den Primas schont", und zog daraus optimistische Schlußfolgerungen für die Zukunft. Er hat mich sogar gebeten, in nächster Zeit keine öffentlichen Auftritte zu organisieren und ihn am darauffolgenden Samstag zu empfangen. Zur selben Zeit, als der schmerzliche Prozeß gegen Bischof Kaczmarek geführt wurde, fand die Zeitung „Das Allgemeine Wort" es für möglich, einen Artikel des Priesters Waclaw Radosz aus der Diözese Kielce unter dem Titel „Nach den sechs Tagen der

---

*) Boleslaw Piasecki (1915–1980) war in den dreißiger Jahren Mitkämpfer der rechtsradikalen „Falange". Als die Kommunisten an die Macht kamen, kollaborierte er mit dem Regime. Als Begründer der Organisation Pax und der Zeitschrift „Slowo Powszechne" trachtete er, die Einheit der Christen zu untergraben.

Gerichtsverhandlung" (21. 9. 1953) zu veröffentlichen. Das ist ein typisches Beispiel dafür, was die „Politik des Schreckens" aus den Menschen machen kann. Der Priester Radosz vergaß, daß er Gehorsam und Ehrfurcht nicht nur dem Bischof versprochen hat, der ihn seinerzeit weihte, sondern auch seinem Nachfolger, der heute auf der Anklagebank sitzt, dem Bischof Czeslaw Kaczmarek. Es störte den Priester Radosz nicht, seinen Hirten zu treffen, welcher sich nicht wehren konnte. Es stört die Zeitung, welche sich als katholisch bezeichnet, nicht, Angriffe gegenüber dem angeklagten Bischof, noch dazu vor dem Urteilsspruch, noch dazu die Entscheidung negativ beeinflussend, zu bringen. So etwas Schmerzliches kann man sich in aller Scheußlichkeit schwer vorstellen. Die gleiche Zeitung hat während des Prozesses gegen Bischof Kaczmarek besonders viele Artikel, die von Priestern geschrieben oder zumindestes von diesen unterschrieben waren, gebracht. Sogar so nüchtern denkende Menschen wie der Priester Eugeniusz Dabrowski und Rektor Josef Iwanicki von der katholischen Universität Lublin haben darin nichts Unangemessenes gesehen, daß ihre Interviews mit dem Redaktionsbeauftragten auf derselben Seite wie der Bericht über den Prozeß abgedruckt wurden. In solch einer angespannten Atmosphäre wurde in der Zeitung „Das Allgemeine Wort" auf der ersten Seite folgendes gedruckt: Kommuniqué des Präsidiums der Volksrepublik Polen, Deklaration des polnischen Episkopates – Wahl des Vorsitzenden des Episkopates, eine Erklärung des Vizepremiers des Ministerrates, Jozef Cyrankiewicz (Dienstag, 29. 9. 1953); weitere Äußerungen der Redaktion des „Allgemeinen Wortes" waren mit Erklärungen zum Thema „Rechte und Pflichten der fortschrittlichen Katholiken im Staat" verschlüsselt. Die Priester hat man hauptsächlich zu Äußerungen zum Thema der Verteidigung der Westgebiete mobilisiert – als ob diese gerade jetzt besonders bedroht würden. Mit diesen Argumenten – der Verteidigung der Westgebiete – antwortete „Das Allgemeine Wort" allen, die sich wegen der Situation der Kirche, wie sie nach dem 25. 9. dieses Jahres entstanden ist, beunruhigt gefühlt haben (vgl. den Artikel „Deklaration des Episkopates – und die Feinde Polens" vom 2. 10. 1953). Anders gesagt: was die katholische Welt in Polen beunruhigt hat, wurde verschwiegen, dagegen griff man ein bequemes Argument auf, gegen das in dieser Situation niemand etwas einwenden sollte. Einen ähnlichen Zweck hatte der Artikel des Priesters Stanislaw Huet nach der Konferenz des Episkopates (Artikel vom 3. und 4. 10. 1953), der vielleicht zum erstenmal die gesamte Liste der polnischen Bischöfe, die an der Konferenz des Episkopates am 28. 9. dieses Jahres teilgenommen hatten, aufzählte – gewiß deswegen, um die polnische Gesellschaft davon zu überzeugen, wie viele Bischöfe in Freiheit sind. Der Priester Professor Czuj hat mit seinem Artikel vom 9. 10. 1953 unter dem Titel „Es besteht nicht und kann nicht bestehen" eine Kollision zwischen den Geboten des Glaubens und den gesellschaftlichen Pflichten gegenüber der Nation für unmöglich erklärt und damit das Interesse von den internen Problemen ab- und auf die internationale Situation hingelenkt. (Hinzufügend sei gesagt, daß man einen solchen Artikel dem Patrologen verzeihen könnte, nicht aber dem Soziologen und Moralisten, dem man eine solche Stellungnahme sicherlich nicht ohne Folgen hingehen lassen kann.) Der Autor hat vielleicht zu sehr die ausländische Presse vor Augen gehabt, als er über „üble Nachrede und Schwarzmalerei der Zukunft schrieb". Diese Propaganda hat sogar ihren Niederschlag bei der nachfolgenden Erörterung der Regierungsschritte gefunden. Mitte Oktober hat „Das Allgemeine Wort" den Schwerpunkt der Argumentation auf die Absichten der großen Nationalen Front verschoben. Man hat eine ganze Serie von Berichten über Konferenzen und Versammlungen mit dem Referat von Boleslaw Piasecki „Über die Teilnahme der polnischen Katholiken am Aufbau von Volkspolen" begonnen (Das Allgemeine Wort, 15. 10. 1953). Bei diesen Versammlungen waren die Ereignisse zwischen Kirche und Staat in den letzten Monaten auf dem Hintergrund der angesprochenen Probleme nur eine Teilperspektive. Es war nicht schwer herauszuspüren, daß diese Perspektive ein wesentlicher Beitrag zur Belebung der Aktivität der Konferenzen war.

Bei dieser Gelegenheit hat man unzweifelhaft auch den Hintergrund der Sachlage ans Licht gebracht. Nirgends ist sie jedoch in der Zeitung (in „Das Allgemeine Wort") vollinhaltlich erklärt worden. Die Kongresse dienten dazu, jene Menschen zu beruhigen, denen man erklären wollte, was geschehen ist. Selbstverständlich haben der Priester Czuj und seine Kollegen von der theologischen Fakultät der katholischen Universität in Warschau unter diesen Menschen eine Rolle gespielt. Man hat auch ein paar Mitglieder der Jagellonen-Universität und der katholischen Universität von Lublin hinzugenommen. Ein ständiges Ereignis bei diesen Konferenzen war auch das Auftreten der Professoren aus dem geistlichen Seminar von Neisse. An diesen Kongressen nahmen auch ein paar Priester und katholische Arbeiter-„Funktionäre" der Organisation PAX teil. Insgesamt fand ich in der Presse keine Spur eines „Bedauerns" über diese für die Kirche so schmerzhaften Ereignisse – wie z. B. das Verschwinden des Primas von Polen aus der Öffentlichkeit! Man hatte den Eindruck, daß für die Redaktion der Zeitung „Das Allgemeine Wort" nichts Bemerkenswertes geschehen ist, das eine „katholische" Stellungnahme verlangen würde. Leider gab es auch keine Spuren davon in den Äußerungen der Priester, deren Reden so abgefaßt waren, als ob es sie nichts anginge, was mit dem Primas geschehen ist. Sie befassen sich mit allem und jedem, sie schimpfen auf die ganze Welt, verwünschen Adenauer, die deutschen Kardinäle, diskutieren über Fabriken, Traktoren und die Maisernte – dagegen findet der aufmerksame Leser der Zeitung „Das Allgemeine Wort" keine Stellungnahme über die plötzliche Absetzung und Isolierung des ranghöchsten Vertreters der kirchlichen Hierarchie Polens! Ob diese Priester wirklich nicht fragten, um eine Erklärung baten, dagegen protestierten – es zumindest versucht haben –, das kann man aus der Zeitung „Das Allgemeine Wort" nicht herausfinden. Die Redaktion hat jedenfalls für „Priesterpatrioten"*) das schwärzeste Dokument geschaffen, das man sich nur denken kann. Wie weit sind sie Sklaven der Angst, wenn sie schon die Empfindsamkeit für das, was ihre Pflicht als katholische Priester verlangt, verloren haben? Im „Allgemeinen Wort" vom 16. 10. 1953 fand ich gestern von Professor Eugeniusz Dabrowski (auch ein Priester) einen Artikel mit dem Titel „der polnische Katholizismus und die Angelegenheit der Westgebiete", es handelt sich um das Stenogramm eines Referates. Der Autor verfälscht offensichtlich die Geschichte, da er in der Zeitspanne von 1946 bis 1953 keine Handlungen der polnischen Hierarchie zugunsten der Stabilisation in den Westgebieten sieht! Man hat in dieser Zeit immerhin die „Vereinbarungen" beschlossen (besonders Punkt 3!); man hat die Inkardination der Geistlichen in den Westgebieten durchgeführt, hat die Wiederaufnahme der Tätigkeit der Domkapitel von Breslau und Olsztyn möglich gemacht. Der Priester Dabrowski will von all dem nichts wissen.

Weiters ist es bemerkenswert, daß man im Oktober 1953 beim Komitee der Nationalen Front in den Kommissionen für Geistliche und Laien katholische Aktivisten auszubilden begonnen hat. Diese Kommissionen haben den „Verband der Kämpfer um Freiheit und Demokratie" und die „Katholischen Intellektuellen" in sich aufgenommen. Diese zwei Organisationen haben sich aufgelöst, um die neue Initiative zu stärken. Man druckte lange Listen mit Namen des Präsidiums und der Mitglieder ab und begann, überall Bezirkskomitees zu bilden. Boleslaw Piasecki verfaßte ein Musterreferat unter dem Titel „Aktuelle Aufgaben der polnischen Katholiken" auf dem Hintergrund der Deklaration des Episkopates vom 28. September dieses Jahres (abgedruckt im „Allgemeinen Wort" vom 24./25. 10. 1953). Dieses Referat diente als Vorlage für die sogenannte „Diskussion" bei den Bezirksversammlungen. In seinem Referat hält es Herr Piasecki für angebracht, den verantwortlichen katholischen Kreisen Vorhaltungen zu machen, daß sie es leider an gesellschaftlicher Reife und realistischer Einschätzung der Wirklichkeit haben fehlen lassen, was als eine Grundbedingung für Führungspersönlichkeiten angesehen werden muß. Er hat sich selbst das Verdienst daran zugeschrieben, daß er auf die politische Kurzsichtigkeit der

---

*) Bezeichnung für die regimetreuen Priester in Polen.

Leiter der gesellschaftlich fortschrittlichen Strömungen in Polen tapfer und direkt die Aufmerksamkeit gelenkt hat. Dieses Referat des Herrn Piasecki, welches als Muster der fortschrittlichen katholischen Denkungsweise angesehen werden sollte, beinhaltet massive Angriffe gegenüber Bischof Kaczmarek und dem Primas von Polen. Piasecki vertritt die Meinung, daß die Deklaration des Episkopates vom September dieses Jahres „die Bedingungen schuf, jede Dissonanz in den gesellschaftspolitischen Einschätzungen zwischen unserer Bewegung und den Anschauungen der Hierarchie zu vermeiden". Anders gesagt, sieht er die Hierarchie im Sog von PAX.

2. 12. 1955

Ich blättere weiter in der Regierungspresse, um mir Klarheit darüber zu schaffen, welche Vorwürfe man gegenüber meiner Person formuliert hatte. Die Aussagen der Zeitung „Die Volkstribüne", die von Edward Ochab, dem Sekretär des polnischen Komitees der Nationalen Front (Samstag, 26. 9. 1953, Nr. 268) unterschrieben wurden, kommen für mich der Wahrheit am nächsten. Der Artikel „Wer stört die Normalisierung der Beziehungen zwischen der Kirche und dem Staat?" wurde während des Prozesses gegen Bischof Kaczmarek geschrieben, aber sein Inhalt ist deutlich auf mich gemünzt. Wenn man berücksichtigt, daß ich in der Nacht vom Freitag auf Samstag gefangengesetzt wurde und „Die Volkstribüne" bereits am Morgen des Samstags erscheinen mußte, ist leicht zu erkennen, auf welche Weise der polizeiliche Propagandaapparat funktionierte. Die Tendenz des Artikels ist deutlich: Für alles, was gegen Bischof Kaczmarek vorgebracht wird, muß man reaktionäre und aggressive Kräfte in der Hierarchie verantwortlich machen, die der antinationalen und antistaatlichen Tätigkeit von Bischof Kaczmarek und seinen Mithelfern den Rückhalt gegeben haben. Aus dem Artikel kann man folgende Vorwürfe gegenüber meiner Person herauslesen:

1. Die Beeinflussung der Tätigkeit des Episkopates, die zur Zerstörung der nationalen Einheit, zum Bruch zwischen Gläubigen und Ungläubigen und zur Zerstörung des Grundprinzips der „Vereinbarungen" führen sollte.

2. „... für den Leiter des Episkopates, Primas Wyszyński, war das Unterschreiben der ‚Vereinbarung' nur ein Manöver, um die Regierung und die öffentliche Meinung irrezuführen".

3. Die „Vereinbarung" hat er als Aushängeschild benutzt, um seine politische Tätigkeit zu verschleiern, die gegen den Volksstaat Polen gerichtet war.

4. Trotz der Verpflichtung, der revisionistischen Aktion eines Teiles des deutschen Klerus entgegenzuwirken, hat „die Leitung des Episkopates nichts getan, um ihre Verpflichtung zu erfüllen..."

5. „Primas Wyszyński hat den Wünschen des Heiligen Stuhles gemäß alles getan, um die Stabilisierung der kirchlichen Administration in den Westgebieten zu hintertreiben.

6. „Man hat die kanonischen Konsequenzen gegenüber jenen Priestern, die in dieser Richtung, also staatsfeindlich, tätig waren, nicht gezogen."

7. Im Prozeß gegen Bischof Kaczmarek „hat der Primas mit keinem Wort die Verbrecher verurteilt und hat sich auch nicht von der feindlichen amerikanisch-vatikanischen Aktion – die gegen Polen gerichtet war – distanziert".

8. „Primas Wyszyński trägt in erster Linie die Verantwortung für die Sabotage der ‚Vereinbarung' und für die Hilfe, die den Rittern des Deutschen Ordens sowie den anglo-amerikanischen Gegnern unserer Nation in Sachen der Verbreitung der falschen Meinung unter der polnischen Bevölkerung zuteil wurde."

Diese Artikel sollten eine weitere Warnung sein, denn die bisherigen mehrmaligen Warnungen der Regierung haben „den streitsüchtigen Zögling des Vatikans nicht in Schranken gehalten". Herr Ochab verkündete, daß „das Unruhestiften der Bischöfe im polnischen Volk" nicht ohne Strafe bleiben könne. Dieser Artikel hatte die Funktion der Vorbereitung der öffentlichen Meinung auf das, was in der Nacht geschehen sollte und was in der Früh zur Kenntnis der Öffentlichkeit gekommen ist. In der gleichen Nummer der Zeitung „Die Volkstribüne" (vom 27. 9. 1953, Nr. 269) brachte man auf der gleichen Seite zwei Artikel nebeneinander: „Die Feierlichkeiten zu Ehren des fortschrittlichen Funktionärs der nationalen Wiedergeburt und des Vatikans, des Primas Jan Laski" und „Der Primas und die Westgebiete". Man hat den 1531 gestorbenen Primas als einen fortschrittlichen Menschen gelobt, der „sich durch den Bannstrahl der päpstlichen Bulle nicht schrecken ließ", und den lebenden Primas dafür getadelt, daß er „nicht die polnische Position im Vatikan, sondern die vatikanische Stellungnahme in Polen repräsentiert hat". Der anonyme Autor stellt fest, daß die Politik des Vatikans immer antipolnisch war, und nennt die Beispiele Ratti, Cortesi, Kaczmarek, Papa tedesco... Heute will der Vatikan die Klärung der kirchlichen Angelegenheiten in den Westgebieten nicht ordnen lassen und versucht in Polen gegen die Staatsmacht zu hetzen.

„Eben diese Politik hat in Polen der reaktionäre Teil der kirchlichen Hierarchie, mit Primas Wyszyński an der Spitze, realisiert." In diesem Artikel hat man folgende Vorwürfe formuliert:

1. Der Primas Wyszyński hat sehr oft seine Stimme erhoben, um die Staatsmacht zu kritisieren.

2. Er hat gegen die Erklärung Adenauers in der Angelegenheit der Westgebiete, die „in vollkommener Übereinstimmung mit dem Vatikan" ausgesprochen wurde, nicht protestiert.

3. Primas Wyszyński hat nicht nur geschwiegen, „er hat sogar wider die Interessen der Nation das Wort ergriffen".

4. „Mit allen Mitteln hat er die Liquidierung des Provisoriums der kirchlichen Verwaltung in den Westgebieten torpediert."

5. „Im Vatikan – wohin er fuhr, um sich angeblich für die Sache der Aufhebung des Provisoriums zu verwenden – hat er auf einer vollständig antipolnischen Plattform das Wort ergriffen." Als Beweis dafür wurden „gut in dieser Sache informierte Kreise des westdeutschen Klerus" („Echo der Zeit") genannt.

6. Der Primas kritisierte und bekämpfte die Geistlichen, die „eine Stellungnahme" gegenüber den revisionistischen Hetzereien abgegeben hatten.

7. Der Primas hat verbissen die Staatsmacht bekämpft und hat Priester – die als Verbrecher von ordentlichen Gerichten verurteilt worden waren – beschützt und verteidigt.

8. Der Primas versuchte, die polnische Öffentlichkeit zu betrügen und vor ihr die wahre Politik des Vatikan (in der Angelegenheit der Westgebiete) geheimzuhalten.

9. Er hat „konsequent eine volksfeindliche, provatikanische und proimperialistische, also eine antipolnische Haltung" eingenommen.

4. 12. 1955

In den Zeitungen habe ich auch die Deklaration „der erweiterten Sitzung des Präsidiums der Hauptverwaltung der Kommission der Priester beim Verband der Kämpfer um Freiheit und Demokratie", die in der Zeitung „Die Volkstribüne" vom 1. 10. 1953 veröffentlicht worden war, gefunden. Die dienstfertige Kommission der Priester hat ihre Sitzung bereits am 29. 9. 1953 abgehalten. An ihr haben über 40 Priester – die alle Bezirkskommissionen repräsentiert haben – teilgenommen. Ein Referat „Die Aufgaben der katholischen Kirche in Volkspolen" hat der Priester Dr. Edward Korwot gehalten. Die Versammelten haben eine Resolution beschlossen, in welcher sie ihre Freude über die Deklaration des Episkopates vom 28. 9. 1953 ausdrücken.

Sie greifen darin den Heiligen Stuhl an, der „den Polen das Recht auf die Gebiete, in welchen sieben Millionen Polen leben, abspricht".

Zuletzt bringt die Deklaration die Stellungnahme der Priester des „Verbandes der Kämpfer um die Freiheit und Demokratie" zur Angelegenheit des Primas mit folgenden Worten zum Ausdruck: „Die Verantwortung für die Atmosphäre, welche sich während des Prozesses (gegen Bischof Kaczmarek) entwickelt hat, trägt die bisherige Leitung des Episkopates, vor allem Erzbischof Wyszyński."

251

8. 12. 1955

Eine kleine Notiz aus der Zeitung „Die Volkstribüne" unter dem Titel „Warum sie vor Zorn schäumen" (2. 10. 1953) sollte zur Begründung dienen, daß sie nicht ohne Grund schäumen.

„Die Volkstribüne" begann in der Folge, ellenlange Artikel zu veröffentlichen, in welchen ich als entschlossener Gegner des Kommunismus dargestellt wurde. Meine Bücher wurden aus den Regalen der Buchhandlungen entfernt, auch aus vielen Bibliotheken. Man hat die Auseinandersetzung mit dem „Priester Dr. Stefan Wyszyński" aufgrund seiner Vorkriegsarbeiten begonnen. Ein anonymer Autor (CS) führt meine Werke wie folgt an: „Das Buch im Kampf gegen den Kommunismus", „Könnte ein Katholik auch ein Kommunist sein?", „Wie man erfolgreich gegen den Kommunismus kämpfen soll", „Intelligenz als Vorhut des Kommunismus", „Das katholische Programm des Kämpfers gegen den Kommunismus, Pius XI., im Kampf gegen den Kommunismus", „Kultur des Bolschewismus und die polnische Intelligenz", „Katholizismus – Kapitalismus – Sozialismus". Sowohl beim Verwenden des Materials als auch beim Ziehen der Schlußfolgerungen ging der Autor sehr willkürlich zu Werke. In seinen Schlußfolgerungen hat er mich zuletzt der Feindseligkeit gegenüber der Arbeiterbewegung und der Begünstigung des Hitlerismus beschuldigt. Man könnte annehmen, daß diese Vorwürfe später als Material bei einem eventuellen Prozeß verwendet werden sollten. Bei dieser Gelegenheit hat man die ganze Reihe der bereits früher erhobenen Vorwürfe wiederholt und hat aus mir einen Verbündeten des Hakatistenvereins*) gemacht.

Das Ergebnis der Argumentation war: Sichtlich hat Kardinal Wyszyński einer schlechten und schädlichen Sache gedient (so zu lesen in einem Artikel „Die Fakten sollen reden").

Durch Gottes Willen bin ich hier wieder in eine Gruppe von Frauen hineingestellt. Ich werde mir merken: Jedesmal wenn eine Frau dein Zimmer betritt, erhebe dich, auch wenn du gerade sehr beschäftigt wärest! Erhebe dich, egal ob die Oberschwester oder die Schwester Kleofasa, die den Ofen heizt, das Zimmer betritt. Merke dir, daß sie dich immer an die Dienerin des Herrn erinnert, vor welcher sich auch die Kirche erhebt. Merke dir, daß du auf diese Weise die Schuld der Ehre deiner unbefleckten Mutter bezahlst, mit welcher diese Frau enger verbunden ist als du. Auf diese Weise zahlst du auch die Schuld gegenüber deiner Mutter ab, die dich geboren und dir mit Blut und Leib gedient hat ... Erhebe dich, ohne zu zaudern, überwinde deinen männlichen Hochmut und deine Herrscher-

---

*) Die 1894 ins Leben gerufene deutsche nationalistische Organisation sollte die Germanisierung der besetzten polnischen Gebiete beschleunigen.

allüren . . . erhebe dich auch dann, wenn die ärmste aller Magdalenen dein Zimmer betritt. Erst dann wirst du deinem Meister, der sich vom Thron, welcher zur Rechten des Vaters steht, erhoben hat, um zur Dienerin des Herrn herunterzukommen, ähneln. Erst dann wirst du den Vater und Schöpfer des Lebens nachahmen, der Eva die Maria zu Hilfe geschickt hat. Erhebe dich, ohne jemals zu zögern – das wird dir guttun.

10. 12. 1955

„Dein Wille geschehe im Himmel wie in Kománcza." Vater, ich möchte das deutlich ausdrücken, denn Du weißt, wo sich Kománcza befindet. Dein Wille ist so groß und so mächtig, daß ich mich neige, diese Tatsache vollständig anzuerkennen, so daß sie meine volle Zustimmung findet. Ich fühle Deine Macht über mir und erniedrige mich vor ihr. Ich möchte mich Deinem Willen mit keiner unwillkürlichen Bewegung widersetzen. Du weißt alles . . . Ich freue mich, daß Dein Wille so mächtig ist. In mir selbst fühle ich den Beweis Deiner Größe. Es ist gut, noch ein Argument zu Deinen Gunsten zu finden, auch wenn man nur dazu kommen kann, wenn man auf eine schwere Probe gestellt wird. Wenn ich in mir auch nur einen Akt der Liebe finde, bin ich nicht mehr in der Armut. Auch wenn mein ganzes Leben nur eine einzige Sünde wäre, so gibt mich dieser eine Akt der Liebe Gott hin, nein, ich bin nicht in der Armut, ich bin größer, denn ich liebe . . . und die Liebe stirbt nicht. In der Rumpelkammer meines Lebens habe ich etwas Göttliches . . . gefunden. Gott selbst hat diese „wertvolle Perle" verloren; und obwohl sie auf der Erde im Schmutz liegt, lohnt es sich, diesen Schmutz zu besitzen, um so zum Herrn der Perle zu werden.

Wie viele Perlen liegen im Schmutz! Was für einen großen Wert hat der Schmutz dadurch, daß man in ihm eine einzige Perle entdeckt hat! Die Menschen verkaufen doch alles, was sie haben, um diesen Schmutz mit der Perle zu kaufen. Ich bin nur Schmutz! Aber in diesem Schmutz hat Gott die Perle der Liebe . . . verloren. Sage mir keiner mehr, daß ich arm bin. Sagt das auch zu niemandem, der noch lieben kann.

13. 12. 1955

Die Abenteuer der Schwester Maxentia, die nach Kománcza fuhr, sind wert, festgehalten zu werden.

Seit langem war mit Bischof Klepacz vereinbart, daß die Schwester Maxentia noch vor Weihnachten kommen soll, um meine Wäsche, die aus dem Gefängnis gebracht wurde, durchzuschauen. Die

Schwester, die einen Expreßbrief und ein Telegramm bekommen hatte, sollte um 17.00 Uhr an der Bahnstation Sanok sein. Die Oberschwester gab ihr als Begleiterin die Schwester Malwina mit. Die Reise endete damit, daß man die Schwester Maxentia ins Polizeikommissariat von Kománcza brachte, von dort mit dem Auto nach Sanok und dann per Bahn zurück nach Warschau führte. Die Schwester Malwina, die zu diesem Treffen geschickt wurde, hatte als Begleiter einen Polizisten, der sie bis Sanok nicht verlassen hat. Beide Schwestern fuhren nichtsahnend nach Kománcza, als in Rzepedź vier Polizisten ins Abteil kamen und die Dokumente verlangten. Schwester Maxentia zeigte den Personalausweis und die Bestätigung, die ihr von Bischof Klepacz ausgestellt wurde, daß mich aufgrund der Bewilligung des Premierministers Cyrankiewicz auch die Familie und meine Mitbewohner in der Miodowa-Straße besuchen kommen dürfen. Der Vertreter der Polizei erklärte der Schwester Maxentia, daß sie sofort auf das Polizeikommissariat mitkommen müsse. In Kománcza durfte sie deshalb nicht die Reise mit der Schwester bis zu mir ins Kloster fortsetzen. Es gelang ihr aber trotzdem, die Koffer der auf dem Bahnhof wartenden Schwester zu übergeben. Zusammen mit Schwester Malwina landete sie schließlich im Polizeikommissariat. Die zur Hilfe geschickte Schwester erhielt die Auskunft, daß bei Vorliegen eines triftigen Grundes verhaftete Schwestern unverzüglich in ihre Klöster zurückgeschickt werden. Gegen den Wortlaut dieser Erklärung ist es anders geschehen. Die Schwester Malwina ist um 21.00 Uhr zurückgekommen und erzählte, daß ein aus Sanok herbeigerufenes Auto die Schwester Maxentia zurückgebracht hat.

Die Bitten der Schwester Maxentia, daß sie wenigstens übernachten und sich aufwärmen könnte, haben ihr nichts geholfen. Die Polizisten waren rücksichtslos, sie haben alles darangesetzt, daß sie den Zug nach Warschau erreichen konnte.

31. 12. 1955

Dein Diener, o ewiger Vater, möchte Dir an diesem Tage sein Vertrauen zum Ausdruck bringen. Alles, was Du an mir getan hast, ist – Barmherzigkeit und Wahrheit. Alles, was ich für Dich in diesem zu Ende gehenden Jahr vollbracht habe, ist – kindliche Nachgiebigkeit und das Vertrauen eines Neugeborenen. Du selbst bist Liebe, Gnade und Allmacht. Ich – Selbstliebe, Sünde und Schwäche. In Deine heiligen Hände nimmst Du meine ganze Unbeholfenheit und hinterläßt in ihr die Spuren der Barmherzigkeit und der Großmut. Du selbst verursachst in mir, daß ich den Glauben an Deine Weisheit und Güte nicht verlieren kann. Du selbst änderst in Deinen Augen meinen Willen und meine Gedanken. Du selbst verursachst, daß ich Deine Gerechtigkeit anerkenne. Du selbst weckst in meiner Seele die Bereitschaft zum Opfer und zum Märtyrertum für die Ehre Deiner Kirche. Du selbst bezeugst in mir die Ängste und den Unwillen zum Leiden. Du selbst gießt Ruhe in mein Herz gegenüber dem Unbekannten und die Freude über alles, was mich treffen kann. Du selbst verursachst, daß ein kindlicher und an sich gebundener Mensch zum Gegner seiner selbst werden möchte, um Deine Freundschaft zu erfahren. Du verursachst, daß ich mich nicht kennen kann, daß ich mich selbst wundere, daß ich mich frage: *unde mihi hoc?...*

Jetzt schlägt es 24.00 Uhr. Ich erkläre Dir, Vater, im letzten Augenblick des alten und des neuen Jahrs, daß Du gegen mich nichts Schlechtes angerichtet hast. Ich bin Dein Schuldner. Ich habe mit Defizit gearbeitet, aber Du vergibst Deinem Schuldner. Vielleicht werde ich nur auf diese Weise in der Lage sein, meine Lebensdevise *Soli Deo* zu realisieren.

16. 1. 1956

Wenn Du, der allerbeste Vater, nichts mehr für mich hättest als einen mit boshafter Hand geworfenen Stein, dann möchte ich ihn doch als Deine größte Gnade empfangen und ihn küssen, da er mir – wie dem heiligen Stefan – als süß erscheint. Auch wenn Du für mich, Vater der Liebe, kein gutes Wort und nur die Beschimpfungen der Gegner des Kreuzes, nur Spott und Hohn hättest, dann möchte ich diese als Gnade anerkennen, welche ich in meiner Lage verdienen kann. Und wenn es für mich keinen Platz bei Deinem Altar mehr gäbe, Vater des ewigen Hohenpriesters, dann möchte ich darin den Willen der heiligsten Dreifaltigkeit sehen, die allein den Wert und die Ehre des Priestertums kennt und weiß, wer fähig ist, Dir würdig zu dienen. Und wenn Du meinen Mund geschlossen hättest, so daß ich keine Möglichkeiten mehr hätte, mich vor den Menschen zu Deinem Sohn zu bekennen, auch dann würde ich mich im Herzen zu Dir bekennen und würde Deine Macht verehren, die fähig ist, die Steine in den Wänden zu beleben, damit sie Deine Ehre sogar den Tauben verkünden.

Ja, Vater, denn alles, was von Dir kommt und was du zuläßt, bedeutet für mich die größte Gnade. Es ist ein Zeichen Deiner Liebe und belebt mein Vertrauen zu Dir.

21. 1. 1956

Fest der heiligen Agnes. Eine Antiphon der Landes lautet: *Anulo suo subaravit me Dominus meus Jesus Christus, et tamquam, sponsam decoravit me corona.* – Der Psalm äußert die Sehnsucht, sich Jesus zu vermählen: *Deus, Deus meus es: sollicite te quaero. Te sitit anima mea, desiderat te caro mea*... (Ps. 63 [62]). Diese Worte müssen jeden aus dem Sattel des bequemen Wartens auf die Gnade heben. Das ist die wirkliche Begierde nach Gott, der mit mir durch einen Ehering verbunden ist. Alles hält mich bei Gott, ich spüre das gut, besonders in Zeiten der Verlockungen, die sich große Mühe geben, dieses Bündnis zu zerreißen. Das Maß meines Widerstandes in der Versuchung ist meine Verbundenheit mit Gott. Wenn sie nicht nachgibt, bedeutet das, daß meine Vermählung mit ihm ein festes Bündnis ist. Die Erfahrung geht durch das Feuer der Verlockung, und der Mensch geht mit noch größerem Begehren nach Dir daraus hervor. O mein Gemahl, der Du mich mit meinem Ring hältst. *Ad Te levavi animam*... – *Te sitit anima mea*...

29. 1. 1956

Sonntag Septuagesima. – „Der Geist der Wahrheit wird euch an alles erinnern, was ich euch gelehrt und was ich Euch gesagt habe..." Dieser Geist spricht ununterbrochen in der betenden Kirche. Heute spricht die Kirche zu uns aus dem Reichtum ihrer Gedanken, weil in der Liturgie die Periode der Erlösung beginnt.

Sie zeigt uns die Welt Gottes, vom Vater geschaffen – *in principio creavit Deus*... – eine Welt, von der Sünde beschmutzt, eine Welt, durch das Blut Christi gereinigt... *Circumdederunt me dolores mortis* (Introitus) – das ist die von der Sünde ermüdete Welt. Aber Gott hat die Welt so sehr geliebt, daß er seinen Sohn geopfert hat... Sein Sohn beginnt das Werk der Erneuerung. Man soll also, dem Beispiel des Vaters folgend, die Welt lieben... Und „so sehr"... man kann sie nicht als schlecht bezeichnen, wenn Gott sie als gut sieht. Ich höre aufmerksam den Geist der Wahrheit, der mich heute daran erinnert. Ich gehe Schritt für Schritt mit ihm, jeden Tag, denn die Kirche des Heiligen Geistes spricht zu mir über ihn; sie hat immer soviel zu sagen! Sie ist wie ein Baum, der ausreichend Früchte für jeden Tag spendet. Heute soll ich diese Frucht verspeisen und sie nicht für morgen aufheben, denn morgen wird mir die Kirche eine neue Frucht reichen. Ich muß gut ernährt sein, denn Gott mag keine Hungerleider. Seine Kinder müssen reich an Gütern sein wie er selbst. Ich setze mich jeden Tag zu seinen Speisen... Ich bin dem Heiligen Geist gehorsam, jeden Tag...

31. 1. 1956

Vater der Wahrheit, beschütze mich vor hochmütigen Worten, wenn ich in der Stille zu Dir bete. Nur Du allein kennst meine

Wahrheit. Laß nicht zu, daß meine Worte meine Wahrheit überwachsen. Nur Du allein kennst den Menschen, es ist nicht notwendig, Dir irgendetwas über den Menschen zu sagen. Laß nicht zu, daß ich Dir über mich etwas Großes, etwas Hochmütiges sage. Wenn ich Dir sage, daß ich der größte Sünder bin, weißt Du, ob ich dabei nicht an meine Entschuldigung denke, ob ich in meinem Inneren nicht größere Sünder als mich sehe? Laß es nicht zu, daß zwischen meinen Worten und meinen Gedanken ein Zwiespalt entsteht, wenn ich Dir sage, daß ich Dich liebe – laß nicht zu, daß ich Dich belüge. Wenn ich sage, daß ich bedauere, laß nicht zu, daß mein Herz kalt bleibt. Möge mein Wort in der Wahrheit sein, möge es wahrhaftig sein, möge es umsichtig, aber ehrlich sein. Vater des Wortes, beschütze mich vor dem Mißbrauch des Wortes. Gehe in die Welt meiner Gedanken ein und ordne sie, damit ich Dich weder mit Gedanken noch mit Worten irreführe und Dir zu imponieren versuche.

Beschütze mich vor „dieser ganzen Literatur", vor meinen Vorstellungen von künstlerischem Schaffen, vor der Überproduktion des Wortes, damit ich sogar mit den Gedanken schweige, wenn ich vor Dir stehe, da Du doch in die Herzen hineinschaust und in den Gedanken liest... *Scrutans corda et renes, Deus.*

19. 2. 1956

Am ersten Sonntag der Fastenzeit erinnern wir uns an die tragische Szene der großen Versuchung des Menschensohns, eine Szene, die nicht aufhört, sondern sich fortsetzt in der Geschichte der Menschheit, im Leben der Kirche Christi und in der Seele jedes Christen. Es ist eine große Gnade, daß Christus an sich hat erkennen lassen, welche Methoden der Satan anwendet. Wie sehen seine Fallen aus, in die er uns locken will? Ich sehe doch in mir, wie ich für die Verlockung des Brotes, auch des einfachen Lebens, auch für die Verlockung der heiligen Ruhe empfänglich bin. Hat der Versucher zum Bösen meine Schwächen bemerkt? Wenn ich bis jetzt diesen Verlockungen nicht nachgegeben habe, bedeutet das überhaupt nicht, daß ich schon sicher bin. Wenn ich bisher bestanden habe, ist das vielleicht nur deswegen, weil Gott für mich gekämpft hat. Aber nur der Verdacht des Versuches, sich Gott widersetzen zu wollen, stellt mich doch noch nicht in die Reihe so vieler anderer Menschen, die so wie ich versucht worden sind?

Der Kampf, der heute gegen die Kirche geführt wird, siegt in vielen Menschen eben deswegen, weil sie sich ihr Brot aus den Steinen backen, die der Kirche vor die Füße geworfen werden. Sie erlauben es, sich von den bösen Geistern auf den Armen tragen zu lassen. Die ununterbrochen mit dem Gesicht zur Erde fallen und allen Verlokkern diensteifrig huldigen, das sind „progressive" moderne Katholiken. Worin sind sie „fortgeschritten"? Sie machen ununterbrochen Fortschritte in der Nachgiebigkeit gegenüber dem Bösen, auch schon bei schwächeren Verlockungen. Soll ich an ihnen Anstoß nehmen? Nein. Eher soll ich klüger werden, damit ich selbst nicht vom „Teufel" verlockt werde. – Um mich vor dieser Verlockung zu retten, hat mich der Geist Gottes in diese Abgeschiedenheit geschickt. Aber auch hier bin ich nicht von der Verlockung frei: Hier sind es die Kämpfe mit mir selbst – um nicht mehr zu denken, daß es auch andere Wege gegeben hätte als diesen, auf welchem mich der Geist Gottes seit zwei Jahren führt.

20. 2. 1956

Eine meiner allergrößten Verlockungen: Heute habe ich die neuen Vorschriften über die Riten der Karwoche durchstudiert, sie sind erfüllt von christlichem Geist. Mein Herz ist bedrückt, daß ich hierbleiben muß, ohne die Möglichkeit zu haben, mich über die Erlebnisse der Kirche zu freuen, die allen ihren Kindern soviel Freude bereitet, wenn sie Christus, den König, am Palmsonntag verehren läßt, wenn sie Gott in der Eucharistie anbetet, die Menschen zum Kreuz hinziehen und ihnen die Hoffnung auf Auferstehung eingießen will.

Wer wird meinen Kindern die Augen öffnen für die Wunder der Gottesgedanken, die aus der Liturgie der Kirche herausschauen? Denn die Standesgnade für meine Kinder habe vor allem ich erhalten – und meine Pflicht, mein Verständnis und meine Bereitschaft ... Das alles soll still sein, nicht zu Worte kommen, obwohl es in der Seele gärt?! Es mögen meine Steine zu Brot werden! Aber nicht für mich, Vater – für sie!

„Stürze mich hinab in den Abgrund!" Schon jetzt ... o unerforschlicher Gott! Und doch bleiben Steine Steine. Und doch werden sie nicht von den Wolken herunterfließen – und ich werde in meinem Grab von Kománcza bleiben. Eifersüchtig schaue ich vom Chor aus auf den Priester, der die Gnade hat, seinem Volk zu dienen ... Vater! Gib mir Kraft, auch diese Verlockung zu bekämpfen, „die allergrößte Verlockung", Dir zu dienen *coram populo* ... Geschieht das nicht zu Deiner größeren Ehre: meine Selbstverleugnung, mein scheinbar nutzloses Leben hier, meine Anstrengungen und edlen Antriebe – ausgeliefert als Beute für Deinen Willen, die Kreuzigung meines pastoralen Eifers, daß ich Deiner Ehre nicht mehr dienen kann ...? Ich soll noch einmal still bleiben, soll den Mund schließen, meinen Willen binden, meine priesterlichen Triebe abtöten. Dir gehört eher das Heilige als das Sündige! Es geschieht für Dich, wenn ich mich verleugne!

22. 2. 1956

Intellige clamorem meum!... Wer kann mich besser verstehen als Du? In einem einzigen Blitz Deiner göttlichen Gedanken gibt es mehr Wissen über mich als in allen Gedanken meines ganzen Lebens über die Geschichte der Planeten und der Völker. Du weißt mehr über mich als ich über die ganze Welt. Du entdeckst mehr in mir als ich in meinem ganzen Leben auf der Welt! Nur Du brauchst nicht zu fragen, was ein Mensch ist, denn Du allein weißt, was in den Menschen ist. Ich verliere mich ununterbrochen in mir, ständig erkennst Du Dich in mir. – Ich zweifle stets an mir, Du zweifelst nie an mir. Ich überschätze mich ständig, Du siehst stets meine ganze Wahrheit. Ich werde hochmütig, wenn ich etwas von Dir verstehe, Du gibst mir aber stets zu verstehen, daß ich ein Analphabet bin. – In meiner Verzweiflung kommst Du, mich zu trösten: „Meine Gnade genügt. In Deiner Schwachheit kommt meine Kraft zur Vollendung."

Ich suche stets nach meinem Weg, meiner Wahrheit, meinem Leben. – Du bist immer mein Weg, meine Wahrheit, mein Leben. Einer meiner Gedanken über Dich enthüllt mir die ganze Wahrheit über mich. Ich sehe mich gut nur in Dir. Ich erkenne mich durch Dich. Ich finde den ganzen Sinn meines Daseins in Dir. Wenn ich schon gefallen und verloren in den Tiefen der Hölle wäre, könnte ich durch eine einzige Wendung meines Herzens zu Dir den Grund unter den Füßen wiedergewinnen. Ich bin nichts ohne Dich – in Dir bin ich voll Macht, „Ich Staub – werde mit dem Herrn reden..."

9. 3. 1956

Du, Vater, machst mich geneigt, daß ich zu meinem eigenen Gegner werde, daß ich gegen mich bete, daß ich Dich um alles bitte, wovor ich mich fürchte und was Deiner Kirche notwendig sein könnte. Du verlangst, daß ich mich für die heilige Kirche hingebe, daß ich mein Leben und meine große Begierde nach Arbeit aufopfere für die Treue meines Volkes zu Dir. Du erwartest, daß ich um alles, „auch um das Grausame" für mich beten werde, damit alles „Grausame" an Deiner Kirche in Polen und am treuen katholischen Volk vorbeigehe. Du hast das Recht, auch das zu verlangen. Ich möchte zu meinem Gegner werden, um Dir entgegenzukommen. Ich möchte rücksichtslos mir gegenüber sein, damit Du Deiner Kirche und den polnischen Bischöfen gegenüber rücksichtsvoll bist. Ich werde es nicht schaffen, ihnen die ganze Arbeit abzunehmen, aber Du kannst sagen: Deine Armut genügt mir, den Rest vergebe ich Euch. Du kannst Dich doch auch mit zwanzig Silbermünzen begnügen, wie die Brüder des Josef, statt den vollen Preis als Lösegeld für das Gottesvolk zu nehmen. Nimm dieses „wenige" und schenke den Rest! Schaue nicht auf die große Unvollkommenheit meines Opfers, auf diese innerlichen Widerstände, welche Du mir erlaubst, unter Deine heiligen Füße zu legen.

Ich liebe den liturgischen Dienst beim Altar, ich mag es so gerne, mich vor den Menschen zu Dir zu bekennen, ich liebe so sehr den Schmuck Deines Hauses, ich sehne mich nach der Wohnung im Tempel des Herrn! Was könnte eine größere Freude sein?! Auch das sollte ich mir absprechen? Wenn das Deine Ehre bereichern, Dich vor dem unwürdigen Diener beschützen wird, dann empfange auch dies, das am grausamsten ist für einen Priester! Aber Du kannst es nehmen, da Du umsonst Gnade gegeben hast. Du kannst sie rückgängig machen! Du hast das Recht dazu!

11. 3. 1965

Nicht lange mußte man auf die Konsequenzen des Auftrittes von Chruschtschow am 20. Parteikongreß „gegen den mit dem Geist des Marxismus-Leninismus unvereinbaren Personenkult" warten, „der diesen oder jenen Funktionär in einen Helden oder Wundertäter verwandelt". Es war nicht schwer, zu erkennen, daß Chruschtschow damit Stalin meinte. Die „Volkstribüne" (Nr. 69) bringt heute einen Artikel mit dem Titel „Der Persönlichkeitskult und seine Folgen". – Er ist einfach unglublich in seinen Formulierungen: Die außergewöhnliche Rolle, welche Josef Stalin nach dem Tod Lenins gespielt hat, betonend, fügt der anonyme Autor hinzu: „In den dreißiger Jahren begann Stalin jedoch, sich allmählich über die Partei zu erheben und der Partei seinen Willen, seine persönlichen Entscheidungen aufzuzwingen. Der kollegiale Charakter der Parteileitung wurde immer geringer und endlich gänzlich abgeschafft. Alles das hat der kommunistischen Partei der Sowjetunion und der internationalen Arbeiterbewegung schmerzlichen und großen Schaden angetan." Wenn dieser Artikel nicht signiert ist, so bedeutet das, daß er ein Musterartikel für die Presse ist, die ihn in vielen anderen Artikeln bearbeiten wird. In der Zeitung „Expreß" erklärt ein unbekannter Autor (unter dem Pseudonym Janka, „die im Personenkult Stalins erzogen wurde") alle seine Fehler und das Übel, das er angerichtet hat. – Man muß Kommunist sein, um so lange darauf zu warten. Nichtkommunisten haben bereits seit langem gesehen, daß in diesem Kult der Einzelperson etwas Undemokratisches geschieht. Als aus Anlaß des Feiertages des Ersten Mai Warschau mit großen Stalin-Porträts in der Art des Zaren Nikolaus II. geschmückt wurde, haben alle nüchtern denkenden Menschen in dieser Verehrung eine Sünde gegen den offiziellen kommunistischen Atheismus gesehen.

Wer sollte heute eingesperrt werden, da es sich erwiesen hat, daß

Nichtkommunisten die besseren Kommunisten waren und den Geist des Kommunismus besser gekannt haben? Wie schnell kommt es zur „Dämmerung" von „Göttern", die mit menschlichen Händen gemacht wurden! Und vor diesen „Göttern" sollte der lebendige Gott weichen, für den es keinen Platz in einem kommunistischen Staat gibt. „Gott ist immer der gleiche – gestern, heute und morgen!"

Die Kirche soll sich in den Dienst einer solchen Doktrin stellen, die morgen das verurteilen oder ablehnen wird, was sie gestern in den Himmel erhoben hat?!

12. 3. 1956

„Der Purpur der Kirche, welchen Du begehrst, ist der Purpur Christi vor Pilatus. Auf Dir wird die Pflicht lasten, ihn zu tragen!" sagte Papst Honorius zu dem jungen León (G. von Le-Fort: Der Papst aus dem Ghetto).

Das erste purpurne Birett hat Christus getragen, als man ihm die Krone mit den 70 Dornen auf sein heiliges Haupt preßte. Mein Birett ist nur ein Symbol des blutüberströmten Jesus Christus. Der erste Purpurmantel war Ausdruck des Hohnes der Soldaten. Wie das Kreuz Christi zur Ehre der Kirche gereichte, so gereicht auch sein Purpurmantel zur Ehre seiner Söhne. Aber er hört nicht auf, das Symbol des Blutes Christi zu sein. Meinen Purpurmantel, der mir vom polnischen Klerus in Rom geschenkt wurde, hat Minister Bida als Utensil für das Theater benutzt, um damit Schauspieler zu kostümieren, die Kardinäle verhöhnen.

13. 3. 1956

Von einem Traum gequält, bin ich heute um 5.20 Uhr erwacht. Vielleicht steht es nicht dafür, über Träume zu schreiben, aber den, den ich heute hatte, werde ich ausnahmsweise niederschreiben. – In der Traumvision habe ich nach einer anstrengenden Konferenz mit Boleslaw Bierut*) ein großes Gebäude verlassen. Wir haben uns auf dem Gang vor der Konferenzhalle verabschiedet. Ich war gerade im Weggehen, als sich Herr Bierut, mit der deutlichen Absicht, mich zu begleiten, mir angeschlossen hat. Ich war dadurch sehr in Verlegenheit. Es quälte mich der Eindruck, was die Menschen meinen werden, wenn sie uns gemeinsam auf der Straße sehen. Wir gingen eine lange Straße entlang, es könnte die Aleja Racławicka-Allee gewesen

---

*) Siehe dazu die Anmerkung auf Seite 10!

sein, die in die Vorstadt von Krakau führt. Wir haben mitsammen gesprochen, und ich wollte Herrn Bierut noch etwas sagen. Als ich bei der Kreuzung auf das Freiwerden des Überganges gewartet habe, da bog er links ab und überquerte diagonal die Straße. Ich blieb allein mit dem Gedanken zurück: Ihm ist alles erlaubt, sogar die Verkehrsvorschriften zu übertreten. In einer der Querstraßen habe ich ihn dann aus den Augen verloren. Ich überquerte in gerader Linie die Fahrbahn voll Angst vor zwei gefährlichen Böcken. Diese standen mitten im Weg. Ich konnte aber an ihnen ohne Behinderung vorbeigehen, immer noch Herrn Bierut suchend. Ich habe mich einige Male umgesehen, wollte ihm noch etwas sagen, und habe mich gewundert, daß er so plötzlich verschwunden war. Mein Begleiter, ein unbekannter Priester, wollte mir noch etwas erklären. Mit dem Gefühl, daß nicht alles zwischen uns geklärt wurde, ging ich geradeaus weiter. In diesem Moment wurde ich wach... Während des Tages habe ich diesen Traum wie alle anderen vergessen.

Heute habe ich jedoch den guten Vater aufdringlicher als sonst im Gebet gequält: *super populum: Miserere Domine, populo tuo: et continuis tribulationibus laborantium, propitius respirare concede* (Dienstag nach dem 4. Fastensonntag). Gleich nach dem Frühstück kamen zwei Priester zu mir: „Raten Sie, was geschehen ist." – Ich habe nicht geraten, sie haben es mir selbst erzählt. Im Radio wurde durchgegeben, daß gestern abend Boleslaw Bierut in Moskau verstorben ist. Ein Christ begegnet dem Tod mit Ernst. *Cui omnia vivunt, cui aufert spiritus principum.* Ich werde nicht mehr mit Boleslaw Bierut disputieren. Bierut glaubte übrigens schon, daß Gott existiert und daß er die Liebe ist. Jetzt ist er entschlossen „auf unserer Seite". Auf der Gegenseite sind jedoch diejenigen geblieben, welche er auf dieser Erde angeführt hat und welche in den letzten Wochen „fortschrittlich-wissenschaftliche Angriffe gegen den religiösen Aberglauben" lanciert haben. In der letzten Woche sind Nachrichten durchgedrungen, daß die Lehrer geheime Anweisungen erhalten haben, die Jugend so zu beschäftigen, daß sie nicht an Andachtsübungen teilnehmen können.

Gott hat das Ende des Lebens jenes Menschen bestimmt, der als Oberhaupt des polnischen Staates als erster und einziger von allen bisherigen Herrschern Polens einen politischen und administrativen Kampf gegen die Kirche organisiert hat. Welch grausamer Mut! Boleslaw Bierut hatte ihn. In der Geschichte der Nation und der Kirche wird ab jetzt mit seinem Namen das furchtbare Unrecht verbunden sein, welches der Kirche angetan wurde. Ob er es aus Überzeugung tat oder aus politischer Taktik, wird die Zukunft weisen! Vielleicht wollte er keinen offenen Kampf, aber er hat die Durchführung dieses perfiden Planes – Einschläferung der Wachsamkeit der Bevölkerung durch die Mithilfe der progressiven Katholiken und damit die konsequente allmähliche Vernichtung kirchlicher und religiöser gesellschaftlicher Organisationen – zugelassen. Während der Regierungszeit von Boleslaw Bierut hat man trotz der abgeschlossenen „Vereinbarungen" fast alle Zeitungen, Buchhandlungen und Verlage – die amtlichen Organe der Diözesen nicht ausgeschlossen – vernichtet. Man hat die kirchliche Caritas und die kirchliche Sozial- und Gesundheitsorganisation vernichtet. Die Attacken gegen das katholische Unterrichtswesen führten dazu, daß die meisten Schulen und Heime ihre Tore schließen mußten. Dasselbe gilt für die kirchlichen Spitäler und Pflegeheime. Man hat viele Klöster und Konvente, auch viele Klosterschulen, die für interne Zwecke bestimmt waren, liquidiert. Grausame Gewalttaten, welche man während der Verhöre den gefangenen Priestern und Klosterbrüdern angetan hat, übermäßig strenge Urteile, aufgrund deren die Gefängnisse voll waren von Kutten und Ordenstrachten wie nie zuvor seit der Zeit Murawiews*), das ist die traurige Bilanz dieser Regierung Bierut. Während der letzten zwei Jahre wurde die gesamte Aktivität der Kirche an die Kette des Amtes für religiöse Angelegenheiten gelegt und durch das Dekret über die Nominierung für kirchliche Ämter gesteuert und – blockiert.

Der große kirchliche Apparat wurde in großem Ausmaß lahmgelegt. Wenn es nicht gelungen ist, ihn gänzlich zu vernichten, dann vielleicht deswegen, weil die Solidarität der katholischen Bevölkerung so intensiv und die Kraft der Kirche so groß war, weil die Klugheit des Episkopates zu den „Vereinbarungen" führte – obwohl dieser Akt ohne Bedeutung wäre. Die Zeiten haben sich geändert; besonders durch die neuen Direktiven, inspiriert durch Chruschtschow. Diese schmerzhaften Erlebnisse für die Kirche Polens werden für immer mit dem Namen Boleslaw Bierut verbunden bleiben. Wird vielleicht die Geschichte diese Erinnerung ausbleichen? Heute, als er von uns ging, hinterließ er unheilvolle Vorstellungen. Boleslaw Bierut ist am Jahrestag der Krönung Papst Pius XII. – des Menschen, den er so schmerzhaft in der Parteipresse enterht hat – gestorben. Immer wenn wir unsere Aufmerksamkeit darauf gelenkt haben, daß diese Methoden des Kampfes jeder Anständigkeit widersprechen, blieb das ohne Wirkung – obwohl die Autorität von Boleslaw Bierut so groß war, daß er damit Schluß hätte machen oder doch den Kampf zumindestens auf ein erträgliches Ausmaß hätte reduzieren können.

Gott hat von Bierut die Ehre seines Dieners Pius gefordert, im Angesicht des katholischen Polens, das in seinen religiösen Gefühlen so sehr verletzt wurde.

Schließlich – noch ein „Fingerzeig Gottes" – ist Boleslaw Bierut in

---

*) Durch seine Grausamkeit berühmter zaristischer Gouverneur von Wilno (1790–1866).

der Fremde gestorben. Er starb in Moskau, wo er dem Abtreten eines Drittels der polnischen Gebiete zugestimmt hat und von wo er sich für seinen Kampf gegen die Kirche inspirieren ließ. Vielleicht wollte Gott damit zeigen: „Wer mit dem Schwert kämpft – kommt dadurch um." Gewiß kann man annehmen, daß der Tod einen normalen Verlauf genommen hat. Vor ein paar Jahren hatte Boleslaw Bierut eine schwere Herzkrankheit überstanden, er hatte schließlich auch eine anstrengende Arbeit, welcher er sich voll ergeben hat. Aber im öffentlichen Bewußtsein der Nation wird dieser Eindruck, der immer zu Erklärungen zwingen wird, bestehen bleiben. Und noch eines! Boleslaw Bierut ist mit der kirchlichen Exkommunikation belastet gestorben. Nicht nur deswegen, weil er Kommunist war, sondern weil er persönlich Anteil an den Gewalttaten hatte, die bei der Deportation meiner Person aus Warschau geschehen sind. Das Dekret der heiligen Kongregation vom 30. 9. 1953 hob diesen Punkt deutlich hervor. Bierut machte sich wahrscheinlich nichts aus diesem Dekret, da er so viele Rechte der Kirche vergewaltigt hat; aber für mich ist dieser Umstand besonders schwerwiegend, weil damit meinetwegen noch ein Hindernis zwischen dem gerechten Richter und dem Verstorbenen aufgestellt wurde. Wie schwer ist es in einer solchen Situation, ein voller Christ zu sein! Das vergewaltigte Recht der Kirche verlangt eine Sühne. Die Ehre des Willens Gottes muß gewahrt werden. Das muß ich anerkennen und das muß ich wollen. Ich muß Gottes Gerechtigkeit wollen, der im Namen seiner Gesalbten kämpft. Und doch möchte ich gerne, daß dieses letzte Hindernis nicht vorhanden wäre. Umso mehr möchte ich um Gottes Barmherzigkeit für den Menschen beten, der mir soviel Unrecht angetan hat. Morgen werde ich die heilige Messe für den Verstorbenen feiern. Schon „jetzt" vergebe ich meinem Schuldner. Voller Hoffnung, daß der gerechte Gott in seinem Leben hellere Taten finden wird, welche ihm Gottes Barmherzigkeit bringen werden. Am Abend habe ich mich wieder an meinen Traum erinnert und erzählte ihn dem Priester beim Abendessen. Es gibt nicht nur die *Sanctorum communio*, in der Welt gibt es auch noch die Kommunikation des menschlichen Geistes. So viele Male habe ich in meiner Gefangenschaft für Boleslaw Bierut gebetet. Vielleicht hat uns dieses Gebet verbunden, so daß er sich an mich um Hilfe gewandt hat. In meinem Traum habe ich mich nach ihm umgedreht – und ich werde auf die Hilfe des Gebetes nicht vergessen. Vielleicht werden ihn alle rasch vergessen. Vielleicht werden sie sich bald von ihm abwenden, so wie sie sich heute von Stalin lossagen. Ich aber werde das nicht tun. Das verlangt von mir meine christliche Überzeugung.

16. 3. 1956

Die Novene zu Ehren der Verkündigung in Nazareth lädt mich ein, das zu vertiefen, was sich damals in Maria und in der Geschichte der Menschheit ereignet hat. Die heilige Dreieinigkeit ist bei ihrer Auserwählten, die sie in der Unendlichkeit des Weltalls aufgesucht hat. Der Vater schickt ihr seinen Engel und wartet auf ihre Antwort. Das urewige Wort wiederholt dem Vater: *Ecce venio, ut faciam voluntatem Tuam.* Der heilige Geist versammelt seine ganze Liebe, um die Menschen „mit voller Gnade" zu umfassen. Die Menschheit weiß nichts von diesem für sie so wichtigen Augenblick. Nur Maria wird ihm mit ihrer Frage: *Quomodo fiat istud?* gerecht. Ihr *Fiat* verursacht, daß alle göttlichen Personen zu wirken beginnen. Der Vater des Wortes wird zum Vater des menschlichen Sohnes, das urewige Wort verbindet in sich die menschliche Natur. Der Heilige Geist vereinigt das Göttliche mit dem Menschlichen. Maria wird zur Muttergottes, zum Tempel Gottes und Tempel des Heiligen Geistes. Unfaßbare unbegrenzte *Beata viscera*... Mitten unter uns steht der, welchen wir nicht kennen, aber welcher schon zwischen uns ist. Aber ihn kennt Maria, das einzige Wesen auf der Erde, das schon weiß, daß das Wort Fleisch wurde.

17. 3. 1956

Ich wurde darüber informiert, daß die Regierung den Wunsch geäußert hat, das Programm des Jahres der nationalen Gelübde anläßlich des 300. Jahrestages des Gelübdes des Königs Jan Kasimir in Lemberg*) zurückzuziehen. Dieses Programm wurde von einer Kommission, die vom Episkopat einberufen wurde, bearbeitet. Es wurde durch die Hauptkommission angenommen und an alle Sekretariate des Episkopates zur Ausführung versendet. Es hatte einen ausgesprochen seelsorglich-religiösen Charakter. Es umfaßte sogar solche Punkte, welche im gemeinsamen Interesse der Regierung und der Gesellschaft liegen wie z. B. den Kampf gegen den Alkoholismus und die Sittenlosigkeit der Jugend. Und doch bevorzugte die Regierung trotz des sichtbaren Nutzens einer Zusammenarbeit Kirche und Gesellschaft, diese Hilfe zurückzuweisen; ja sie versuchte geradezu, die Arbeiten des Episkopates zu lähmen. Was war der entscheidende Grund dafür? Man könnte Befürchtungen vor Mas-

---

*) Am 1. April 1656 schwor König Jan Kazimierz in der Kathedrale von Lwow einen feierlichen Eid, alles dranzusetzen, damit dem Volk Gerechtigkeit widerfahre und es von jeglicher Unterdrückung befreit werde.

senbewegungen der Katholiken unter der Führung des Episkopates vermuten. Man könnte auch die Angst der Regierung dafür verantwortlich machen, daß sich der Episkopat zum Führer der Nation macht. Man könnte auch Proteste dagegen vermuten, daß die „Religion" – die doch „Privatsache" ist – ihre Kompetenzen überschreitet und sich in gesellschaftlich-nationale Bereiche einmischt. Was immer wir annehmen, es wird eine traurige Wahrheit bleiben, daß die Kirche in ihrer Arbeit das allgemein konstatierte „Tauwetter" noch nicht ausnutzen kann. Die Presse nützt es schon, die sich immer kühner mit Kritik verschiedener wirtschaftlicher Initiativen zu Wort meldet. Weniger kühn nützt das die sogenannte „katholische Presse" im moralischen Bereich aus. Das nützen vor allem satirische Zeitschriften (z. B. „Die Nadel"), die im breitesten Ausmaß an der freien Meinungsbildung mitwirken können. Es scheint, daß sie die Freiheit haben, alles zu verspotten – außer Minister und Parteisekretäre. Die Zeitung „Volkstribüne" erlaubt sich sogar, am Postament des „kleinen Gottes Stalin" zu rütteln. Die Kirche dagegen kann sich trotz der allgemeinen Proteste gegen die „Kritikdämpfer" diesen Kritiken nicht anschließen und kann auch ihre religiös-gesellschaftliche Arbeit nicht frei durchführen, obwohl sie unzweifelhaft der Nation dadurch Nutzen bringen würde.

25. 3. 1956

Am Palmsonntag, der heute zum erstenmal das Fest des Christ-Königs ist, singt die Kirche: „... sie zogen ihn aus und haben ihm einen scharlachroten Mantel umgelegt...." Die Kirche will, daß ihre Diener dieses Ereignisses gedenken, und kleidet deshalb 70 ihrer Diener in Purpur. Der Purpur mag manchmal ein Objekt der Begierde und des Hochmutes sein ... aber in Wirklichkeit ist er das Symbol dieses Blutes, das aus Christus, dem Gottmenschen, und seinem mystischen Leib geflossen ist. Man muß also in sich alles vernichten, was an Hochmut übrig sein könnte, weil sich Sehnsucht nicht mit Hochmut verbünden würde.

Es gab zwar in mir keine Sehnsucht – und fast keinen Hochmut. Ich war aber nicht frei von seinen eigenartigen Schattierungen. Wie viele Male habe ich den Herrn „gequält", als ich solche Symbole der Kirche auf mich nehmen mußte?! Die gutmütige Schwester Maxentia mußte mir oftmals wiederholen: „Das ist doch zur Ehre Gottes." Trotzdem habe ich, sooft ich konnte, den Purpur gemieden. Ganz selten habe ich die Schärpe getragen, ebenso die rote Soutane, den Mantel habe ich nur als Schutz vor Verkühlungen nach der Predigt genommen. Ich habe keine rote Strumpfhose benutzt ... Manche Bischöfe begannen, wie ich bemerken konnte, mich nachzuahmen ...

Und das war dann doch wieder Hochmut ... – denn darin waren mehr Gedanken an mich als an den Purpur Christi ... und doch, um den Schmuck der Kirche würdig zu tragen, reicht es nicht, ihn nicht zu begehren, man muß ihn auch schätzen können – für die Kirche. Christus hat sich nicht geweigert, das scharlachrote Gewand anzunehmen, und ich habe ununterbrochen den Willen der Kirche herausgefordert. Jeder weiß, daß in dem Scharlachrot mehr Blut der Kirche ist als menschliche Eitelkeit, so daß der menschliche Hochmut nie in der Lage sein wird, die Wahrheit des Blutes zu überdecken. Ich muß also jede kleinste Schnur, die ich an mir trage, schätzen, um der Welt das große Blut Christi und der Kirche zu verkünden ...

Wenn ich schon Dir, Vater, meinen Hochmut beichten muß, dann war vielleicht eine meiner letzten Sünden des Hochmutes der Widerstand, welchen ich Dir vor zehn Jahren geleistet habe, als mir Primas Hlond die Ernennung zum Bischof verkündet hat. Obwohl ich gewußt habe, daß dies der Tag der Verkündigung in Nazareth war, habe ich doch vergessen, daß Maria an diesem Tag gesagt hat: *Fiat mihi* ... Mein *quomodo fiat istud* ... hat die ganze Nacht gedauert. Es schien mir, als ich am darauffolgenden Tag in das Haus des Primas kam, daß ich nun dieser Gnade würdiger sei als gestern, nachdem ich mich auf den Aufstieg zum Bischofsamt durch nächtliches Gebet in der Kapelle der Schwestern der gemeinsamen Arbeit allein vorbereitet hatte. Darin bestand eben mein Hochmut. Du, Vater, hast mich noch vor diesem Gebet gekannt. Du bist in mein Herz gedrungen. Du warst Zeuge meines Falles, aber auch Zeuge meiner Süchte und aller Schuld meines Daseins.

Und doch wolltest Du, daß die Kirche singt: *qui in diebus suis placuit Deo.* – In meinem Hochmut habe ich nicht die geringsten Vorwürfe, welche mir Kardinal Hlond gemacht hat, angenommen: Dem heiligen Vater widerspricht man nicht. Mein Hochmut liegt darin, daß ich mehr meine Sünde als meine Kraft und die Gnade des Allerhöchsten gesehen habe. Heute verstehe ich das besser als vor zehn Jahren. Heute scheint mir, daß die letzte Sünde mein Hochmut war. Heute scheint mir, daß ich ab diesem Zeitpunkt nicht mehr durch Hochmut gesündigt habe. Vielleicht ist aber selbst solch ein Gedanke noch die Sünde des Hochmuts?

Ich danke Dir, Vater, daß die Mitteilung über meine Ernennung zum Bischof mich am Tage der Verkündigung in Nazareth erreicht hat, so daß Du mir durch diesen Akt zusätzlicher Gnade klargemacht hast, daß Maria meine Mutter ist.

Es sind schon zehn Jahre vergangen, seit ich in Posen mein *Consensum canonicum* in die Hände des Primas Kardinal Hlond bezüglich der Annahme der verwaisten Diözese Lublin versprochen habe. Der Heilige Geist verlangte damals, daß ich zum Klerus und zum Volk von Lublin gehe. Heute habe ich einen Brief des Priesters Dr. Padacz erhalten. Er teilt mir mit, daß er „trotz aller Versuche, Erklärungen und Erläuterungen die Feiertage in Warschau verbringen muß." Ich hatte den Priester Padacz gebeten, daß er während des Ostertage als mein Kaplan zu mir nach Kománcza kommen solle, damit ich die Freude hätte, zumindestens einen von meinen Priestern bei mir zu haben. Ich weiß, wie gerne Priester Padacz mit mir sein wollte. Ich habe mich auf sein Kommen gefreut. Für einen Bischof ist das Leben ohne einen Geistlichen ein schreckliches Opfer – besonders am heiligen Gründonnerstag. Die Sicherheitsorgane, die im Priester Padacz einen alten „Bierbankpolitiker" sehen, haben sein Kommen nicht erlaubt. Seit Jänner dieses Jahres hat man alle Passierscheine nach Kománcza einbehalten. Sie zu bekommen, haben sich mehrere Menschen bemüht: die Priester Jerzy Modzelewski und Stefan Piotrowski, der Priester Jan Sitnik, Prälat Kulczycki aus Krakau, Pfarrer Ziemiński aus Warschau, der Superior Jersy aus dem Kloster von Jasna Góra (welchem man den Passierschein ausgestellt und wieder abgenommen hat) und viele andere. Alle bis auf den Prior erhielten eine glatte Absage. Es ist schwer nachzuforschen, welchen Grund diese neue Schikane hatte, die in Widerspruch zur Erklärung steht, welche man mir in Prudnik vor der Abreise gegeben hat. Laut der Formulierung des zu mir gesandten Beamten sollte ich die Möglichkeit haben, mit allen, die dieses wünschen, Kontakt aufzunehmen. Mir scheint, daß man die Ursache dieses „scharfen Kurses" darin suchen muß, daß mein privater Brief, welchen ich an den Generaloberen des Paulinerordens geschrieben habe, auf eine mir unerklärliche Weise an die Öffentlichkeit gelangt ist. Er wurde von „unbekannten Tätern" kolportiert. Der Brief hatte einen sehr persönlichen Charakter gehabt, aus diesem Grund war es eine Taktlosigkeit, ihn zu veröffentlichen und im ganzen Land zu verbreiten.

Der Urheber dieser unbedachten Aktion, über die jeder halbwegs über die Angelegenheiten der Kirche in Polen Informierte Bescheid weiß (das gilt auch für die Sicherheitsorgane), bekennt sich nicht zu seiner Tat. Wegen dieser schäbigen Tat leiden viele Menschen, die das Mißtrauen der Organe zu spüren bekommen. Mein Brief wurde zusätzlich von diesem unbekannten Täter mit einem sehr unklaren Kommentar (vielleicht schon in weiteren Abschriften) versehen.

Man kann auch vermuten, daß die „Verschärfung des Kurses" mit dem Brief des Heiligen Vaters zusammenhängt, den er aus Anlaß des Jubiläums der königlichen Gelübde an mich richtete. Diesen Brief habe ich bis jetzt im Original nicht erhalten, aber ich weiß, daß er in Abschriften in Polen im Umlauf ist. Vielleicht gefiel das unserer Regierung nicht. Was immer der Grund des neuen Kurses in Kománcza sein mag, bleibt die Tatsache bestehen, daß ich vollständig von meinen Priestern abgeschirmt bin. Ich bin zur Gemeinschaft mit den Klosternonnen und meinen leiblichen Schwestern, die zu Besuch kommen wollen, verurteilt. Den beiden jungen Frauen Maria Okonska und Janina Michalak ist es gelungen, einen Passierschein zu bekommen. Beide kamen am 24. 3. dieses Jahres aus Jasna Góra. Sie haben mir einige Informationen über die Vorbereitung „für das Jahr der Nationalgelübde" überbracht. Ich habe Gott zwar schon das Opfer der Freuden, welche die Anwesenheit der Nächsten gibt, gebracht, aber Gott hat mein Opfer nur zum Teil angenommen. Er hat mir die Priester abgenommen und nur Frauen gelassen; so ähnlich wie es seinem Sohn auf dem Kalvarienberg ergangen ist. Als er zugelassen hat, daß ihn alle Apostel verlassen haben, sind bei ihm nur Frauen geblieben, die zusammen mit Maria gekommen sind. So eindrucksvoll betont der heilige Matthäus dieses Ereignis: „. . . und es gab dort viele Frauen, welche aus der Entfernung zugeschaut haben, welche Jesus aus Galiläa folgten und ihm gedient haben. Unter ihnen waren auch Maria Magdalena und Maria, die Mutter des Jakobus und Josef, und die Mutter der Zebedäussöhne" (Mt 27, 55–56). Man darf diese Gabe nicht unterschätzen, man kann sich nach der Arbeit mit „stärkeren Menschen" sehnen. Gott hat das Werk der Erlösung der Welt bei der Frau begonnen. Einmal hat er sie im Paradies angekündigt, das zweitemal hat er den Engel Gabriel zu ihr nach Nazareth geschickt. Der Untergang der Welt begann durch die Frau, und die Erneuerung der Welt hat wieder mit der Frau begonnen. Einmal habe ich mich vor P. Kornilowicz gerühmt, daß ich meine Arbeit zwischen Männern führe: ich unterrichte Alumnen in Seminarien, ich stehe der Sodalität der Gebiete von Kujawy und Dobrzyń vor – ich arbeite mit den Gewerkschaften zusammen. Vielleicht hat Pater Kornilowicz mir eine Rüge erteilt, als er mir sagte: „Wenn man das nicht hat, was man mag, dann mag man das, was man hat."

Das war in Dratów im Hause von Frau Kleniewska während der Andachtsübungen mit der Gruppe „Stiefmütterchen", die von Frau Halina Dernalowicz geleitet wurde. Heute verstehe ich vielleicht das kleine Sprichwort des Pater Kornilowicz. Aus meiner nächsten Umgebung sind alle Männer verschwunden. Während der Jahre meiner Gefangenschaft habe ich kein Lebenszeichen von ihnen erhalten.

Meine Schwester Stanislawa Jarosz hat mich mit ihrer Energie gerettet. Mit den Gebeten hörten auch die Mädchen aus der Gruppe „die Acht" von Fräulein Okońska nicht auf. Gerade sie haben einen

Weg gefunden, um mir in Stoczek ein Lebenszeichen von sich zu geben. Sie haben mir zu Weihnachten eine Krippe und zu Ostern wundervoll bemalte Eier zukommen lassen, die wie eindrucksvolle Briefe ausgesehen haben. Sie haben mir auch die Palla mit den roten Kränzen für meinen Kelch und viele andere Zeichen geschickt, welche niemand verstanden hat, die ich aber deuten konnte, weil sie zu unserer gemeinsamen Sprache schon seit Jahren gehört haben. Ich weiß heute, daß meine studentische Jugend aus der Gruppe „die Acht" auf den bloßen Knien den Platz von Jasna Góra überquert hat, als sie mit einer Pilgerfahrt aus Warschau im Jahr 1955 in das Kloster von Jasna Góra kam. Der gute Gott hat diese Hingabe gesehen, über die sich sogar die Priester, die an dieser Pilgerfahrt teilgenommen haben, sehr gewundert haben. Sollte ich das nicht im Gedächtnis bewahren, und Dankbarkeit erweisen? Heute habe ich wieder die Beweise dafür, daß es niemandem von den Priestern gelungen ist, die Hindernisse, die den Weg nach Kománcza versperren, zu überwinden. Die Stimme des weiblichen Geschlechts aber bekennt sich tapfer zum Mitleid mit mir. Nonnen, welche mich materiell unterstützen, kommen mit ihrer Hilfe zu mir. – Fast ausschließlich bin ich auf die Hilfe und den Unterhalt durch den Orden der Nazareth-Schwestern angewiesen. Sie erleiden großen materiellen Schaden durch meinen Aufenthalt in Kománcza, weil sie ihre Urlaubsgäste nicht empfangen können. Mit dem ununterbrochenen Gebet in der Kapelle von Jasna Góra unterstützt mich die Gruppe „die Acht". Wenn es nicht anders sein kann, muß ich auch darin den Willen und Ausdruck des Allerhöchsten sehen.

Die illustrierte Wochenzeitung „Die Welt" hat auf ihre eigene Weise den 300. Jahrestag der siegreichen Verteidigung des Klosters von Jasna Góra „gefeiert". Seit ein paar Wochen dringen die Memoiren des indiskreten Prokurators Kazimierz Rudnicki unter dem Titel „Prozeß des Stiefvaters" an die Öffentlichkeit. Der Autor ist sich voll bewußt, daß er im Konflikt mit der Berufsethik steht, weil er „nicht besonders positiv über seinen Klienten schreibt". Aber eine vielleicht noch größere Taktlosigkeit ist die Billigung oder vielleicht sogar Anregung dieser Serie von „oben", welche der katholischen Gesellschaft schmerzhafte Erinnerungen aus der Vergangenheit ins Gesicht wirft. Das passiert eben jetzt, während sich ganz Polen darauf vorbereitet, die Erinnerung an eine der größten geistigen Aktionen der gesellschaftlichen Gerechtigkeit zu begehen, welche das Gelübde des Königs Kasimir darstellt. Die Redaktion schreibt darüber in dem gleichen Heft, in welchem sie des verstorbenen Boleslaw Bierut gedenkt. Das ist die „neue Kultur", die „Wahrheit".

29. 3. 1956

Gründonnerstag – *Desiderio desideravi manducare hanc Pascham vobiscum.* – Ewiger Priester, so sehr sehntest Du Dich danach, das Paschamahl mit Deinen Jüngern zu feiern. Dein Begehren ist durch und durch priesterlich und wächst aus dem Geist unserer großen priesterlichen Familie, deren Anfang und Quelle Du bist. Ich „sehne mich mit höchster Begierde" nach den Qualen des Priestertums, welches du Deinen Jüngern gegeben hast. Aber trotz dieser heißen Begierde ist es meinem priesterlichen Herz nicht gestattet, diesen Trost, welchen Du aus dem Willen des Vaters beim letzten Abendmahl geschöpft hast, zu empfangen.

Du hast, als Du an Deine Jünger die Eucharistie verteilt hast, Erleichterung empfunden. Meine priesterliche Qual hat kein so fröhliches Ende gefunden. Ich muß sie alleine, ohne Mitwirken meiner Schüler, überleben. Es scheint mir, daß Du mehr von mir verlangst als ich von Dir. Du hast Deinem Herzen freien Lauf gelassen, Du hast der Notwendigkeit Deines Herzens nachgegeben. Aber meinem Herzen wolltest Du auch heute nicht freien Lauf lassen, obwohl ich schon zum drittenmal diesen schrecklichen Gründonnerstag erlebe. Alles kann man aushalten oder durchstehen, aber im Moment der wirklichen priesterlichen Qual ist das sehr schwer. – Du weißt es... Wenn Deine Kraft meine Schwäche nicht unterstützen wird... Erbarme Dich meiner nicht, aber schau auf meine Qual. Sie möge sich vollenden. Es ist grausam, Vater, es ist grausam... aber offensichtlich brauchst Du die Qual meines priesterlichen Herzens. Ich werde Dich den mir Anvertrauten nicht darreichen können... Meine Kathedrale ist heute ohne den Bischof, welchen der Heilige Geist für seine Kirche wollte. *Quia peccavimus Tibi*... Du hast nach Deinem letzten Abendmahl Dein Calvaria erlebt. Meine ganze Karwoche ist mein Golgotha – noch einmal... Es möge diese Qual Deines Dieners meine Schüler und die mir anvertrauten Schäfchen reinigen. Erspare mir nichts, schone mich nicht...

4. 4. 1956

Es ist der Mühe wert, die Feiertagsabenteuer meiner Schwestern zu notieren, die beschlossen haben, während der Ostertage nach Kománcza zu kommen. Anfangs haben sie die Nachricht erhalten, daß mein Kaplan, der Priester Dr. Padacz, die Genehmigung für die Reise zu mir nicht erhalten wird. Am Donnerstag, dem 29. 3. sollten meine beiden Schwestern Stanislawa und Janina ankommen. In Wirklichkeit ist nur Stanislawa gekommen. Janina hatte keinen Passierschein erhalten, obwohl beide gleichzeitig im gleichen Kreisamt in Piaseczno angesucht haben. Den Passierschein hat man der einen Schwester im letzten Augenblick ausgehändigt, als sie sich zum siebentenmal wegen der Ausgabe gemeldet und kategorisch angekündigt hat, daß sie dieses Amt nicht verlassen werde, bis sie dieses Papier in Händen halte. Am nächsten Tag, am Karfreitag, ist auch Janina angekommen. Ihr hat man den Passierschein im wirklich letzten Moment, als sie sich an den Vorsitzenden des Kreis-Nationalrates gewendet hatte, ausgehändigt. Der Vizevorsitzende hat sie empfangen und seine Verwunderung geäußert, daß Janina die Schwester des Primas sei. Er fügte noch hinzu, daß er von ihren Bemühungen nichts gewußt habe. Endlich hat man ihr das Dokument ausgehändigt. Am Ostermontag hat sich herausgestellt, daß das Dokument vom 29. 3. bis 10. 3. gültig war! Diesen Fehler haben die Beamten übersehen. Erst in Kománcza hat man bemerkt, daß das Dokument nicht in Ordnung sei. Der Kommandant hat am Morgen einen Soldaten geschickt, der verlangte, daß die Schwester sofort Kománcza verlassen sollte. Alle Erklärungen waren umsonst. Durch das Vergleichen der beiden Passierscheine, die vom gleichen Amt ausgestellt waren, konnte man leicht erkennen, daß der Passierschein von Janina später ausgestellt sein mußte als der Passierschein von Stanislawa. Es konnte also keine Rede von einer Dokumentenfälschung sein. Auch das hat nichts geholfen. Die Schwester mußte am nächsten Tag wegfahren. Sie mußte am Bahnhof erscheinen, und hier in Anwesenheit von zwölf Soldaten (!) in den Zug steigen, und hat vor Ende der gegebenen Frist Kománcza verlassen. Außer mit ihr zu fühlen und zu leiden, konnte man nichts mehr tun.

14. 4. 1956

Auf dem Berghang neben dem Bahngleis sind wir auf eine wunderschöne Wiese gekommen, die mit Schneeglöckchen bedeckt war. Ein rührendes Bild. Alle Blumen haben ihre unbefleckten Herzen geöffnet, als ob sie hoffnungsvoll auf die unerwarteten Gäste schauen würden. Sich ihres besonderen Charmes der Reinheit und Schönheit bewußt, stehen sie vor uns. Ich blicke zurück: In der Linie meiner Schritte liegen zertretene Köpfchen, zerquetschte Blättchen, das ist mein Weg . . .So sieht auch mein Leben und meine Arbeit aus. Unter einem Haselnußstrauch halte ich an. Ich traue mich nicht weiterzugehen. Nur Christus kann sicher durch die jungfräulichen Felder der Herzen gehen. – *Qui pergis inter lilia, septus choreus Virginum, sponsus decorus gloria sponsisque reddens praemia.* Nur Christus wird nichts zertreten . . . Alles wird er mit seiner feinen meisterhaften Fähigkeit der Menschenführung beschützen.

Und ich . . ? Bei mir ist das immer schlecht ausgegangen: der unglückliche „Priester" – vielleicht ist es mir am besten gelungen, als ich mit der Studentenjugend der Gruppe „Odrodzenie (= Wiedergeburt)" gearbeitet habe. Aber heute? Ich glaube, ich habe die Fähigkeit zur „Einwirkung" verloren. Meine Seele und mein Herz sind härter geworden. Wodurch?

Mit Angst schaue ich auf diesen Teil der Wiese mit den Schneeglöckchen, welchen mein Fuß noch nicht berührt hat. Wie wundervoll ist das alles! Ich werde nicht weitergehen, mein Fuß wird hier nicht durchgehen, wird kein „Köpfchen töten" – keines zerquetschen. Ich bin zur Seite eingebogen und habe die Blumen gerettet. Ich habe meine Seele „bewahrt". Aber vielleicht ist das auch nur Hochmut?

20. 4. 1956

Heute ist Bischof Choromanski mit den Priestern Gozdziéwicz und Bronislaw Dabrowski weggefahren. Sie waren seit 16. dieses Monats hier. Der bereits früher angekündigte Bischof Michal Klepacz, der wegen einer Leistenbruchoperation im Spital lag, ist bisher nicht gekommen. Nach einigen den breiter erörterten Angelegenheiten hat Bischof Choromanski „die allerwichtigste Sache" – meine Rückkehr nach Warschau – angesprochen. Ich habe diesen Schwerpunkt in der Diskussion auf eine breitere Ebene gestellt. Für mich ist die „allerwichtigste Sache" die Wahrung der Rechte der Kirche. Meine Sache ist nur ein Teilaspekt einer Ganzheit. Deswegen habe ich die Meinung geäußert, daß man meine Angelegenheit nicht getrennt sehen und vorlegen dürfe. Man kann sie zwischen anderen Angelegenheiten einreihen. Der Episkopat sollte meiner Meinung nach ein Gespräch der gemischten Kommission mit dem Premier oder mit Edward Ochab herbeiführen. In diesem Gespräch sollte man zu beweisen suchen, daß die Postulate des Episkopates, welche im September 1953 auf die Anforderung der Regierung hin formuliert wurden – bisher nicht berücksichtigt wurden. Man sollte aufs Neue an sie erinnern. Wenn man die gegenwärtigen Aufrufe „Zurück zur Loyalität" geschickt aufgreift, könnte der Episkopat versuchen, die Urteile hinsichtlich der Absetzung der Bischöfe zu revidieren: betroffen sind Bischof Adamski mit seinen Weihbischöfen, der Bischof Baziak von Krakau, Bischof Kaczmarek von Kielce und ich mit meinen Weihbischöfen. Ich möchte nicht nach Warschau zurückkehren, wenn andere Bischöfe außerhalb ihre Diözesen bleiben müßten. Ich könnte als letzter, aber niemals als erster zurückkehren.

Wenn es sich erweisen sollte, daß meine Rückkehr unmöglich sei, sollte man veranlassen, daß zumindest Bischof Baraniak nach Gnesen zurückkehren könnte.

Dieses Gespräch sollte der Episkopat mit einem vorbereiteten schriftlichen Memorandum beenden.

26. 4. 1956

Vater des Lebens, ich habe heute von der Anhöhe aus beim Pflügen zugeschaut. Ich habe die Aussaat miterlebt. Dieser Anblick zerreißt mein Herz. Du hast den Bauern die Gnade gegeben, daß sie Dein Korn in die Erde streuen können. Sie leeren die Kornkammer und geben den Samen voll Vertrauen in Deine Vorsehung der Erde zurück – Gottesgebärerin. Das Korn geht von Dir aus und kehrt in Deine Erde zurück. Diesen Akt des Glaubens wirst Du vergelten. Aber das Korn, welches Du in der Kornkammer meiner Seele angesammelt hast, bleibt im Kasten. Ich kann es nicht aussäen. Es fehlt mir der Acker. Meine Kornkammer wurde verschlossen. Ich ersticke, Vater, meine Seele weint. Jetzt verstehe ich den Apostel: „Wehe mir, wenn ich das Evangelium nicht verkünden kann." Das heutige Evangelium sagt: „Bittet den Herrn der Ernte..." Vater, Vater – darf ich doch für mich bitten?

Mache meine Kornkammer auf. Ich sehe, wie manche Deiner Säer mit dem Korn sparen, wie geizig sie es messen... Du weißt, daß ich nicht gespart habe... Heute halte ich meine Hand bereit, um sie aufzuheben, aber es ist mir untersagt, zu säen... Wieviel Demut brauche ich, um damit einverstanden zu sein, daß das Korn, welches Du mir gegeben hast, nicht zum Säen verwendet wird. Vater – das ist grauenvoll!

Aber darin äußerst Du Deine Macht, vor welcher ich mich erniedrige. Ich beneide die Bauern – ich schaue mit großen Augen auf sie. Ich kenne ihre Wonne! Und spüre um so tiefer Deine Allmacht in meiner Unwürdigkeit.

27. 4. 1956

Mein Elend und meine Unwürdigkeit können Deine göttliche Macht nicht schwächen. Meine Armut kann doch nicht „Gott" sein. Und wenn ich alle meine Sünden vor Augen hätte und auf meinen Schultern alle Sünden und Verbrechen der ganzen Menschheit spüren würde, dann könnte ich doch wie der Menschensohn voll Hoffnung vor Deiner Macht und Barmherzigkeit stehen. Du hättest das vollste Recht und alle Macht, mich wegzustoßen, aber nicht das Böse herrscht über die Welt, sondern nur das Gute. Deswegen, lieber Vater, wirst Du mich nicht von Dir stoßen, weil Du nicht gegen Deine Natur und gegen die Liebe handeln wirst. Ich sehe alle meine Leiden, und durch sie sehe ich Deine ganze Macht, welche das größte Übel durch die noch größere Liebe besiegt.

2. 5. 1956

Ich habe einen Brief von Bischof Choromański erhalten, in dem er mir mitteilt, daß er, einer Eingebung des Episkopates und des Bischofs Klepacz folgend, eine Petition wegen meiner Entlassung aus dem Gefängnis verfaßt hat. Der sehr ungeschickt redigierte Brief wurde an den Parlamentspräsidenten gerichtet; eine Abschrift schickte man an den Vorsitzenden des Staatsrates, an den Ministerpräsidenten und an den Parteivorsitzenden. Der Parlamentspräsident hat den Brief des Bischofs an den Generalprokurator weitergegeben. Bischof Choromański meinte, daß der Brief sicherlich deswegen diesen Weg genommen hat, weil der Prokurator die Rechtmäßigkeit überwacht, die in meinem Fall aufgrund des Beschlusses des Präsidiums des Ministerrates von 1953 gebrochen wurde. Der Bischof machte mir Hoffnungen, daß der Prokurator den Fall prüfen, das Dekret beanstanden und eine positive Antwort geben werde. Ich persönlich würde bevorzugen, daß meine Angelegenheit auf andere Weise gelöst würde.

3. 5. 1956

Heute am Tag vor dem zehnten Jahrestag meiner Bischofsweihe beginne ich eine Novene der Dankbarkeit durch die heilige Maria von Jasna Góra an Christus, den ewigen Hohenpriester. Ich möchte, daß diese Dankbarkeitsbezeugung mich mit Freude erfüllen wird, wenn ich auf die vergangenen zehn Jahre meines Lebens zurückblicke: *Qui in diebus suis placuit Deo!* Obwohl es in meinem Leben so wenig gab, was Gott an mir gefallen hatte. Ich möchte für die Fülle des Priestertums und der Gnade danken, die im Kloster von Jasna Góra auf mich herunterkamen. Ich möchte auch für alles, was mit meinen Bistümern auf mich zukam, danken. Am fröhlichsten möchte ich für die Gnade meiner Gefangenschaft im Namen Christi danken. Ich möchte, daß der gute Gott nichts bedauert, was er für mich getan hat, als er mich ausgewählt und geweiht hat. Ich möchte ihn auch jetzt, in diesem „gemilderten Gefängnis", obwohl ich noch immer nicht in meine Diözesen zurückkehren darf, nicht enttäuschen. Ich möchte, daß der gute Vater nicht einmal einen Schatten des Kummers und Leides in meiner Seele sieht. Je mehr etwas traurig und schmerzhaft ist, umso mehr muß es Gott mit Dankbarkeit vergolten werden. In solcher Stimmung möchte ich am Vortag des zehnten Jahrestages meiner Bischofsweihe verweilen. Diesen Trost lege ich in die Hände meiner Herrin, der Patronin vom Jasna Góra, die erlaubt hat, daß ich zum Bischofstum in ihrer Hauptstadt gelangte.

Meine Freude ist Deine Ehre, o Maria, Du Königin von Polen und Königin der Welt. Der heilige Petrus Damianus hat Dich in den Brevierlektionen „getadelt". Er hat Dir alles vorgehalten: die gemeinsame Natur mit uns, Deine Macht und Deine außerordentlichen Vorrechte. Er wollte Dich für uns einnehmen. Gewiß werden hungrige Kinder an den Speisen der Mutter nicht ihre volle Freude haben, auch wenn sie auf ihre ganze Ehre und ihren Schmuck schauen würden. Gewiß, gewiß, heiliger Petrus Damianus ... Aber so ein Leser wie ich freut sich auch darüber, daß er eine so anbetungswürdige Mutter hat. Meine Nation befindet sich in immerwährendem Leiden, sie gerät von einer Gefangenschaft in die andere. ... aber die Wahrheit bleibt bestehen, daß Du auch in der ärgsten Finsternis und Todesnot unserer Gefangenschaft die Königin unseres Volkes bleibst. Und Dein Sklave, o Königin, möchte seine Gefangenschaft für Deine noch größere Ehre aufopfern.

Denn die Leiden meiner Nation haben Dir Ehre gebracht. Vielleicht wird Dir die Gefangenschaft eines Sohnes dieser Nation auch mehr Ehre bringen als seine Freiheit. Ich werde Dir keine Vorwürfe machen und dem Beispiel des heiligen Petrus Damianus nicht folgen – aber ich werde Dich verehren mit allem, was ich in diesem Augenblick, dank des Willens des himmlischen Vaters, zur Verfügung habe. Verzeihe, daß meine Gaben nicht die eines Königs, sondern eines Sklaven sind. Vielleicht ist Dir meine Knechtschaft angenehmer als die Verschwendungssucht der „Glücklichen" dieser Erde.

8. 5. 1956

Man hat mich den „Primas Mariens" genannt. Ich wünsche innigst, mit meinem Leben dieser Bezeichnung gerecht zu werden. Ich kann das auf makellose Weise nur dann vollbringen, wenn ich Dir – Königin meines Lebens – ähnlich werden könnte. Du wurdest zur Dienerin des Herrn – unterstütze mich, damit ich so wie Du ausschließlich ein Diener Deines Sohnes werde.

Du hast Dein makelloses Blut dem Menschensohn geschenkt. Hilf mir dabei, daß auch ich mein Blut Christus nicht verweigere.

12. 5. 1956

Vom anderen Ende Polens rufe ich Dich, meine Herrin, Du Königin von Jasna Góra, um Dich an die Gnade zu erinnern, die mir vor zehn Jahren in Deinem Haus erteilt wurde. *Sufficit mihi gratia Tua.* Heute lebe ich in dieser Erinnerung, wenn ich Dich rufe *ab extremis terrae.* – Über 3.000 heilige Messen hat man bis heute in der

Intention des Primas Mariens gefeiert. Diese Messen gehören alle Dir, Du Königin von Polen, als menschliche Huldigung zu Deinem dreihundertsten Jahrestag. Ich lege als meine bescheidene Gabe meine zehnjährige Arbeit als Hirte und jetzt im Gefängnis dazu. Es möge alles, „was mein ist", Dich verehren. Dein Sklave legt alles in Deine königlichen Hände, glücklich, daß er sich entblößen kann. Ich bitte Dich darum, daß Du, alles, was mein ist, nehmend, die Kirche Christi verteidigen möchtest, die Deinem unbefleckten Herzen vor zehn Jahren geweiht wurde. Beschütze sie mit Deinem mütterlichen Schutzmantel und verbirg sie in Deinem Herzen.

Wenn es Dir notwendig ist, so nimm auch mein Leben, damit in Polen die Kirche Deines Sohnes leben kann. Mir scheint, daß Du Ganzopfer benötigst, damit Du die Einheit und Reinheit der heiligen Kirche bewahren und ihren Dienern die Gabe der Tapferkeit schenken kannst. Immer noch haben sie Angst und diskutieren über die vernünftigen Grenzen der Pflicht zum Bekennertum. Sie schwiegen sogar dann, wenn es notwendig wäre, mit lauter Stimme zu schreien.

Gib ihnen Tapferkeit, damit sie verstehen, daß die Kraft der Kirche auf ihrem Bekennen zu Gott vor den Menschen beruht. Um diese Gabe für die Kirche und ihre Bischöfe bittet Dich Dein Sklave, indem er – in Deine mütterlichen, fruchtbaren und freigebigen Hände all das legt, womit die guten Menschen mich an diesem zehnten Jahrestag meiner Bischofsweihe beschenkt haben.

Ich danke Dir, Mutter von Jasna Góra, daß mein zehnter Jahrestag gerade im Jahre Deines dreihundertsten Jahrestages gefeiert wird und daß das alles an diesem Samstag stattfindet, an dem ich heute die Votivmesse zu Deiner Ehre feiern konnte.

14. 5. 1956

Soli Deo! In den letzten Tagen haben mir die Menschen ihr Herz geöffnet. Ich weiß, daß sie das durch Dich und für Dich tun. Ich möchte all das nur für Deine Kirche und für Christus. Nimm mir deshalb diese Herzen und diese Gefühle ab und nimm sie nur für Dich. Entzieh den Menschen ihre Verbundenheit mit mir und auch ihre Gefühle zu mir. Ich spreche mich davon los, weil sonst nicht alles *„Soli Deo"* sein kann.

In Deinem heiligen Dienst möchte ich keine Vorteile für mich nützen. Nimm den Menschen ihre Zuneigung für mich und nimm sie für Dich! Ich möchte nichts für mich haben, nehme in Kauf, daß mich alle hassen und nicht den geringsten Teil ihrer Herzen und Gefühle an mich verschwenden und Dir wegnehmen. Alle und alles, was sich zu mir neigt, nimm für Dich. Hilf mir dabei, daß mein „*Soli*

Deo"gelingt! Ich fürchte mich vor allem, was noch für mich ist, statt daß es in Dir wäre. Es möge alles in Dir und für Dich sein. Beschütze die Menschen vor mir! Ich werde alles tun, um die Menschen abzuwehren, damit ich keinen menschlichen Trost schöpfe und weiß, daß sie Dir zugewendet sind. Ich führe sie Dir zu – *Soli Deo!*

Ich höre auf, über mich nachzudenken – es reicht, daß Du an mich denkst! Ich höre auf, über mich nachzudenken – denn Du bist das Wort des Daseins – nicht ich! Ich höre auf, mich zu Gehör zu bringen – sie mögen Dir über mich berichten!

20. 5. 1956

Heiliger Geist, komm herab auf den Vatikan, entflamme den Papst mit Deinem Feuer und gib ihm alle Deine Gaben. Erleuchte mit diesen Flammen die Herzen der Kardinäle, damit sie glühen wie ihre Gewänder. Umarme alle Bischöfe der ganzen Welt, damit sie für Deine Wahrheit Zeugnis ablegen – nicht nur mit Worten, sondern durch ihr Leben.

Während der Pfingstfeier hat der Heilige Geist die Herzen und Gehirne der Jünger mit solcher Kraft erfüllt, daß sie in vielen Sprachen über die göttlichen Ratschlüsse gesprochen haben. Sie haben gesprochen, gerufen, geschrien . . . Sie konnten die Worte, Gedanken und Gefühle nicht zurückhalten. Sie waren wie trunken vom Rausch des Wortes – denn das ist eine schreckliche Macht.

Zeugnis geben für die Wahrheit. Es ist ein Glück für den Menschen, wenn er dieser Macht die Tür öffnen kann, wenn sie durch seinen Mund, sein Wort und durch die apostolische Tat hervorbricht.

Es ist eine Tragödie für jeden Apostel, wenn er diese große Kraft in sich auslöschen muß. Wenn er dieses Zeugnis nicht sagen und herausschreien kann, wenn es ihm versagt ist, auf göttliche Weise zu rasen. Und wie geht es mir? „Wehe mir." Ich kann diese Macht nicht aus mir herauslassen . . . *Loquebantur variis linguis* – und das ist der apostolische Geist . . .

Was bedeutet es, über die großen göttlichen Ratschlüsse zu schweigen?

Welch umfassendes Geheimnis ist die Kraft Gottes, wenn sie bewirken kann, daß die Bombe nicht explodieren wird, auch wenn die Lunte bereits glüht?

In der Gnade des Schweigens kommt Deine Allmacht noch mehr zur Geltung als in der Gnade der Verkündigung.

278

22. 5. 1956

Im Angesicht der Welt hast du Spuren der Erlösung hinterlassen, die bis zum heutigen Tag hundertfach Früchte bringen. Ich schaue sie mir mit Dankbarkeit an, denn meine Seele gedeiht in der mit Deinem Blut gedüngten Erde. Ist es nicht natürlich, in Deine Spuren zu treten, wenn sie Frucht bringen soll? Mein Korn stammt von Deinem. Meine Begierden entstehen aus Deinen Taten. Meine Hoffnungen strömen aus Deinen Siegen. Mein Blut wird durch Dein erlöstes Blut erneuert.

Meine Seele für die Brüder, für die heilige Kirche, für Dein Werk zu geben, das ist für mich eine Notwendigkeit, die Stimme Deines Blutes, die Hoffnung der Kirche. Alle Menschen in Polen freuen sich darüber, daß es einen gibt, der leiden darf. Alle befürchten, daß dieser Mensch seinen Weg nicht durchsteht und nachgibt.

Alle Christen haben den Wunsch, wenn es notwendig ist, für die Kirche zu leiden und sich für sie hinzugeben. Fast alle wollen, daß ich zur Arbeit zurückkehre, aber sie spüren auch, daß sich jemand opfern und so weiterhin das Zeugnis der Gotteskraft geben muß, um durch das Leiden Zeugnis abzulegen. Sollte ich mich auch umblicken und auf die anderen schauen? Warum sollte ich einen Stellvertreter suchen? Ich möchte Deine Spur in der polnischen Erde sein, eine Spur, welche in den Seelen Früchte des Glaubens und der Liebe zu dir, Christus, bringen wird. Es gibt einen, der sich Deinem Willen anschließen will, um auf den Spuren Gottes in dieser Welt zu bleiben ... Mein Wunsch ist es, Deinen Willen zu tun.

Vater – es wird nicht immer leicht sein. Wenn ich keine Last spüre, scheint es mir oft, daß das alles Einbildung ohne irgendwelchen Inhalt ist. Wenn es mir schwerfällt, scheint es mir, als ob ich etwas Reales in Händen habe, was ich Dir zurückgeben kann. Ich möchte geben, nehmen und geben. Ich möchte diese Last spüren, um zu empfinden, daß ich etwas zu geben habe.

24. 5. 1956

Oft läuft durch meine Seele der Schatten des Dilemmas, vor dem Mose stand:

Audite ... numquid possum deducere aquam vivam de petra hac? Sooft sprichst Du durch die Menschen zu mir, die lebendiges Wasser begehren. Sage mir, daß ich es geben muß, daß ich es geben soll. Wer sonst könnte das machen?

Aber alles, was die Menschen mir sagen, ist so groß, daß es mir direkt schwer wird zu glauben, daß das irgendeinen Zusammenhang mit mir haben könnte. Diese Worte wenden sich an jemand anderen, das ist der Ruf der Hungernden an den großen Unbekannten, „der da kommen soll und das Antlitz der Erde erneuern wird!" Aber nicht zu mir!

Vielleicht deswegen, weil ich zu gut meine Armut kenne und mich vor großen Worten fast automatisch schützen will. Ich weiß, daß das die Sünde des Hochmuts, des großen Hochmuts dessen ist, der denkt, daß er Gott vertreten kann. Ich habe jedesmal Angst vor den großen Worten, welche Menschen mit mir verbinden.

Ich bin zu realistisch, übermäßig nüchtern, kenne mich und kenne die Situation zu gut, um das übersehen zu können. Meine Sünde ist die Sünde der Nüchternheit. Deshalb fehlt mir „dieses unmögliche Wort", welches immer nur Gott aussprechen kann. Ich klage mich der Sünde der Nüchternheit an. Die Kommunisten sagen über mich, daß ich ein Mystiker bin, ich bin es nicht. Im Gegenteil – ich bin ein Realist. Meine größte Sünde ist der Realismus – der Feind des Blicks für das Übernatürliche.

Ich glaube an die Allmacht Gottes, aber ich zweifle, ob er sie durch mich erweisen kann. Ich glaube, daß Gott aus einem ausgebrannten Felsen, aus der gequälten Seele der Nation, Wasser schlagen kann. Aber soll er das durch mich machen?

Es fehlt mir noch an der nötigen Demut, die mir das zu glauben erlaubte. Die Sünde des Mose wiederholt sich in mir.

26. 5. 1956

Heute erhielt ich die Gnade des Verstehens, was für ein unbeholfener und schwacher Diener Deiner Kinder ich war, Vater. Es schien mir, daß ich ihnen gut diente, daß ich ihnen nichts von dem vorenthielt, was ich ihnen geben kann.

Heute habe ich verstanden, daß ich mehr von mir als von Dir gegeben habe. Deinem Willen gemäß habe ich Millionen Kinder gehabt. Heute sind mir nur zwei geblieben. Aber an ihnen habe ich erkannt, wie schlecht mein Dienst für Millionen Menschen war. Nach zwei Jahren der Trennung von den mir anvertrauten Gläubigen sehe ich, daß ich mich noch nicht von mir selbst getrennt habe, wenn ich sogar diesen zweien nicht in Dir dienen kann. Und meine Kleinheit ist umso schlimmer, weil sie glauben, daß ich sie zu Dir führe. Es scheint ihnen, daß ich ihnen Dich gebe. Vielleicht ist das deswegen so, daß sie zu gut sind und meine Unbeholfenheit mit der Gnade verwechseln, welche Du ihnen gibst. Sie führen mich zu Dir, und nicht ich sie zu Dir. Ich folge ihnen, statt vor ihnen zu gehen.

Kann ich wirklich die Gnade zur Rückkehr in meine Diözesen und zu meiner Arbeit erwarten? Es wäre überheblich, so zu denken und das zu wollen. Du mußt mich noch mehr demütigen, damit ich mich von mir befreien ... damit ich die Menschen zu Dir führen kann. *Ne respicias peccata mea, sed fidem Ecclesiae Tuae* ... Erlaube mir nicht, die ihnen in ihre Seelen gesenkte Gnade zu zerstören. Erlaube mir nicht, ihre Möglichkeiten und Berufungen abzuwarten. Gib mir, Deine Größe in den Menschen zu verstehen, gib mir Kraft, sie zu würdigen.

27. 5. 1956

Festtag der heiligen Dreifaltigkeit. Ich suche eine Stütze im Herzen Deines unendlichen Seins. Erst dort fühle ich mich zurückgekehrt in das Nest meines Lebens, heimgekehrt in das Haus des Vaters. Erst in Deinem Antlitz, heilige Dreieinigkeit, spüre ich die Fülle meines Glaubens, die daraus geschöpfte Liebe scheint mir am reinsten und ohne Trübung durch das, was vielleicht noch zu menschlich ist. Ich empfinde eine tiefe Notwendigkeit zur Huldigung Deiner Einheit und der tiefsten Tiefe der Dreifaltigkeit.

Erst wenn ich in Deine Tiefe schaue, glaube ich an Dich, bete ich Dich an mit einer selbstlosen Liebe und vergesse meine kleinen Bitten. Ich spüre dann deutlich, wie alles, was mich angeht, klein ist, wie es sich nicht lohnt, über das „Eigene" nachzudenken, wie wenig eine Bitte bedeutet, wie sehr meine ganze Kraft zu Deiner Verehrung dient. Wenn ich in Dein Herz schaue, empfinde ich besser Deine Anwesenheit in mir, die ich ersehne. Ich möchte mit Dir sein, ganz demütig und voll Freude. Sei verehrt, heilige Dreieinigkeit, die Du mich ganz erfüllst.

30. 5. 1956

Vortag des Fronleichnamsfestes: Heute habe ich die Gnade des morgigen Feiertages empfangen. Üblicherweise habe ich während der Messe meine Hände um die Monstranz geschlungen. Dieser Gnade bin ich derzeit nicht würdig. Du hast mir die Gnade gegeben, mit meinen Händen die Heckenschere zu drücken, mit welcher ich im Walde Tannenzweige für das morgige Fest abgeschnitten habe. Vielleicht wird das die größte Anstrengung sein, welche Du mir in Deinem Dienste erlauben wirst.

Morgen werde ich mich im Chor der Kapelle verstecken, damit mich die Menschen, die zur Prozession kommen, nicht sehen können. Schon heute weiß ich, daß ich mich trotzdem sehr freuen werde. Zwar bin ich unwürdig, Dein Priester zu sein, aber Du hast mir erlaubt, als Holzfäller und Gärtner zu arbeiten. Ich danke Dir, Vater, daß Du Verständnis hast für die Nöte meines Herzens.

31. 5. 1956

Catulus Leonae. Ich möchte mich von Deinem Tisch ernähren, von welchem Krümel ausreichend zu Boden fallen. Ich weiß, Mutter, daß Du nicht nur den Körper Deines Sohnes, sondern auch mich geboren hast. Ich weiß, daß Du nicht nur Jesus ernährt hast, sondern durch seinen Leib, der von Dir genommen wurde, auch mich ernährst. Ich wiederhole unaufhörlich: *Ave verum Corpus, natum de Maria Virgine.*

Durchdrungen vom heiligsten Herzen, spüre ich in mir das Pulsieren Deines Blutes, des Blutes Deines Sohnes.

„Mütterliche Löwin", die Du Deinen Sohn genährt hast, Du hast ihm alles übergeben, was notwendig war, um am eucharistischen Tisch Milliarden Menschen zu nähren. Wenn ich heute Gottes Leib verehre, verehre ich auch Deinen Leib, diesen Ursprung des Gottesleibes. Ich bin ein Hündchen unter dem eucharistischen Tisch Deines Sohnes. Verstoße mich nicht. Erinnere Dich an die Worte der Kanaanäerin: Auch die Hündchen erhalten Krümel, die vom Tisch des Herrn herunterfallen. Heute kann ich leider keinen Anteil haben an den Freuden der Kirche, die Deinem Sohn eine öffentliche Huldigung abstattet. Nichtsdestoweniger hast Du mir die heilige Eucharistie nicht entzogen.

Empfange, liebe Mutter, die Huldigung meiner Hingabe an den mächtigen Willen des Vaters, der zum drittenmal fordert, daß ich außerhalb der Freuden der heiligen Kirche bleibe. Welche Gnade, diese Krümel essen zu dürfen, welche heute vom Tisch der sich über die Eucharistie freuenden Kirche fallen. Ich bin Dein Kind, liebe Mutter, die Du das heiligste Herz durch Deine Demut ermöglicht hast. Der Angelus des Fronleichnamsfestes ist sehr ergiebig. Dieses *Concepit* ist wie die Weihe, welche das Brot des Daseins erfährt, das vom Körper der Jungfrau Maria geboren wird. Leib der Jungfrauen – der Jungfrau Maria und der „Jungfrau" Christus. – *Ancilla Domini* – Dienerin Gottes, die den menschlichen Körper will, um mit dem Leib des Menschensohnes Körper und Geist der Menschen ernähren zu können. *Verbum Caro factum est* – das ist der Anfang der Verwandlung, welche auf den Altären des Wortes geschieht, damit durch das Wort Brot zum Leib Christi wird. *Factus cibus Viatorum.*

Heute ist zum erstenmal das Fest der Königin der Welt. Der Heilige Geist will uns belehren, daß die Frau, welche den Körper des wahren Gottmenschen, der seinen Leib als Spende gab, hervorgebracht hat, *pacem ponit fines Ecclesiae*, die Königin der Welt ist. Diese Scheune Gottes, welche die Menschheit durch die Mittlerschaft ihres Sohnes ernährt, hält in ihrem Schoß das Leben bereit, ohne welches wir alle verhungern müßten. Jedes Königreich ist verpflichtet, die elementaren Bedürfnisse seiner Untertanen zu befriedigen. Unsere Königin schenkt der Welt das Leben.

2. 6. 1956

Du, Vater, gibst mir die Gnade, diesen einzigen Punkt zu sehen, in welchem feindliche Heere aufeinandertreffen: jene, die mit Dir und für Dich sind, und jene, die ohne Dich und gegen Dich sind. Je nachdem, wo ich den Schwerpunkt ihres Ringens suche, bin ich miteinbezogen oder nicht.

Du wolltest, daß ich Dein David sei, welcher sich der Macht des Goliath widersetzt. In dieser Position bleibt mir nichts von meiner alten Selbstsicherheit. Ich muß demütig wie David sein und dem hellen Kieselstein aus dem Bach vertrauen ... Ich werde leben einzig und allein durch den Herrn. Ich muß in tiefer Demut verstehen, daß Du mich zu diesem Kampf berufen hast, in welchem es darum geht, Deinen Namen und Deine Rechte zu verteidigen und die Rechte meiner Nation und meiner Kirche auf Dich zu proklamieren. Ich kann nichts machen, aber trotz aller Demut sehe ich mich im Mittelpunkt dieses Glaubenskampfes. Das ist eine tragische Wahrheit, welche heldenhafte Demut verlangt. Die Situation des polnischen Episkopats hängt nicht von den Intrigen der Patrioten oder vom unredlichen Feilschen des Boleslaw Piasecki ab, sondern von meinem gegenwärtigen Verhalten. Sie alle, die Partei und das Regime, haben ihre Augen in Richtung Kománcza gerichtet. Nein, Vater, das ist kein Dünkel, das ist die Gnade des Verstehens der Situation, die so heikel ist. Unerforschlich sind Gottes Wege in der Geschichte der Welt. Und ich muß David für Gott sein, ich muß auf Gottes Namen vertrauen – innerlich rein und gehorsam – wie ein Kieselstein aus dem Bach. Das ist mein Licht des Tages.

5. 6. 1956

Jeder, dem es gelungen ist, zu mir zu kommen, könnte in der wachsamen Öffentlichkeit Bemerkungen provozieren: Warum konnte er und die anderen nicht?! Das ist gewiß ein „Vertrauensmann der blutigen Männer"! So leiden die Menschen, welchen es gelungen ist, hierher zu kommen. Diese Empfindlichkeit der öffentlichen Meinung kann lehren, wie sehr die Gesellschaft befürchtet, daß ich kleiner werde. Sie braucht Größe. Vielleicht haben sie sich auch deswegen selbst der Kleinheit verschrieben. Sie wollen nicht, daß ich diene, weil sie selbst dienen. – Meine wahren Freunde sind heute in sich gespalten: Sie wollen für mich die Freiheit, spüren aber, daß ich das Leiden benötige. Der Kampf zwischen diesen beiden Gefühlen ist der Maßstab des Wertes der Freundschaft und des katholischen Sinnes. Ich muß mehr das Leiden als die Freiheit begehren, wohl auch deswegen, weil es wenige gibt, die das Leiden begehren.

7. 6. 1956

Vere consumpti sumus ira Tua (Ps 89). Wenn ich rund um mich schaue, Vater der Nationen, sehe ich, daß Du für jeden ein wenig Ruhe nach diesem grausamen Krieg vorbereitet hast. Sogar den Söhnen der blutigen Nation, sogar denjenigen, welche unser Blut in so vielen Lagern ausgegossen haben, hast Du einen Platz vor der Reise bereitet, wo sie zu sich kommen und sich sicher fühlen können. Nur meiner Nation hast Du bis jetzt keine Atempause gegeben. Wir ersticken im Überfluß des Leidens, der Qualen und der Gewalt. Zwar sind manche Verfolger wieder fortgegangen, aber diejenigen, die die Lager und Gefängnisse mit ihren eigenen Brüdern angefüllt haben, sind hundertmal grausamer! Jetzt gibt es zwar eine Amnestie, und hunderte, ja tausende Menschen dürfen die Gefängnisse und verschiedenen Lager verlassen. Diese Qualen hören aber nicht auf. Vater – O *Clavis David*! Laß uns Atem schöpfen, damit wir uns erinnern können, wie das Leben der Gotteskinder in Freiheit aussieht. Du hast die Nationen befreit, Du hast ihnen die Sehnsucht, ja die Notwendigkeit der Freiheit eingegeben. Du hast der Seele solche Kräfte eingeimpft, die sich zu Deiner Ehre nur in Freiheit entwickeln können. Laß nicht zu, daß in uns so viele Gaben der Menschheit vernichtet werden, daß wir nicht ununterbrochen wie Tiere leben. Du hast doch den Menschen nach Deinem Ebenbild und Gleichnis geschaffen. Vater der Freiheit, der Du durch Christus die Völker mit Deiner Freiheit beschenkt hast, es möge auch für meine Nation etwas von diesen Deinen Gaben bleiben. Heute gibst Du die Freiheit sogar Deinen Kindern in Dahomey, erinnere Dich auch an Polen.

7. 6. 1956

„Gebenedeit sei die Frucht Deines Leibes." – Deine Frucht, Du Nährmutter, war meinem Mund noch nie so süß wie jetzt in diesen Tagen der Oktav von Christi Himmelfahrt. Du bist das unerschöpfliche Ciborium, aus welchem Millionen Hände von Priestern für Milliarden Münder auf der ganzen Welt schöpfen. Du gebärst ununterbrochen, seit dem Zeitpunkt, als Du die Mutter des sich vermehrenden Leibes Christi wurdest. Du bist die Bundeslade, in welcher das vom Vater gegebene Manna aufbewahrt ist. Deine Frucht ist immer frisch, immer nahrhaft, immer ausreichend auf dem Tisch der Kirche. Jeder Altar ist Bethlehem, in welchem Du wachst, um den Dienern Deines Sohnes zu jeder Zeit Nahrung zu geben. In Deiner Frucht spüre ich den Geschmack Deiner Unbeflecktheit. Ich weiß, daß sie Jungfrauen hervorbringt, weil sie von der Jungfrau genommen ist. Oh, Du mein Friede . . .

8. 6. 1956

Sanctissimi Cordis Jesu. Ich lese in der Non: *Serenum praebe vultum Tuum servo tuo . . .* Mein kindliches Herz fleht um Deine Milde. Der Wille des reifen Menschen aber, welcher die Notwendigkeiten der Kirche und seine Armut kennt, hält sein Herz zurück. Zeig der Kirche Dein herrliches Antlitz, und wende Dich von Deinem Diener ab, Vater, damit die Last der Verlassenheit und Einsamkeit mein Herz reinige, das so sehr nach Trost sucht. Einst habe ich zu Dir geschrien, um Dein mildes Antlitz sehen zu dürfen, heute weiß ich, daß mir das nicht zusteht. Die größte Weisheit Deines Herzens wird es sein, wenn Du Deinem Diener zu verstehen gibst, daß nur Du Freude, Frieden und Erholung bist. Aber Dein Diener hat Freude, Friede und Erholung noch nicht verdient. Dein Diener muß gequält werden bis zum Niederfallen, bis zur Erniedrigung, bis zum vollen Vergessen von allem. Es müssen mich die Herzen der Menschen verlassen, sogar diejenigen, die nicht aufhören wollen, mich zu lieben. Alle müssen fern von mir stehen und die Köpfe schütteln über meine Unvernunft. Erst dann wird mein Herz geheiligt. Schon hast Du mir einen Teil des Verständnisses dafür gegeben, als ich von Menschen, die mir immer eingeredet haben, daß sie seit langem meine Freunde sind, enttäuscht wurde. Das aber ist noch zuwenig. Erst müssen diejenigen, die bis jetzt in Liebe und Freundschaft ausgehalten haben, von mir weggehen, erst dann werde ich Deinem Sohn, welchen sogar Du, sanftester Vater, verlassen hast, ähneln. Vielleicht werden solche Leiden Dein väterliches Antlitz für die Kirche und die Nation, die Du getauft und den Händen der Gottlosen und Verräter ausgeliefert hast, gewinnen. Erspare mir nichts, Vater . . . auch wenn alle meine Freunde Anstoß an mir nehmen.

15. 6. 1956

In montibus Dominus videt. – Wenn ich auf dem Gipfel des Berges stehe, habe ich den Eindruck, daß ich mich alleine auf der Erdkugel befinde. Allein auf ihrem höchsten Punkt. Dem Himmel am nächsten. Alleine mit Gott, im Zwiegespräch mit ihm. Mir scheint dann, daß Gott nur mich sieht, und ich weiß den Blick seiner Augen auf mich gerichtet. . . . nur auf mich, dann fühle ich mich wirklich groß, denn ich sehe meine Nichtigkeit auf dem Hintergrund der Größe des Raumes, der sich unter mir verbreitet. Die Größe des Menschen besteht darin, daß er nach oben drängt . . . immer höher, durch nichts aufgehalten. . . . Er möchte an die Spitze gelangen, um sich „über allem" zu fühlen. Und wenn dann alles klein wird, dann spürt er seine Größe. Und genau dort, konfrontiert mit seinem Hochmut, begegnet er Gott „von Angesicht zu Angesicht". In ihm erblickt er das eigene Elend. Meine Niederträchtigkeit ist äußerste Wahrheit im Antlitz dessen, der mein Innerstes sieht. Gott sieht in mir. Aus diesem Grund bin ich auf den Gipfel des Berges geklettert, um durchbohrt zu werden vom Blick Gottes. Ich klettere immer wieder auf den Berg wie ein kleiner Bub auf die Knie des Vaters, um ihm zu sagen: Ich und du. Ohne Hindernisse, ohne Vermittler. – *Dio – Io!* – Unverschämter! – Vater!! – Sohn!!

Wenn am Abend das Knabenkraut auf den Höhen duftet und seinen Duft über die Hügel hinaus in den Himmel schickt ... welche Düfte brauchst Du, Vater der Erde, Vater des Lebens? Wenn Dir schon die Natur so wunderbare Düfte schenkt, wie sehr wird wohl der Mensch von Dir duften. Du bist der Herr der berauschenden Schönheit und der Gnade. In Dir, Vater, gibt es außergewöhnliche Feinheit und große Zartheit der Gefühle. Ich weiß, warum Du in den Kirchen Weihrauch verlangst, denn für Dich duften vor allem diese Blumen. Wer wird hier in der Nacht kommen, um sich mit der Wonne der Erde zu berauschen? Wir haben Angst vor Wölfen und vor der Dunkelheit. Das Knabenkraut hat vor nichts Angst und übt seinen Dienst aus, indem es in der Dunkelheit himmelberauschend duftet. Die Blumen beten zu Dir, wenn die Erde schläft. Sie öffnen ihre so bescheidenen Blumenherzen und singen Dir ein berauschendes Loblied mit dem Duft ihrer Seele. Sei verehrt durch all die Pflanzen und durch das Grün, durch alle duftenden Blumen, welche mit der eigenen Seele, so gut sie können, zu Dir beten. Und wie steht es mit mir, lieber Vater?! Welchen Duft scheidet meine Seele aus? Kann ich Dich damit berauschen? Wie ärmlich bin ich sogar gegenüber einem so bescheidenen Pflänzchen. Ich will Dir meine Liebe schenken, Vater, auf der Schwelle der Nacht. *In noctibus extollite manus vestras in sanctitate et benedicite Domino!* Dann werde ich Dir sagen: *Nardus mea dedit odorem suavitatis!? Benedicite, montes!* Du Berg des Duftes, sei für mich eine Quelle der Eifersucht, wenn Du in der Nacht den Herrn berauschst.

Samstag, 16. 6. 1956

Ich beginne heute eine Novene – mit Gebeten und Messen –, um Dir, Königin von Polen, Mutter von Jasna Góra, zu danken, daß Du unter uns bist und durch diese drei Jahrhunderte unsere Königin sein wolltest. Du regst uns zur Treue an, hilf uns in der Treue zur heiligen Dreifaltigkeit, damit wir dank Dir „die Vormauer des Christentums" sein können. Du hast unsere Herzen in Deine Gefangenschaft genommen und hast die Liebe zu Dir in uns erweckt, von welcher wir uns weder trennen können noch wollen. Ich möchte Dir, Königin von Jasna Góra, danken dafür, daß ich Dir vom Anbeginn meines priesterlichen Weges an vertraue. Bis jetzt warst Du mit mir. Du hast mir Dein Zeichen für mein bischöfliches Wappen zur Verfügung gestellt und wurdest zum Programm meiner Arbeit. Ich danke Dir für alles und besonders für diese Jahre im Gefängnis, in welchen ich erst zur Erkenntnis gelangt bin, daß ich Dein Sklave und Deine Geisel bin. Du wirst micht erst dann befreien, wenn die ganze Nation sich ihrer Pflicht der Treue gegenüber der Wahrheit Deines Sohnes bewußt sein wird. In diesem Jubiläumsjahr des dreihundertsten Jahrestages der Nationalgelübde fühle ich, daß ich mit der ganzen Nation, mit meinen Geistlichen und mit dem Volk in Jasna Góra zu Deinen Füßen sein sollte. Das ist doch selbstverständlich, daß der erste Primas, der im Zeichen der Herrin von Jasna Góra die Kirche regiert, vor Dir sein und das Gelübde erneuern sollte. Und wenn ich wider alles Recht nicht in Jasna Góra sein werde, so wird das schon ein großes Mysterium sein – Mutter, mein und Dein Geheimnis. Vielleicht werde ich es nicht fassen, aber es reicht, daß Du weißt, was notwendig ist. Ich werde mich diesem Mysterium mit Demut unterwerfen. Ich werde allerdings nicht auf mein Recht als Primas verzichten, das ist mir nicht erlaubt, denn ich trete nicht nur in meinem, sondern im Namen der ganzen Nation auf. Gib, Mutter, daß „unser Mysterium" Deine Ehre in den Augen der Schwachen und Verständnislosen nicht verkleinert.

Et ego sicut herba aresco. Gloria Patri et Filio, et Spiritui Sancto. So beende ich den Psalm der Terz vom Samstag. Ich verdorre wie Gras zu Deiner Ehre, heilige Dreifaltigkeit. Ich habe gestern auf dem Berg eine hohe Fichte vom Blitz zerschlagen gesehen. Nur ein weißer zerrissener Stamm ist übriggeblieben. Seine Arme sind zersplittert und liegen rundum zerstreut. Ich stand in Gedanken vertieft über das, was hier geschehen ist. Das Weiß des Stammes schlug alles rundum mit Helligkeit. Der entblößte Baum! Entblößt Du so die Seele, wenn Du sie mit Deinem Licht erleuchten und sie besonders schnell ausbleichen willst!? Das Gewand weltlicher Ehre ist rund um uns verstreut. Das ausgeblichene Herz ist uns geblieben. Der Baum kann nicht mehr aus eigenem leben, er ist durch den Blitzschlag verdorrt. Und doch bleiben Menschen vor der Fichte stehen und bewundern Deine Macht. *Vox tonitrus Magni.* Dieser entblößte Baum wurde zum Apostel Deiner Macht. Er verkündet auch: *Gloria Patri.* Ich bin keine Fichte, ich bin nur ein Grashalm, der für Deine Ehre verdorren will. *Sicut herba aresco – gloria Patri et Filio, et Spiritui Sancto . . .* Und doch bist Du wunderbar – in Deiner blendenden Weiße. Mit dem Gottesfinger zerschlagen, plötzlich beleuchtet . . . Vielleicht erinnerst Du an die Unbefleckte Empfängnis, als der Blitzschlag Gottes sie durchdrang, um sich in ihr zu verkörpern.

20. 6. 1956

Öfters denke ich über meine Armut nach. Ich schaue mich um und sehe, daß ich keine diesseitige Versicherung für mein Dasein habe. Es scheint mir, als ob meine Existenz der Deinen in Nazareth ähnelt. Es fehlt mir an elementarer Hilfe zu normaler Arbeit. Deine Armut, Jesus von Nazareth, war reicher, weil Du in Nazareth das „Wort" warst. Meine Bibliothek ist in der Miodowa-Straße geblieben, und es ist schwer, ohne sie zu leben. Aber das sind äußere Dinge – das Wort auf dem Papier –, Du aber bist das lebendige Wort, mein Wort des Daseins. Wenn Du mir geblieben bist – wozu noch die Bibliothek? Du bist meine Bibliothek. Eine Woche vor meiner Verhaftung hast Du mich mit so deutlicher Stimme gefragt: „Könntest Du arm sein?" Ich habe damals geantwortet: „Es scheint mir, daß es Christus so will" – bis jetzt habe ich auf Deine Frage mit dem Leben jedes Tages geantwortet. Gewiß weißt Du schon, ob ich arm sein könnte. Und wenn Du in diesem Augenblick von mir eine noch größere Armut verlangen würdest, würde ich alles, was ich jetzt habe, ohne Bedauern verlassen, um Dir zu folgen. Als ich Lublin verlassen habe, habe ich im Bischofspalais alles, sogar meine violetten Soutanen und meine persönlichen Dinge, zurückgelassen.

Ich möchte „kein Geschäft" aus meiner Hirtentätigkeit machen. Ein zweites Mal habe ich das gleiche im September, in dem unvergeßlichen Jahr 1953 gemacht. Alles, was ich in diesem Moment besitze, stammt nicht aus meinen Bemühungen. Ich bin eine ganz gewöhnliche Frucht des menschlichen Mitleids. Du hast mir alles gegeben, alles gehört Dir. Ich möchte arm sein; so wie Du arm wurdest, um reich zu werden.

22. 6. 1956

Ich danke Dir, Meister, dafür, daß mein Schicksal so dem Deinen ähnelt, und dafür, daß Du mir in Deinen Leiden ein gutes Beispiel für meine Leiden gegeben hast. Dich haben Deine Apostel verlassen, so wie mich die Bischöfe. Dich haben Deine Jünger verlassen, wie mich meine Priester. Die einen wie die anderen haben sich der Furcht ergeben. Eine kleine Gruppe von Frauen ist bei Dir geblieben, ich sehe sie auch bei mir. Es sind nur Laien, Schwache und Sünder geblieben: der Schächer, Magdalena, ein Rädelsführer, Nikodemus, Josef von Arimatäa, Simon von Cyrene. Bei mir ist eine kleine Gruppe von katholischen Laien geblieben, sicherlich nicht die stärksten, aber solche, die den Mut haben, sich zu mir zu bekennen.

Das ist alles. Wenn ich meine kleinen Leiden mit Deinen vergleiche, freue ich mich, daß Du alles, was Du mich nachahmen läßt, erlebt hast. Sei verehrt in meinem Leiden.

23. 6. 1956

Stabat Mater... Ich streiche das Wort „*dolorosa*" aus, obwohl es seine geschichtliche Bedeutung hat.

Gewiß war Maria *Socia passionis*. Aber niemand von den Künstlern hat Maria dargestellt, wie sie sich an das Kreuz anlehnte. Sie stand mit eigener Kraft. Aber alles rund um sie bebte! Jeder, der auf Maria schaute, sah, daß sie selbst nicht geschwankt hat! Sie war immer die *Virgo Auxiliatrix*. In dieser Stellung hat sie alle, alle rund um sich unterstützt. Und sie hat es durchgestanden!

24. 6. 1956

Der am empfindlichsten auf die Stimme Marias reagierte, Johannes der Täufer, zuckte im Schoß seiner Mutter Elisabeth zusammen, als er den Gruß der Mutter Gottes hörte. Eine solche Empfindlichkeit bringt die ganze Existenz des Menschen in Aufruhr. Verursache, Maria, daß ich immer für Deine Stimme empfindlich bleibe, so wie der Vorläufer Deines Sohnes auf das erste Wort Deines Grußes reagierte. Er war glücklich, daß er Dich in der Dunkelheit des mütterlichen Schoßes gehört hat. Er war sogleich bereit zu laufen, um seine Aufgabe zu erfüllen. Erwecke, Mutter, in mir dieselbe Bereitschaft, Deinen Sohn zu verkünden. Ich bin bis jetzt im Gefängnis so wie Johannes. Aber meine Bereitschaft möge die Taten ersetzen, zu welchen ich fähig bin.

1. 7. 1956

Sanguis Christi inebria me... Schon so viel von Deinem Blut ist auf mich heruntergeronnen. Wenn ich bedenke, daß ein Tropfen reichen würde, um die Sünde der Welt auszulöschen, so bewundere ich Deine Freigebigkeit.

Welche Bäche Deines allerteuersten Blutes sind durch den Kelch der Segnung über die ganze Welt geflossen! Welch mächtige Welle des Blutes hast Du auf mich geleitet. Wieviel von Deinem Blut habe ich schon in meinen Kelchen gehabt? Wie wache ich darüber, damit ich jeden Tag Erfrischung aus dem Kelch mit Deinem Blut erhalte?! Jedes Tröpfchen, welches Du mir in den Kelch gegeben hast, ist eine Gnade, über alle Maßen groß!

Was bedeutet dann erst Dein Blut, welches sich über meine Hände und bis zu meinem Mund ergossen hat? Ich habe in Deinem Blut gebadet. Ich bin von außen und innen abgewaschen. Ich lebe mit Deinem Blut, ich reinige und wasche mich mit Deinem Blut. Ich habe es als mein tägliches Getränk! Wie ausdrucksvoll spricht heute das Evangelium vom sechsten Sonntag nach Pfingsten. – „Dieses Volk tut mir leid" – Dein Mitleid hat dem Volk Deine Adern geöffnet, um es zu füttern und zu tränken mit Deinem heiligsten Blut. Dein Herz hat den letzten Tropfen dieses Blutes ausgepreßt, damit Dein Bedauern über das Volk nicht nur ein Gefühl bleibe, sondern sich zur Tat verwandle.

Ich wache über mich selbst, um in mir den Geist der Dankbarkeit für die vielen Becher Deines Blutes zu spüren, welches von Deiner Seite auf mich fließt, ebenso aus den Kelchen der ganzen Welt und aus meinem priesterlichen Kelch. Mit Deinem Blut ernährt, kann ich Dir mein Blut schenken, welches aus Deinem ist.

2. 7. 1956

Am Tage der Geburt der Allerheiligsten Jungfrau Maria – der Königin der Welt und der Königin von Polen, lege ich in dankbarer Huldigung alle meine Gebete der letzten zwei Wochen in Deine Hände. Ich danke Dir, Königin, dafür, daß Du unsere Königin und Mutter bist, dafür, daß du Deine Hauptstadt auf dem Berg von Jasna Góra hast und meine Nation seit drei Jahrhunderten führst, daß Du für sie die Mittlerin aller Gnaden bist, die von der Heiligen Dreifaltigkeit auf die getaufte Nation strömen. Ich danke, daß Du die polnische Kirche in Deine Obhut genommen hast und sie mit Deinem unbefleckten Herzen umgibst. Ich danke, daß Du meine beiden Erzdiözesen in Deine Obhut genommen hast, und dafür, daß Du mir erlaubt hast, unter dem Schild Deines Antlitzes, das auf meinem bischöflichen Wappen leuchtet, zu arbeiten. Ich danke, daß Du in meinem Herzen unteilbar herrschst und dafür, daß alle meine Nächsten Dich lieben, Jungfrau vom Jasna Góra. Ich danke dafür, daß Du uns alle in Deiner Liebe vereint hast. Alle heiligen Messen, Gebete und Arbeiten, alle Leiden und alle Freuden lege ich zu Deinen Füßen, Mutter und Königin, als dankbare Huldigung. Ich füge mein nun fast dreijähriges schweres Schicksal im Gefängnis bei, durch welches Du auf besondere Weise verehrt seist. Freiwillig schenke ich Dir alle Bemühungen, freiwillig nehme ich alle weiteren Plagen an, damit nur Du, Mutter, Deine Ehre in der ganzen Fülle zeigen kannst. *In Te, Domina, Speravi, non confundar.*

20. 7. 1956

Am gehorsamsten von allen Priestern Polens muß der Primas sein. Die sanfte Schwester Stanislawa hat mir heute Vorwürfe gemacht, daß ich die mir zu Weihnachten von den römischen Nazarethinen geschenkte Gabe an die Kapelle des Hauses der Schwestern weitergeleitet habe. Vielleicht war das nicht taktvoll von mir. Vielleicht hätte ich es jemandem anderen geben sollen. Mir war jedenfalls leichter, als ich diesen Besitz los war. Ich bin noch nicht so vollkommen, um an mir die Last des Besitzens nicht zu spüren. Es ist für mich leichter, nichts zu besitzen bzw. alles loszuwerden, als einzelne Dinge für mich zu behalten. Für alles braucht man eine gewisse Kraft der Tugend.

25. 7. 1956

Du mein heiliger Patron, Stefan, der erste Märtyrer! In meinem Leben wiederholt sich Dein Geheimnis. Ich bin am Tage der Auffindung Deiner sterblichen Überreste geboren, habe Deinen Namen erhalten und am gleichen Tag die Priesterweihe empfangen. Ich bin also eng mit dem Geheimnis Deines Lebens verbunden. Heute beginne ich eine Novene als Vorbereitung auf den 55. Jahrestag meiner Geburt, meinen Namenstag und den 32. Jahrestag meiner Priesterweihe. Ich verbringe diese Zeit in Danksagung: Himmlischer Vater, ich danke Dir für die Gabe des Lebens, welche ich an diesem Tag erhalten habe, für die Gabe dieses Namens, für die Gabe der sich wiederholenden Geburt im ewigen Priestertum. Ich danke Dir, Vater, für das Leben im Zeichen des geöffneten Himmels des Stefanus und seines Gebetes für die Feinde. Ich danke Gott für diesen Namen, welcher mich zur vollen Nachahmung verpflichtet. Ich danke Gott dafür, daß mein priesterliches Leben im Zeichen Deines Opfers und des Zeugnisses der Wahrheit, mit dem Vorbild Deines Märtyrerblutes beginnt. Ich entschuldige mich bei Dir, daß ich so unwürdig Deinen Namen benutzt habe und hoffe, daß nicht ein Schatten meines Lebens auf Deinen Namen fällt. Deinen Namen hat man meinetwegen mit Wut, Zorn und im Haß ausgesprochen.

Ich möchte wiedergutmachen, Vater, daß die Gabe des Lebens von mir schlecht gebraucht wurde und daß ich Deinen Namen unwürdig getragen habe, daß ich ihn vielleicht für meinen Hochmut, meine Kleinheit und Armut benutzt habe. Ich möchte die Bereitschaft meines Willens und Herzens, nach Deinem Beispiel ein Leben für das Zeugnis der Wahrheit zu führen, erneuern. Ich bete auch innig für diejenigen, die sich als meine Gegner betrachten. In diesem Geist werde ich die folgenden Tage der Novene vor dem Feiertag der Auffindung Deiner sterblichen Überreste verbringen. Laß geschehen, daß ich Dich mit meinem ganzen Leben finde.

1. 8. 1956

Jahrestag des Aufstandes in Warschau 1944!*) – Die Liebe weiß nicht, was Gefangenschaft bedeutet. Sie findet immer einen Weg, ihr Herzblut den Liebenden zu geben. Deswegen gab es ja diesen Aufstand, in welchem das Blut der im Geist Freien in die polnische Erde strömte und ihre neue Saat begoß.

Wir beten für die Aufständischen. Dies ist vielleicht der erste Jahrestag, an welchem man frei über das aufständische Blut und über die Verdienste für die Freiheit sprechen kann. Von Anfang an hat die heilige Kirche für die Aufständischen gebetet, ohne auf die Differenzen in der Weltanschauung und politischen Orientierung zu achten.

Alle haben dasselbe rote Blut vergossen: die Kämpfer der Landarmee ebenso wie die aus den Bauernbataillonen oder aus der Volksarmee.**) Dieses rote Blut, das unsere Brüder vergossen haben, erheben wir heute zum Vater allen Blutes, damit er es empfangen möge, wie er das Blut seines Sohnes empfangen hat. Für dieses aus Liebe vergossene Blut hat er sein väterliches Herz dem gequälten Volk gezeigt. *Suscipe, Sancte Pater...*

6. 8. 1956

Ich breche heute mit dem Pilgermarsch aus Warschau nach Jasna Góra auf. Ich werde gemeinsam mit den Pilgern beten. In ihrer Intention feiere ich die heilige Messe, die an die Feierlichkeiten der Himmelfahrt erinnert. Ich möchte, daß die Mühe der Pilgerschaft dem Vater viel Ehre bringe und er die Danksagung für die Herrschaft Marias in Polen huldvoll annehmen möge. Dies wird auch die Vorbereitung auf die Erneuerung der Nationalgelübde sein. Im Geist begleite ich meine Kinder, die die Gnade erhielten, zum Kloster von Jasna Góra pilgern zu dürfen.

---

*) Beim Aufstand von Warschau (1. August bis 2. Oktober 1944) führten die Aufständischen 63 Tage lang mit Unterstützung seitens der Bevölkerung einen heroischen, aber hoffnungslosen Kampf gegen die deutsche Armee. Die Sowjets blieben am anderen Ufer der Weichsel und sahen tatenlos zu, wie 200 000 Polen dahinstarben. Die Tragödie von 1944 löste bei den Polen starke Ressentiments gegenüber der UdSSR aus.
**) Die „Armia Krajowa" (Landarmee) war die stärkste Widerstandsbewegung (360 000) der Demokraten, die „Armia Ludowa" (die kommunistische Volksarmee) zählte 18 000 Mitglieder, die „Bataliony Chłopskie" (die ländlichen Bataillone) wurden 1943 in die „Landarmee" eingegliedert.

26. 8. 1956

Tag der Nationalgelübde auf dem Berg von Jasna Góra. Jetzt weiß ich schon, daß ich Deine Geisel bin, Du Königin von Polen und Königin der Welt.

Heute, am Tag des großen Festes der katholischen Nation, kann jeder, der nur will, am Berg von Jasna Góra stehen. Also habe auch ich das volle Recht darauf, denn ich habe die heilige Pflicht dazu, und wer begehrt das mehr als ich?!

Obwohl ich eine so mächtige und gute Herrin habe, soll ich doch in Kománcza bleiben, weil es Dein Wille ist. Und niemand wird in der Lage sein, dieser Macht zu widerstehen. Nur wir beide, Mutter, können das wollen. Ganz Polen betet in diesem Augenblick für meine Anwesenheit im Kloster von Jasna Góra. Nur wir beide wissen, daß die Zeit dafür noch nicht gekommen ist, daß Dein Wille geschehen muß. Darin besteht Deine große Macht, welcher ich mich bereitwillig, als Dein Sklave, unterwerfe, allmächtige Königin. Sei verehrt in dieser Kraft, welche Du mir gibst, damit ich voll anerkennen kann, daß die größte Kraft und Liebe in dieser Bereitwilligkeit liegt. Darin besteht Dein Herrschen über mich. Ich habe das, was ich zu Deiner Ehre tun konnte, getan. Am 16. Mai habe ich bereits den Text der Gelübde vorbereitet. Ich habe für jeden Stand eigene Orationen geschrieben: für die Jugendlichen, für die Ehemänner und Mütter. Diese Worte werden an meiner Stelle zu den Menschen reden. Ich aber werde nur zu Dir reden – nur für Dich.

Ich habe heute um die größte Ehre für Dich gebetet. Ich wollte sie für den Preis meiner Abwesenheit erreichen. Ich hoffe, daß die Königin des Himmels und die Königin Polens auf dem Berg von Jasna Góra die absolute Huldigung empfangen wird.

Ich bin voll beruhigt. Heute wurde ein großes Werk vollbracht.

29. 8. 1956

Ein Stein ist mir vom Herzen gefallen, möge er Brot für die Nation werden.

Wenn Du heute Deinen Kopf während des Gloria, bei den Worten: *Gratias agimus Tibi,* neigst, dann mache das so, daß Dein väterlicher Gott Deinen Hals sieht, welcher sich dem Schlag des Schwertes darbietet, mit welchem Gott einst Johannes den Täufer geehrt hat.

So bereite heute, Maria, allen Priestern der Erzdiözese von Warschau dieselbe Freude, die Du einst mit deiner Stimme dem Johannes bereitet hast, als Du seine Mutter Elisabeth besucht hast. Es mögen die Herzen der Priester *salutationis Tuae* höher schlagen.

1. 9. 1956

Ein Tropfen von Deinem allerteuersten Blut hat gereicht, die Dinge der Welt zu mildern. Das Meer des Blutes aller Polen, welches während des Krieges ausgegossen wurde und das nicht aufhört, aus den weit geöffneten Wunden der Nation zu strömen, möge bei Dir, Vater der Nationen, die Gnade des Friedens und der Erlösung, welche wir schon seit langem erwarten, gewinnen. Königin von Polen, Königin des Friedens, trage alle unsere Gebete, welche die Nation am Tag der Gelübde Dir darbringt, vor den Thron Gottes.

3. 9. 1956

Heute ist der Tag des heiligen Pius X. Er hat den Bischof von Krakau Adam Sapieha geweiht – und Adam hat den Bischof von Tschenstochau Theodor Kubina geweiht, Bischof Theodor hat seinen Weihbischof Stanislaw Czajka geweiht und der Weihbischof von Tschenstochau Stanislaw Czajka hat den Bischof von Lublin Stefan mitgeweiht. Also bin ich in apostolischer Sukzession der Ur-Urenkel des heiligen Pius X.

25. 9. 1956

Omnia bene fecisti ... Nach drei Jahren meiner Gefangenschaft betrachte ich diese Schlußfolgerung als endgültig.

Niemals würde ich mich von diesen drei Jahren trennen wollen – sie gehören zu meinem *Curriculum vitae*. Es ist doch besser, daß sie im Gefängnis vergangen sind als in der Miodowa-Straße. Dies ist besser für die Ehre Gottes und für die Position der Weltkirche, denn so gebe ich Zeugnis als Wächter der Wahrheit und der Freiheit des Gewissens. Das ist besser für die Kirche in Polen – und besser für die Lage meiner Nation, besser auch für meine Entschlüsse und für die Stärkung der Haltung der Geistlichen. Und gewiß auch besser für das Wohlbefinden meiner Seele. Diese Schlußfolgerung beende ich heute, in der Stunde meiner Verhaftung mit dem *Te Deum* und *Magnificat*.

2. 10. 1956

Die Kirche wird im Blut Christi wiedergeboren werden, ähnlich wie jedes Gotteskind im Blut zur Welt kommt. Erst dann ist es gefährlich, wenn diese Blutströme im menschlichen Körper stocken. Genauso gefährlich für den mystischen Körper Christi ist die Stauung des Blutes Christi. Es muß immer irgendwo ausfließen, nicht nur in Meßkelchen, sondern auch in lebendigen Kelchen der menschlichen Seelen. Irgendwo muß sich die Durchblutung der Kirche vollziehen, damit sie in voller Gesundheit und von belebenden Kräften erfüllt sein kann. Und deswegen blutet immer irgendwo die Kirche in den endlosen Verfolgungen, welche zu den ständigen Erfahrungen der Geschichte der Kirche gehören.

4. 10. 1956

Der Mangel an Tapferkeit ist für einen Bischof der Anfang seiner Niederlage. Kann er dann überhaupt noch Apostel sein?

Wesentlich für den Apostel ist doch das Zeugnis für die Wahrheit! Und das verlangt immer Tapferkeit.

Die Zukunft gehört den Tapferen, welche Vertrauen haben und in der Kraft Gottes handeln, sagte Pius XII. – nicht den Geängstigten und Unentschlossenen. Die Zukunft gehört denen, welche lieben, und nicht denen, welche hassen. Die Mission der Kirche in dieser Welt ist noch so weit von der Erfüllung entfernt, sie verlangt immer neue Erfahrungen und neue Taten.

10. 10. 1956

Am Tag der Danksagung für den Sieg der Polen bei Chociem (1673) – nur die Kirche in Polen erhebt ihre Gebete zu Gott, welcher uns mit seiner Rechten verteidigt hat.

Welcher von den großen Patrioten denkt heute noch an dieses Ereignis?

Vielleicht hat dieser Sieg die Entwicklung der Kultur in Mitteleuropa entschieden? Gewiß gehört die Danksagung für die Nation zu den Pflichten des Primas; auch wenn ein solches Ereignis nur mehr in den Archiven der Geschichtsschreibung registriert wird, lebt es doch in der Geschichte der Nation. Ich verehre *Victricem manum Tuam,* Vater!

Ich danke Dir für diese Kraft des Glaubens, der der Gewalt widerstanden hat. Ich danke für diesen adeligen Idealismus, der ganze Familien auf die Schlachtfelder gebracht hat, und aus fast allen Familien Söhne geopfert hat. Ich danke für die Kraft, welche Du den Schwadronen unserer Husaren gegeben hast. Ich höre noch ihren Gesang und spüre noch ihr siegreiches Rasen. Das alles möge Dir singen, Vater der Nationen – und wenn ich mich für die Vergangenheit bedanke, dann denke, bitte, auch an den Kampf, welchen wir heute führen, damit die Polen nicht von der fremden Heuchelei und durch materialistische Brutalität halbgebildeten Hochmut und bodenlose Überheblichkeit überschwemmt werden. Das ist eine schreckliche Kraft, welche eine solche Furcht erzeugt, daß durch sie sogar die Tapferen und Guten gelähmt werden. Rufe Deine Nation auf und fordere sie zurück, denn Du bist unser Vater und Herr. Gewähre den Menschen, die von ununterbrochenem Druck und Kampf ermüdet sind, etwas Ruhe. Wenn ich sterben sollte, ehe ich von Dir, Mutter, erhört worden bin, dann werde ich es für die größte Gnade des Lebens betrachten, Dir das alles gesagt haben zu können.

26. 10. 1956

Um 9.00 Uhr haben sich heute der stellvertretende Justizminister Zenon Kliszko und der Abgeordnete Wladislaw Bieńkowski in Kománcza eingefunden. Sie sind auf Anordnung des Partei- und Regierungschefs Wladislaw Gomulka*) gekommen und haben der Oberin der Nazareth-Schwestern gegenüber den Wunsch geäußert, mit mir zu reden. Nach etwa 15 Minuten habe ich dann beide Herren im Gesprächszimmer empfangen. Sie erklärten mir, daß sie in Vertretung des Genossen Gomulka kommen, um mir einige Angelegenheiten zu meiner Erwägung vorzulegen. Der neue Sekretär der Polnischen Vereinigten Arbeiterpartei vertritt die Meinung, daß die rascheste Rückkehr des Primas nach Warschau und sein Amtsantritt unentbehrlich seien. Sie haben mir die gesellschaftlich-wirtschaftliche Situation des Landes sowie die innen- und außenpolitische Lage vorgestellt. Alle diese Bemerkungen hatten den Zweck, mir klarzumachen, daß es im Lande zur raschesten und vollkommenen Beruhigung kommen soll. Wladislaw Gomulka meint, daß im Bereich der Beziehungen zwischen Kirche und Staat die gegenwärtige Situation des Primas die größte Beunruhigung im Lande weckt. Aus diesem Grund wurden sie vom Parteisekretär delegiert, die Meinung des Primas dazu einzuholen. Meine Antwort: „Schon seit drei Jahren bin ich der Meinung, daß der Platz des Primas von Polen in Warschau ist." Wir haben darauf die Situation auch noch von der Perspektive der dringenden Notwendigkeiten der Kirche her erwogen. Anschließend begaben sich die Herren in das Dorf Kománcza, um

---

*) Wladyslaw Gomulka (1905–1981) war schon in seiner Jugend militanter Kommunist. 1943 wird er Erster Sekretär der polnischen Arbeiterpartei, nach dem Krieg Vizepremierminister und Minister der wiedergewonnenen Gebiete. 1949 wird er aus der Partei ausgeschlossen, zwischen 1951 und 1954 inhaftiert. 1956 kommt er wieder an die Macht, enttäuscht aber die Hoffnungen der Polen. Im Dezember 1970 wird er im Anschluß an den Arbeiteraufstand an der Ostsee mattgesetzt. 1980 und 1981, kurz vor seinem Tod, trat Gomulka mit Nachdruck für die Auflösung der Gewerkschaft „Solidarität" ein.

durch das Sondertelefon mit Sekretär Gomulka über das Ergebnis des Gespräches zu reden. Zu dem bescheidenen Mahl, welches wir im Gesprächszimmer vorbereitet hatten, sind sie ins Kloster zurückgekommen. Die Schwestern wollten ein besseres Mahl richten. Ich war aber der Meinung, es solle so sein wie jeden Tag. Nach dem Mittagessen haben die beiden Gesandten von uns Abschied genommen. Sie haben einen disparaten Eindruck hinterlassen: Herr Bieńkowski war offener, freudiger, mit einer humanistischeren Einstellung. Er sah einen Weg, das Problem relativ leicht zu lösen.

Herr Kliszko, mit der Mentalität eines Juristen, sieht überall Schwierigkeiten und Fußangeln. Er ist ein schematischer Mensch; von seiner Seite her sind sicherlich noch so manche Schwierigkeiten zu erwarten. Die Schlußfolgerungen aus dem zweistündigen Gespräch kann man in den folgenden Punkten zusammenfassen:

1. Im Zusammenhang mit den gegenwärtigen Umwandlungen im inneren Leben Polens, die zur Beruhigung und zum Abbau der Fehler der Vergangenheit führen, nimmt der Primas eine positive Stellung ein.

2. Zur konkreten Bestimmung der Stellungnahme sind die Aussagen des Genossen Gomulka im 8. Plenum und bei der Kundgebung in Warschau ausschlagebend, selbstverständlich in dem Rahmen, welcher durch die weltanschaulichen Differenzen gegeben ist.

3. Unentbehrlich für die teilweise Beruhigung der katholischen Mehrheit der Bevölkerung, die sich durch die bisherige Tätigkeit der Regierung verletzt fühlt, ist die Aufhebung des Dekretes über die Besetzung der kirchlichen Stellen. Das sollte raschest passieren. Beide Gesprächspartner haben erklärt, daß Genosse Gomulka diesem Dekret negativ gegenübersteht. Auch die beiden Gesprächspartner haben – obwohl sie das Dekret nicht näher kannten – dieses negativ beurteilt. Die gemischte Kommission soll sich mit der neuerlichen Ausformulierung dieses Dekretes befassen.

4. Als Hauptpunkt betrachtet man, daß hinsichtlich der Besetzung der bischöflichen Stellen Vereinbarungen mit der Regierung getroffen werden sollen, wie das auch im Konkordat bisher vorgesehen war. – Hinsichtlich der Besetzung anderer höherer kirchlicher Stellen hält man eine Vereinbarung nicht für notwendig, wohl aber irgendeine Form des Austausches von Stellungnahmen. Selbstverständlich gibt es eine ganze Menge kirchlicher Stellen, welche nicht den Vereinbarungen unterstellt sein können.

5. Ganz dringlich ist die Wiederaufnahme der Arbeit der gemischten Kommission, in welcher sich Spezialisten zur Besprechung der Sache treffen werden. Von seiten der Regierung wird die personelle Besetzung vollkommen neu organisiert werden. Von seiten des Episkopates werden Bischof Klepacz und Bischof Choromanski bleiben, dagegen wird Bischof Zakrzewski wegen seines gesundheitlichen Zustandes nicht mehr an den Arbeiten teilnehmen. In der ge-

mischten Kommission werden auch andere Angelegenheiten, die sich mittlerweile angehäuft haben, aufgearbeitet.

6. Zur Beruhigung der öffentlichen Meinung ist es notwendig, daß Bischof Adamski mit seinen Weihbischöfen und Bischof Kaczmarek aus Kielce in ihre Diözesen zurückkehren. Die Gesprächspartner haben Schwierigkeiten zur Sprache gebracht, die sich gegenüber Bischof Adamski ergeben haben, dessen Person seit langem Anlaß zu Konflikten gibt.

7. Die Rückkehr der Weihbischöfe von Gnesen betrachtet man als eine selbstverständliche Sache, die untrennbar mit der Angelegenheit des Primas in Verbindung stehe – umso mehr, als die beiden Diözesen des Primas seit drei Jahren völlig verwaist sind. Die Ausübung der Pflichten des Primas ohne ihre Hilfe würde unmöglich sein.

8. Zur Beruhigung der öffentlichen Meinung in Schlesien und zur Stärkung des Vertrauens zur neuen Regierungslinie sollen Veränderungen in der Besetzung der Ämter der Stadthalter in Wroclaw und Katowice vollzogen werden – die beiden werden ihre Stellen zur Verfügung stellen.

9. Zur Wahrung der entsprechenden ideologischen Freiheit und Integrität ist es unentbehrlich, die katholische Presse im vollen Sinne dieses Wortes wieder zuzulassen. Nach Meinung der Gesprächspartner sei dagegen die Zeit für ein Konkordat mit dem Heiligen Stuhl noch nicht gekommen.

Das folgende knappe Kommuniqué hat die polnische Presseagentur formuliert:

Als Ergebnis des Gespräches, welches Vertreter des Politbüros des ZK der PVAP mit dem Primas von Polen, Stefan Kardinal Wyszyński führten, kann berichtet werden, daß der Primas in den nächsten Tagen in die Hauptstadt Warschau zurückkehrte und dort seine Amtsgeschäfte wieder aufgenommen hat.

Zeittafel

1901 3. 8. Stefan Wyszyński wird als zweites Kind des Organisten Stanisław W. und seiner Frau Juliana in Zuzela, einem Dorf in Ostpolen, geboren.

1910–1911 Tod der Mutter (33jährig). Zweite Heirat des Vaters (5 Kinder).

1920–1924 Eintritt ins Priesterseminsar von Wloclawek. 3. 8. 1924 Priesterweihe, Primiz in der Muttergotteskapelle von Jasna Góra. Kaplan an der Kathedrale von Wloclawek, Redakteur der Zeitung „Slowo Kujawskie".

1925–1929 Abschluß der Studien in den Fächern Volkswirtschaft und Kanonisches Recht an der kath. Univ. von Lublin mit dem Doktorat (Titel der Doktorarbeit: „Die Rechte der Familie, der Kirche und des Staates gegenüber der Schule").

1931–1939 Wyszyński wird Kaplan in Przedrecze Kujawskie und Professor am Priesterseminar von Wloclawek. Zahlreiche Tätigkeiten auf sozialpolitischem Gebiet: Zusammenarbeit mit den katholischen Gewerkschaften von Wloclawek, Leitung der christlichen Arbeiteruniversität, Gründung der katholischen Arbeiterjugend, Veröffentlichung von Schriften über christlich-soziale Themen. Seit 1937 Mitglied des Sozialbeirates des polnischen Primas.

1939–1945 Zu Kriegsbeginn (1. 9.) flieht W. wie viele Polen in den Osten. Rückkehr nach Wloclawek. Er verläßt die Stadt jedoch sofort wieder, um einer Verhaftung durch die Gestapo zu entgehen. Teilnahme an der demokratischen Widerstandsbewegung.

1945–1946 Stefan W. reorganisiert das Priesterseminar von Wloclawek und wird zum Rektor ernannt.

1946 4. 3. Wyszyński wird von Papst Pius XII. zum Bischof von Lublin ernannt.

1948 2. 11. Nach dem Tod Kardinal Hlonds wird Wyszyński zum Metropoliten von Warschau und Gnesen und zum Primas von Polen ernannt.

1952 27. 11. Ernennung zum Kardinal. Verbot einer Reise nach Rom.

1949–1953 Der polnische Episkopat bemüht sich, mit dem Regime einen Modus vivendi zu finden. Entgegen den abgeschlossenen „Vereinbarungen" behindern die kommunistischen Behörden die kirchliche Tätigkeit und die Religionsausübung (Verhaftung von Geistlichen, Schließung der Priesterseminare, Eingriffe in die bischöfliche Rechtsprechung). Wiederholte Proteste der Bischöfe gegen die Verletzung der Verträge. Der Primas bricht den Dialog mit dem Regime nicht ab und verteidigt entschlossen die Rechte der Kirche und des Volkes (Arbeitsfreiheit, Religionsfreiheit, Pressefreiheit).

1953 25. 11. Verhaftung des Primas von Polen und Transport nach Rywald.
2. 10. Überstellung nach Stoczek – in der Nähe von Rywald Warminski.

1954 2. 7. In einem Memorandum an die Regierung rekapituliert der Primas alle bisherigen Bemühungen des Episkopats um Zusammenarbeit mit dem Regime.

1954 6. 10. Der Primas wird per Flugzeug nach Prudnik (Schlesien) gebracht.

1955 7. 8. Der Primas lehnt den offiziellen Vorschlag ab, sich unter Verzicht auf seine kirchlichen Funktionen in ein Kloster zurückzuziehen.

27. 10. Überstellung nach Kománcza, Hafterleichterung.

1956 16. 5. W. verfaßt ein Programm zu geistigen Vorbereitung des polnischen Volkes auf die Tausendjahrfeier der Christianisierung Polens.

28. 10. Nachdem der Primas das Versprechen der Regierung auf Wiederherstellung der kirchlichen Rechte und Wiedergutmachung erhält, kehrt er nach Warschau in seine kirchlichen Ämter zurück.

1957–1959 W. reist nach Rom und erhält die Insignien der Kardinalswürde. Das Regime Gomulka hält seine Versprechen nicht und verfällt in die alte Unterdrückungstaktik gegenüber der Kirche.

1958 9. 10. Tod Pius XII.

28. 10. Wahl Johannes XXIII.

In Polen verschärft sich die Unterdrückung der Kirche: Mobilisierung der Seminaristen, überhöhte Steuerlast, Behinderung des Religionsunterrichtes. Das Regime bekämpft die Kirche mit Hilfe „patriotischer Priester" von innen her.

1963 3. 6. Tod Johannes XXIII.

23. 6. Wahl Paul VI. Das Regime sucht seine Unterstützung.

1963, 1964, 1965 nimmt der Primas an den Sitzungen des Konzils teil.

1966 3. 5. Tausendjahrfeiern der Christianisierung Polens unter Teilnahme des Primas. Das Regime verweigert dem Papst die Einreise nach Polen.

1968 4. 11. Der Primas darf nach Rom reisen.

1970 Dezember: Der Aufstand der Hafenarbeiter von Danzig wird blutig niedergeschlagen (200 bis 300 Tote). Der Primas beruhigt die Bevölkerung.

1971 17. 9. Kardinal Wyszyński nimmt an den Feierlichkeiten zur Seligsprechung von Pater Kolbe in Rom teil.

1976 26. 10. Paul VI. nimmt die Demission von Kardinal Wyszyński nicht an und bestätigt ihn in allen Funktionen.

1977 29. 10. Wyszyński warnt den Vorsitzenden der polnischen KP, Edward Gierek, vor einer unmittelbar drohenden Krise.

1978 6. 8. Tod Paul VI.

15. 10. Wahl Johannes Paul II. Ein großer Sieg für die polnische Kirche und ein persönlicher Erfolg des Primas.

1979 2.–10. 6. Besuch von Papst Johannes Paul II. in Polen.

1979–1980 Die Bischöfe weisen wiederholt auf die kritische Lage in Polen hin (wirtschaftliche und soziale Krise, Korruption, Alkoholismus usw.) und fordern die Regierung zu Reformen auf.

1980 26. 8. Anläßlich des Festes der Muttergottes von Tschenstochau ruft der Kardinal das Volk auf, „nationale und staatsbürgerliche Reife zu beweisen, um eine fremde Intervention zu vermeiden".

Während dieser Zeit nimmt der Primas eine Mittlerrolle zwischen Regime und Volk ein. Er drückt seine moralische Unterstützung für die Gewerkschaft „Solidarität" aus, um die Polen in ihrem Kampf um die Grundrechte im Rahmen der politischen und geographischen Lage des Landes zu unterstützen.

1981 13. 5.: Attentat auf Papst Johannes Paul II.

25. 5.: W. spricht zum letzten Mal mit dem Papst per Telefon.

28. 5.: Nach langer Krankheit stirbt Kardinal Wyszyński.

31. 5.: Staatsbegräbnis des Primas von Polen.